개정2판

Tourism Industry

관광학과 관광산업에 대한 내용을 중심으로

관광산업론

김도희 저

백산출판사

개정2판에 임하여

처음으로 대학 강단에서 강의를 시작한 것이 1997년으로 올해로 23년이라는 시간이 흘렀다. 그동안 전문대학과 4년제 대학에서의 교육경험, 그리고 미국에서의 대학원 생활과 학생들 교육을 통해 많은 것을 배우고 경험할 수 있었다. 한국과 미국에서 배운 이론적 지식 및 교육경험과 함께 한국관광공사(KTO)에서 관광산업의 다양한 업무를 접할 수 있었던 기회는 학생들에게 실무적인 관점에서 관광산업을 바라볼 수 있는 안목을 갖게 한 소중한 교육적 자산이 되었다. 그동안 필자가 배우고 경험한 것을 관광학을 전공하는 학생들과 관광산업에 대한 이해를 필요로 하는 일반인에게 나누려는 마음으로 〈관광산업론〉을 집필하게 되어 2016년 초판에 이어 2017년 개정판, 2020년에 개정2판인 제3판을 출간하게 되었다.

관광산업은 외화획득, 고용창출의 경제적 효과뿐만 아니라 국가 이미지 개선, 타 문화에 대한 이해증진 및 상호교류를 통한 세계평화의 기여 등을 통해 국가경제에 중요한 기반산업으로 인식되고 있다. 또한 주5일 근무제로 인한 여가시간의 증대, 자가용 보급인구 증가, KTX와 저가항공사 등 교통수단의 발달, 여가와 휴가에 대한 가치관의 변화, 그리고 가족중심의 여가패턴 정착화 등으로 관광은 이제 국민들의 '삶의 질'을 높이는 가장 중요한 생활패턴의 하나가 되었다. 우리나라 관광산업은 2012년 외래관광객 천만명 시대에 진입한 이래, 2019년 1,725만명을 돌파하여 이제 외래관광객 2천만명 시대를 바라보고 있다. 나아가 K-pop, 드라마, 영화, 음식 등 한류에 대한 관심과 열풍을 통해 한국 문화와 관광에 세계인들이 주목하는 현 시점은 우리나라 관광산업이 한 단계 도약할 수 있는 절호의 기회가 될 것이다. '관광학'은 관광이라는 사회현상을 과학적으로 연구하는 학문으로 관광이라는 사회현상이 보편화되고 관광산업이 발전되면서 이에 대한 이해와 연구의 필요성이 지속적으로 증대될 것으로 전망된다.

본서는 관광학을 처음으로 접하는 전공학생과 교양과목으로 관광학을 배우는 학생들을 대상으로 관광학과 관광산업에 대한 이해 증진을 위해 가장 기초적이고 개괄적인 내용을 중심으로 구성된 기본서이다. 또한 관광학과 관광산업에 대한 개괄적인 지식을 얻고자 하는 일반인들에게 관광산업 전반에 대한 이해를 도모하는 데 적합한 내용을 담고 있다. 관광산업은 시대의 변화에 민감하며, 외부의 환경적 요인에 의해 크게 영향을 받는 서비스분야이기 때문에 관광산업의 각론에 해당되는 내용의 많은 부분들을 최근 자료로 보완하는 데 많은 노력을 기울였다.

본서의 구성은 총 13장으로 이루어져 있는데, 크게 두 개의 영역으로 구분된다. 첫 번째 부분은 관광학의 기초적인 이해에 해당되는 내용이고, 두 번째 부분은 관광산업의 전반에 대한 이해와 대표적인 관광산업 각론에 해당되는 분야들을 담고 있다. 관광산업론 기초적인 이해에 해당되는 부분은 모두 5개 장으로 구성되는데, 제1장 관광의 기초이론, 제2장 관광의 역사, 제3장 관광정책 및 관광행정조직, 제4장 국민관광의 이해, 제5장 국제관광의 이해로 구성되어 있다. 그리고 관광산업론의 총론에 해당되는 제6장 관광산업의 기초와 효과, 그리고 각론에 해당되는 제7장 관광숙박업, 제8장 여행업, 제9장 국제회의산업, 제10장 외식산업, 제11장 테마파크산업, 제12장 항공운송산업, 제13장 리조트산업으로 구성되었다.

끝으로 본서가 출판되기까지 도움을 주신 백산출판사 진욱상 사장님과 개정 작업에 많은 도움을 주신 조진호님과 편집부 임직원 여러분, 자료검색과 원고작성에 도움을 준 이지원 박사, 그리고 마지막 교정작업을 도와준 남편에게 감사의 마음을 전하고 싶다.

2020. 2월

김도희

머리말

관광산업은 외화획득, 고용창출의 경제적 효과뿐만 아니라 국가 이미지 개선, 타 문화에 대한 이해증진 및 상호교류를 통한 세계평화에 기여하면서 국가경제에 중요한 기반산업으로 인식되고 있다. 또한 주5일 근무제로 인한 여가시간의 증대, 자가용 보급인구 증가, 고속도로와 KTX 등 교통수단의 발달, 여가와 휴가에 대한 가치관의 변화, 그리고 가족중심의 여가패턴 정착화 등으로 관광여행은 이제 국민들의 '삶의 질'을 높이는 가장 중요한 생활패턴의 하나로 보편화되고 있다. 또한 우리나라 관광산업은 2012년 외래관광객 천만명 시대에 진입한 이래, 2019년 1,725만명을 돌파하였고, 특히 중국관광객의 방한이 크게 증가하면서 중국은 우리나라 제1의 인바운드 시장으로 자리매김을 하고 있다. 또한 K-pop, 드라마, 영화, 음식 등 한류에 대한 관심과 열풍을 통해 한국 문화와 관광에 세계인들이 주목하는 현시점은 우리나라 관광산업이 한 단계 도약할 수 있는 절호의 기회가 될 것이다. '관광학'은 관광이라는 사회현상을 과학적으로 연구하는 학문으로 관광이라는 사회현상이 보편화되고 관광산업이 발전되면서 이에 대한 이해와 연구의 필요성이 지속적으로 증대될 것으로 전망된다.

본서는 관광학을 처음으로 접하는 전공학생과 교양과목으로 관광학을 배우는 학생들을 대상으로 관광학과 관광산업에 대한 이해 증진을 위해 가장 기초적이고 개괄적인 내용을 중심으로 구성된 기본서이다. 또한 관광학과 관광산업에 대한 개괄적인 지식을 얻고자 하는 일반인들에게 관광산업 전반에 대한 이해를 도모하는데 적합한 내용을 담고 있다.

본서의 구성은 총 13장으로 이루어져 있는데, 크게 두 개의 영역으로 구분된다. 첫째 부분은 관광학의 기초적인 이해에 해당되는 내용이고, 둘째 부분은 관광산업의 전반에 대한 이해와 대표적인 관광산업 각론에 해당되는 분야들을 담고 있다. 관광학의 기초적인 이해에 해당되는 부분은 모두 5개 장으로 구성되는데, 제1장 관광의 기초이론, 제2장 관광의 역사, 제3장 관광정책 및 관광행정조직, 제4장 국민관광의 이해, 제5장 국제관광의 이해로 구성되어 있다. 그리고 관광산업론의 총론에 해당되는 제6장의 관광산업의 기초와 효과, 그리고 각론에 해당되는 제7장 관광숙박업, 제8장 여행업, 제9장 국제회의산업, 제10장 외식산업, 제11장 테마파크산업, 제12장 항공운송산업, 제13장 리조트산업의 8개 장으로 구성되었다.

관광학과 관광산업의 전반적인 내용을 가능한 수록하려고 하였고, 인용된 표나 그림을 최대한 최근 자료로 활용하려고 했으나, 시간적 · 지면적 제한으로 일부 충분히 고려되지 못한 미흡한 부분이 있으리라 생각된다. 이에 대한 부분은 향후 지속적으로 보완 및 수정해 나갈 것이며, 교재에 대한 독자들과 동료 교수들의 의견과 조언을 적극 수용해 나갈 것이다.

끝으로 본서가 출판되기까지 도움을 주신 백산출판사 조진호님(백산출판사 전무역임), 편집부 임직원 여러분, 그리고 자료검색 및 작성에 도움을 준 이지원 박사에게 깊은 감사의 마음을 전하고 싶다.

2017년 8월

김도희

차 례

제 1 장 관광의 기초이론

제 1 장

관광의 기초이론

제1절 관광의 어원과 개념

1. 관광의 어원

1) 동양적 어원

동양에서의 관광(觀光)이란 용어의 어원은 기원전 8세기경 중국의 주(周)나라 때 편찬된 역경(易經: 五經의 하나로 周易이라고도 부른다)의 '풍지관괘(風地觀卦)'에 "觀國之光 利用賓于王(관국지광 이용빈우왕)"이라는 구절이 있는데, 이 구절 속의 "觀國之光"에서 '觀光'이라는 용어가 유래되었다고 전해지고 있다. 여기서 '관국지광(觀國之光)'의 의미는 타국의 빛(문물, 제도, 풍습 등)을 의미하는 것으로 그 당시의 치자계급(治者階級)이 타국의 문물, 제도와 치국대도(治國大道)의 지략 등 그 성과를 참고하기 위하여 각국의 풍속을 관찰하고 견문을 확대시키기 위하여 대현(大賢)과 제자백가(諸子百家)로 하여금 제국을 순회 여행하도록 하였다는 의미를 담고 있다(이광진, 1987). 따라서 '觀國之光 利用賓于王'의 뜻은 당시 '타국의 빛(문물, 제도, 풍습 등)의 통치상을 살펴보는 것은 지배층(임금)의 손님(賓)노릇 하기에 이롭다,' '타국의 빛을 보는 것은 왕의 귀한 손님으로 접대받기 좋다'는 의미로 해석된다. 오늘날 관광(觀光)은 '觀國之光 利用賓于王'의 '觀國之光'의 네자가 다시 '觀光'의 두자로 사용된 것이다.

여기에서 '국(國)'은 타국이나 타지역을 나타내는 말로 관광목적지와 관광대상지역을 의미하며, '광(光)'은 타국의 문물, 제도, 풍습, 자연경치 등의 관광대상과 자원을 나타낸다. 따라서 '관광(觀光)'은 타지역 및 타국의 현상들과 자연, 문화, 제도, 풍속 등을 보고 느끼는 행위와 그 대상을 의미한다(김창곤, 2002). 또한 관광(觀光)은 한 나라의 자연경관, 문물, 제도, 풍습 등을 구경하는 순례(巡禮)의 의미를 담고 있다.

우리나라에서 관광(觀光)이라는 어휘가 최초로 사용된 공식기록은 고려 예종 11년(1115년) 국역 고려사절요 제8권에 기록되어 있는데, 고려시대 송나라 사신으로 간 사람이 쓴 「고려사절요(高麗史節要)」에 '관광상국 진손숙습(觀光上國 盡損宿習)'이라는 어구에 나와 있다. 여기서 '상국(上國)'은 송나라를 의미하며, 송나라를 관광(방문)하여 숙박하며 배운다(시찰한다)는 의미를 내포하고 있다. 당시 중국을 관광한 주류는 사신, 귀족의 자녀, 승려 등이었다.

2) 서양적 어원

서양적 의미로서의 관광(tourism)이라는 말은 'tour'라는 말에서 그 어원을 찾을 수 있다. 영어의 'tour'의 어원은 '돌다', '순회하다'의 의미를 나타내는 라틴어 'tornus(a turn)'로 1746년 영어의 'turn(to take a turn)'이 1760년에 tour(to make a tour)로 즉 turn이 tour로 바뀌었다. 여기서 'tour'는 '회귀(귀환)를 전제로 한 이동'이라는 의미를 나타낸다. Tourism은 짧은 기간의 여행을 의미하는 Tour의 파생어이며, Tourism은 Tour + ism의 합성어로 Tourism의 의미는 '각 지역을 여행하고 돌아오다'의 뜻이 함축되어 있다.

Tourism의 용어는 tour의 파생어로 1811년 영국의 「Sporting Magazine」이라는 잡지에서 처음으로 소개된 이후, 1975년 이후 모든 국제기구에서 관광이라는 용어를 'tourism'으로 통일하여 사용하게 되었다. 따라서 tour라는 의미는 tourism의 협의의 의미로 타지역의 문화나 문물을 관람(유람)한다는 의미를 담고 있고, 주로 여행상품(예 : 패키지 투어)을 지칭할 때 사용된다. Tourism의 의미는 포괄적인 의미로서 타국이나 타지역을 방문하여 관람하는 행위와 이와 관련된 사업적 현상을 총체적으로 지칭할 때 사용된다.

또한 관광(tourism)과 유사한 용어인 '여행(travel)'이라는 단어는 유럽에서 여행이 힘들고 위험했던 중세의 암흑기 이후에 생겨난 것으로 'travail(수고, 노동)'을 의미하는 중노동을 뜻하는 어원에서 파생되었고, 위험한 여행에서 무사히 돌아오는 의미로 사용되었다. 여행(travel)이라는 용어는 한 지역(장소)에서 다른 지역(장소)으로 이동하는 행위를 의미한다. 따라서 직장이나 학업을 위해서 이동하는 사람들은 여행객(travelers)이지 일상생활권으로 돌아오는 것을 전제로 한 관광객(tourist)과는 다르다.

2. 관광과 관광객의 개념

1) 관광의 개념

관광의 정의는 시대상황과 학자들의 주관적 사고의 차이에 따라 다양하게 정의되어 발전해 왔다. 관광에 대한 개념은 관광객 행동의 관점에서 독일의 보르만(Bormann, 1931, 관광학개론), 사회학적 관점에서 독일의 글뤽스만(Grüksmann, 1935, 일반관광론), 그리고 경제학적 관점에서 스위스의 훈지커와 크랍프(Hunziker & Krapf, 1942, 일반관광학개요) 등에 의해 개념 정의가 이루어졌다. 좀 더 자세히 살펴보면, 관광객 행동론적 관점에서 독일의 Bormann(1931)은 「관광학개론」이란 그의 저서에서 관광의 개념을 휴양, 유람, 상용 등의 목적을 갖거나 특수한 행사 참여의 목적으로 거주지에서 일시적으로 떠나는 여행으로 정의하였다. 그리고 사회학적 관점에서 Grüksmann(1935)은 그의 저서 「일반관광론」에서 지역주민과 외래방문객 간의 상호작용과 교류에 중점을 두었다. 즉 관광이란 체재지에서 일시적으로 체재하고 있는 사람과 그 지역주민들과의 사이에서 생기는 모든 관계의 총체로 정의하였다. 마지막으로 경제적 관점에서 접근한 Hunziker & Krapf(1942)는 관광을 '외래관광객이 영리활동을 목적으로 정주하지 않는 한 관광지에서 체재기간 중에 체재로 인하여 발생하는 모든 관계 및 현상의 총체'로 정의하였다.

이외에 코헨(Cohen), 레이퍼(Leiper), 맥킨토시(McIntosh), 스즈키타다요시(鈴木忠義), 쓰다노보루(津田昇) 등의 외국학자들과 김진섭, 손대현 등의 국내학자들의 정의를 소개하면 〈표 1-1〉과 같다.

〈표 1-1〉 국내외 학자들의 관광의 정의

학자 및 단체	정의
보르만 (A. Bormann)	휴양, 유람, 상용 등의 목적을 갖거나 그 밖의 특수한 행사의 참여, 기타 사정에 의하여 거주지에서 일시적으로 떠나는 여행
글뤽스만 (R. Grüksmann)	체재지에서 일시적으로 체재하고 있는 사람과 그 지역주민들과의 사이에서 생기는 모든 관계의 총체
훈지커와 크랍프 (W. Hunziker & K. Krapf)	외국인의 체재 중에 영리활동을 목적으로 정주하지 않는 한 그 외국인의 체재로 인해 발생하는 관계 및 현상들의 총체
코헨 (E. Cohen)	새로운 것, 기분전환, 변화를 추구하기 위한 즐거움을 목적으로 비교적 멀리 주유형 여행을 하는 것

학자 및 단체	정의
레이퍼 (N. Leiper)	여행중 수입을 목적으로 한 경제활동을 제외하고 인간이 일상 거주지를 떠나 자유로이 여행하며 1박 이상 동안 일시적으로 체류하는 것을 내용으로 구성되어 있는 체계
맥킨토시 (R. W. McIntosh)	관광객과 다른 방문자를 유치, 접대하는 과정에서 관광객, 관광사업자, 정부, 지역사회 간의 상호작용으로 야기되는 현상과 관계의 총체
하세마사히로 (長谷政弘)	자유로운 시간 중에서 일상생활권 밖으로의 이동을 수반하는 생활의 변화에 대한 욕구에서 생기는 일련의 활동. 여기서 '생활의 변화 욕구'란 휴양, 감상, 지식, 스포츠와 같은 욕구를 의미함
스즈키타다요시 (鈴木忠義)	사람이 일상생활권으로부터 떠나 다시 돌아올 예정으로 이동하여 영리를 목적으로 하지 않고, 풍물을 가까이 하는 것이며, 이와 같은 행위에 의하여 나타나는 사회현상의 총체
쓰다노보루 (津田昇)	일상생활권을 떠나 귀환예정으로 타국, 타지역의 문물, 제도 등을 시찰하거나 풍광을 감상, 유람할 목적으로 여행하는 것
김진섭	좁은 의미의 관광이란 사람이 일상생활권으로부터 떠나 다시 돌아올 예정으로 이동하여 영리를 목적으로 하지 않고 자연과 문화 등을 감상하고 즐기는 것이며, 넓은 의미의 관광은 그와 같은 행위에 의해서 파생되는 사회현상의 총체
손대현	관광은 위락(recreation)을 목적으로 하는 여행이며, 다시 돌아올 예정으로 自家를 떠난 여행자에게 제공되는 다양한 제품과 서비스를 포함하는 포괄적 용어
세계관광기구 (UNWTO)	즐거움, 위락, 휴가, 스포츠, 사업, 친구, 친척방문, 업무, 회합, 회의, 건강, 연구, 종교 등을 목적으로 하여 방문국을 적어도 24시간 이상 1년 이내 체류하는 행위

자료 : 저자 작성

이상의 여러 학자들의 주장을 근거로 관광의 개념을 다음과 같이 정의하고자 한다. 관광(tourism)이란 '인간이 새로운 변화욕구 충족을 위해서 귀환(歸還)을 전제로 자신이 거주하는 일상생활권(가사노동, 직장노동 등)을 떠나 공간적으로 타생활권이나 타지역으로 이동하여 심신의 회복, 재충전, 기분전환 등과 견문을 넓히고 다시 돌아오는 이동행위와 이와 관련된 총체적인 사회현상'으로 이해될 수 있다.

관광에 관한 국내외 학자들의 정의를 종합해 보면 다음과 같이 5가지로 정리될 수 있다.

첫째, 일상생활권을 떠나 이동하고 다시 자신의 거주지로의 귀환을 전제로 한다. 따라서 이주(migration)나 이민 등은 관광이 아니다.

둘째, 관광객들의 새로운 변화욕구, 미지의 세계에 대한 호기심 등의 관광욕구를 충족시키기 위한 자유의지(free will)에 의한 자발적 행동이다.

셋째, 직업상의 이동을 포함하지 않는 경제적인 소비활동을 동반한다.

넷째, 관광은 자유로운 여가시간에 휴식, 기분전환, 자기계발, 지식향상, 견문확대 등을 향상시킬 목적으로 떠나 행하는 레크리에이션적 활동이다.

다섯째, 광의(廣義)의 관광의 개념은 관광행위로 관광객, 관광사업자, 정부, 지역사회 등의 상호작용(exchange)으로 나타나는 경제, 사회현상의 총체라고 볼 수 있다.

2) 관광객의 개념

관광객(tourist)에 대한 정의도 관광의 개념만큼이나 국제기구와 단체에 따라 다양하게 정의되어 있다. 관광객에 대한 정의는 일반적으로 '일상생활영역을 떠나 관광목적지에서 체재하면서 정신적, 육체적 즐거움을 추구하는 관광소비자'로 정의될 수 있다. 관광행동 또는 관광행위의 주체인 관광주체를 관광객이라 한다.

(1) 국제노동기구(International Labour Organization : ILO)

국제노동기구(ILO)는 1937년 관광객에 대한 최초의 정의를 내렸는데, "관광객은 24시간 또는 그 이상의 기간 동안 거주지가 아닌 다른 나라를 방문하는 사람"을 국제관광객으로 보았다.

우선 관광객으로 볼 수 있는 경우는 ① 즐거움, 가족, 건강 등의 이유로 여행하는 사람, ② 회의참석을 위해 여행하는 사람, ③ 사업상 여행자, ④ 해외여행 도중 기항하는 자로 보았다.

그리고 비관광객으로 보는 경우는 ① 직업상, 사업상 업무에 종사하기 위해 입국하는 사람, ② 이주거주민, ③ 유학생, ④ 국경지대 통근자, ⑤ 통과여행자로 보고 있다.

(2) 세계관광기구(The United Nations World Tourism Organization : UNWTO)

세계관광기구(UNWTO)는 관광객을 크게 '방문객(visitor)'과 '관광객(tourist)'으로 구분한다. 방문객은 자기가 통상 거주하는 지역이 아닌 국가를 방문하는 사람으로서 그 주된 목적이 취업활동을 고려하지 않는 사람을 의미하고, 관광객은 방문국에서 24시간(1박)

이상 체재하며, 그 목적이 휴양, 휴가, 건강, 연구, 종교, 스포츠, 사업, 가족(친지 및 친척 방문), 회의, 업무 등인 자로 보았다.

비관광객으로는 국경통근자, 외교관, 군인, 통과객, 망명자, 무국적자, 유랑인, 영구적 이주자(1년 이상 체재)와 일시적 이주자(1년 미만 체재)로 보았다.

(3) 경제협력개발기구(Organization for Economic Cooperation and Development : OECD)

경제협력개발기구(OECD)에서는 방문객(visitor)을 관광객(tourist), 당일여행객(excursionist)으로 구분하고 있다.

① 관광객(tourist) : 방문국에서 최소 24시간을 체재하는 일시방문객으로 여가(레크리에이션, 휴가, 건강, 스포츠), 사업, 가족, 회의를 목적으로 여행하는 사람

② 당일여행객(excursionist) : 방문국에서 24시간 미만동안 체재하는 일시적인 방문객

3. 관광의 유사개념

관광과 유사한 개념으로 여행(travel), 소풍(excursion or picnic), 유람(vagrancy), 탐험 또는 답사(exploration), 관람(sightseeing), 순례(pilgrimage), 레저(leisure), 레크리에이션(recreation) 등 광범위하게 내용 고찰이 이루어져야 하나, 여기서는 비교적 개념규정이 명확히 이루어진 레저, 레크리에이션, 놀이를 중심으로 각각의 개념과 관광과의 상관성에 대해 고찰하기로 한다.

1) 레저(leisure)

(1) 레저의 정의

건전한 레저활동은 생활의 여유와 활력을 찾게 하고 노동생산성 향상과 사회적 통합에 이바지한다는 측면에서 그 의의(意義)가 있다. 레저에 대한 견해는 학자마다 다양한 차이를 나타내며, 여러 분야에서 각기 다른 입장을 취하고 있으므로 하나로 명확히 규정하는 데는 어려움이 따른다. 따라서 레저에 관한 일반적인 견해로 시간적, 활동적, 상태적, 제도적 정의를 살펴보고, 이것들을 통합한 포괄적인 레저의 정의에 대해 살펴보기로 하겠다.

① 레저의 시간적 정의

레저의 시간적 정의를 살펴보면, 인간의 생활시간을 생활필수시간, 노동시간, 자유시간으로 구분했을 때 레저는 하루 24시간 중 생활필수시간과 노동시간 등의 구속시간을 뺀 나머지 자유시간으로 볼 수 있다. 여기서의 자유시간(free time)이란 생업이나 기타 생존에 필요한 시간을 제외한 개인의 자유의지(free will)에 따라 사용할 수 있는 시간이다.

파커(Parker)는 레저를 "일과 생존을 위한 기초적 욕구가 충족되고 남은 잔여시간(residual time)"으로 보았고, 브라이트빌(Brightbill)은 레저는 "개개인의 판단과 선택으로 갖게 되는 자유재량적 시간(discretionary time)"으로 정의하고 있다. 특히 브라이트빌(Brightbill)의 정의는 시간적인 속성에 자유와 재량이라는 의미를 추구하고 있다.

② 레저의 활동적 정의

레저의 활동적인 정의는 자유시간에 행해지는 '자발적 활동(free activity)'을 뜻한다. 듀마즈디에르(Dumazedier)는 레저를 "개인이 노동, 가족, 사회적 의무로부터 벗어나 휴식, 기분전환, 지식확대, 자발적 사회참여, 창조력의 발휘를 위해 이용하는 활동의 총체"로 정의하고 있다. 듀마즈디에르의 레저 정의를 발전시킨 윌슨(Wilson)은 레저를 활동과 기회라는 두 가지 요소의 결합으로 보고, "노동이나 사회, 가족 등의 의무를 다하고 난 후 자신의 의지에 의한 활동 뿐만 아니라 휴식, 오락, 자기실현, 지식향상, 사회참여를 제공하는 기회"로 정의하고 있다. 즉 활동으로서의 레저는 자유로이 선택하는 활동으로서 노동, 가사와 같이 상례화된 활동(routinized activity)이 아닌 것을 말한다.

③ 레저의 상태적 정의

레저의 상태적 정의는 레저를 시간이나 활동이 아닌 마음의 상태로 보았다. 고대 그리스의 철학자인 아리스토텔레스(Aristoteles)로 대표되는 고전적 레저의 정의로 레저를 존재의 상태(state of being)로 보았고, 삶의 목적으로서 레저 자체를 위해 삶을 영위해야 한다고 하였다. 즉 레저는 정치, 토론, 예술추구, 명상 등과 같은 활동에서 오는 심오한 경지나 즐거움 같은 것으로 레저를 누릴 수 있는 계층은 소수 귀족층이다. 이러한 레저 계급의식은 현대적인 입장에서 보면 비판의 여지가 있다.

그리고 레저의 심리학적 접근을 시도한 뉴우링거(Neulinger)는 레저가 인간이 활동을 하든지 안하든지 인간의 필요에 의해 요구되는 것이 아니며, 경험과 마음의 상태임을 강조하였다. 즉 레저를 "마음의 상태로 보고 그 존재 자체가 강제로부터 자유인 동시에 인간존재의 핵심이 되며, 자신이 원하고 선택한 일을 함으로써 얻게 되는 쾌적한 상태"

라고 하였다.

④ **레저의 제도적 정의**

레저에 대한 제도적 정의는 레저의 본질을 정치, 경제, 노동, 결혼, 교육 등 사회제도의 상태나 가치패턴과의 관련성을 검토하여 그 의미를 규정하고자 하는 것이다. 베블렌(Veblen)에 따르면, 레저가 귀족들의 소유욕과 사회적 위신 때문에 생겨난 것으로 보고 있다. 즉 레저란 사회의 한 계급을 대표하는 것으로 유한계급(leisure class)의 상징으로 규정할 수 있으며, 그들의 레저란 시간의 비생산적이고 과시적 소비(non-productive and conspicuous consumption of time)로 볼 수 있다는 것이다.

또한 미국의 레저학자인 카플란(Kaplan)에 의하면, 레저는 "경제적으로 자유시간의 영역에 속하며, 참여자에 의하여 레저로 인식되고, 잠재적으로는 모든 영역의 의무와 노력을 포함하여 규범과 제약이 수반되며, 자기계발과 타인에 대한 기여를 하게 되는 자율적 활동경험(autonomous activity-experience)"으로 정의할 수 있다.

현대사회에서 레저는 노동에서 쌓인 피로나 압박감에서 해방되어 에너지를 재충전하고 생산 효율성을 증대시키는 수단으로 볼 수 있다. 따라서 제도적인 측면의 레저의 정의는 오늘날 그 타당성을 인정받기 어렵다.

⑤ **레저의 포괄적 정의**

레저에 대한 포괄적 정의는 현대적인 의미의 레저를 이해하는 데 유용한 정의로 이는 레저의 요소들이 노동이나 놀이, 교육, 기타 사회적 영역에 이르기까지 인간행동의 모든 측면에서 나타나고 있기 때문이다. 즉 레저의 포괄적 정의는 레저의 시간적, 활동적, 상태적, 그리고 제도적 요소가 적절히 배합된 복합적 속성을 갖는다고 할 수 있다. 현대사회에 있어서 점차 복합성을 띠고 있는 레저를 제대로 파악하기 위해서는 레저의 다면성을 포괄하는 개념정의가 요구된다. 포괄적 의미의 레저란 "개인이 가정, 노동 및 사회적 의무로부터 자유로운 상태 하에서 휴식, 기분전환, 자기계발, 사회적 성취를 이루기 위해 활동하게 되는 시간(time)"으로 정의되고 있다.

이렇듯 레저는 구속을 받지 않는 자유로운 시간이며 자유로운 마음상태로서 자기발전을 위한 자발적 활동이라 할 수 있다. 레저는 삶에 있어서 행복과 생활만족을 느끼는 근간이 되므로 일보다 레저에 대한 중요성은 더욱 커지고 있으며, 이러한 추세는 앞으로도 지속될 것이다. 레저의 가치는 활동 빈도에 의해 결정되는 것이 아니라 레저의 의미, 태도, 질, 마음의 상태로 결정된다.

〈그림 1-1〉 레저의 포괄적 개념

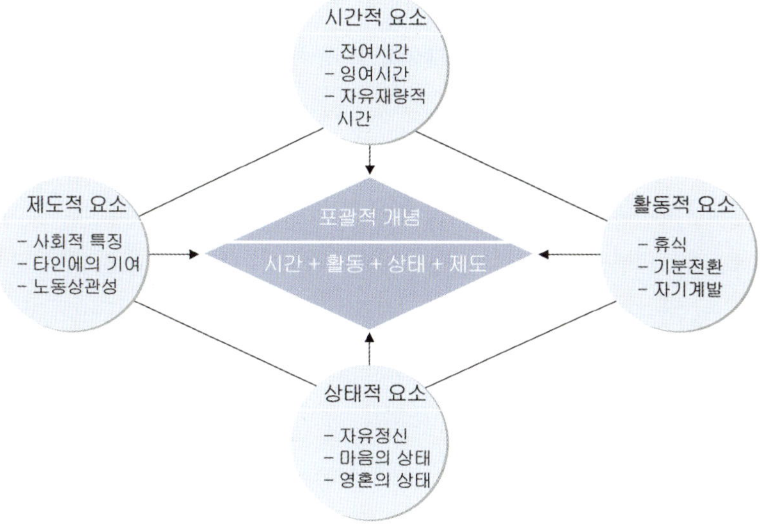

자료 : 김광득, 여가와 현대사회, 백산출판사, 1997, p. 94.

(2) 레저와 관광과의 상관성

관광은 여가시간 내 일상 생활권을 벗어난 타지역으로의 일시적인 여행이며, 장소이동 현상으로 볼 수 있다. 여가는 인간의 즐거운 활동을 전체적으로 포괄하는 상위개념으로 시간적 속성을 갖는다. 즉 관광은 사람이 기분전환을 하고 휴식을 취하며, 새로운 환경에 접함으로써 경험과 교양을 넓히기 위해 거주지를 떠나 체재함으로써 성립되는 여가활동의 일종이다. 따라서 관광은 시간적 개념의 여가의 하위개념으로 볼 수 있다.

2) 레크리에이션(recreation)

레크리에이션의 사전적 정의는 휴양, 보양, 기분전환, 오락을 뜻한다. 오늘날 노동을 위한 심신의 회복과 기분전환, 정신건강, 사회적 안전 등의 가치로 많은 사람들이 레크리에이션을 실시하고 있다. 레크리에이션은 레저의 가치있는 활용으로서 개인이나 집단이 여가시간 중에 영위되는 자발적인 즐거운 활동의 총체로 여가의 하위개념이다. 레저가 '자율과 시간성'을 강조한다면, 레크리에이션은 선택된 자유시간에 스스로 참여하는 활동이라는 측면에서 '활동성'을 강조하고 있다. 또한 레크리에이션은 한정적이고 비교적 조직적이며 동시에 사회적 편익을 강조하고 있다. 레크리에이션은 사회적 통합의 편익을 강조하는 여가선용의 의미를 내포하고 있다.

레크리에이션은 개인적으로 심신의 단련과 회복, 성취감, 가족과 화합촉진, 사회성 함양, 사교기회 제공, 자연환경에 대한 관심고취 등에 긍정적 영향을 준다. 사회적으로는 국민 체력증진, 재충전에 의한 생산성 증대, 생활의 질 향상에 기여하고 경제적으로는 관광유발과 관련 용품 판매 증진, 그리고 이에 의한 세수증대에 기여한다. 따라서 레크리에이션은 생산적·목적지향적 여가활동으로 인식될 수 있다.

결론적으로 레크리에이션이란 "여가시간 내 자신의 몸과 마음의 휴식과 수양, 또는 즐거움을 추구하기 위하여 자발적으로 이루어지는 활동이나 경험"으로 정의될 수 있으며, 레크리에이션의 목표는 즐거움과 기쁨, 행복에 도달하는 것으로 볼 수 있다.

레크리에이션의 본질은 일치, 균형, 조화로 유도되는 완결행위라고 할 수 있는데, 이러한 완결행위는 몰입(열중)에 따라 이루어지며 강렬한 몰입이 일어나는 동안 완결의 조화가 개인을 회복시키거나 재창조한다. 따라서 레크리에이션은 이러한 완결체험이 존재해야 비로소 레크리에이션 활동이 이루어졌다고 말할 수 있다.

레크리에이션은 활동이 수행되는 장소에 따라 옥내 레크리에이션(indoor recreation)과 옥외 레크리에이션(outdoor recreation)으로 나뉜다. 특히 옥외 레크리에이션은 공간과 자연자원을 필요로 한다는 점에서 관광과 유사하나 몇 가지 점에서 차이를 보인다. 즉 관광은 여가활동의 하나이지만 레크리에이션보다는 공간적으로 광범위하고 시간의 제약이 덜하며, 시설이 비교적 고급수준이고, 경제적 행위의 대상이 되며 시장의 범위가 크다는 점에서 상대적으로 더 조직적인 여가활동으로 볼 수 있다.

〈표 1-2〉 **관광과 레크리에이션의 차이점**

구 분	관 광	레크리에이션
대상선택	공간적 이용대상의 선택범위가 광역적(전세계적)	거주지로부터 이용대상의 시·공간적 범위가 제약
시간	중·장기적	비교적 단기적
시설의 질	비교적 고급수준	비교적 저급수준
성격	경제적 행위의 대상 개인의 자유, 내적 만족 중시	후생적 대상 사회적 편익, 목적이 우선
시장범위 (일상생활권 범위)	범위가 무제한 (일상생활권에서 탈피)	거의 한계성 지님 (일상생활권 내에서 이루어짐)

자료 : 김광득(1997), 여가와 현대사회, 백산출판사, p.107.

3) 놀이(play)

놀이는 레크리에이션과 마찬가지로 자유와 만족을 강조하는 개념으로 자유롭고 자발적이며 비예측적인 성격을 지닌다. 놀이는 활동 자체에서 만족감을 찾는 것이어야 하며, 결과나 목적을 지향하기보다는 활동의 과정이나 활동 그 자체가 주는 쾌락이 중요시된다.

인간의 문화는 놀이의 연속이며, 인간의 본질은 놀이하는 사람 즉 호모루덴스(Homo Ludens)로 규정지은 호이징하(J. Huizinga)는 놀이의 특징을 다음과 같이 제시하였다.

① 놀이는 자유롭고 자발적인 활동이다.
② 놀이는 그 자체에 몰두하는 활동이다.
③ 놀이는 일상적이거나 진실된 것은 아니다.
④ 놀이는 시 · 공간의 경계가 없다.
⑤ 놀이는 창조적이다.
⑥ 놀이는 질서와 규율이 있다.
⑦ 놀이는 불확실성이 있다.
⑧ 놀이는 사회성과 상징성을 지니고 있다.

호이징하의 놀이론은 인간의 가장 높은 가치가 '놀이'이며, 놀이는 문화보다 우선한다고 하였다. 즉 놀이는 인간의 문명생활의 위대한 원동력으로서, 철학, 정치, 법과 질서, 예술, 축제, 과학과 학문, 경기 등의 기원이 놀이의 원시적 토양 속에 뿌리박고 있다고 하였다.

또한 호이징하는 놀이를 "일상적인 인간생활의 외부에서 의식적으로 존재하는 동시에 놀이하는 사람의 마음속 깊이까지 흔들어 주는 자유로운 행위"라고 정의하였다.

놀이 행위의 본질에 관한 놀이정신에는 '재미(fun)'와 '진지함(seriousness)'의 두 요소, 즉 자유와 질서(freedom and order)가 있다고 보았다. 여기서 재미란 자유, 오락, 유쾌함, 즐거움, 도취, 열광, 흥분으로 인간의 본질적인 욕구를 의미하며, 진지함은 인간의식의 산물인 질서, 규율, 긴장, 성스러움, 긴장감, 종교적 제의로 나타낼 수 있다.

제2절 관광의 분류

1. 국경과 국적에 의한 분류

관광의 분류는 한 나라의 국경을 기준으로 크게 국내관광(domestic tourism)과 국제관광(international tourism)으로 나뉠 수 있다. 국내관광(domestic tourism)이 "관광객의 이동공간이 자국의 영토 내에서 이루어지는 관광현상"을 말한다면, 국제관광(international tourism)은 "관광객의 이동 공간이 자국 또는 특정국의 국경을 넘어 이루어지는 관광현상"이다. 특히 국제관광은 한국인이 외국을 방문하는 '국외관광(outbound tourism)'과 외국인이 한국을 방문하는 '외래관광(inbound tourism)', 그리고 외국인이 또 다른 외국을 방문하는 '해외관광(overseas tourism)'을 모두 포함한다. 그리고 국민관광(national tourism)은 내국인의 국내관광(domestic tourism)과 국외관광(outbound tourism)을 모두 포함한다.

〈그림 1-2〉 국경과 국적에 따른 관광의 분류

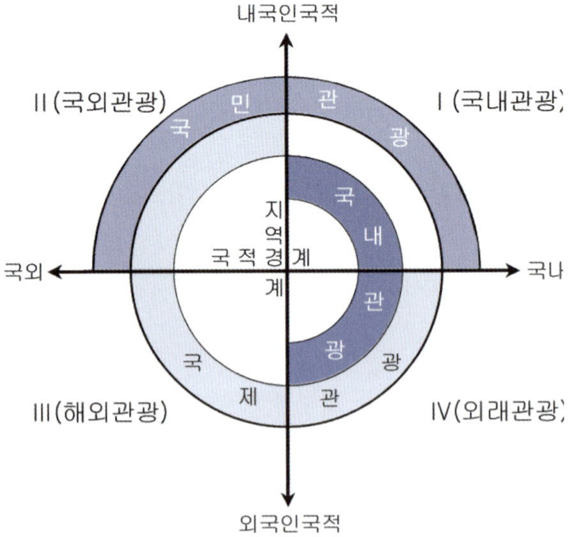

자료 : 김사헌(2012), 관광경제학, 백산출판사, p. 83.

2. 지역구분에 의한 분류

지역구분에 의한 분류는 역내관광(intra-regional tourism)과 역외관광(inter-regional tourism)으로 구분된다. 세계관광기구(UNWTO)는 지역구분의 기준을 대륙으로 하여 구분하는데, 역내관광은 "특정지역에 속해 있는 국가의 관광객이 그 지역(대륙)내의 다른 국가로 이동하는 여행행태"로 볼 수 있고, 역외관광은 "특정지역 내에 속해 있는 국가의 관광객이 다른 지역(대륙)내 다른 국가로 이동하는 여행행태"로 정의될 수 있다.

예를 들면 한국 관광객이 중국이나 일본을 여행하는 경우는 역내관광으로 볼 수 있고, 한국 관광객이 미국이나 유럽 등 다른 대륙을 여행하는 경우는 역외관광으로 볼 수 있다. 또한 독일관광객이 유럽내 다른 국가(예 : 프랑스, 영국 등)를 방문하는 경우는 역내관광의 경우이고, 미주나 아시아 등의 다른 대륙의 국가를 방문하는 것은 역외관광으로 볼 수 있다.

3. 관광목적에 의한 분류

관광은 순수관광과 관광목적과 더불어 사업, 가사, 업무 등의 두 가지 이상의 목적을 갖는 겸목적(兼目的) 관광으로 구분된다.

순수관광은 자연경관과 명소구경을 위한 여행 · 등산 · 낚시 · 골프 등의 스포츠를 위한 여행, 친척이나 친구집에 놀러간 여행, 온천휴양 여행, 오락이나 유흥을 위한 여행, 학생들의 수학여행 및 MT, 교회나 단체의 수련회, 가족여행, 신혼여행, 효도관광, 산업시찰, 바캉스 등이 포함된다.

겸목적관광은 사업, 출장, 업무, 귀성, 방문, 가사 등의 목적과 관광을 함께 하는 여행을 의미한다. 예를 들면 비즈니스관광, 회의관광, 의료관광 등이 이러한 예에 속한다. 따라서 개인사업상 혹은 회사일로 가는 출장여행이나 개인적인 용무로 인한 가사여행은 엄밀한 의미로서 순수관광의 범주에는 포함되지 않는다.

4. 관광활동 유형에 의한 분류

관광은 활동 유형에 따라서 주유형 관광(周遊型 觀光), 체재형 관광(滯在型 觀光), 목적형 관광(目的型 觀光)으로 구분된다.

주유형 관광(周遊型 觀光)은 "복수의 관광지 내지는 관광대상을 보고 돌아다니는 관광형태"를 말한다. 협의의 '관광(觀光)'은 바로 이 유형의 행태를 가리키는 것이다. 주유형 관광의 형태는 자연경관 탐방, 드라이브 등을 통한 자연관찰, 역사 · 문화자원을 대상으로 문화유적지를 방문하는 관광활동을 말한다.

체재형 관광(滯在型 觀光)은 "어떤 관광지에서 일정기간 체재하는 유형의 관광형태"이다. 체재형 관광지가 되기 위해서는 휴양 · 보양이 가능한 숙박시설과 오락 및 레저시설을 갖추어 종합휴양지로서 기능을 완비해야 한다. 목적형 관광(目的型 觀光)은 온천보양과 피서, 피한, 골프 등 구체적인 목적을 가진 관광형태를 말한다.

5. 여행기간에 의한 분류

여행기간에 따라서는 당일관광과 숙박관광으로 구분된다. 숙박관광은 여행 중 최소하루(1박) 이상을 하는 여행을 의미하고, 당일관광은 여흥, 구경, 휴식, 친목, 기분전환을 목적으로 당일로 다녀오는 여행으로서 일상생활권을 떠나 행하는 옥외 여가활동을 의미한다. 업무나 가사여행 중에 당일로 관광을 하는 것도 포함된다. 그러나 직장이나 거주지 근처에서 규칙적인 산책이나 등산, 취미나 교양생활, 스포츠 등의 일상적인 여가활동과 식사를 위한 야외나들이 등은 포함되지 않는다.

당일관광여행의 종류는 다음과 같다.

① 산에서의 활동이나 자연풍경 감상 : 등산, 하이킹, 꽃 · 단풍 · 설경 등의 감상
② 해안, 수변에서의 활동 : 해수욕, 강이나 호수에서의 가족나들이, 야유회 등
③ 낚시 : 밤낚시, 바다낚시
④ 온천휴양
⑤ 드라이브
⑥ 문화유적지 방문 : 고궁 · 성 나들이, 민속촌 · 박물관 구경 등
⑦ 각종 유원지 · 놀이동산 · 레저시설 방문
⑧ 스키, 골프, 자전거하이킹 등 스포츠 활동 참가나 관람 등

숙박관광은 숙박기간에 따라 단기 숙박관광과 장기 숙박관광으로 구분되는데, 통상 1주일 이상이면 장기 숙박관광으로 본다.

제3절 관광의 구조체계

1. 베르네커(Bernecker)의 관광의 3체계론

베르네커는 관광을 구성하는 구성요소를 관광주체(관광객), 관광객체(관광대상), 관광주체와 관광객체를 연결시켜 주는 관광매체로 구분하였다.

1) 관광주체(subject of tourism)

관광주체는 관광행동을 하는 관광객을 의미한다. 관광의 대중화와 국제화가 진행되는 가운데 관광주체의 관광욕구가 더욱 다양화 · 세분화 되고 있기 때문에 이들의 욕구를 충족시킬 수 있는 다양한 관광대상 개발에 관심을 가져야 한다.

2) 관광객체(object of tourism)

관광객체는 관광주체인 관광객을 유인(誘引)하고 관광욕구를 충족시키는 관광대상(attractions)을 의미한다. 이러한 관광대상은 관광자원(tourism resources)과 관광시설을 의미한다. 관광자원에는 자연적관광자원, 문화적관광자원, 사회적관광자원 및 산업적관광자원과 위락적 관광자원이 있으며, 유형적인 자원뿐만 아니라 관광객의 욕구를 불러일으키고 충족시키는 모든 유 · 무형의 자원을 포함한다.

3) 관광매체(medium of tourism)

관광매체에는 관광주체와 관광대상을 심리적, 물리적으로 연결시켜주는 서비스와 관광객체의 관광개발과 진흥을 촉진하는 기능이 포함된다. 관광매체의 사적 서비스에는 다양한 관광사업이 해당되는데, 공간적 매체인 교통수단, 도로, 수송시설과 시간적 매체인 숙박, 휴게시설, 유흥 · 오락시설, 쇼핑시설, 그리고 기능적 매체인 여행수배, 관광가이드, 여행정보 등이 있다.

그리고 관광대상을 개발하고 목적지를 진흥 · 홍보하고 관리하는 것은 민간에서 할 수 없지만 필요한 조치로서 정부와 같은 공적기관의 역할 또한 관광매체에서 제외시킬 수 없는 부분이다.

〈그림 1-3〉 관광의 구조

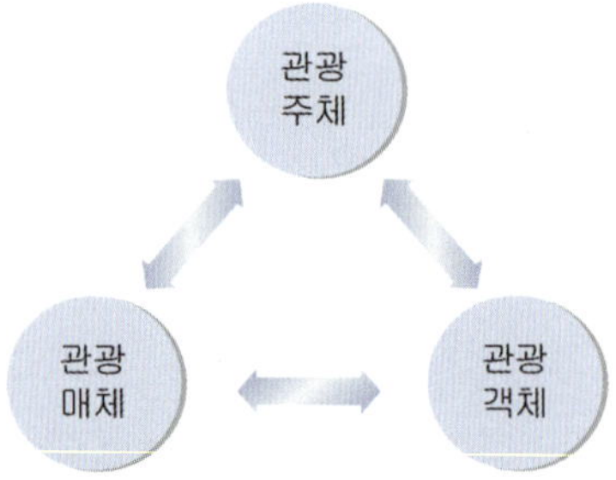

자료 : Bernecker(1962), Grundlagenlehre des Fremdenverkehr.

2. 관광의 구성요소

1) 개방적 관광시스템

관광의 구성요소에 대한 고찰은 닐 레이퍼(N. Leiper)의 견해를 중심으로 살펴보기로 하겠다. 닐 레이퍼는 관광의 구성요소로서 관광주체의 영역에 해당하는 관광발생지, 관광객체에 해당하는 관광목적지, 그리고 관광매체에 해당되는 경유지와 관광관련 사업체로 구성되어 있다고 하였다. 이러한 구성요소는 각기 독립적으로 존재하는 것이 아니라 공간적 · 기능적으로 상호 연관적으로 작용하고 있다고 하였다. 또한 이러한 관광현상은 정치, 경제, 사회, 문화, 물리, 공학적 환경과도 상호작용을 하는 개방 관광시스템으로 이해되어야 한다.

① **관광발생지**(tourist generating regions)

- 관광객의 일상생활권
- 관광객의 배출(송출)시장

② **관광목적지**(tourist destination regions)

- 관광객의 관광목적 대상지
- 유인력과 매력을 갖는 대상지역과 편의를 제공하는 곳

③ **관광경유지**(tourist routes regions)

- 관광발생지와 관광목적지의 중간 경유지(교통루트, 관광루트)

④ **관광산업**(tourism industry)

- 관광활동에서 요구되는 편의와 시설을 제공하는 관광사업체(호텔, 여행사, 교통수단, 쇼핑, 오락 · 위락시설 등)

⑤ **광역적 환경**(the broader environments)

- 관광발생지, 관광목적지, 관광경유지, 관광사업체 등에 영향을 미치는 광역적 환경

〈그림 1-4〉 닐 레이퍼(N. Leiper)의 관광의 구성요소

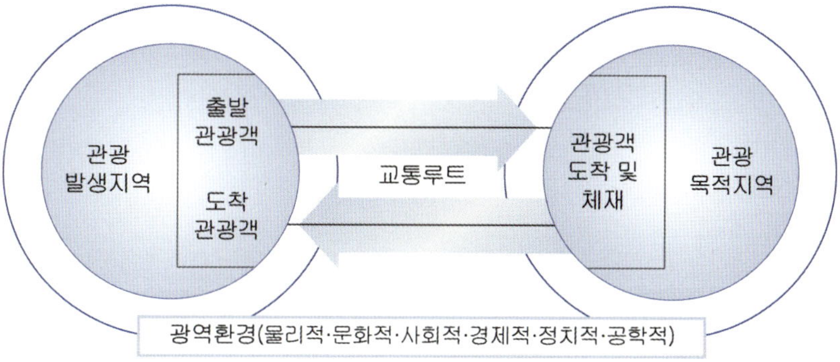

자료 : Neil Leiper (1979), "The Framework of Tourism : Towards of a Definition of Tourism, Tourist, and the Tourist Industry", Annals of Tourism Research, 6(4), 390-407.

2) 기능적 관광시스템

군(Clare A. Gunn)은 관광현상을 기능적 체계로 인식하고 관광의 구성요소로서 관광객(tourist), 교통수단(transportation), 관광대상(attractions), 서비스 및 시설(service and facilities), 정보와 유도(information and direction)의 5가지로 제시하였다.

특히 군(Gunn)의 연구에서는 관광현상에 가장 큰 영향을 주는 요소로서 정부와 기업 등의 역할에 대해 자세히 제시되어 있는데, 이는 관광지 개발계획의 관점으로 이해될 수 있어 특정지역의 관광지 개발계획 수립시 군(Gunn)의 개념체계를 그 원형으로 삼고 있다.

〈그림 1-5〉 군(Gunn)의 관광 구성요소

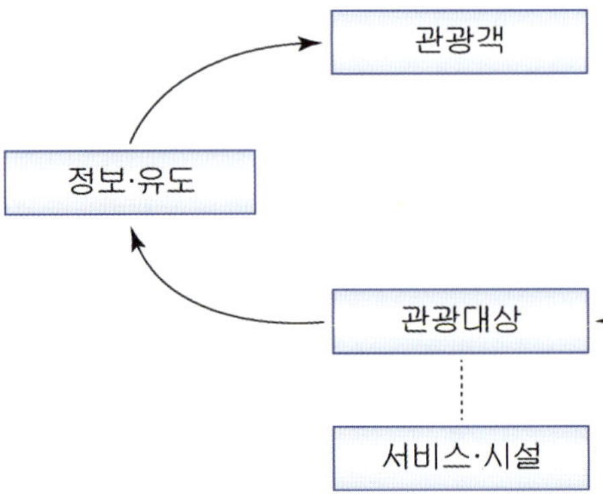

자료 : 김사헌(2012), 관광경제학, 백산출판사, p. 67.

3. 현대적 관광의 구조체계

관광의 구조체계로는 베르네커의 3체계론과 군의 관광구조체계 이론이 현대사회의 구조체계를 반영한 대표적인 이론으로 인식되고 있다. 따라서 베르네커의 기본적인 관광구조의 3체계론과 군의 관광 구성요소를 토대로 박호표(2004)는 현대적 관광의 구조체계의 구성요소로서 관광객, 관광대상, 교통, 정보/촉진 등 크게 4가지 요소로 보았다(그림 1-6 참조).

1) 관광객(tourist)

관광객이란 관광의 주체로서 일상생활권을 떠나 관광목적지에서 체재하면서 정신적, 육체적 즐거움을 추구하는 관광소비자이다.

2) 관광대상(tourism attractions)

관광객의 행동을 유발하며 즐기는 관광객체에 해당되는 관광대상(attractions)은 크게 관광자원과 관광시설로 나뉜다.

① **관광자원** : 자연자원과 문화자원, 사회자원 및 산업자원 등 유무형의 모든 자원이 포함됨

② 관광시설

ⓐ 기반시설(infra-structure) : 상 · 하수도, 통신, 도로 등이 해당됨

ⓑ 부대시설(service facilities) : 관광객의 관광욕구를 효과적으로 충족시키는 각종 편의시설 등을 의미함

3) 교통(transportation)

관광교통은 관광이 기본적으로 일상생활권을 떠나는 이동을 전제로 하는 활동이므로 출발지와 목적지를 연결시켜주는 중요한 수단이다. 교통은 관광객들의 이동을 가능케 하는 공간적 매체로서 항공업, 육상교통업, 해상교통업 등 교통사업은 관광산업에서 가장 중요한 위치를 차지하고 있다.

4) 정보 및 촉진

관광정보는 1990년대 이후의 신관광(new tourism)시대에 관광객의 의사결정에 있어서 가장 중요한 영향을 미치는 관광의 구성요소이다. 따라서 관광객의 다양한 관광욕구를 충족시킬 수 있는 신속하고 정확한 정보체계를 구축하고 제공하는 일이 중요한 과제가 되고 있다.

〈그림 1-6〉 **현대적 관광구조의 체계**

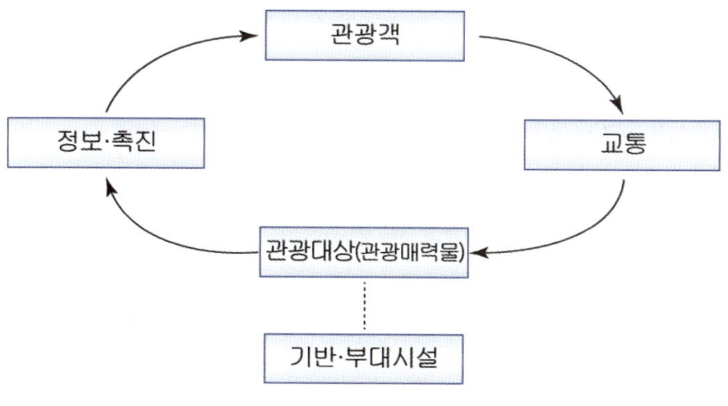

자료 : 박호표(2004), 관광학의 이해, 학현사. p. 65.

제4절 관광학의 특성 및 발전과제

1. 관광학의 특성

관광학에 대한 고찰은 관광학의 특성과 이를 토대로 한 관광학의 발전과제라는 측면으로 살펴보기로 하겠다.

1) 관광학은 종합학문

관광학은 종합학문이다. 관광이라는 사회현상 즉 관광과 사회(사회학), 관광과 문화(문화인류학), 관광과 역사(역사학), 관광과 경제(경제학), 관광자원개발(지리학, 정치학), 관광정책(행정학), 관광객 행동(심리학), 관광과 환경(환경생태학), 관광사업(경영학)을 이해하기 위해서 다양한 학문을 토대로 제 현상을 이해해야 한다. 따라서 관광학은 종합적인 학문이며, 다학제적인 접근방법(inter-disciplinary approach)이 필요한 학문이라 할 수 있다.

〈그림 1-7〉 관광학의 연구체계

2) 관광학은 응용학문

관광학은 학문을 통해 인간 및 사회의 현실문제를 해결하려는 규범을 제공하고 실천지향적 성격이 강하다. 즉 응용학문으로서 관광학은 현실적 문제 해결에 관한 실천적 처방을 하고, 인간의 삶을 풍요롭게 하기 위한 효과적인 대안들을 제시하는 실용적인 학문이다.

그러나 관광학의 이러한 특성, 즉 광범위한 내용과 실천적인 경향 때문에 자칫 관광학의 위상이 모호해질 우려가 있고, 또한 학문의 기본적인 바탕이 되는 과학성을 등한시하기 쉽다.

3) 과학적 가치와 다원적 과학관이 필요한 학문

관광학이 실용성에 바탕을 둔 실천지향적인 학문이지만 이것이 학문의 본연의 가치인 과학성을 배제할 수는 없다. 즉 관광학도 하나의 학문으로 인정받기 위해서는 과학성을 등한시할 수 없으며, 과학적 연구에 우선적인 가치를 두어야 한다.

하지만 관광학의 연구방법이 자연과학적 과학관이든, 해석적 과학관이든 비판적 과학관이냐에 관계없이 연구 목적에 맞는 가장 적합한 연구방법을 선택하는 실용주의적인 자세가 반드시 필요하다.

2. 관광학의 발전과제

1) 학문적 체계 정립

관광학이 사회과학의 한 분과학문으로 자리매김하기 위해서는 우선적으로 연구대상과 연구범위의 명확화, 개념체계의 확립, 그리고 방법론의 개발이 필요하다. 구체적으로 말하면 관광학의 범위로 어느 정도까지의 관광현상을 포함하고, 여가 · 위락 · 외식산업 등을 관광학의 연구범위에 포함시킬 것인가의 문제, 그리고 어떠한 방법론에 의존할 것인가에 대한 논의가 학자와 학회를 중심으로 논의 · 합의가 충분히 이루어져야 한다.

2) 학제적 접근의 균형화

현재까지 관광학의 접근경향은 '경영학'과 같은 특정 분야에 지나치게 편중되어 발전되어 왔다. 현실적으로 국내 관광관련 학과의 명칭을 보면, 대부분은 관광경영과란 명칭을 많이 사용하고 있다(김사헌 외, 2000). 하지만 학문적인 균형적 발전과 관광학 연구 분야의 다변화를 추구하기 위해서는 다학제적 접근방법(inter-disciplinary approach)이 필요하다. 즉 특정분야에 편중된 시각이 균형잡힌 접근방향으로 변화되어야 한다.

3) 연구의 실용화 및 응용분야의 다각화

학문은 학문적 이론으로서 가치가 있는 것이 아니라, 사회의 제 현상을 설명하고 해결할 수 있는 기능이 있어야 한다. 즉 이론은 결국 합리적인 실천으로 도달되어야 하고, 사회문제의 해결능력이 있어야 가치가 있다. 따라서 학문을 위한 학문이나 이론은 배척당하게 된다. 더욱이 관광학과 같은 실용학문은 반드시 학문적 실용성을 추구해야 한다. 하지만 관광학이 실용학문임에도 불구하고 연구결과의 실용성은 매우 낮은 편이다.

현재 우리나라의 관광학 분야의 대표적 학술지인 '관광학 연구'에 게재된 논문을 외국 유수의 학술지들과 비교해 보면, 외국의 학술지에 비해 호텔 등 숙박산업과 외식업분야의 논문게재가 압도적으로 높았다(김사헌 외, 2000). '관광학 연구'에 게재된 논문의 연구대상 추이를 살펴보면, 숙박 및 외식에 관한 논문 증가가 두드러진다. 1994년부터 1998년 논문의 비중은 28% 정도였으나 2004년~2006년 사이에는 44.5%로 대폭 증가하였다(김병용, 2013). 따라서 호텔 분야 등의 특정분야에 대한 연구뿐만 아니라 컨벤션(국제회의업), 테마파크, 항공운송업 등 응용분야의 다각화가 요망된다.

4) 양적 연구와 질적 연구의 병행

현재까지의 관광관련 논문을 보면 기술적 연구방식(descriptive approach)이 1993년 이전의 40% 이상 대에서 심사제 채택 이후(1994~1999)에는 3~7%로 급감했다. 처방적 연구방식(prescriptive approach)도 심사제 도입 이후는 크게 줄어 최근에는 3%에 머물고 있다. 반면 경험적 접근방식(empirical approach)은 90년대 이전의 10~18% 수준에서 최근에는 85.2%(2인 심사제), 92.3%(3인 심사제)로 바뀌면서 거의 대부분의 연구들이 경험주의를 지향하고 있다. 즉 외국의 ATR(Annals of Tourism Research)에 비해 방법론적인 편중 현상이 두드러진다고 할 수 있다.

물론 학문연구의 본질은 과학성 확보이며, 사실적 근거에 기초한 탐구적 자세야말로 과학성 확보의 출발점이 될 수 있으며, 관광학도 경험적 근거가 확실한 지식창출 노력이 필요하다. 하지만 우리나라의 경우는 과거의 질적인 문헌연구는 거의 사라져 가고 있고, 계량적인 경험적 연구만이 질(質) 높은 연구로 인식되어 가고 있는 것이 현실이다.

즉 사례연구나 이론연구 등 이론형성을 위한 연구는 기피하는 경향을 보이고 있다.

따라서 관광학도 계량화가 가능한 분야는 계량적인 연구방법을 지향하고, 계량화가 불가능한 인간적인 세계와 가치관이 개입된 현상의 경우는 그에 적합한 질적 연구를 병행하는 자세가 바람직하다.

5) 연구방법 및 세부기법의 다원화

현재 관광학의 연구방법은 표본조사법, 문헌연구법 등이 제한적으로 이루어지고 있는 실정이다. 따라서 이러한 연구방법을 더욱 발전시킴과 동시에 현지연구법, 사례조사(case study), 민속방법론 등 방법론의 다변화를 통해 다양한 지식을 창출시킬 수 있을 것이다. 이와 더불어 연구방법상에 조사설계와 자료수집 등 세부기법의 다양화와 충실화가 요망된다. 문제해결을 위한 가장 적합한 기법을 구사해야 하며, 단순한 기법에서 다양한 기법의 적용을 통해 관광학의 학문적 체계를 더욱 발전시켜 나가야 한다.

6) 교육과정의 학문적 전문성 회복

현재 우리나라의 관광학(관광경영과)의 교과과정을 살펴보면, 특히 어학관련 과목이 지나치게 높게 배정되어 있다는 점을 알 수 있다. 이러한 상황은 4년제의 경우보다 2년제 대학이 더욱 그러한 경향을 보이고 있다. 즉 어학교육 치중으로 현실에 너무 영합하는 것은 대학교육 존립 자체를 위태롭게 한다. 대학이 전문학교나 학원과 다른 점은 바로 대학이 기술보다는 그 기술의 근저를 이루는 학문을 추구한다는 데 있다. 따라서 이제 교과과정에 관한 사안은 학회차원에서 고등교육기관 교과과정의 표준화 문제를 전체적으로 논의하는 것이 필요하리라 본다.

3. 우리나라 관광학과의 역사

우리나라의 관광학의 역사는 1960년대로부터 시작된다. 1963년에 경기초급대학과 경희초급대학(경희호텔전문대학의 전신)에 처음으로 관광과가 개설되었고, 1964년 경기대학교에 4년제 정규 학사과정으로 관광경영학과가 신설된 이래 2014년 기준 115개 학교가 정규 학위과정으로 관광교육을 실시하고 있다. 그리고 1972년에는 제주대학교 관광경영학과와 동아대학교 관광경영학과가 신설되었고, 1978년에 세종대학교(舊 수도여자

사범대학)에 호텔경영학과가 생겼다. 1981년에 한양대학교 사회과학대 소속으로 관광학과(현재 관광학부)가 생겼다. 2000년대에 들어서 관광산업의 융복합화 등 산업구조 변화가 가속화되면서 인문계열, 공학계열, 자연계열, 의학계열, 예체능계열 등 다양한 분야에서 관광과 접목된 학과가 개설되었다. 최근 관광학과 개설 추세를 살펴보면 기존의 관광경영, 호텔경영 중심의 학과 편제에서 컨벤션, 카지노, 크루즈 등 세부영역으로 특화되고 있다.

한국교육개발원의 2014년 4월 자료를 기준으로 현재 관광관련 대학 교육기관 현황으로는 대학교 42개, 전문대학(3년제) 32개, 전문대학(2년제) 37개, 방송통신대학 1개, 산업대학 2개, 전공대학 1개 등 총 115개 학교에 관광 관련학과가 개설되어 있다(문화체육관광부, 2015). 이중 재학생의 규모는 대학교 39,147명, 전문대학 40,631명 등 총 79,778명으로 전문대학의 비중이 높다(한국문화관광연구원, 2012).

관광관련 대학원은 1982년 경기대학교에 관광경영학과 대학원이 신설되기 시작하여 현재에는 경기대, 경희대, 가천대, 동국대, 세종대, 한양대 등에 관광관련 박사과정이 개설되어 있다.

제2장 관광의 역사

제2장
관광의 역사

관광이 어떠한 모습으로 발전되어 오늘에 이르게 되었는지를 고찰하는 것은 관광을 이해하는 가장 기본적인 일이 될 것이다. 관광이라는 현상과 관광산업은 시대변천에 따라 다양한 변화를 거치면서 발전되어 왔는데, 초기에는 종교적인 목적이나 지식욕구의 충족과 같은 관광동기에서 출발하여 오늘날 관광이 대중화되면서 만인의 여가행태의 하나로 자리잡게 되었다. 우선 관광의 발전단계를 개괄적으로 살펴보고, 서양의 관광 발달사와 우리나라의 관광 발달사를 나누어 살펴보기로 하겠다.

제1절 관광의 발전단계

관광의 발전단계는 현대관광론의 내용을 중심으로 시대별로 크게 4단계로 분류하고 있다. 우선 고대부터 자연발생적으로 관광이 발전된 시기를 '투어의 시대', 산업혁명을 기점으로 산업적인 서비스가 제공되기 시작한 1840년대부터 제2차 세계대전 이전까지를 '투어리즘의 시대', 그리고 제2차 세계대전 이후 항공기 등의 교통수단 발달과 교육수준 향상을 바탕으로 관광이 대중화된 '대중관광의 시대', 마지막으로 1990년대 이후 관광이 생활의 필수품으로 자리매김되면서 관광현상이 더욱 보편화된 시기를 '신관광의 시대'로 구분하고 있다. 다만, 세계의 역사구분에서는 주로 유럽을 대상으로 했으며, 이러한 발전단계를 요약한 것이 다음의 〈표 2-1〉이다.

〈표 2-1〉은 일본의 관광학자인 시오다 세이지(監団正志) 교수가 스즈키 타다요시(鈴木忠義)의 現代觀光論(東京: 유배각, 1974)에 나오는 도표를 참고하여 new tourism시대를 추가하여 재작성한 것이다.

〈표 2-1〉 관광의 발전단계와 특색

단계구분	시기	관광객층	관광동기	사업주체	조직동기
• 여행(tour)의 시대	고대부터 1830년대 말까지	귀족, 승려, 기사 등의 특권계층과 일부의 평민	종교심 보양 (휴양)	교회	신앙심의 향상
• 관광(tourism)의 시대	1840년대 초부터 제2차 세계대전 이전까지	특권계층과 일부 평민(부르주아)	지적 욕구	기업	이윤의 추구
• 대중관광(mass tourism) • 복지관광(social tourism) 시대 • 국민관광(national)의 시대	제2차 세계대전 이후 근대 이전까지	대중을 포함한 전 국민(장애인, 노약자, 근로자 포함)	보양과 오락	기업, 공공단체, 국가	이윤의 추구, 국민복지의 증대
• 신관광(new tourism)의 시대	1990년대 중반 이후 최근까지	일반대중과 전 국민	개성 관광의 생활화	개인, 가족	개성추구와 특별한 주제 또는 문제해결

자료 : 鈴木忠義 編(1991), 現代觀光論, 觀光教材編纂委員會 譯, 백산출판사, p. 24.

1. 투어(Tour) 시대

투어의 시대는 시기적으로 고대 그리스와 로마시대부터 1830년대까지를 말하며, 주요 관광객층으로는 귀족, 승려, 기사 등의 특권계층과 일부 부유한 평민층이다. 이들은 종교적 신앙심을 향상시킬 목적으로 성지순례, 참배를 하거나, 요양, 체육행사 참가를 위해 개인여행을 했다.

시대별 특징을 간략히 살펴보면, 그리스시대에 관광은 주로 체육활동, 요양, 종교의 세 가지 동기에서 이루어졌으며, 종교적 목적의 관광이 가장 성행하였다. 체육목적의 대표적인 관광형태는 기원전 776년 올림피아(Olympia)에서 열렸던 올림픽경기 관람이었다. 올림픽 경기는 제우스 신에게 제사를 드리는 목적으로 여러 행사가 행해졌고 5일간 창쏘기, 레슬링, 말타기, 높이뛰기, 마라톤 등의 경기가 열렸다.

로마시대에는 탐구여행, 식도락관광, 종교나 예술 활동 여행을 했다. 중세시대의 여행은 주로 귀족층이 종교적인 목적으로 기사단의 보호를 받으며, 수도원을 숙박시설로 이용하는 가족단위 중심의 순례여행(pilgrimages)을 하였다.

로마시대에 관광이 발전하게 된 배경으로는 교통수단의 발전과 도로의 정비, 치안유지, 화폐제도의 발달, 숙박시설의 증가 및 환대정신 등을 들 수 있다. 특히 정치와 군사목적으로 정비한 도로의 발달이 관광발전에 큰 영향을 미쳤다.

중세시대의 십자군 전쟁은 동방에 대한 호기심과 풍물에 대한 관심을 증대시켜 여행을 자극하는 촉매역할을 하였다. 그리고 18세기를 전후로 한 르네상스시대에는 주로 귀족의 자제들이 지식욕을 충족시키기 위한 그랜드 투어(Grand Tour)가 성행하였고, 괴테, 밀러 등의 대문호들의 여행작품이 소개되면서 일반 평민들이 여행에 대한 호기심을 증폭시키는 계기가 되었다.

2. 투어리즘(Tourism) 시대

투어리즘 시대는 시기적으로 1840년부터 제2차 세계대전 이전까지를 의미하며, 투어의 시대와의 분기점이 된 역사적 사건은 바로 산업혁명이었다. 1764년 영국에서 시작된 산업혁명은 기존의 농업사회를 산업사회로, 기계와 동력의 발달로 가내수공업을 공장제 기계공업으로 전환케 하는 사회와 문화 등 국가 전반에 일대 혁명적인 사건으로 전통적인 봉건사회가 붕괴하고 새로운 자본주의 체제의 기틀을 다지는 계기가 되었다. 산업혁명은 그 이후 유럽과 미국 등지로 확산되면서 전 세계에 엄청난 파급효과를 미쳤으며, 관광과 레저부문에도 많은 영향을 주었다. 특히 증기선과 철도의 발달은 관광이 일반 평민에게까지 확대되는 대중화에 결정적인 토대를 구축해 주었다.

투어리즘 시대의 가장 핵심적인 역할을 담당한 관광산업은 교통업, 여행업, 숙박업이었고, 산업혁명의 일대 변혁을 그 기반으로 하여 귀족과 부유한 평민이 지식욕과 호기심을 충족시키기 위해 이윤추구를 목적으로 한 기업형태의 단체여행이 최초로 이루어졌다. 이 시기에 유럽의 철도교통 발달을 기반으로 영국의 '토마스 쿡(Thomas Cook)'이라는 사람이 금주동맹회의에 참석하는 사람들을 대상으로 단체전세열차를 대여해 홍차와 도시락을 제공하는 여행알선업을 최초로 실시했는데, 이를 가장 초기의 관광사업의 형태로 볼 수 있다. 당시 주요 관광객층은 일부 특권층과 부유층이었으며, 관광동기는 주로 호기심이나 지식욕이었다. 19세기의 교통과 통신의 발달로 인한 기차와 자동차, 선박여행의 시작은 향후 관광 대중화의 중요한 기초를 이루었다.

3. 대중관광(Mass Tourism)과 복지관광(Social Tourism) 시대

대중관광의 시대는 제2차 세계대전 이후인 1950년대부터 1980년대 말까지의 시기로 볼 수 있다. 이 시기에 관광교통의 비약적인 발달로 더욱 더 많은 사람들이 관광을 즐기게 되었으며, 외화획득, 국제수지 개선, 국가 이미지 제고 등 관광의 다양한 편익으로 인해 각국이 외래관광객을 적극 유치하려는 노력을 경주하면서 국가 차원의 적극적인 국제관광정책이 수행되기 시작하였다.

제2차 세계대전 이후 세계는 경제적인 부의 축적과 교통수단의 획기적인 발달, 국민소득의 증가로 여행을 즐길 수 있는 절대계층이 생겼다. 또한 교육수준의 향상, 여가선용과 자기 창조적 활동에 대한 관심 증가 등 가치관의 변화, 여가시간의 증대, 여행에 대한 취미와 기호의 다양화 등은 대중관광이 사회적인 현상으로 자리매김하는데 큰 영향을 미쳤다. 이와 더불어 항공산업의 비약적인 발전으로 비용절감과 적재력이 크게 증가되면서 기존 소수의 관광객들의 수송에서 대규모 관광객들이 이동할 수 있는 계기가 마련되었다.

그리고 여가활동의 보편화로 국민관광에 대한 관심이 커지면서 관광의 혜택을 누리지 못하는 장애자, 노인, 청소년, 극빈자 등을 대상으로 정부와 공공기관이 여행자금 지원 및 할인혜택 등을 통해 적극적으로 정책적 지원을 하는 복지관광(social tourism)이 등장하여 '만인을 위한 여가평등'에 관심을 기울이기 시작하였다. 이에 따라 국민 모두가 관광에 참여할 수 있는 기회가 주어지고 생활화되어 대중적으로 참여하게 되는 국민관광(national tourism)의 붐이 일어나게 되며, 이에 따른 관련 시설도 늘어나고 있다.

4. 신관광(New Tourism) 시대

이 시기는 여행이나 관광의 대중화를 넘어선 전 국민의 관광시대로 1990년대 이후부터 21세기의 현시점까지로 볼 수 있다. 신관광의 시기는 60, 70, 80년대와 또 다른 사회현상을 보여주고 있어 '대중관광의 시기'와 구분하였다. 이러한 '신관광의 시대'는 모든 학자들이 일반적으로 동의하고 있는 시대적 구분은 아니지만, 대중관광의 시대와 달리 현재의 시대적 상황이 '관광의 대중화'를 넘어 '관광의 생활필수품화'로 발전되고 있어 이를 설명하기 위해 생겨난 시대적 구분으로 볼 수 있다.

신관광의 시대에는 여행성향이 대중관광 시대의 단체 패키지 중심에서 가족단위의 개별여행(FIT)을 선호하는 추세로 바뀌고 있으며, 여행경험이 많은 소비자일수록 자신의 개성과 기호를 살릴 수 있는 특수목적관광(Special Interest Tour : SIT) 등 주제가 있는 여행을 선호한다. 이러한 특수목적관광의 형태로는 문화관광, 종교관광, 민족관광, 생태관광, 요양관광, 의료관광 등이 있으며, 이러한 다양한 관광형태에 부응하는 새로운 업종들이 생겨나기도 했다.

특히 인터넷의 발달과 매스미디어의 영향으로 여행관련 정보가 다양해지고 있고, 다양한 고객의 욕구에 부응하는 많은 상품들이 쏟아져 나와 여행상품의 선택기회가 더욱 커지면서 여행상품 구매자들의 현명한 선택이 더욱 요구되고 있다.

신관광의 시대에는 기존의 노동중심적 가치관이 여가를 더욱 중요시하는 가치관으로 변화되었으며, 우리나라에 주5일 근무제가 본격적으로 시행되면서 여가생활과 여가행태에 많은 변화가 일어나게 된다. 따라서 관련 레저용품이나 지도자에 대한 수요 증가가 예상되며, 외식업계, 여행업계, 항공업계 등 전반적인 관광분야의 발전과 신규인력의 채용 증가가 예상된다.

또한 최근 직장인들의 주말을 이용한 단기 국내외여행, 연수, 대학생들의 배낭여행과 어학연수, 계절 스포츠(스키, 수상스포츠 등) 등을 경험한 계층이 상대적으로 많아져 생활양식과 가치관에 많은 변화가 일어나면서 전반적인 '삶의 질'이 여가와 관광활동을 통해 더욱 높아지고 있는 것이 사실이다. 하지만 관광이라는 행태는 기본적으로 시간적인 여유와 더불어 경제적인 여유가 있을 때 비로소 발생될 수 있는 것이므로 부유층과 서민층 간의 격차가 더욱 표면화될 수 있어 계층 간의 위화감과 상대적 박탈감을 느낄 기회가 더욱 많아지고 있어 사회적인 문제로 부각될 소지가 많다.

제2절 세계의 관광사

1. 고대 그리스시대

서양 관광사의 첫번째 시기는 고대 그리스시대의 관광으로 그 당시의 관광의 주요 동기는 체육, 요양(보양), 종교의 세 가지 형태였다. 체육활동을 위한 관광은 주로 아테네의 고대 올림픽을 참관하기 위한 이동이었고, 요양(보양)을 위한 관광활동은 귀족들이 온천과 휴양지에서 휴식을 취하고 건강을 회복하기 위한 이동으로 이러한 장소로는 '에게해의 델로스섬'이 있다. 그리고 종교적인 목적으로의 관광은 아폴로, 제우스, 헤파이토스 신전으로 참배를 하거나 순례여행을 한 것으로 알려지고 있다.

고대 그리스 시대의 숙박형태는 주로 민박을 하였는데, 그 당시의 여행자들은 제우스신의 보호를 받는 신성한 사람으로 여겨 환대하는 정신이 오늘날의 환대정신(hospitalitas)의 기원을 이루었다.

2. 로마시대

로마시대의 경제적 · 정치적 안정을 바탕으로 발달된 해상교통과 도로망, 화폐소지를 통해 관광의 행동반경이 넓어지고, 학문적 발달을 바탕으로 지식수준이 높아지면서 미지의 세계에 대한 관심이 커지면서 관광이 더욱 발전하게 되었다.

로마시대는 고대그리스 시대와는 상당한 변화를 보인 시기이다. 그리스시대의 주요 동기가 종교적인 목적이라면 로마시대에는 종교적인 목적뿐만 아니라 요양, 식도락이나 예술, 문화 등 더 다양한 형태의 관광이 생겼다. 로마시대에는 사람들이 맛있는 식사를 즐기는 식도락이 많았고, 이들이 각지에서 식사때 포도주를 즐기면서 여행하는 식도락관광(gastronomia)은 당시의 유행이 되었다. 하지만 이와 같은 미식으로 상당수 사람들이 비만으로 고생했고, 이것을 치유하기 위한 목적으로 인근의 온천 등의 휴양지를 찾아 떠나는 사람들이 생기면서 요양관광이 생겨났다.

3. 중세시대(476년 서로마제국 멸망~1450년)

중세시대를 대표하는 것은 바로 십자군 전쟁과 성지순례(pilgrimage)의 두 가지로 요약된다. 중세시대는 주로 유럽의 역사를 중심으로 전개되었으며, 당시 중세의 유럽은 봉건영주를 중심으로 외부인들과의 교류를 피하고 치안이 부재했던 시기로 여행을 하기에 어려움이 많았던 시기였다. 현재의 중세시대에 대한 기록은 로마 패망 이후 세계사의 중심이 사라센이나 당나라, 원나라의 중국으로 옮겨졌었던 내용들이 전체적으로 고찰되지 못해 서양적인 관점으로만 기술된 한계를 드러내고 있다. 당시 원나라는 여행의 반경을 넓힐 수 있는 교통로의 발달과 지폐의 발명 등으로 여행이 발달될 수 있었던 사회적인 여건을 충분히 갖추고 있었다.

중세시대에 관광이 발전하게 된 계기는 1096년부터 1270년까지 계속된 십자군 원정이었다. 십자군 전쟁은 중세에서 근대로 넘어가게 된 획기적인 사건으로 당시 최고의 기독교 성지인 예루살렘이 회교도에 의해 점령당하자 이를 탈환하기 위해 벌인 가톨릭과 회교도 간의 종교전쟁이다. 끝내 예루살렘의 성지를 탈환하지 못했으나, 십자군 전쟁을 통해 인도의 향료와 페르시아의 카펫 등 동양에 대한 풍물이 소개되고, 귀국한 병사들에 의해 전해진 동양에 대한 이야기는 동방에 대한 호기심과 여행에 대한 욕구를 갖게 하였다. 특히 마르코 폴로의 '동방견문록'은 신천지와 동양문명에 대한 호기심을 증대시키는 데 결정적인 역할을 했던 저서였다.

중세시대 관광의 보편적인 형태는 순례여행으로서 주로 귀족층의 가족이 수도원에서 잠을 자면서 치안에 불안을 느껴 기사단의 보호를 받았던 종교적인 여행이었다.

4. 근대관광(Modern Tourism)

근대 14세기말부터 16세기 사이에 일어난 문예부흥기(Renaissance)를 맞아 괴테와 쉘러, 바이런 등의 대문호의 여행작품은 일반인들의 여행욕구를 자극했으며, 귀족의 자제들은 지식과 교양을 함양하고자 인근의 국가로 교육적인 여행을 떠나는 것이 유행이었는데, 이것은 '그랜드투어(Grand Tour)'라고 불렸다.

1764년 영국에서 시작된 산업혁명은 사회의 일대 변혁을 가져왔는데, 특히 관광분야에서는 철도의 증기선, 역마차 등 교통수단의 발달로 여행의 편리성이 크게 향상되면서 관광이 대중화되는 계기를 마련하였다. 특히 영국에서 1850년에 철도망이 거의 완성되었고, 이러한 철도의 발달은 관광의 획기적 발달의 원동력이 되었다. 당시 '토마스 쿡(Thomas Cook)'이라는 영국의 목사가 1841년 금주동맹회의 참가자를 대상으로 모객하여 단체전세열차 운영을 처음으로 시도했고, 단체관광의 할인에 의한 최초의 여행업을 시작하였다. 따라서 토마스 쿡은 여행업의 창시자이자 '근대관광산업의 아버지'로 불리고 있다. 토마스 쿡은 그의 아들과 함께 최초의 여행사인 "Thomas Cook and Son Co."를 설립하였다. 토마스 쿡과 함께 미국의 대표적인 여행사인 아메리칸 익스프레스사(American Express Co.)는 초기 역마차회사로 설립되어 운송과 우편업무를 시작하였고, 1891년 여행자수표(Traveler's Check) 발매 등의 업무로 현재 세계 최대의 여행업체가 되었다.

또한 19세기에는 본격적인 상업적 숙박시설인 호텔(hotel)이 온천지를 중심으로 등장하기 시작했다. 당시 유명한 호텔로는 독일 바덴바덴의 바디셰 호프, 하이델베르크의 유로페이셰, 파리의 그랑호텔 등이 있다. 19세기 후반부터는 미국의 호텔사업도 스타틀러, 부머, 힐튼을 중심으로 대형화와 근대화가 시작되었다.

미국여행 발전의 원동력은 바로 도로의 발달이며, 이를 기반으로 자동차와 버스가 등장하여 미국 전역을 편리하게 여행할 수 있게 되었다. 이후 자동차는 미국문명의 대표적인 상징이 되었으며, 자동차 여행자를 위한 간단하고 저렴한 숙박시설인 모텔(motel)이 생겨나기 시작하였다.

5. 현대관광(제2차 세계대전 이후~현재)

근대의 주요 교통수단이 철도와 선박이었다면 제2차 세계대전 이후 현대관광 시대의 주요 교통수단은 항공기와 자가용, 코치(coanh · 대형관광버스), 렌터카 등이라 할 수 있다. 물론 철도와 선박의 교통수단으로서의 가치가 사라지지 않았지만(고속철도, 유람선 등), 근대관광에서의 핵심적인 역할 측면에서 보면 그 중요성이 조금은 퇴색된 면이 없지 않다. 국제관광의 경우 원거리를 가장 빠르게 목적지에 도달할 수 있게 한다는 점에서 항공기의 가치는 타의 추종을 불허할 정도로 현대관광에서 가장 중요한 교통수단이다. 그리고 자동차 등의 교통수단은 철도의 역이나 선박의 항구시설 등이 없이도 자신이 원하는 시기에 기동성 있게 원하는 목적지에 도달할 수 있다는 점에서 근거리 교통수단으로서 그 가치가 돋보인다.

제2차 세계대전 이후 세계경제는 급속도로 발전하면서 경제수준이 향상되고 부가 축적되면서 많은 사람들이 여행을 할 수 있는 경제성이 향상되었고, 경제발전의 여파로 환경이 오염되면서 자연으로 도피하려는 욕구가 커지고, 여행을 하고자 하는 절대적인 인구가 많아지면서 대중관광(mass tourism)의 시대가 도래하였다. 또한 가치관이나 사회적인 인식의 변화, 여성의 사회참여 등의 변화는 관광에 대한 욕구를 더욱 증폭시켰다. 이외에도 항공기, 자동차, 대형관광버스(coach), 고속철도, 호화여객선 등 다양하고 쾌적한 교통수단의 발달은 관광을 보편화시키는 데 절대적인 기여를 하였다.

제2차 세계대전 이후 각국이 관광의 중요성을 인식하면서 적극적으로 관광객을 자국으로 유입시키려는 관광정책을 입안하여 치열한 유치경쟁을 펼치기 시작했는데, 이 시기부터는 국제관광(international tourism)의 중요성이 본격적으로 부각된 시기로 볼 수 있다.

한편, 관광의 소외계층에 대해 국가가 정책적 지원을 하는 복지관광(social tourism)이 대두되면서 관광의 혜택을 받지 못하는 계층에게 국가가 적극적으로 일련의 지원책을 마련해 주기 시작하였다. 이러한 복지관광 정책으로는 유스호스텔이나 국민휴가촌 등의 숙박시설 건설 및 이용료 지원, 철도나 항공기의 이용요금 할인제도 등이 있다.

제3절 한국의 관광사

우리나라의 관광사는 크게 해방 이전과 해방 이후의 두 부분으로 나누었다. 해방 이전은 삼한시대, 삼국시대와 고려시대, 조선시대, 19세기말~일제시대를 한꺼번에 간략하게 살펴보고, 해방 이후(1945년 이후)부터는 1945~1960년 이전, 1960년대, 1970년대, 1980년대, 1990년대, 2000년대 이후로 시대별로 구분하여 살펴보기로 하겠다.

1. 해방 이전(~1945년)

삼한시대에 한자의 유입은 기원전 300년으로 추정되고, 당시의 관광의 형태로는 놀이공동체로서의 축제나 부락제 등이 있는데, 이러한 예로는 부여의 영고, 동예의 무천, 마한의 5월, 10월 축제 등이 있다.

삼국시대에는 임금이나 관료, 승려와 학생 등의 특권층의 여행이 허락되었는데, 관료나 사신들은 정치, 외교 등 공적인 목적으로 신년하례, 화친, 왕위책봉 등으로 중국을 방문하였고, 귀족의 자제와 화랑도들은 신체단련과 수렵, 산천구경 등의 목적으로 비공식적 여행을 하였다. 그리고 일반 평민들은 종교적인 사찰행사나 민속행사에 참가하거나, 무속 신앙적 산신각에 참배하는 등의 부분적인 여행이 행해졌다. 특히 삼국시대에 불교가 전래되면서 종교적인 목적의 사찰관광형태의 순례여행이 생기기 시작하였다. 그리고 통일신라시대에는 청해진(지금의 완도)에 청해관이 설치되어 무역관으로서 기능을 하였으며, 이 외에도 중국 산둥반도에 신라관, 발해관이 운영되기도 하였다.

고려시대에는 통일신라 때의 사찰연계 도로망이 더욱 발달되었는데, 전국에 22개의 도로망과 528개의 역참이 생기면서 평민들의 이동이 점점 늘어나게 되었다. 하지만 고려시대는 철저한 신분제 사회로 여행을 할 수 있었던 계층은 귀족층과 그 자제들로 한정되었는데, 이들은 국내외로 유학, 명산사찰, 유람, 사냥, 활쏘기와 격구 등을 즐겼다.

조선시대는 유교를 숭상하는 철저한 신분제 사회였지만 양반들의 단체여행뿐 아니라 평민들에게도 부분적인 여가활동이 시작된 시기였다. 숙박형태도 이용계층과 용도에 따라 다양한 형태가 있었는데, 관용여행자를 위한 역(驛), 일반평민들이 이용하는 여사(旅舍), 가난한 사람들에게 음식과 약을 제공하던 사리원, 조치원 등의 원(院), 대중적인 여관형태로서 주막, 상인들이 주로 사용했던 객주와 여각, 사신들의 숙소인 벽제관, 북평관, 왜관 등의 관(館) 등이 있었다.

우리나라는 1876년 일본에 의해 강제로 문호가 개방되면서 관광도 서서히 근대적인 면모를 갖추게 되었다. 개방과 더불어 부산, 원산, 인천의 세 곳의 항구가 개항되었고, 열강들이 통상과 접촉을 시도하면서 많은 숙박시설들이 생겨나기 시작하였다. 이 시기에 근대적인 호텔과 여관이 등장했는데, 우리나라의 최초의 호텔은 인천에 세워진 대불(大佛)호텔로 1888년에 3층으로 지어졌다. 이외에도 스튜어드 호텔(대불호텔 맞은편, 2층)과 하남호텔(이화여고 정문 맞은편)이 세워졌다.

우리나라 최초의 호텔은 대불호텔이었지만 서울에 근대식으로 지어진 호텔은 손탁(孫澤)호텔(1902년)이다. 프랑스계 독일 여인 손탁(Antoinett Sontag)은 러시아공사의 처형으로, 1896년 아관파천(俄館播遷) 시 고종황제를 잘 보필한 공을 치하하여 서울 정동에 왕실 소유의 대지 184평 규모의 땅을 하사받아 2층 양옥을 지었고, 1층은 보통 객실, 식당과 회의장을, 2층은 귀빈실을 마련하였다. 손탁호텔은 궁중과 상류층에 서양의 문물을 보급하였고, 서재필 등의 독립운동을 지원했으며, 당시 유명한 개화 인사들이 출입하던 장안의 명소로 전해진다. 손탁호텔은 한 동안 이화여고의 교사(校舍)로 사용되다 1975년 화재로 소실되어 지금은 그 자리만 남아 있다.

일제시대에는 한반도에 거주하고 있는 일본인들의 이동권과 한반도를 대륙 침략의 발판으로 삼기 위해 철도를 건설하였고, 철도여행자를 위한 철도호텔이 세워졌다. 이러한 철도호텔로는 1914년에 서울에 조선호텔, 1915년 금강산호텔과 장안사호텔, 그 이후 1925년에 평양호텔과 1936년에 당시 최대 규모였던 반도호텔(현 롯데호텔 자리, 8층, 111실)이 세워졌다. 그리고 일본여행업협회 조선지사가 1912년에 설치되었고, 일본교통공사의 전신인 JTB(Japan Tourist Bureau) 한국지사가 1914년에 개설되어 일본인의 여행 편의를 도모하였다.

2. 해방 이후

1) 1945년~1960년

1947년 대한민국항공사(KNA)가 창설되었고, 1949년 미국 노스웨스트 항공사가 국내 최초의 외국민간항공사로 시애틀 - 도쿄 - 서울 노선에 취항하였으나, 국가의 전반적인 관광의 수용태세는 갖추어지지 않았다. 특히 1950년 6 · 25 전쟁으로 국토가 초토화되면서 관광은 한동안 단절되었고, 그나마 일제시대 때 세워진 철도호텔 중 피해를 입지 않은 일부 호텔들이 우리나라에 주둔하고 있는 주한 UN군들을 위한 휴식처를 제공하는 정도로만 사용되었다. 1957년에 설립된 '코리아하우스(한국의 집)'도 주한 UN군들의 환영회 개최장소로 사용되었다.

1954년 2월 17일에 교통부 육운국에 최초로 '관광과'가 설치되어 한국관광의 행정조직이 갖추어졌으며, 1957년에는 교통부가 세계관광기구의 전신인 국제관설관광기구(IUOTO)에 정회원으로 가입하였다. 그리고 1953년에는 「근로기준법」이 제정되면서 모든 근로자에게 12일 간의 유급휴가를 보장하는 법적인 조치가 마련되었다. 1958년에는 온양, 해운대, 불국사 등에 철도호텔을 개업했고, 미비하나마 관광버스와 관광직행열차 운행, 관광선전 등의 관광행정업무가 시작되었다.

2) 1960년대(관광산업의 기반 조성기)

1960년대는 한마디로 '관광산업의 기반이 조성된 시기'로 볼 수 있다. 한국관광 발전사에 가장 의미있는 일은 1961년 8월 22일 「관광사업진흥법」이 제정 · 공포되면서 관광법규의 기틀이 마련된 것이다.

다음 해인 1962년에는 국제관광공사(현 한국관광공사)가 설립되어 외래관광객 유치를 위한 해외선전과 관광객의 편의를 제공하는 등의 해외진흥사업을 본격적으로 수행하였다. 국제관광공사는 해외진흥사업 외에도 워커힐, 조선, 반도호텔 등과 대한여행사와 아리랑택시도 직접 운영하여 우리나라 관광사업의 토대를 구축하였다. 그리고 같은 해에 관광통역안내원 자격시험도 실시되었다.

1963년에는 교통부의 '관광과'가 '관광국(기획과, 업무과)'으로 승격되면서 관광행정의 범위와 권한이 확대되었다. 그리고 같은 해에는 대한관광협회(현 한국관광협회중앙회)가 설립되었고, 경희초급대학(경희호텔전문대학의 전신)과 경기초급대학에 관광과가 개설되었다.

1964년 일본 해외여행 자유화 조치와 1965년 한 · 일 국교정상화로 많은 일본인 관광객들이 한국을 방문하기 시작하여 기존의 주요 방한시장이 미국시장에서 일본시장으로 바뀌게 되는 계기가 마련되었다. 같은 해 4월 제14차 아시아 · 태평양관광협회(PATA) 총회가 개최되었고, 관광정책심의위원회의 규정도 공포되었다. 1966년에는 관광공사와 관광협회, 대한항공이 EATA(舊 동아시아관광협회, 現 ATMA(아시아관광마케팅협회))에 가입하였고, 1967년에는 지리산을 최초의 국립공원으로 지정했으며, 1969년에는 대한항공공사가 한진상사에 민영화되어 오늘날의 대한항공이 탄생하였다.

3) 1970년대(관광산업 육성시기)

1970년대는 관광산업을 국가의 주요 기간산업으로 적극 육성한 시기이다. 1970년대에는 국립공원과 도립공원이 지정되었고, 1971년 경부고속도로 개통을 계기로 전국의 관광지 개발이 활기를 띠기 시작하여 수도권 중심의 관광이 지방으로 확산되었는데, 관광공사를 중심으로 1971년에 경주의 보문단지, 1973년에 설악동 단지개발사업이 착수되었다. 그리고 70년대에는 일본인의 방한이 늘어나면서 외화획득에 상당한 기여를 하였다.

1972년에는 「관광진흥개발기금법」이 제정되었고, 관광국의 기구가 개편되어 기획과,

진흥과, 지도과, 시설과가 설치되었고, 같은 해 9월 한국관광학회가 창립되었다. 1973년에는 대한관광협회중앙회가 한국관광협회로 이름을 개칭하였다.

1975년에는 경제장관간담회에서 관광산업을 국가의 주요 전략산업으로 지정하여 수출상품에 준하는 각종 세제혜택 부여 등의 대폭적인 지원으로 관광산업이 도약할 수 있는 기초를 마련했다. 그리고 1975년 12월 31일에는 우리나라 최초의 관광법규인 「관광사업진흥법」을 발전적으로 폐지함과 동시에 「관광기본법」과 「관광사업법」으로 분리 제정되었다.

1978년에는 외래관광객 100만명을 유치하고 관광수입 4억불을 획득함으로써 관광입국의 기반을 다지게 되었다.

4) 1980년대(국민관광사업의 초석)

1980년대는 1960년대와 1970년대의 외래관광객 유치중심의 국제관광사업 뿐만 아니라 국민관광 진흥사업을 동시에 수행한 시기로 볼 수 있다. 특히 경제성장에 힘입어 우리나라 국민들의 경제소득이 향상되고 국민관광을 하기 시작하면서 국민관광정책 입안사업을 본격적으로 수행하기 시작하였다. 그러한 측면에서 1982년에는 국제관광공사를 한국관광공사(KNTC)로 명칭을 변경하여 외래관광객 유치사업과 국민관광 진흥사업을 수행토록 하였다.

1980년대 시기별로 중요한 사안에 대해 살펴보면, 일본관광객 방한을 촉진하고자 1980년에 제주도를 무사증(No Visa)지역으로 지정하였고, 제주 중문관광단지 개발사업을 시작했으며, 1981년에는 해외여행을 부분적으로 허용하였다. 1983년 해외여행 연령을 50세 이상 허용했으며, 같은 해 미주여행업협회(ASTA) 총회를 개최함으로써 기존의 미국과 일본시장 일변도에서 외래객의 다변화를 도모하는 계기를 마련하였다. 이외에도 1985년 IBRD/IMF 총회, 1986년 ANOC 총회와 아시안게임, 88년 서울올림픽을 개최하였고, 1988년에 외래관광객 234만명을 유치함으로써 외래객 200만명 시대를 맞이하였다. 1989년에는 해외여행 전면 자유화가 실시되었고, 같은 해 아시아나항공이 개항함으로써 복수민항시대가 개막되었다.

5) 1990년대(대량국민관광시대)

1990년대는 대량국민관광시대가 개막이 된 시기이다. 1990년대는 국민경제의 급속한 성장으로 국민소득 향상, 여가시간 증대, 가치관의 변화 등으로 국내외 관광수요가 크게 증가하였다(김병용, 2013). 1991년 외래관광객이 300만명을 돌파하였고, 1992년 중국과의 외교정상화를 통해 중국과의 사회문화적인 교류의 물꼬를 트게 되었다. 1993년에는 제19차 동아시아관광협회(EATA) 총회를 개최하였고, 내외국인 관광객이 1,400만명 참가한 대전 엑스포 국제이벤트를 개최하였다.

1994년에는 아시아 · 태평양관광협회(PATA) 연차총회, 관광교역전과 세계지부회의 등의 3대 행사 개최와 '한국방문의 해(Visit Korea)'사업을 추진하였다. 그리고 종래 「사행행위등 규제 및 처벌특례법」에서 사행행위영업(射倖行爲營業)으로 규정하여 온 카지노업을 1994년 8월 3일 「관광진흥법」 개정 때 관광사업의 일종으로 전환 규정하였고, 1994년 12월에는 정부조직 개편에 따라 그동안 교통부장관(육운국)이 관장하고 있던 관광업무가 문화체육부장관(관광국)으로 이관되었다.

1998년에는 외래관광객 425만명을 유치하여 외래관광객 400만명 시대를 맞이했고, 중국인 단체관광객 제주 무비자 입국과 러시아 관광객의 무비자 입국 및 복수비자 허용 등 획기적인 제도개선을 추진하여 관광선진국으로서의 입지를 강화하였다. 또한 1998년 말에 2,764억원의 관광기금이 조성되어 관광산업 진흥을 위한 자금이 확보되었다.

1999년 관광진흥확대회의 개최를 통해 관광관련 규제를 완화하고 관광진흥법령을 개정하여 총 20여개의 규제를 폐지하고, 19건의 규제를 완화하는 등 관광산업발전을 위한 토대를 구축하였다.

6) 2000년대~현재(아시아 관광중심국으로 도약)

2000년대는 아시아의 관광중심국으로 도약하는 시기이다. 2000년 외래관광객 500만명을 유치하였고, 그 해 10월 아시아 · 유럽정상회의(ASEM)를 성공적으로 개최하였다. 2001년 세계관광기구(UNWTO) 총회와 한국방문의 해 개최를 통해 전반적인 관광수용태세의 전면적인 개편을 이루었다. 2001년 인천신공항이 개항하여 동북아의 허브공항으로서 역할을 하게 되었으며, 2002년 6월 한 · 일 월드컵 공동 개최 및 2002년 부산 아시안게임 등 국제행사를 유치함으로써 대규모 관광객 유치는 물론, 한국의 대외이미지 제고에 크게 기여하였다. 2004년에는 2000년대 초부터 불기 시작한 한류열풍이 최고조에 달하였고, 고속철도 KTX의 개통 및 대형 국제회의 유치 등 외래관광객 유치를 위한 여러 기회요인을 맞이하였다. 하지만 대외적으로는 2003년 사스(SARS) 및 신종플루, 이라크 전쟁 등 국제정세는 관광산업에 악재로 작용하였고, 특히 2004년 12월 일본의 '쓰나미(지진성 해일)' 피해로 일본시장에 큰 부정적 영향을 주었다.

한편, 국내관광산업도 주5일근무제 실시에 따라 국내관광이 활성화되고 내국인의 해외여행도 급증하는 등 2000년대 우리나라 관광산업은 새로운 도약의 기회를 마련하였다. 대외적인 관광산업의 위기에도 불구하고 한국은 2005년 외래관광객 600만명을 돌파하여 지속적인 성장세를 보였다. 2007년에는 한국관광공사를 중심으로 중저가 숙박시설인 '굿스테이(Goodstay)'와 중저가 숙박시설 체인화 모델인 '베니키아' 체인화 사업운영을 시작하여 중저가 숙박시설 공급에 새로운 판로를 개척하였다. 2008년에는 '관광산업의 선진화 원년'을 선포하여 관광산업의 국제경쟁력 강화를 위해 '서비스산업 경쟁력 강화 종합대책'을 수립하면서 정부차원의 지원이 추진되었다. 2009년에는 외래관광객 700만명을 유치하였고, 관광수지가 흑자로 전환되었다.

2010년 이후에는 MICE, 의료관광, 공연관광 등 고부가가치 관광산업을 집중적으로 육성하고, 외래객 수용태세 개선을 위해 관광안내 서비스 품질, 서비스 정신 제고, 안전한국 캠페인 등을 실시하였으며, 관광숙박시설 확충 및 쇼핑관광 활성화를 도모하였다. 2010년 G20 서울 정상회의를 개최하였고, 한국방문의 해(2010~2012)를 맞이하여 관광목적지로서의 관광한국의 위상을 높이기 위해 노력한 결과, 2012년(11월 21일)에는 외래관광객 1천만명의 관광대국의 반열에 진입하는 쾌거를 이루어 냈다. 특히 한류 열풍, 일본 대지진, 환율가치 하락, 중국 · 일본간 갈등, 관광마케팅 노력에 힘입어 중화권 특히 중국관광객이 대거 유입하는 현상은 매우 고무적이다.

2013년에 들어와서는 외래관광객 1,200만명을 돌파하였고, 2014년에는 전년 대비 16.6%의 성장률을 보이며 1,400만명을 돌파하여 역대 최고 규모를 기록하였으나, 2015년에 들어와서는 메르스(MERS, 중동호흡기증후군)의 영향 등으로 전년 대비 6.8% 감소한 1,323만명을 기록하여 외래관광객 유치에 위기를 맞기도 했지만, 2016년에 들어와 전년 대비 31.2% 증가한 1,723만명을 유치함으로써 역대 최고치를 기록하였다. 이러한 성과는 더욱 수준 높은 서비스를 제공하기 위해 힘써온 관광업계의 노력과 관광분야를 5대 유망서비스산업으로 선정하여 집중적으로 육성해온 정부의 지원이 어우러진 결과라 할 수 있다.

그러나 2017년에는 중국국가여유국의 한국여행상품 판매 및 방한 단체여행 제한의 영향 등으로 전년 대비 22.7% 감소한 1,333만명을 기록하였으나, 2018년에 들어와서는 전년 대비 15.1% 증가한 1,535만명을 기록함으로써 다시 증가추세를 보이고 있다.

이에 따라 문화체육관광부를 비롯한 관광관련 단체들은 외래관광객 2천만명 시대를 앞당기기 위해 이에 걸맞은 관광수용태세를 완비하고, 국민의 삶의 질을 높일 수 있는 여건조성을 위해 다양한 정책과 사업을 추진하고 있다.

제3장 관광정책 및 관광행정조직

제 3 장

관광정책 및 관광행정조직

제1절 관광정책의 의의와 기본이념[1]

1. 관광정책의 의의

관광정책이란 한 나라가 관광이라는 사회현상에 대해서 강구하는 시정(施政)의 방향과 기본시책을 말한다. 따라서 관광정책은 정부의 관광에 대한 이념 혹은 관점에 따라 크게 달라진다. 관광의 보이지 않는 무역적 측면을 중시하는지, 국민의 관광행동을 생활의 질로서 촉진시킬 것인지, 혹은 관광을 지역진흥의 수단으로 생각하는지 등에 의해 정책의 방향이 달라진다. 특히 현대에서는 관광과 환경과의 관계, 소비자로서의 여행자의 보호, 관광자원으로서의 문화유산이나 자연환경의 보호 등도 관광정책에 포함된다. 관광정책은 이념이며 총론을 의미하므로 실행이나 각론에 상당하는 행정(行政)은 많은 기관에 별도로 맡겨져 있는 것이 현실이다.

관광정책의 개념에 관하여는 학자에 따라 정책목적이나 관점 그리고 연구방법에 따라 각기 다르게 정의를 내리고 있다. 그동안 여러 학자들에 의하여 정립된 학설들을 종합해 보면, 첫째, 관광정책은 그 주체가 개인이나 사적 집단이 아니라 공공기관이라는 점이다. 둘째, 관광정책의 목표는 관광문제에 대한 해결이나 공익을 달성하는 것이다.

1) 김미경 외 5인 공저, 관광학개론(서울: 백산출판사, 2017), pp.147~153.

셋째, 관광정책은 주로 정치적 · 행정적 과정을 거쳐서 이루어진다. 넷째, 관광정책은 이루고자 하는 관광목표로서의 성격과 관광에 대한 미래지향적인 성격을 지니고 있다.

이러한 관점에서 볼 때 관광정책이란 "한 나라의 관광행정활동을 종합적으로 조정하고 추진하기 위한 시정(施政)의 기본방향을 명시한 일련의 정책"이라고 정의할 수 있다. 그리고 관광정책은 그 대상에 따라 국내관광정책과 국제관광정책으로 나누어 실시되고 있는데, 전자는 한 나라의 정부가 국내관광의 진흥을 위하여 실시하는 정책이며, 후자는 한 나라의 정부가 국제관광의 진흥을 위하여 실시하는 정책으로 이해되고 있다.

2. 관광정책의 기본이념

1) 관광정책의 기본목적

관광정책이란 국가나 공공단체가 관광이라는 사회현상에 대하여 강구하는 정책을 가리키는 말로서 관광을 장려하고 진흥시키려는 정책을 의미한다. 관광정책의 목적이 관광정책의 이념을 실현하기 위해서 설정되어지는 수단이라면 관광정책의 목표는 관광정책의 목적을 보다 구체화한 것이다.

관광이 관광정책의 대상으로 취급될 수 있었던 것은 제1차 세계대전 이후의 일이며, 유럽 여러 나라의 정부가 관광의 경제적 효과에 주목하게 되면서부터 시작되었다. 즉 외국에서 온 여행자의 소비가 외화획득이 되어 국가경제에 이바지한다는 사실이 인식되면서 국가 간에 경쟁적으로 외국인 관광객의 유치에 나섰던 것이 관광정책의 시작이었던 것이다.

이 당시 관광정책에 관한 연구는 대체로 관광소비의 경제에 관한 문제에 집중되었는데, 그것은 국제관광이 한 나라에 가져다 주는 경제적 이익을 위해 여러 가지 정책들을 추구하는 것이 관광정책에 부과된 과제였기 때문이다. 이와 같은 사실에 입각해 볼 때, 국가나 공공단체가 관광정책을 실시하게 된 목적은 관광사업을 진흥시킴으로써 '외화획득(外貨獲得)'이라는 이념을 실현시키려는 데 있었던 것이다.

외화획득에 의해 국제수지(國際收支)를 개선하는 일은 어떤 나라이건 바라는 바이기 때문에 오늘날에도 각 나라에서는 이러한 관광정책을 실시하고 있는 것이 사실이다. 그렇지만 국제수지 개선만을 위주로 관광정책을 실시한다면 한 나라의 흑자는 다른 나라의 적자를 의미하게 되므로, 결국 관광사업은 각 나라가 외래관광객으로부터 외화를 벌어들이는 것을 의미하게 된다. 이와 같은 관점에서 본다면, 자국민의 해외여행을 가능한 한 억제시키고 어떻게 해서든지 외국인관광객을 유치하는 정책이 되기 때문에 외화획득에 의한 국제수지의 개선이라고 말하는 관광정책의 이념에는 문제가 있다. 반드시 관광수지가 흑자인 나라만이 바람직한 국가는 아니기 때문이다. 예를 들어 미국이나 독일의 경우 심한 적자인 때에도 자국민의 해외여행을 권장하고 있는 점을 감안한다면, 관광수지가 흑자인 때에도 해외여행을 허용하지 않는 나라가 그리 자랑스러운 것만은 아니다. 그 나라의 국민이 외국에 여행하여 외화를 쓰더라도 무역이나 문화 등에서 그 이상의 성과를 올린다면 오히려 그 편이 효과가 더 클 수 있다. 그러므로 외화획득만을 관광정책의 이념으로 내세울 수는 없는 것이다.

오늘날 관광은 국제관광이 가져오는 국제수지 외에도 국제친선(國際親善)이라는 효과와 국내관광이 가져오는 국민후생(國民厚生) 등의 효과에도 기여하고 있으므로 현대에 있어서 관광정책의 이념은 국제간에 상호 이해와 협력을 포함한 국제친선과 보건 및 교육을 포함한 국민후생의 증진에 있다고 하겠다. 더구나 국제관광이 국제친선에 의하여 평화에 이바지한다는 것은 국제연합이 1967년을 "국제관광의 해"로 지정했을 때의 "관광은 평화로 가는 패스포트"라는 슬로건에도 명시되어 있는 것처럼 국제간의 관광왕래가 국제관계 개선과 평화를 유지하는 데 큰 역할을 하고 있다고 말할 수 있다.

다음으로 국민후생이라는 이념이 외화획득이라는 이념에 비한다면 훨씬 늦게 제기된 것이지만, 이러한 입장을 가장 잘 표현한 것이 복지관광이다. 복지관광이란 오늘날 관광이 국민후생에 큰 효과를 가지고 있음에 주목하여 정부나 지방공공단체가 관광을 활발하게 하기 위해서 여러 가지의 시책을 취하는 일과 관광을 국민 일반의 것으로 넓혀 나가고자 하는 생각을 말하는 것이다.

국가나 공공단체는 관광사업을 진흥시킴으로써 국제친선, 국민후생과 같은 관광정책의 이념을 실현하려는 것이나, 관광사업은 그 영향이 관광객의 효용에만 미치는 것이 아니라 사업이 가져올 경제적 · 사회적 효과에까지 미치는 것이기 때문에, 단지 관광정책의 목적을 관광사업을 진흥시키기 위한 것에 초점을 두는 경우에는 관광의 본래적 목적인 관광객의 효용보다는 관광사업자의 이익만을 가져오게 하는 관광이 될 우려가 있다. 그러므로 관광사업은 본래의 관광목적을 확립시키고 목적에 기여하기 위하여 추진되어야만 한다. 다시 말해 관광정책의 기본목적은 단지 "관광사업의 진흥"이 아니고 "관광객의 효용을 위한 관광사업의 진흥"이라는 방향에서 고려되어야 한다고 본다.

2) 관광정책의 기본이념

관광정책의 기본목적은 "관광객의 효용을 위한 관광사업의 진흥"이라는 방향에서 고려되어야 한다고 앞에서 설명하였다.

관광객의 효용을 위한 관광사업을 진흥시키기 위해서는 무엇보다도 먼저 관광의 의의와 효과에 대한 올바른 이해가 필요하다. 관광은 관광행동 자체가 효과를 가지는 것이며, 관광가치에 의하여 생기는 본래의 효과는 관광행동의 주체자인 관광객에게 그 효과가 미치는 것이라야 한다. 사람에게는 관광을 하고자 하는 의욕이 있고, 이것을 만족시키는 데 따라 근로의욕은 증대되고, 문화적 교양도 높아지는 것이다.

하지만 관광경영의 주체인 국가 또는 공공기관에서는 관광정책을 수행하는 과정에서 국제관광을 외화획득에의 수단으로만 지나치게 의식한 나머지 관광소비자가 관광행위를 통하여 근로의욕이 증대되고 문화적 교양을 향상시킨다는 그 본래의 이념을 저버리고 국제관광에 의한 국제수지의 개선만을 중시하는 경향이 있다. 국제관광이 한 나라의 국제수지의 개선에 절대적인 요소인 것은 부인할 수 없는 사실이다. 그러나 이것은 어디까지나 관광왕래에 의하여 나타나는 효과이지 외화획득이 국제관광의 절대적인 요소가 될 수는 없다.

그러므로 국제관광정책의 기본이념은 관광객의 관광효용과 그러한 관광행동으로부터 파생되는 효과를 본질로 해야 한다. 여기에서 관광객의 관광효용이라 함은 관광행동에 의한 관광객 자신이 유익성, 곧 관광객의 만족도를 말하며, 관광행동으로부터 파생되는 효과라는 것은 관광객의 소비활동에 따라 생기는 경제적 · 사회적 영향, 즉 외화획득에 의한 국제수지의 개선, 관광왕래에 의한 국제친선의 증진 및 보건의 증진, 고용의 증대 및 사회간접자본의 개발을 통한 국내산업의 발전 등으로 국민소득향상과 조세수입 증대에 미치는 국가적 효용성을 의미한다. 따라서 관광정책을 수행하는 과정에서 국제관광에 의한 국제수지의 개선만을 중요시하는 것은 관광정책의 근본적인 이념에 어긋나는 것이다.

국제관광에 있어서 내국인의 해외여행효과가 외국관광객의 국내유치에 비해 훨씬 유리하다는 것을 생각하면 자국민의 해외여행 개방이 국제관광에 있어 오히려 이상적이고 또 그것이 합리적인 경영방법인지도 모른다. 미국이나 영국, 일본 등과 같은 선진국에서는 관광수지면에서 계속 적자를 면하지 못하고 있음에도 불구하고 자국민의 외국여행을 독려하여 관광객을 송출하는 정책을 지향하고 있다. 그 이유는 자국민이 해외여행을 통해서 얻는 효과가 관광유치면에서 외화수입이 차지하는 것과 비교하여 훨씬 더 크기 때문이다.

그러므로 국제관광정책은 관광유치에 의한 외화획득 그 자체보다도 그로 말미암아 간접적으로 나타나는 파급적인 효과를 본질적 이념으로 해야 할 것이다. 곧 국제관광정책을 수립함에 있어 외국관광객 유치에 의한 경제적 효과에만 집착하는 소극적인 정책을 지양하고 더 나아가서 자국민의 해외여행을 통하여 외국에서 자국을 널리 홍보함으로써 국위선양에 기여할 수 있는 보다 적극적인 대외관광정책이 요망된다고 하겠다.

따라서 외래관광객의 수용면에 있어서도 외화획득이라는 효과보다도 자국을 외국인에게 널리 이해시킨다는 국제관광 본래의 효과를 위주로 해야 할 것이며, 국제관광정책의 근본이념은 어디까지나 국제친선이 주된 목적이 되어야 한다. 한편, 국내관광정책의 근본이념은 국민후생이 주된 목적이 되어야 하므로 복지관광이나 관광의 대중화는 관광정책 가운데서 가장 중요한 부분을 차지한다.

제2절 중앙정부의 관광개발정책[2)]

1. 관광개발기본계획 및 권역별 관광개발계획

1) 관광개발기본계획의 수립

문화체육관광부장관은 관광자원을 효율적으로 개발하고 관리하기 위하여 전국을 대상으로 하여 관광개발기본계획(이하 “기본계획”이라 한다)을 수립하여야 한다(관광진흥법 제49조 1항). 이 규정에 따른 ‘기본계획’으로는 1990년 7월에 수립된 제1차 관광개발기본계획(1992~2001년)과 2001년 8월에 수립된 제2차 관광개발기본계획(2002~2011년)은 이미 완료되었고, 현재는 2011년 12월 26일 수립 · 공고한 제3차 관광개발기본계획(2012~2021년)을 시행하고 있다.

제1차 ‘기본계획’에서는 전국을 5대 관광권, 24개 소관광권으로 권역화하여 각각의 권

2) 조진호 · 우상철 공저, 최신관광법규론(서울: 백산출판사, 2019), pp.282~291.

역별 개발구상을 제시하였던 것이나, 이 계획을 집행함에 있어서 관광권역과 집행권역(즉 시 · 도)의 불일치로 인해 '기본계획'과 '권역계획'의 실천성 미흡 등의 문제점이 노출되었다. 이에 따라 제2차 '기본계획'에서는 이를 시정 · 개선하기 위하여 행정권중심의 관광권역인 16개 광역지방자치단체를 기준으로 관광권역을 단순화하고, 각 시 · 도별 특성에 맞는 권역별 관광개발기본방향을 설정 · 제시하였던 것이다.

그러나 이번에 수립한 제3차 '기본계획(2012~2021년)'은 제2차 '기본계획(2002~2011년)' 수립 이후 급변하는 환경변화에 대응하는 새로운 비전과 전략을 제시하며, 국제경쟁력을 갖춘 관광발전 기반을 구축하고 국민 삶의 질과 지역발전에 기여하기 위해 전국 관광개발의 기본방향을 미래지향적으로 제시하는 계획이다.

따라서 제3차 '기본계획(2012~2021년)'에서는 향후 관광개발의 기본방향과 추진전략 등을 반영하여 수도관광권(서울 · 경기 · 인천), 강원관광권, 충청관광권, 호남관광권, 대구 · 경북관광권, 부 · 울 · 경관광권(부산 · 울산 · 경남) 및 제주관광권 등 7개 광역경제권을 계획 관광권역으로 설정하였으며, 해안을 중심으로 한 동 · 서 · 남해안 관광벨트 등 6개 초광역 관광벨트도 설정하여 7개 계획권역을 연계 · 보완하였다. 여기서 초광역 관광벨트란 백두대간 생태문화 관광벨트, 한반도 평화생태 관광벨트, 동해안 관광벨트, 서해안 관광벨트, 남해안 관광벨트, 강변생태문화 관광벨트 등을 말한다.

(1) 기본계획의 수립권자 및 수립시기

'기본계획'은 문화체육관광부장관이 매 10년마다 수립한다.

(2) 기본계획에 포함되어야 할 내용

1. 전국의 관광여건과 관광 동향(動向)에 관한 사항
2. 전국의 관광수요와 공급에 관한 사항
3. 관광자원의 보호 · 개발 · 이용 · 관리 등에 관한 기본적인 사항
4. 관광권역(觀光圈域)의 설정에 관한 사항
5. 관광권역별 관광개발의 기본방향에 관한 사항
6. 그 밖에 관광개발에 관한 사항

(3) 기본계획의 수립 및 변경절차

'기본계획'의 수립은 시 · 도지사가 기본계획의 수립에 필요한 관광개발사업에 관한

요구서를 문화체육관광부장관에게 제출하면 문화체육관광부장관은 이를 종합 · 조정하여 기본계획을 수립하고 공고하여야 한다(동법 제50조 제1항). 또 문화체육관광부장관은 수립된 기본계획을 확정하여 공고하려면 관계부처의 장과 협의하여야 한다. 확정된 기본계획을 변경하는 절차도 같다(동법 제50조 제2항 · 제3항).

문화체육관광부장관은 관계기관의 장에게 기본계획의 수립에 필요한 자료를 요구하거나 협조를 요청할 수 있고, 그 요구 또는 협조요청을 받은 관계기관의 장은 정당한 사유가 없으면 요청에 따라야 한다(동법 제50조 제4항).

2) 권역별 관광개발계획의 수립

시 · 도지사(특별자치도지사는 제외)는 '기본계획'에 따라 구분된 권역을 대상으로 하여 권역별 관광개발계획(이하 "권역계획"이라 한다)을 수립하여야 한다. 다만, 둘 이상의 시 · 도에 걸치는 지역이 하나의 권역계획에 포함되는 경우에는 관계되는 시 · 도지사와의 협의에 따라 수립하되, 협의가 성립되지 아니한 경우에는 문화체육관광부장관이 지정하는 시 · 도지사가 수립하여야 한다(동법 제49조 제2항 및 제51조 제1항).

이 규정에 의한 '권역계획'으로는 제1차 관광개발기본계획(1992~2001년)에 따른 제1차 권역계획(1992~1996년)과 제2차권역계획(1997~2001년) 및 제2차 관광개발기본계획(2002~2011년)에 따른 제3차권역계획(2002~2006년)과 제4차권역계획(2007~2011년) 및 제3차 관광개발기본계획(2012~2021년)에 따른 제5차권역계획(2012~2016년)은 이미 완료되었고, 현재는 제6차 권역계획(2017~2021년)이 시행 중에 있다.

한편, 제주특별자치도의 경우 도지사가 도의회의 동의를 얻어 수립하는 '국제자유도시의 개발에 관한 종합계획'에는 "관광산업의 육성 및 관광자원의 이용 · 개발 및 보전에 관한 사항"을 포함시키고 있는데, 이 종합계획에 따라 제주권역의 관광개발사업을 시행하고 있기 때문에 제주자치도에서는 "권역계획"을 따로 수립하지 아니한다.

(1) 권역계획의 수립권자 및 수립시기

'권역계획'은 시 · 도지사(특별자치도지사는 제외)가 매 5년마다 수립한다.

〈그림 3-1〉 우리나라 7개 광역관광권

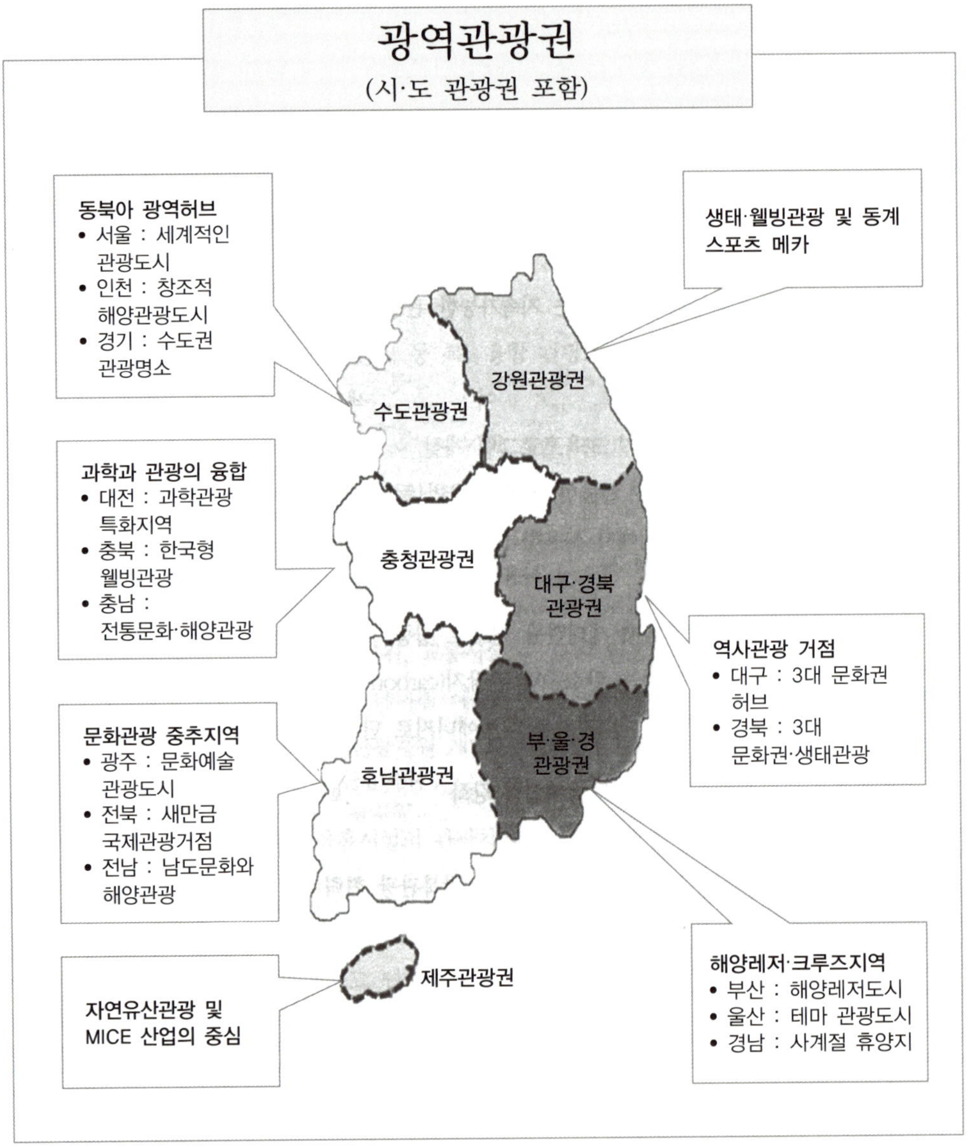

〈그림 3-2〉 우리나라 6개 초광역 관광벨트

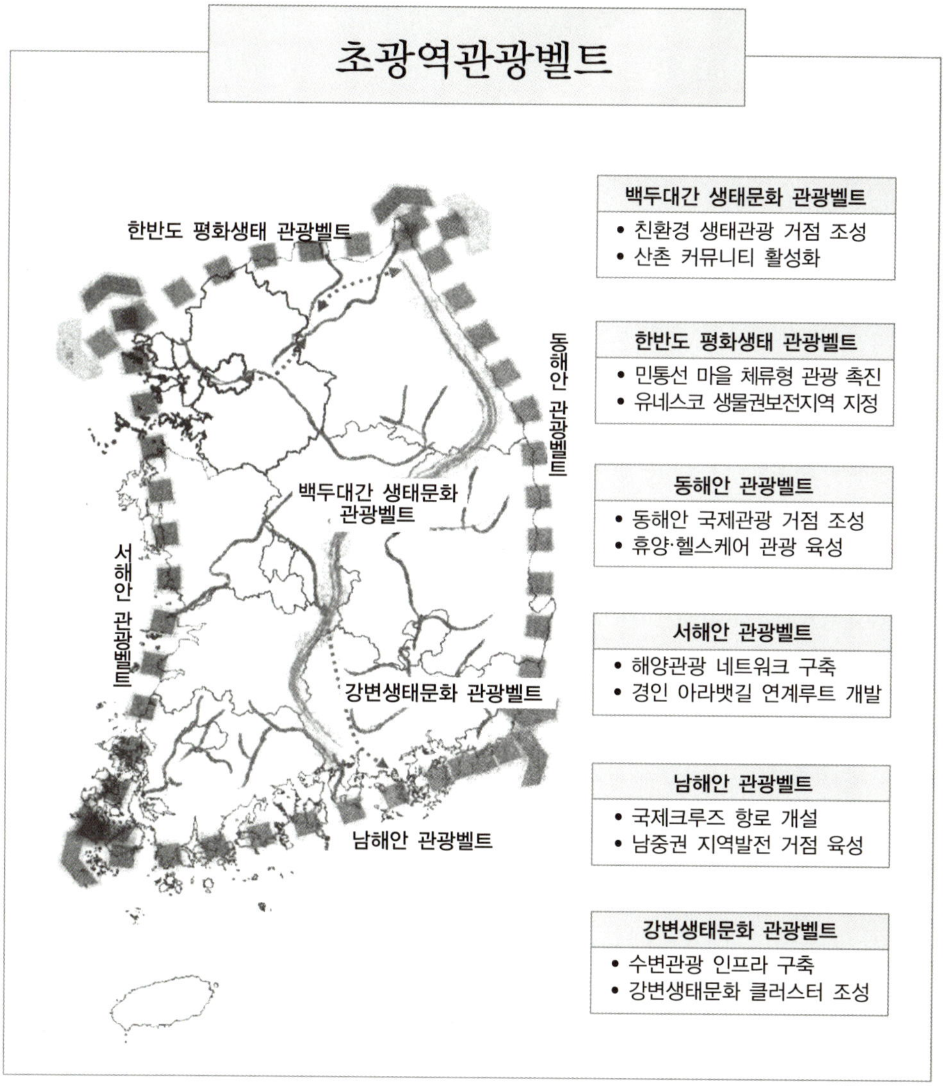

(2) 권역계획에 포함되어야 할 내용

1. 권역의 관광여건과 관광동향에 관한 사항
2. 권역의 관광 수요와 공급에 관한 사항
3. 관광자원의 보호 · 개발 · 이용 · 관리 등에 관한 사항
4. 관광지 및 관광단지의 조성 · 정비 · 보완 등에 관한 사항
5. 관광지 및 관광단지의 실적 평가에 관한 사항
6. 관광지 연계에 관한 사항
7. 관광사업의 추진에 관한 사항
8. 환경보전에 관한 사항
9. 그 밖에 그 권역의 관광자원의 개발, 관리 및 평가를 위하여 필요한 사항

(3) 권역계획의 수립 및 변경절차

① 권역계획은 그 지역을 관할하는 시 · 도지사(특별자치도지사는 제외)가 수립하여야 한다.

② 시 · 도지사(특별자치도지사는 제외)는 수립한 권역계획을 문화체육관광부장관의 조정과 관계 행정기관의 장과의 협의를 거쳐 확정하여야 한다. 이 경우 협의요청을 받은 관계 행정기관의 장은 특별한 사유가 없는 한 그 요청을 받은 날부터 30일 이내에 의견을 제시하여야 한다.

③ 이상의 절차는 확정된 권역계획을 변경하는 경우에 준용한다. 다만, 대통령령으로 정하는 경미한 사항의 변경에 대하여는 관계부처의 장과의 협의를 갈음하여 문화체육관광부장관의 승인을 받아야 한다.

2. 관광지 · 관광단지의 지정

1) 관광지

관광지란 자연적 또는 문화적 관광자원을 갖추고 관광객을 위한 기본적인 편의시설을 설치하는 지역으로서 「관광진흥법」에 따라 지정된 곳을 말한다. 정부는 자연적 또는 문화적 관광자원을 갖추고 관광 및 휴식에 적합한 지역을 대상으로 관광지를 지정하여 공공편의시설, 숙박 및 상가시설, 운동 및 오락시설, 휴양 및 문화시설, 녹지 등을 유치

하고 개발하고 있다. 그러므로 관광객이 이용하는 지역이라고 해서 무조건 관광지가 되는 것은 아니고, 「관광진흥법」에 의하여 관광지로 지정을 받지 않으면 관광지라고 할 수 없으며, 관광개발의 대상도 될 수 없다. 2018년 12월 말 기준으로 전국에 지정된 관광지는 총 227개소이다.[3)]

2) 관광단지

관광단지란 관광객의 다양한 관광 및 휴양을 위하여 각종 관광시설을 종합적으로 개발하는 관광거점지역으로서 「관광진흥법」에 따라 지정된 곳을 말한다. 2018년 12월 말 기준으로 전국에 지정된 관광단지는 총 45개소이다.[4)] 관광단지 지정을 위한 면적 기준을 현행 100만 제곱미터에서 50만 제곱미터로, 관광단지 설치시설 기준을 4종에서 3종으로 완화(공공편의시설, 숙박시설, 운동 및 오락시설, 휴양 및 문화시설에서 공공편의시설, 숙박시설, 운동 및 오락시설 또는 휴양 및 문화시설로)하였고, 민간개발업자가 관광단지를 개발할 경우 지방자치단체장과의 협약을 통해 지원이 필요하다고 인정하는 공공시설에 대해 보조금을 지원할 수 있도록 하였고, 2010년부터 보조금을 지원하고 있다.

3) 관광지 · 관광단지의 지정권자

관광지 및 관광단지(이하 "관광지등"이라 한다)는 시장 · 군수 · 구청장의 신청에 의하여 시 · 도지사가 지정한다. 다만, 특별자치도의 경우에는 특별자치도지사가 지정한다.

4) 관광지 · 관광단지의 지정절차

(1) 관광지 · 관광단지의 지정신청 등

관광지등의 지정 및 지정취소 또는 그 면적의 변경(이하 "지정등"이라 한다)을 신청하려는 자는 '관광지(관광단지)지정등신청서'에 구비서류를 첨부하여 특별시장 · 광역시장 · 특별자치시장 · 도지사 · 특별자치도지사(이하 "시 · 도지사"라 한다)에게 제출하여야 한다. 특별자치시와 특별자치도의 경우에는 기초자치단체가 없기 때문에 '도조례'나 '시조례'로 정하는 바에 따른다.

3) 문화체육관광부, 2018년 기준 관광동향에 관한 연차보고서, pp.166~167.
4) 문화체육관광부, 2018년 기준 관광동향에 관한 연차보고서, pp.168~171.

제3절 관광행정조직과 관광기구[5)]

1. 우리나라 관광행정의 전개과정

우리나라 관광행정의 역사를 살펴보면, 1950년 12월에 교통부 총무과 소속으로 '관광계'를 설치함으로써 교통부장관이 관광에 관한 행정업무를 관장하기 시작하였고, 그 후 1954년 2월에는 교통부 육운국 '관광과'로 승격시켰으며, 1963년 8월에는 육운국 관광과를 '관광국'으로 승격시켜 관광행정조직을 강화함으로써 우리나라 관광이 발전할 수 있는 기틀을 마련하였다.

1994년 12월 23일에는 정부조직 개편에 따라 그동안 교통부장관이 관장하고 있던 관광업무가 문화체육부장관으로 이관됨으로써 우리나라 관광행정의 주무관청은 문화체육부장관이었으나, 1998년 2월 28일 다시 정부조직의 개편으로 문화체육부가 문화관광부로 개칭(改稱)되면서 '관광(觀光)'이라는 단어가 정부부처 명칭에 처음으로 들어가게 되었다. 그리고 2008년 2월 29일에는 「정부조직법」 개정으로 문화관광부가 문화체육관광부로 명칭이 변경되어 현재에 이르고 있다.

이에 따라 문화체육관광부는 산하의 관광정책국(개정: 2017.9.4., 2018.8.21.)이 중심이 되어 관광진흥을 위한 종합계획을 수립 · 시행하고, 외국인관광객의 유치증대와 관광수입증대, 관광산업에 대한 외국자본의 유치증대 등을 통한 경제사회 발전에의 기여 및 국민관광의 균형발전을 통한 복지국가 실현이라는 목표를 설정하고 각종 관광산업육성 정책을 의욕적으로 추진하고 있다.

2. 중앙관광행정조직

1) 개요

국가의 중앙관광행정기관은 「헌법」 및 그에 의거한 국가의 일반중앙행정기관에 대한 일반법인 「정부조직법」 그리고 관광에 관한 특별법인 「관광기본법」, 「관광진흥법」, 「관광진흥개발기금법」 등에 의하여 설치된다.

---

5) 조진호 · 우상철 공저, 최신관광법규론(서울: 백산출판사, 2019), pp.58~72.

「헌법」과 법령에 의거한 국가의 중앙관광행정기관을 개관하면, 국가원수이자 정부수반인 대통령이 중앙관광행정기관의 정점이 되고, 그 밑에 심의기관인 국무회의가 있고, 그리고 대통령의 명을 받아 문화체육관광부를 포함한 각 행정기관을 통할하는 국무총리가 있다. 국무총리 밑에는 관광행정의 주무관청인 문화체육관광부장관이 있다.

2) 대통령

대통령은 외국에 대하여 국가를 대표하는 국가원수로서의 지위와 행정부의 수반으로서의 지위 등 이중적 성격을 갖는다.

대통령은 행정부의 수반으로서 중앙관광행정기관의 구성원을 「헌법」과 법률의 규정에 의하여 임명하고, 관광행정에 관한 최고결정권과 최고지휘권을 가진다. 또한 관광행정에 대한 예산편성권 기타 재정에 관한 권한을 가진다. 또한 대통령은 관광에 관련한 법률을 제안할 권한을 가지며, 국회가 제정한 관광관계법을 공포하고 집행한다. 그리고 그 법률에 이의가 있으면 법률안거부권을 행사할 수 있다.

한편, 대통령은 관광관련 법률에서 구체적으로 범위를 정하여 위임받은 사항과 그 법률을 집행하기 위하여 필요한 사항에 관하여 대통령령을 제정할 수 있는 행정입법권을 가진다. 대통령령으로 제정된 관광관련 행정입법으로는 「관광진흥법 시행령」, 「관광진흥개발기금법 시행령」, 「한국관광공사법 시행령」 등이 있다.

3) 국무회의

우리 헌법상 국무회의는 정부의 권한에 속하는 중요한 정책(관광정책을 포함)을 심의하는 행정부의 최고 심의기관이다. 국무회의는 대통령(의장)을 비롯한 국무총리(부의장)와 문화체육관광부장관 등을 포함한 15인 이상 30인 이하의 국무위원으로 구성된다.

국무회의에서는 관광에 관한 법률안 및 대통령령안, 관광관련 예산안 및 결산 기타 재정에 관한 중요한 사항, 문화체육관광부의 중요한 관광정책의 수립과 조정, 정부의 관광정책에 관계되는 청원의 심사, 국영기업체인 한국관광공사의 관리자의 임명, 기타 대통령 · 국무총리 · 문화체육관광부장관이 제출한 관광에 관한 사항 등을 심의한다.

국무회의는 의결기관이 아니고 심의기관에 불과하기 때문에 그 심의결과는 대통령을 법적으로 구속하지 못하며, 대통령은 심의내용과 다른 정책을 결정하고 집행할 수 있다.

4) 국무총리

국무총리는 최고의 관광행정관청인 대통령을 보좌하고, 관광행정에 관하여 대통령의 명을 받아 문화체육관광부장관뿐만 아니라 행정각부를 통할한다. 또한 국무회의 부의장으로서 주요 관광정책을 심의하고, 대통령이 궐위되거나 사고로 인하여 직무를 수행할 수 없을 때에는 그 권한을 대행한다.

국무총리는 관광행정의 주무관청인 문화체육관광부장관의 임명을 대통령에게 제청하고, 그 해임을 대통령에게 건의할 수 있다. 또한 국무총리는 국회 또는 그 위원회에 출석하여 관광행정을 포함한 국정처리상황을 보고하거나 의견을 진술하고, 국회의원의 질문에 응답할 권리와 의무를 가진다.

국무총리도 관광행정에 관하여 법률이나 대통령령의 위임이 있는 경우 또는 그 직권으로 총리령을 제정할 수 있다.

5) 문화체육관광부장관

(1) 지위와 권한

문화체육관광부장관은 정부수반인 대통령과 그 명을 받은 국무총리의 통괄 아래에서 관광행정사무를 집행하는 중앙행정관청이다.

「정부조직법」 제30조에 의하면, "문화체육관광부장관은 문화 · 예술 · 영상 · 광고 · 출판 · 간행물 · 체육 · 관광에 관한 사무를 관장한다"고 규정하고 있으므로 문화체육관광부장관이 관광행정에 관한 주무관청이 된다.

문화체육관광부장관은 국무위원의 자격으로 관광과 관련된 법률안 및 대통령령의 제정 · 개정 · 폐지안을 작성하여 국무회의에 제출할 수 있으며, 관광행정에 관하여 법률이나 대통령령의 위임 또는 직권으로 부령을 제정할 수 있다. 현재 관광과 관련하여 문화체육관광부령으로 제정된 부령으로는 「관광진흥법 시행규칙」과 「관광진흥개발기금법 시행규칙」 등이 있다.

그리고 문화체육관광부장관은 관광행정사무를 통괄하고 소속 공무원을 지휘 · 감독하며, 관광행정사무에 관하여 지방행정기관의 장을 지휘 · 감독한다. 그리고 관광행정사무에 관하여 정책을 수립 · 운영하며 중앙관서의 장으로 관광에 관한 각종 재정적 권한을 가진다.

(2) 보조기관 및 분장업무

(가) 보조기관

문화체육관광부장관의 관광행정에 관한 권한행사를 보조하는 것을 임무로 하는 보조기관으로는 문화체육관광부 제2차관 및 관광정책국장이 있다(개정 2017.9.4., 2018.8.21.). 개정된 「문화체육관광부와 그 소속기관 직제」에 따르면 관광정책국장 밑에는 관광산업정책관 1명을 두며, 관광정책국에는 관광정책과 · 국내관광진흥과 · 국제관광과 · 관광기반과 · 관광산업정책과 · 융합관광산업과 및 관광개발과를 둔다(「직제」 제18조 및 「직제 시행규칙」 제15조 〈개정 2017.9.4., 2018.8.21.〉).

(나) 자문기관

관광진흥개발기금의 운용에 관한 종합적인 사항을 심의하기 위하여 문화체육관광부장관 소속으로 '기금운용위원회(이하 "위원회"라 한다)'를 두고 있다(관광진흥개발기금법 제6조).

(다) 관광정책국장은 관광에 관한 다음 사항을 분장한다(「직제」 제18조 제3항 〈개정 2017.9.4., 2018.8.21.〉).

1. 관광산업진흥을 위한 종합계획의 수립 및 시행
2. 관광 정보화 및 통계
3. 남북관광 교류 및 협력
4. 국내 관광진흥 및 외래관광객 유치
5. 국내여행 활성화
6. 관광진흥개발기금의 조성과 운용
7. 지역관광 콘텐츠 육성 및 활성화에 관한 사항
8. 문화관광축제의 조사 · 개발 · 육성
9. 문화 · 예술 · 민속 · 레저 및 생태 등 관광자원의 관광상품화
10. 산업시설 등의 관광자원화 사업 및 도시 내 관광자원개발 등 관광활성화에 관한 사항
11. 국제관광기구 및 외국정부와의 관광 협력
12. 외래관광객 유치 관련 항공, 교통, 비자협력에 관한 사항
13. 국제관광 행사 및 한국관광의 해외광고에 관한 사항

14. 외국인 대상 지역특화 관광콘텐츠 개발 및 해외 홍보마케팅에 관한 사항
15. 국민의 해외여행에 관한 사항
16. 여행업의 육성
17. 관광안내체계의 개선 및 편의 증진
18. 외국인 대상 관광불편해소 및 안내체계 확충에 관한 사항
19. 관광특구의 개발 · 육성
20. 관광산업정책 수립 및 시행
21. 관광기업 육성 및 관광투자 활성화 관련 업무
22. 관광 전문인력 양성 및 취업지원에 관한 사항
23. 관광숙박업, 관광객이용시설업, 유원시설업 및 관광 편의시설업 등의 육성
24. 카지노업, 관광유람선업, 국제회의업의 육성
25. 전통음식의 관광상품화
26. 관광개발기본계획의 수립 및 권역별 관광개발계획의 협의 · 조정
27. 관광지, 관광단지의 개발 · 육성
28. 관광중심 기업도시 개발 · 육성
29. 국내외 관광 투자유치 촉진 및 지방자치단체의 관광 투자유치 지원
30. 지속가능한 관광자원의 개발과 활성화

3. 연차보고서에 제시된 주요 정책과제

관광동향에 관한 연차보고서(2018)에 제시된 정부의 주요 관광정책 성과는 다음과 같다.

1) 제2차 국가전략회의 개최와 지역관광 활성화 기반 조성

정부는 2018년 7월 '제2차 국가관광전략회의'의 개최를 통해 지역관광활성화 방안을 제시하였다. 이번 회의에서는 국무총리를 의장으로 법무부, 행안부, 문체부, 복지부, 국토부, 해수부, 교육부, 기재부, 외교부, 농식품부, 환경부, 국무조정실장, 정책기획위원장 등 13개 관계부처가 참석하여 범정부 차원의 지역관광 육성정책을 수립하는 한편, 관광산업을 지역발전의 새로운 성장동력으로 육성하기 위한 방안이 논의되었다. 특히 지역사회 스스로 관광사업을 추진하고 관광활성화에 따른 이익이 지역사회에 환원될 수 있

도록 지자체가 필요한 사업을 주도적으로 발굴 및 계획하고, 중앙정부는 단계별 지원과 컨설팅을 실시하는 '계획공모형 관광개발' 방식이 도입되었다.

2) 평창 동계올림픽의 성공적 개최에 따른 방한 관광시장의 다변화

2018년 평창 동계올림픽(2018.2.9.~2.25)의 성공적 개최는 한국관광의 인지도를 제고하고 관광목적지로서의 위상을 강화하는 기회가 되었다. 정부는 평창동계 올림픽 개최를 계기로 대한민국과 강원도 평창의 인지도를 향상시키고자 홍보방송 및 다양한 부대 이벤트를 진행하였는데, 평창 및 인근지역 한류드라마 촬영지 등을 소개할 수 있는 콘텐츠를 발굴하여 상품화하고, 중화권 관광객 유치를 위해서 한류스타를 한국관광명예대사로 위촉하여 강원과 강릉지역 홍보영상을 촬영하였다. 특히 동계스포츠에 대한 선호도가 높은 구미주 및 동유럽국가 중심의 신규관광수요가 창출되었고, 평창 동계올림픽 개최 이후에 일본, 대만, 베트남, 말레이시아 등 중화권 및 아시아지역의 관광객의 증가세가 두드러지게 나타났다.

3) 관광 여가사회 실현을 위한 토대 마련

정부는 국민들의 휴가권 보장과 관광복지 확대로 사람 중심의 관광정책 방향을 설정하였고, 이를 위해 직장 내 휴가문화조성 및 국내여행 활성화를 위해서 2018년부터 근로자 휴가지원제도(정부 10만원, 기업 10만원, 근로자 20만원 공동비용 조성사업)를 본격적으로 실시하고 있다. 한편, 관광복지 측면에서 고령층이나 장애인 등이 편하게 다닐 수 있도록 2015년부터 장애물 없는 관광환경 조성을 위한 '열린관광지' 공모사업을 시작하였는데, 2022년까지 열린관광지를 100개로 확대할 계획이다.

4) 고부가가치 융합관광산업 육성 및 경쟁력 제고

• **국제회의 연관산업 집적화를 통한 MICE산업 경쟁력 강화**

우리나라는 2018년 국제협회연합(UIA) 통계 기준 890건의 국제회의를 개최하여 세계순위 2위를 달성하였고, 6년 연속 세계 5위권을 유지함으로써 국제회의 주요 개최국으로서의 위상을 강화하였다. 특히 국제회의시설을 중심으로 숙박, 쇼핑, 공연장 등 연관산업의 집적화를 위한 지역MICE 산업 경쟁력 강화를 위한 노력을 기울이고 있다.

• **의료 웰니스 관광육성**

의료 웰니스 관광목적지로서 한국 인지도 향상을 위해서 해외 유력 언론매체 등을 초청하는 팸투어를 실시하여 우수한 의료 웰니스 서비스를 소개하고, 2018년 12월부터 보건복지부와의 협업을 통해 인천공항에 위치한 의료관광 안내센터를 확대조성하여 원스톱 의료관광안내 서비스를 제공하고 있다. 한편, 정부는 전 세계적인 웰니스 관광콘텐츠를 발굴하고자 '웰니스 관광25선'을 선정하였는데, 2018년에는 8개소를 추가하여 33개소로 확충하였다.

4. 관광기구

1) 한국관광공사

(1) 설립근거 및 법적 성격

한국관광공사(KTO: Korea Tourism Organization)는 관광진흥, 관광자원개발, 관광산업의 연구 · 개발 및 관광요원의 양성 · 훈련에 관한 사업을 수행하게 함으로써 국가경제발전과 국민복지증진에 이바지하는 데 목적을 두고 「국제관광공사법」에 의하여 1962년 6월 26일에 국제관광공사라는 명칭으로 설립되었다. 그러나 1982년 11월 29일 「국제관광공사법」이 「한국관광공사법」(이하 "공사법"이라 한다)으로 바뀜에 따라 공사명칭도 한국관광공사(이하 "공사"라 한다)로 바뀌어 오늘에 이르고 있다.

「한국관광공사법」에서는 한국관광공사를 법인(法人)으로 하고(공사법 제2조), 그 공사의 자본금은 500억원으로 하며, 그 2분의 1 이상을 정부가 출자한다(공사법 제4조 제1항). 다만, 정부는 국유재산 중 관광사업 발전에 필요한 토지, 시설 및 물품 등을 공사에 현물로 출자할 수 있다. 그리고 이 법에 규정되지 아니한 한국관광공사의 조직과 경영 등에 관한 사항은 「공공기관의 운영에 관한 법률」에 따른다(공사법 제4조, 제17조).

이러한 규정들을 통하여 살펴볼 때, 한국관광공사는 행정법상의 공기업(公企業)에 해당한다고 볼 수 있으며, 그중에서도 특수법인사업(特殊法人事業)으로 독립적 사업에 해당하는 공기업이다.

(2) 공사의 조직

한국관광공사의 조직은 「공공기관의 운영에 관한 법률」과 「한국관광공사법」에 따른다. 「공공기관의 운영에 관한 법률」에 의하면 투자기관의 경영조직은 의결기능을 전담하는 이사회(理事會)와 집행기능을 전담하는 사장(社長)으로 분리 · 이원화되고 있다.

한국관광공사는 2018년 12월 말 현재 경영혁신본부, 국제관광본부, 국민관광본부, 관광산업본부 등 4개 본부에 15실 · 1원, 2센터 · 51팀, 29개 해외지사, 3개 해외사무소, 10개 국내지사로 구성되어 있으며, 정원은 총 635명이다.

(3) 주요 사업과 활동

① 목적사업

한국관광공사는 공사의 설립목적을 달성하기 위하여 다음의 사업을 수행한다(공사법 제12조 제1항 〈개정 2016.12.20.〉).

1. 국제관광 진흥사업
   가. 외국인 관광객의 유치를 위한 홍보
   나. 국제관광시장의 조사 및 개척
   다. 관광에 관한 국제협력의 증진
   라. 국제관광에 관한 지도 및 교육
2. 국민관광 진흥사업
   가. 국민관광의 홍보
   나. 국민관광의 실태 조사
   다. 국민관광에 관한 지도 및 교육
   라. 장애인, 노약자 등 관광취약계층에 대한 관광지원
3. 관광자원 개발사업
   가. 관광단지의 조성과 관리, 운영 및 처분
   나. 관광자원 및 관광시설의 개발을 위한 시범사업
   다. 관광지의 개발
   라. 관광자원의 조사
4. 관광산업의 연구 · 개발사업
   가. 관광산업에 관한 정보의 수집 · 분석 및 연구

나. 관광산업의 연구에 관한 용역사업
5. 관광관련 전문인력의 양성과 훈련사업
6. 관광사업의 발전을 위하여 필요한 물품의 수출입업을 비롯한 부대사업으로서 이사회가 의결한 사업

② 주요 활동

한국관광공사는 '모두가 행복한 관광을 만들어 나가는 국민기업'을 비전으로, 관광산업의 발전을 통한 국가경제 발전에 기여하기 위해 다양한 사업을 수행하고 있다. 외국인 관광객 유치와 관광수입 증대를 위하여 의료관광, 크루즈관광, 한류관광 등 다양한 고부가가치 한국관광상품을 개발 · 보급하고 있으며, 해외마케팅 전진기지인 29개 해외지사를 중심으로 해외관광시장을 개척함과 동시에 지방자치단체와 관광업계의 관광마케팅 활동을 지원하고 있다. 또한 국제회의 및 인센티브 단체 유치 · 개최 지원, 국제기구와의 협력활동 등을 통하여 대표적 고부가가치 상품인 MICE 산업을 종합적으로 지원하고 있다.

③ 정부로부터의 수탁사업

우수숙박시설의 지정 및 지정취소에 관한 권한, 관광종사원 중 관광통역안내사, 호텔경영사 및 호텔관리사 자격시험, 등록 및 자격증의 발급업무 등을 위탁받아 처리하고 있다. 다만, 자격시험의 출제, 시행, 채점 등 자격시험의 관리에 관한 업무는 「한국산업인력공단법」에 따른 한국산업인력공단에 위탁함에 따라 이를 위한 기본계획을 수립한다. 또한 문화체육관광부장관으로부터 호텔등급결정권을 위탁받아 호텔등급 결정업무를 수행함은 물론, 국제회의 전담조직으로 지정받아 공사의 '코리아 MICE뷰로'가 국제회의 유치 · 개최 지원업무를 수탁처리하고 있다.

2) 한국문화관광연구원

(1) 법적 성격

2016년 5월 19일 개정된 「문화기본법」은 제11조의2에서 "문화예술의 창달, 문화산업 및 관광진흥을 위한 연구, 조사, 평가를 추진하기 위하여 한국문화관광연구원(이하 "연구원"이라 한다)을 설립한다"고 규정하여, 한국문화관광연구원의 설립근거를 법에 명시함으로써 '법정법인(法定法人)'으로 전환되었으며, 명실상부 국가의 대표적인 문화 · 예

술 · 관광연구기관으로 그 위상이 높아졌다.

이제까지 한국문화관광연구원(KCTI: Korea Culture & Tourism Institute)은 문화체육관광부 산하 연구기관으로서 문화체육관광부장관의 허가를 받아 설립된 재단법인으로 공법인(公法人)의 성격을 갖추고 있었던 것이나, 이제 「문화기본법」이 개정됨으로써 종래의 '재단법인' 한국문화관광연구원에서 '법정법인' 한국문화관광연구원으로 새출발하게 된 것이다.

(2) 연구원의 조직과 인원

한국문화관광연구원은 관광 및 문화분야의 조사 및 연구를 통하여 체계적인 정책개발 및 정책대안을 제시하여 문화관광산업의 육성을 지원함으로써 국민의 복지증진 및 국가발전에 기여할 목적으로 설립되었다. 한국문화관광연구원은 2018년 12월 말 기준으로 경영기획본부, 문화연구본부, 관광연구본부 등 3개 본부와 각 본부의 업무를 수행하는 기획조정실, 경영지원실, 문화여가정책연구실, 예술기반정책연구실, 관광정책연구실, 관광산업연구실 등 6개실이 조직되어 있다. 그리고 콘텐츠산업경제연구센터 및 통계 · 평가센터 등 2개 센터가 각각 독립조직으로 설치되어 있다. 정원은 기관장을 포함하여 총 103명이며, 2018년 12월 말 현원은 연구직 69명, 통계직 9명을 비롯하여 행정직 20명 등 총 99명의 인력으로 구성되어 있다.

(3) 주요 활동

한국문화관광연구원은 기본연구사업과 수탁연구사업, 관광지식정보시스템 운영사업, 지역문화관광포럼사업, 계간 「한국관광정책」 발간사업, 국제협력사업, 연구지원사업 등 다양한 연구활동을 수행하고 있다.

3) 관광기구(지방관광공사)

(1) 경기관광공사

경기관광공사(Gyeonggi Tourism Organization: 이하 "공사"라 한다)는 「지방공기업법」 제49조에 의하여 2002년 4월 8일 경기도조례로 설립된 지방공사로서 공법상의 재단법인이다. 특히 공사는 지방화시대에 부응하여 우리나라에서는 최초로 지방자치단체가 설립한 지방관광공사이다.

경기도는 공사설립을 위하여 제정한 경기도관광공사 설립 및 운영조례(2002.4.8. 제3178호) 제4조 제1항의 규정에 의하여 공사의 자본금을 전액 현금 또는 현물로 출자하였는데, 2002년 5월 11일 경기도관광공사 정관을 제정하여 출범하게 된 것이다.

한편으로 공사의 운영을 위하여 필요한 경우에는 자본금의 2분의 1을 초과하지 아니하는 범위 안에서 다른 기관·단체 또는 개인이 출자할 수 있게 하여(지방공기업법 제53조 제2항 및 조례 제4조 제1항) 지방자치단체인 경기도가 오너(owner)로서 외부참여도 가능하도록 개방하고 있다.

(2) 인천관광공사

인천관광공사(Incheon Tourism Organization; 이하 "공사"라 한다)는 「지방공기업법」 제49조에 의하여 2005년 11월 「인천광역시관광공사 설립과 운영에 관한 조례」로 설립된 지방공사로서 공법상의 재단법인이다. 특히 지방자치단체가 설립한 지방관광공사로는 경기관광공사에 이어 두 번째인데, 공사는 「인천광역시관광공사 정관」을 제정하여 2006년 1월 1일부터 출범하게 된 것이다. 그러나 인천관광공사는 2011년 12월 28일 인천시 공기업 통폐합 때 인천도시개발공사에 통합돼 '인천도시공사'로 이름을 바꾸어 인천광역시 산하 지방공기업으로 운영해오다가, 2014년 11월 1일 인천관광공사 재설립 타당성 용역 착수에 이어 2015년 7월 14일 '인천관광공사 설립 및 운영에 관한 조례안'이 인천시의회에서 가결됨으로써 인천도시개발공사에 통합된 지 4년만에 '인천관광공사'로 재출범하게 된 것이다.

(3) 서울관광마케팅주식회사

서울관광마케팅(주)(Seoul Tourism Organization)는 「지방공기업법」(제49조)의 규정과 「지방자치단체 출자·출연기관의 운영에 관한 법률」 및 「서울관광마케팅주식회사 설립 및 운영에 관한 조례」에 따라 서울특별시와 민간기업이 협력하여 2008년 2월 4일 설립된 서울시 출자법인이다.

서울관광마케팅주식회사는 21세기 글로벌 경제시대에 서울시민의 관광복리 증진과 서울 관광산업 발전을 위해 경영합리화와 효율적 조직운영을 위한 투명성을 제고하고, 서울을 세계적인 경제문화도시로 발전시키기 위해 관광마케팅, MICE, 투자개발 등 서울의 도시경쟁력과 관련된 사업을 수행함을 그 목적으로 한다.

(4) 제주관광공사

제주관광공사(JTO: Jeju Tourism Organization: 이하 "공사"라 한다)는 「제주특별자치도 설치 및 국제자유도시 조성을 위한 특별법」(제250조), 「지방공기업법」(제49조)과 「제주관광공사 설립 및 운영조례」(이하 "조례"라 한다)로 설립된 지방공사로서 공법상의 재단법인이다. 2008년 7월 2일 제주관광공사 정관에 따라 출범한 제주관광공사는 지방자치단체가 설립한 우리나라 다섯 번째의 지방관광공사로는 경기관광공사와 인천관광공사에 이어 세 번째로 설립되었다.

(5) 경상북도관광공사

경상북도관광공사(Gyeongsangbuk-do Tourism Coperation)는 한국관광공사의 자(子)회사였던 '경북관광개발공사'를 경상북도가 인수함으로써 탄생한 지방공기업이다. 2012년 6월 7일 '경상북도관광공사 설립 및 운영에 관한 조례'로 설립된 경상북도관광공사는 경북의 역사 · 문화 · 자연 · 생태자원 등을 체계적으로 개발 · 홍보하고 지역관광산업의 효율성을 제고하여 지역경제 및 관광활성화에 기여함을 설립목적으로 하고 있다.

경상북도가 인수한 기존의 경북관광개발공사는 1974년 1월에 정부와 세계은행(IBRD) 간에 체결한 보문관광단지 개발사업을 위한 차관협정에 따라 1975년 8월 1일 당시 「관광단지개발촉진법」에 의거하여 설립된 '경주관광개발공사'를 모태로 하는데, 여기에 정부투자기관인 한국관광공사가 전액 출자한 정부재투자기관이다. 그 뒤 경상북도 북부의 유교문화권(안동시 일대) 개발사업을 담당해야 할 필요에 의하여 1999년 10월 6일 경북관광개발공사로 이름을 바꾸어 확대 · 개편하였던 것이다.

(6) 부산관광공사

부산관광공사(BTO: Busan Tourism Organization)는 「지방공기업법」 제49조와 「부산관광공사 설립 및 운영에 관한 조례」 및 「부산관광공사 정관」(2012년 11월 5일 제정)의 규정에 의하여 부산광역시가 2012년 11월 15일 설립한 우리나라 다섯 번째의 지방관광공사로서 공법상의 재단법인이다.

5. 관광사업자단체의 관광행정

관광사업자단체는 관광사업자가 관광사업의 건전한 발전과 관광사업자들의 권익증진을 위하여 설립하는 일종의 동업자단체라 할 수 있다. 관광사업자들은 관광사업을 경영하면서 영리를 추구하고 있지만, 관광의 중요성에 비추어 볼 때 관광사업이 순수한 사적(私的)인 영리사업만은 아니라고 보며, 관광사업자는 국가의 주요 정책사업을 수행하는 공익적(公益的)인 존재라고도 할 수 있다. 따라서 관광사업자단체는 이러한 공공성 때문에 사법(私法)이 아닌 공법(公法)인 「관광진흥법」의 규정에 의하여 설립하는 공법인(公法人)으로 하고 있다(동법 제41조 내지 제46조).

1) 한국관광협회중앙회

(1) 설립목적 및 법적 성격

1963년 「관광진흥법」 제39조에 의해 설립된 한국관광협회중앙회(KTA: Korea Tourism Association; 이하 "중앙회"라 한다)는 17개 시도 관광협회 및 7개 업종별 관광협회가 관광사업의 건전한 발전을 위하여 설립한 임의적인 관광관련단체로서 우리나라 관광업계를 대표하는 단체이다.

중앙회는 관광사업자들이 조직한 단체이므로 사단법인(社團法人)에 해당되며, 영리가 아닌 사업을 목적으로 하므로 비영리법인(非營利法人)에 해당한다. 또 '중앙회'는 「관광진흥법」이라는 특별법에 의하여 설립되므로 일종의 특수법인이라 할 수 있다. 따라서 '중앙회'에 관하여 「관광진흥법」에 규정된 것을 제외하고는 「민법」 중 사단법인(社團法人)에 관한 규정을 준용한다(동법 제44조).

(2) 회원

'중앙회'의 회원은 정회원과 특별회원으로 나눈다.

정회원은 업종별 관광협회(한국관광호텔업협회 등 현재 8개), 지역별 관광협회(서울특별시관광협회 등 현재 17개) 및 업종별 위원회(국제회의위원회 등 현재 9개)로 하고, 준회원 및 특별회원은 관광관련 기관 및 유관기관·단체와 이와 유사한 성질의 법인 또는 개인(외국법인 또는 개인을 포함한다)으로 한다.

(3) 주요 업무

(가) 목적사업

1. 관광사업의 발전을 위한 업무

2. 관광사업 진흥에 필요한 조사 · 연구 및 홍보
3. 관광통계
4. 관광종사원의 교육과 사후관리
5. 회원의 공제사업
6. 국가나 지방자치단체로부터 위탁받은 업무
7. 관광안내소의 운영
8. 위의 1호부터 7호까지의 규정에 의한 업무에 따르는 수익사업

① 공제사업(共濟事業)

'중앙회'의 업무 중 공제사업은 문화체육관광부장관의 허가를 받아야 한다. 공제사업의 내용 및 운영에 관하여 필요한 사항은 대통령령으로 정하도록 되어 있는데 그 내용은 다음과 같다.

가. 관광사업자의 관광사업행위와 관련된 사고로 인한 대물(對物) 및 대인(對人)배상에 대비하는 공제 및 배상업무

나. 관광사업행위에 따른 사고로 인하여 재해를 입은 종사원에 대한 보상업무

다. 그 밖에 회원 상호 간의 경제적 이익을 도모하기 위한 업무

② 수익사업(收益事業)

'중앙회'는 수익사업으로 한국관광명품점과 국민관광상품권 운영 등 수익사업을 추진하고 있는데, 한국관광명품점은 한국의 전통미와 현대미의 체험기회를 내 · 외국인에게 제공하여 2013년에는 약 27억원의 매출을 기록하며 쇼핑관광 활성화에 기여하고 있으며, 국민관광상품권은 2015년 기준 약 364억원의 판매실적을 기록하며 국내관광 활성화에 기여하고 있다.

(나) 정부로부터의 수탁사업

관광종사원 중 국내여행안내사 및 호텔서비스사의 자격시험, 등록 및 자격증의 발급 업무를 문화체육관광부장관으로부터 위탁받아 수행한다. 다만, 자격시험의 출제, 시행, 채점 등 자격시험의 관리에 관한 업무는 「한국산업인력공단법」에 따른 한국산업인력공단에 위탁함에 따라, 이를 위한 기본계획을 수립한다(동법시행령 제65조 제1항 제5호 단서).

2) 한국여행업협회

(1) 설립목적

한국여행업협회(KATA: Korea Association of Travel Agents)는 1991년 12월에 「관광진흥법」 제45조의 규정에 의하여 설립된 업종별 관광협회로서, 내 · 외국인 여행자에 대한 여행업무의 개선 및 서비스의 향상을 도모하고 회원 상호 간의 연대 · 협조를 공고히 하며, 활발한 조사 · 연구 · 홍보활동을 전개함으로써 여행업의 건전한 발전에 기여하고 관광진흥과 회원의 권익증진을 목적으로 한다. 본 협회는 1991년 12월 설립 당시에는 '한국일반여행업협회'의 이름으로 사업을 시작하였으나, 2012년 4월 10일 '한국여행업협회'로 그 명칭이 변경된 것이다.

(2) 주요 사업

한국여행업협회는 다음의 사업을 행한다.

1. 관광사업의 건전한 발전과 회원 및 여행업종사원의 권익증진을 위한 사업
2. 여행업무에 필요한 조사 · 연구 · 홍보활동 및 통계업무
3. 여행자 및 여행업체로부터 회원이 취급한 여행업무 관련 진정(陳情) 처리
4. 여행업무 종사자에 대한 지도 · 연수
5. 여행업무의 적정한 운영을 위한 지도
6. 여행업에 관한 정보의 수집 · 제공
7. 관광사업에 관한 국내외 단체 등과의 연계 · 협조
8. 관련기관에 대한 건의 및 의견 전달
9. 정부 또는 지방자치단체로부터의 수탁업무
10. 장학사업업무
11. 관광진흥을 위한 국제관광기구에의 참여 등 대외활동
12. 관광안내소 운영
13. 공제운영사업(일반여행업에 한함)
14. 기타 협회의 목적을 달성하기 위하여 필요한 사업 및 부수되는 사업

3) 한국호텔업협회

(1) 설립목적

한국호텔업협회(KHA: Korea Hotel Association)는 「관광진흥법」 제45조의 규정에 의하여 1996년 9월 12일에 문화체육관광부 장관의 설립허가를 받은 업종별 관광협회이다. 이 협회는 관광호텔업을 위한 조사 · 연구 · 홍보와 서비스 개선 및 기타 관광호텔업의 육성발전을 위한 업무의 추진과 회원의 권익증진 및 상호친목을 목적으로 하고 있다.

(2) 주요 사업

한국호텔업협회는 다음의 사업을 행한다.

1. 관광호텔업의 건전한 발전과 권익증진
2. 관광진흥개발기금의 융자지원업무 중 운용자금에 대한 수용업체의 선정
3. 관광호텔업 발전에 필요한 조사연구 및 출판물간행과 통계업무
4. 국제호텔업협회 및 국제관광기구에의 참여 및 유대강화
5. 관광객유치를 위한 홍보
6. 관광호텔업 발전을 위한 대정부건의
7. 서비스업무 개선
8. 종사원교육 및 사후관리
9. 정부 및 지방자치단체로부터의 수탁업무
10. 지역 간 관광호텔업의 균형발전을 위한 업무
11. 위 사업에 관련된 행사 및 수익사업

4) 한국종합유원시설협회

한국종합유원시설협회는 1985년 2월에 설립된 유원시설사업자단체로서 「관광진흥법」 제45조의 적용을 받는 일종의 업종별 관광협회이다. 유원시설업체 간 친목 및 복리증진을 도모하고 유원시설 안전서비스 향상을 위한 조사 · 연구 · 검사 및 홍보활동을 활발히 전개하며, 유원시설업의 건전한 발전을 위한 정부의 시책에 적극 협조하고 회원의 권익을 증진보호함을 목적으로 한다.

이 협회는 다음의 사업을 수행한다.

1. 유원시설업계 전반의 건전한 발전과 권익증진을 위한 진흥사업
2. 정기간행물 홍보자료 편찬 및 유원시설업 발전을 위한 홍보사업
3. 국내외 관련기관 단체와의 제휴 및 유대강화를 위한 교류사업
4. 정부로부터 위탁받은 유원시설의 안전성검사 및 안전교육사업
5. 유원시설에 대한 국내외 자료조사 연구 및 컨설팅사업
6. 신규 유원시설 및 주요 부품의 도입 조정시 검수사업
7. 유원시설업 진흥과 관련된 유원시설 제작 수급 및 자금지원
8. 시설운영 등의 계획 및 시책에 대한 회원의 의견 수렴 · 건의 사업
9. 기타 정부가 위탁하는 사업

5) 한국카지노업관광협회

한국카지노업관광협회는 1995년 3월에 카지노분야의 업종별 관광협회로 허가받아 설립된 사업자단체로서 한국관광산업의 진흥과 회원사의 권익증진을 목적으로 하고 있다.

이 협회의 주요 업무로는 카지노사업의 진흥을 위한 조사 · 연구 및 홍보활동, 출판물 간행, 관광사업과 관련된 국내외 단체와의 교류 · 협력, 카지노업무의 개선 및 지도 · 감독, 카지노종사원의 교육훈련, 정부 또는 지방자치단체로부터 수탁받은 업무 수행 등이다.

2017년 12월 말 기준으로 전국 17개(2005년도에 신규로 3개소 개관)의 카지노사업자와 종사원을 대변하는 한국카지노업관광협회는 이용고객의 편의를 증진시키기 위해 카지노의 환경개선과 시설확충을 실시하는 한편, 카지노사업이 지난 30여년간 국제수지 개선, 고용창출, 세수증대 등에 기여한 고부가가치 관광산업으로의 중요성을 홍보하여 카지노산업의 위상제고와 대국민 인식전환을 추진하고 있다. 또한 회원사 간에 무분별한 인력 스카우트 등 부작용 방지를 위한 협회차원의 대책강구와 함께 경쟁국가의 현황 등 카지노산업에 대한 정보제공 등으로 카지노 홍보활동을 강화하고 있다.

6) 한국휴양콘도미니엄경영협회

한국휴양콘도미니엄경영협회는 휴양콘도미니엄사업의 건전한 발전과 콘도의 합리적이고 효율적인 운영을 도모함과 동시에 건전한 국민관광 발전에 기여함을 목적으로 1998년에 설립된 업종별 관광협회이다.

협회의 주요 업무로는 콘도미니엄업의 건전한 발전과 회원사의 권익증진을 위한 사

업, 콘도미니엄업의 발전에 필요한 조사·연구와 출판물의 발행 및 통계, 국제콘도미니엄업 및 국제관광기구에의 참여와 유대강화, 관광객유치를 위한 콘도미니엄의 홍보, 콘도미니엄의 발전에 대한 대정부 건의, 관광정책 등 자문, 콘도미니엄업 종사원의 교육훈련 연수, 유관기관 및 단체와의 협력증진, 정부 및 지방자치단체로부터 위탁받은 업무 등이다.

7) 한국외국인관광시설협회

한국외국인관광시설협회는 1964년 6월 30일에 설립된 업종별 관광협회로서 주로 미군기지 주변도시 및 항만에 소재한 외국인전용유흥음식점을 회원사로 관리하며, 정부의 관광진흥시책에 적극 부응하고 업계의 건전한 발전과 회원의 복지증진 및 상호 친목도모에 기여함을 목적으로 하고 있다.

협회는 회원업소의 진흥을 위한 정책의 품신 및 자문, 회원이 필요로 하는 물자 공동구입 및 공급, 회원업소의 지도 육성과 종사원의 자질 향상, 주한 미군·외국인 및 외국인 선원과의 친선도모, 외국연예인 공연관련 파견사업 등 외화획득과 국위선양을 위해서 노력하고 있다.

8) 한국MICE협회

한국MICE협회는 「관광진흥법」 제45조의 규정에 따라 2003년 8월에 설립되어 우리나라 MICE업계를 대표하여 컨벤션 기관 및 업계의 의견을 종합조정하고, 유기적으로 국내외 관련기관과 상호 협조·협력활동을 전개함으로써 컨벤션업계의 진흥과 회원의 권익 및 복리증진에 이바지하고, 나아가서 국제회의산업 육성을 도모하여 사회적 공익은 물론 관광업계의 권익과 복리를 증진시키는 것을 목적으로 하고 있다.

한국MICE협회는 2004년 9월에 「국제회의산업 육성에 관한 법률」상의 국제회의 전담조직으로 지정되어 국제회의 전문인력의 교육 및 수급, 국제회의 관련 정보를 수집하여 배포하는 등 국제회의산업 육성과 진흥에 관련된 업무를 진행하고 있다. 2016년에 추진한 업무로는 MICE 전문 인력 양성 및 전문성 제고를 위한 고급자 아카데미, 제11회 한국MICE아카데미, 신입사원 OJT교육, 특성화고 MICE인재양성 아카데미 등의 교육사업과 MICE업계 소그룹 지원, 지역 얼라이언스별 맞춤형 컨벤션 특화교육, 선진 컨벤션/박람회업계 공동참가, MICE 영프로페셔널 육성 및 해외파견 지원, MICE 국제기구 가입 및 국제단체 교류활동, 맞춤형 기업교육 지원, MICE 통합 컨시어지 데스크 운영 등의 MICE 업계 지원사업을 진행하였으며, 계간 'The MICE' 매거진과 뉴스레터를 발간하여 급변하는 MICE산업 관련 최신 지식의 제공 및 회원사의 소식을 전달하고 있다. 그뿐만 아니라 중국, 싱가포르 등 아시아 MICE협회들과 MOU를 체결하는 등 국제적 교류도 넓혀가고 있다.

9) 한국PCO협회

(사)한국PCO협회(KAPCO: Korea Association of Professional Congress Organizer)는 세계 국제회의 산업환경에 적극적으로 대처할 수 있는 공식적인 체제를 마련하고, 한국 컨벤션산업 발전에 기여하기 위해 2007년 1월에 설립되었다. 2016년 현재 48개 회원사를 보유하고 있는 (사)한국PCO협회는 급변하는 세계 국제회의산업 환경에서 컨벤션산업의 발전과 회원의 권익보호를 위하여 회원 간의 정보교류 · 친목 · 복리증진 등을 도모함은 물론, 선진회의 기법개발 및 교육 홍보사업 등을 통하여 국내 컨벤션산업의 건전한 발전과 국민경제에 기여할 목적으로 기본적 역할을 수행하고 있다.

10) 한국골프장경영협회

한국골프장경영협회는 「체육시설의 설치 · 이용에 관한 법률」 제37조에 의거하여 1974년 1월에 설립된 골프장사업자단체로서 한국골프장의 건전한 발전과 회원골프장들의 유대증진, 경영지원, 종사자교육, 조사 · 연구 등을 목적으로 하고 있다.

특히 협회의 부설연구기관으로 한국잔디연구소를 설립하여 친환경적 골프장 조성과 관리운영을 위한 각종 방제기술 연구 · 지도와 병충해예방 · 친환경적 골프코스관리기법 연구 등을 수행, 환경경영에 앞장서고 있는 것은 물론, 1990년부터 '그린키퍼학교'를 운영하여 전문성을 갖춘 유자격골프코스관리자를 배출하고 있다. 현재의 골프장은 골프채 · 골프회원권 · 골프대회 · 골프마케팅 등 골프산업의 중심축에 자리하고 있으며, 협회는 스포츠산업, 나아가 레저산업을 선도하는 업종으로 그 기능을 충실히 수행하고 있다.

11) 한국스키장경영협회

한국스키장경영협회는 스키장사업의 건전한 발전과 친목을 도모하며 스키장사업의 합리적이고 효율적인 운영과 스키를 통한 건전한 국민생활체육활동에 기여하는 것을 목표로 하고 있다.

한국스키장경영협회는 스키장경영의 장기적 발전을 위한 사계절 종합레저를 모색하고, 스키장경영의 경영활성화를 위한 개선책을 강구하며, 스키장경영의 정보교환 및 상호발전을 도모하기 위해 노력하고 있다. 또 협회는 스키장사업과 관련되는 법적 · 제도적 규제완화 또는 철폐를 건의하고, 스키장사업의 각종 금융, 세제 및 환경관리제도 개선을 위한 연구 · 용역을 시행하는 등 스키장사업의 지속적 발전을 위한 다양한 사업을 추진하고 있다.

12) 한국공예 · 디자인문화진흥원

한국공예 · 디자인문화진흥원은 「민법」 제32조의 규정에 따라 설립되었던 한국공예문화진흥원(2000년 4월 설립)과 한국디자인문화재단(2008년 3월 설립)이 2010년 4월에 통합해 새롭게 출발한 기관이다.

한국공예 · 디자인문화진흥원은 지역에서의 공예 · 디자인 생산력을 증대시키고, 전통공예의 현대화를 위하여 문화 · 예술 · 기술 등 다양한 영역 간의 협업을 추진하고, 국제협력을 통해 글로벌 마케팅을 전개하는 3대 실천전략(공예 · 디자인의 문화적 저변확대 전략, 공예 · 디자인의 창작기반 확충전략, 공예 · 디자인의 마케팅 · 유통지원 전략)을 통해 새로운 한국공예 · 디자인 트렌드를 개발함으로써 한국의 공예 · 디자인이 세계적인 브랜드로 자리매김할 수 있도록 하기 위해 심혈을 기울이고 있다.

13) 한국관광펜션업협회

한국관광펜션업협회는 주5일근무제의 본격적 시행과 더불어 가족단위 관광체험 숙박시설의 확충이 필요함에 따라 관광펜션 지정제도를 만들어 이의 활성화를 위해 「관광진흥법」 제45조의 규정에 의거 2004년 5월에 설립된 업종별 관광협회이다.

관광펜션은 기존 숙박시설과는 차별화된 외형과 함께 자연을 체험할 수 있는 자연친화 숙박시설로 앞으로 많은 관광객들이 이용하게 될 가족단위 중저가 숙박시설로 육성할 계획이다.

한국관광펜션업협회는 관광펜션업의 차별화를 위해 현 관광펜션업의 문제점을 파악하고 관광펜션업의 활성화를 위해 관광펜션 예약망 구축, 경영관리, 교육훈련지원, 홍보마케팅, 관광펜션과 연계된 관광프로그램 개발 등 다양한 대안사업을 적극 추진하고 있다.

제4장
국민관광의 이해

제4장 국민관광의 이해

제1절 국민관광의 정의 및 발전

1. 국민관광의 정의

국민들의 국내 · 외 관광이 급증하여 대중관광시대를 맞이하게 되면서 건전한 관광풍토 위에 국민관광을 정착시키기 위한 제도적인 장치가 마련될 필요성이 커졌다. 이에 정부는 1975년 「관광기본법」을 제정하였고, 「관광기본법」 제13조에 '국민관광'이라는 용어가 처음으로 사용되었다. 즉 '국민관광'의 용어는 정부가 "관광진흥의 향상과 시책의 기본을 규정함으로써 국제친선의 증진과 국민경제의 향상을 기하고 건전한 국민관광 발전을 도모함을 목적으로 한다"는 관광기본법의 목적을 명시한 이후부터 시작되었다.

〈표 4-1〉에서 보듯이 국민관광의 개념에 대해서는 국가, 기관, 학자별로 다양한 정의가 사용되고 있으나 아직까지 보편적으로 일치된 개념 정립은 되어 있지 못하다.

〈표 4-1〉 국민관광의 정의

학자/기관	정의
세계관광기구 (UNWTO)	국적에 관계없이 한 나라에 거주하는 사람이 보수를 받는 이외의 목적으로 24시간 이상 또는 1박 이상 자기의 거주지를 떠나 그 나라 지역 내를 여행하는 것으로서, 그 동기는 여가 또는 사업, 가족관계, 선교, 회합일 수 있음

학자/기관	정의
교통부(1981)	국민대중의 여가선용 및 여행을 통해서 건전한 정서함양, 건강관리를 위하여 국가가 국민에게 편리하고 저렴한 가격으로 관광기회를 균등하게 부여하기 위한 정책적이고 사회복지적인 의미를 지니는 것
이장춘(1989)	가계소득 중 잉여가 발생하고 여가시간이 주어질 때 또는 정책적, 제도적 지원 혜택으로 여가비와 여가시간이 충족될 때 재생산 의욕 고취와 궁극적인 국민복지 증대를 위해 국민 스스로가 거주지외 위락과 관광활동에 자발적 또는 계도적으로 참여해 가는 대중문화 속의 사회현상과 문화현상의 복합현상
한국관광공사(1990)	국민이 일상생활권을 벗어나 귀환을 전제로 국내외를 이동하거나 체재하면서 관광하는 행위
장병권(2001)	국민관광은 국민의 관광현상을 말하는 것으로서 국내관광, 국외관광, 대량관광, 대중관광, 복지관광 등을 포함하는 의미를 지닌다. 국민관광은 내국인의 국내관광과 국제관광 중 내국인의 국외관광을 합한 것으로 볼 수 있다.

자료 : 저자 작성

〈그림 4-1〉 국민관광의 범위

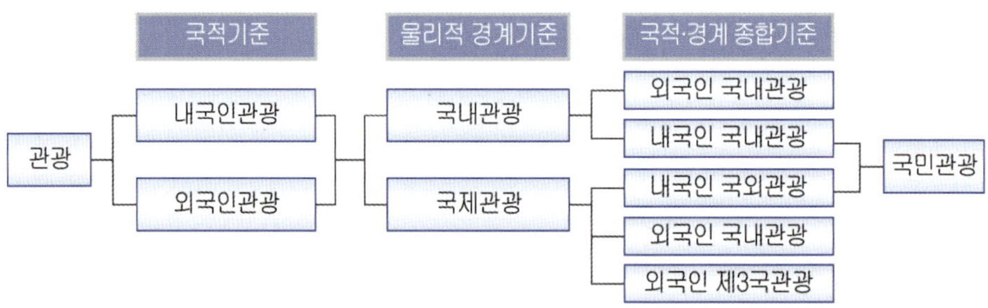

따라서 위의 국민관광에 대한 정의와 범위의 내용들을 종합하면 국민관광의 주체는 국민전체이며, 공간적 범위는 국내 · 외로 자국민의 국내관광(domestic tourism)과 국외관광(outbound tourism)을 모두 포함한 개념이다. 국민관광의 개념에는 저소득층과 장애인, 노인층 등 비참여소외계층의 관광기회를 균등하게 부여하기 위한 정책적이며 사회복지적인 의미가 있다는 점에서는 '복지관광(social tourism)'의 개념도 포함된다.

이러한 국민관광을 위한 정부의 시책으로는 건전 여가활동 계도, 관광정보 제공, 관광질서 확립, 관광불편 해소, 가족휴가촌 등의 저렴한 관광숙박시설 건설, 여행자금 대부, 관광요금 할인, 종업원 휴양소 운영, 국민휴양공간 확충, 휴가제도 개선 등이 있다.

2. 국민관광의 발전

우리나라는 1970년대 이후 경제발전에 따른 소득수준 향상과 노동시간 단축에 따른 자유시간 증대, 그리고 여가를 중시하는 가치관의 변화, 자동차 소유증가로 일상생활의 편리성이 증대되면서 관광활동, 외식문화 등 여가활동에 많은 변화를 가져왔다. 1970년대 후반부터 국민의 여가활동을 즐기려는 양상이 현저하게 나타났고, 이러한 현상은 1980년대에 더욱 확대되어 관광은 전 국민이 함께 참여하는 대중관광(mass tourism)의 시대를 맞이하게 되었다.

하지만 1980년대까지 국민관광(national tourism)에 대한 관심은 높지 않았으며, 1960년대 이후의 정부의 관광정책도 외래객 유치의 관광정책에 주력해 왔던 것이 사실이다. 하지만 1970년대 들어와서 정부는 국민관광에 대한 관심을 기울이기 시작하였고, 1970년대부터 건전한 관광휴양공간으로서 관광지를 지정하고 개발하였다. 1977년 3월 교통부는 경기도 소요산을 비롯한 23개소를 국민관광지로 지정했고, 같은 해 6월과 10월에 13개소를 추가하여 모두 36개소를 국민관광지로 지정하였다. 하지만 체계적인 정비와 관리 부족으로 이용객에게 큰 만족을 주지 못하고 있다. 더구나 휴가시기의 계절적 편중으로 인한 여름철 관광객들의 집중 현상은 바가지 요금, 교통체증 등의 고질적인 사회문제를 야기시키고 있어 국민관광의 질(質)을 크게 저하시키고 있다. '국민관광'이라는 개념이 등장한 것은 1975년 12월 「관광기본법」 제13조에 '국민관광'이라는 용어가 명시되면서부터이다. 관광기본법에 "정부가 관광에 대한 국민의 이해를 촉구하며, 건전한 국민관광을 발전시키는 데 필요한 시책을 강구하여야 한다"로 명시하여 정부가 국민관광발전에 대한 책임을 최초로 규정하였다.

국민관광진흥사업이 본격적으로 시작된 것은 1980년대 이후이다. 경제발전에 따른 소득수준의 향상과 법정공휴일 증가로 여가시간이 증대되면서 국민의 여가 · 관광활동이 확대 · 보편화되었다. 이에 1982년 국제관광공사가 한국관광공사로 개칭되어 국제관광진흥사업과 더불어 국민관광진흥사업을 병행하여 수행하기 시작하였다. 국민들의 국내관광 여건 확충을 위하여 관광지 개발에 대한 국고 지원과 관광단지의 본격적인 개발, 그리고 국민숙박시설 개발 등이 집중적으로 이루어졌다. 특히 88서울올림픽을 계기로 국민관광관련 시설개발이 많이 이루어졌다. 또한 1989년 '해외여행 전면자유화'가 실시됨에 따라 경제력과 여행욕구를 가진 많은 국민들이 해외로 여행기회를 갖게 됨에 따라 국민관광은 국내관광뿐만 아니라 국민의 해외여행으로 그 범위가 확대되었다.

1990년대에 들어와서 경제성장과 국민소득 수준의 향상, 여가시간의 증대, 가치관의 변화, 자동차의 보급증대 등으로 국민관광에 대한 수요가 크게 늘었다. 90년대 이후부터 여름휴가가 일반화되어 국민의 숙박관광과 당일관광 수요가 크게 늘어나 성수기에 관광피크 현상이 두드러지게 나타났으며, 관광지에서 바가지요금, 교통정체 등의 문제가 대두되기 시작했다. 국민관광객의 증가와 더불어 복지사회 건설이라는 측면에서 국민관광이 중요한 정책적 이슈로 등장한 배경 중 하나는 1989년 해외여행 전면 자유화 실시 이후 국민의 해외여행을 국내로 돌리자는 차원에서 국민관광에 대한 관심이 커지게 되었다. 1993년 대전박람회, 1994년 한국방문의 해 등 다양한 행사가 개최되어 국제관광 및 국민관광의 다양한 정책을 펼친 시기라 할 수 있다.

21세기 관광은 국민의 삶의 일부로서 관광의 위상을 정립하는 시기로 국민여가가 삶에 부응하는 관광산업의 체계를 정립하는 대국민관광의 시대라 할 수 있다. 특히 주 40시간 근무제와 주5일 수업제 확대 실시로 국민관광을 위한 관광정책의 필요성이 더욱 커지고 있다. 국민 국내관광은 국민여가 욕구가 높은 것에 반해 아직도 업종의 영세성, 프로그램의 부족, 인프라 부족, 수용체계의 한계, 복잡한 업종 구조 등이 한계점으로 지적되고 있다. 또한 국민의 국내여행 수요가 양적으로 팽창하고 있지만, 질적으로 고급상품의 이용이 저조하고 당일여행은 주로 단순관람형 관광활동이 대부분을 차지한다. 따라서 국민관광시대에 부응하는 다양한 여행상품 개발과 질적인 여행서비스를 제공함으로써 국민의 삶의 질 향상에 기여하는 동시에 국제적 수준의 관광상품 개발 및 경쟁력 제고를 통해 국제적인 관광지로 거듭나야 할 것이다.

제2절 국민관광의 현황

1. 국내관광 현황

〈표 4-2〉 국민 국내관광 추세를 살펴보면, 해를 거듭할수록 관광여행의 경험률은 증

가 추세를 보이고 있다. 2018년 기준 우리나라 국민들의 국내여행 경험률은 89.2%로 나타났으며, 관광여행(여행목적이 여가/위락/휴가, 건강/치료, 종교/성지순례 등) 경험률은 84%, 기타여행(여행목적이 가족/친척/친구방문, 교육/훈련/연수, 쇼핑, 사업 및 업무상 목적인 경우) 경험률은 56.5%로 나타났다. 국내여행 경험률은 30대(95.0%), 월 평균 가구소득 400~500만원 미만(94.6%), 월 평균 가구소득 500~600만원 미만(94.5%) 계층에서 높게 나타났으며, 관광여행 경험률은 30대(92%)와 월 평균 가구소득 400~500만원 미만(91%) 계층에서 높았고, 기타여행 경험률은 40대(66.9%) 계층에서 높게 나타났다.

〈표 4-2〉 국내여행 경험률

(단위 : %)

구분		국내여행		관광여행		기타 여행	
		경험	비경험	경험	비경험	비경험	경험
전체		89.2	10.8	84.0	16.0	56.5	43.5
성별	남자	91.4	8.6	86.7	13.3	59.1	40.9
	여자	87.2	12.8	81.5	18.5	54.2	45.8
연령	15~19세	88.6	11.4	73.3	26.7	42.8	57.2
	20대	92.7	7.3	90.4	9.6	58.8	41.2
	30대	95.0	5.0	92.0	8.0	62.8	37.2
	40대	92.9	7.1	89.5	10.5	66.9	33.1
	50대	91.6	8.4	86.7	13.3	60.8	39.2
	60대	91.4	8.6	84.7	15.3	55.3	44.7
	70세 이상	71.0	29.0	64.2	35.8	38.2	61.8
가구원 수	1인	86.9	13.1	82.0	18.0	61.9	38.1
	2인	83.9	16.1	77.1	22.9	48.5	51.5
	3인 이상	91.9	8.1	87.3	12.7	58.5	41.5
가구소득	100만원 미만	56.3	43.7	46.9	53.1	37.6	68.4
	100~200만원 미만	78.8	21.2	71.6	28.4	44.1	55.9
	200~300만원 미만	88.9	11.1	80.7	19.3	58.7	41.3
	300~400만원 미만	89.6	10.4	86.4	13.6	56.9	43.1
	400~500만원 미만	94.6	5.4	91.0	9.0	61.3	38.7
	500~600만원 미만	94.5	5.5	90.4	9.6	58.7	41.3
	600만원 이상	89.9	10.1	83.7	16.3	59.5	40.5

자료 : 문화체육관광부(2019), 2018 국민여행조사 분석편, p.53.

국내여행 방문지는 '강원'(15.4%)이 가장 높았고, 다음은 '경기'(13.5%), '경남'(11.2%), '전남'(10.0%) 등의 순으로 나타났다. 응답자 특성별로 살펴보면, '강원'은 20대(17.8%), 30대(17.9%), 월 평균 가구소득 500~600만원 미만(17.6%), 월 평균 가구소득 600만원 이상(18.6%) 계층에서 높았고, '경기'는 15~19세(21.2%) 계층에서 상대적으로 높은 것으로 나타났다. 국내 숙박여행의 경우도 '강원'(20.0%)이 가장 높았고, 다음은 '전남'(10.3%), '경남'(10.1%) 등의 순으로 높았으며, 국내 당일여행의 경우 '경기'가 18.5%로 가장 높았고, 다음은 '경남'(11.4%), '충남'(10.1%) 등의 순으로 나타났다.

〈표 4-3〉 **국내여행 목적지**

(중복응답, 단위 : %)

구분		서울	부산	대구	인천	광주	대전	울산	세종	경기	강원	충북	충남	전북	전남	경북	경남	제주
전체		5.2	7.2	2.3	3.9	1.5	3.1	1.4	0.5	13.5	15.4	4.2	9.0	6.6	10.0	9.8	11.2	5.0
성별	남자	5.5	7.3	2.5	3.8	1.7	3.4	1.3	0.7	14.0	15.5	4.4	8.6	6.4	10.0	10.0	11.3	4.9
	여자	4.9	7.1	2.1	4.0	1.4	2.9	1.4	0.4	12.9	15.8	4.1	9.4	6.7	10.1	9.6	11.0	5.2
연령	15~19세	11.0	8.9	2.8	1.5	1.3	3.0	1.3	0.4	21.2	11.3	2.8	6.3	4.8	7.7	8.5	7.0	4.7
	20대	7.4	9.5	2.6	5.3	1.3	2.5	1.6	0.3	16.0	17.8	2.7	7.5	6.6	8.6	7.3	7.4	5.4
	30대	6.2	8.4	2.8	3.0	1.5	3.9	1.5	0.7	15.3	17.9	3.2	7.6	5.8	9.3	9.8	10.2	5.6
	40대	4.8	7.3	2.0	3.4	1.6	3.7	1.7	0.7	11.0	16.9	4.0	9.5	6.1	11.0	12.1	11.7	5.5
	50대	3.2	6.4	2.5	4.4	1.9	2.7	1.0	0.4	10.4	14.5	6.0	9.9	7.2	10.3	10.5	12.8	4.6
	60대	3.7	4.6	2.1	4.0	1.2	3.1	1.0	0.6	13.6	12.0	5.6	10.8	8.0	11.4	8.6	14.0	4.0
	70세 이상	3.3	4.5	1.3	4.7	2.1	2.7	1.5	0.4	13.6	11.5	4.3	10.6	6.8	11.0	9.8	13.5	4.4
가구원수	1인	5.2	7.4	3.1	2.6	1.4	3.4	2.1	0.8	13.1	13.9	4.9	7.9	5.9	9.0	11.1	12.5	5.2
	2인	3.9	5.7	2.3	4.5	1.8	2.9	1.3	0.6	11.9	14.0	4.8	9.4	7.4	11.7	10.1	11.8	5.0
	3인 이상	5.6	7.6	2.2	4.0	1.5	3.2	1.3	0.5	14.1	16.2	3.9	9.1	6.4	9.7	9.5	10.7	5.0
가구소득	100만원 미만	7.0	3.3	4.7	2.6	4.9	3.3	2.0	-	6.6	7.9	3.4	8.7	9.1	15.7	13.3	15.0	2.4
	100~200만원 미만	3.9	4.5	2.1	2.9	2.1	2.1	1.6	0.7	14.3	8.4	5.5	9.8	9.3	11.1	11.8	12.4	3.2
	200~300만원 미만	5.1	5.5	2.5	3.9	1.8	3.3	1.5	0.8	14.0	14.1	5.0	9.7	7.0	9.6	11.2	11.0	4.1
	300~400만원 미만	4.4	7.2	2.3	3.4	1.6	3.4	1.5	0.7	14.1	15.0	4.7	9.8	6.7	11.4	7.9	11.3	5.0
	400~500만원 미만	5.2	9.0	2.5	4.2	1.5	4.2	1.6	0.6	12.3	14.4	4.2	9.0	7.0	10.4	9.2	11.6	4.8
	500~600만원 미만	6.9	6.3	2.3	4.0	1.4	3.0	1.1	0.3	14.3	17.6	3.9	9.5	5.7	9.6	9.1	10.3	4.9
	600만원 이상	4.4	8.6	1.8	4.7	1.0	2.2	1.2	0.4	13.2	18.6	3.4	6.8	5.4	8.2	11.5	10.7	7.0

자료 : 문화체육관광부(2019), 2018 국민여행조사 분석편, p.85.

숙박관광 및 당일관광여행 모두 가장 많이 이용하는 교통수단은 '자가용'으로 나타나 휴가나 주말 등 숙박관광이 집중되는 시기에 교통체증은 이러한 교통수단을 주로 이용하는 것에서 비롯된 것으로 분석된다.

관광여행 시 주요 이동 수단은 '자가용'(74.8%)이 가장 높았고, 다음은 '차량대여/렌트'(9.6%), '고속/시외/시내버스'(8.6%), '철도'(8.3%) 등의 순으로 나타났다. 세부적으로 살펴보면, 숙박여행 시 주로 이용하는 이동수단으로는 '자가용'(73.5%), '차량대여/렌트'(13.7%), '항공기'(10.5%) 순인 것으로 나타났으며, 당일여행의 경우 '자가용'(76.3%), '고속/시외/시내버스'(9.5%), '전세/관광버스'(7.6%) 순으로 나타났다.

〈그림 4-2〉 **여행교통수단**

(중복응답, 상위 5위, 단위 : %)

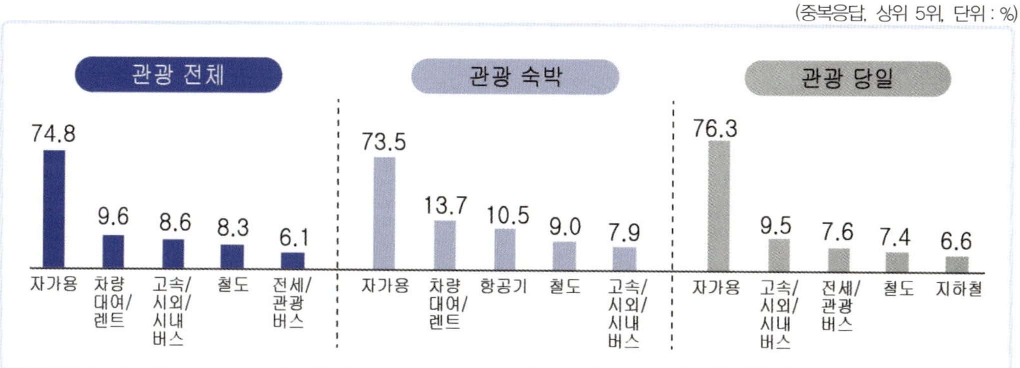

자료 : 문화체육관광부(2019), 2018 국민여행조사 분석편, p.125.

〈표 4-4〉 **국내여행 교통수단**

(단위 : %)

구분	2014년			2013년			2012년		
	국내여행	숙박여행	당일여행	국내여행	숙박여행	당일여행	국내여행	숙박여행	당일여행
자가용	73.7	77.3	71.0	73.2	75.8	71.2	72.9	75.0	71.4
철도	4.5	5.8	3.6	4.7	5.5	4.1	4.5	5.4	3.8
항공기	1.7	3.7	0.1	2.1	4.6	0.2	2.1	4.6	0.2
선박/해상교통	0.4	0.8	0.1	0.5	1.0	0.0	0.5	1.1	0.0
지하철	4.4	1.0	7.0	3.6	0.9	5.6	3.3	1.1	4.9
고속/시외버스	6.4	6.2	6.5	6.9	7.4	6.6	7.1	7.3	6.9
전세/관광버스	6.6	3.3	9.2	7.0	3.6	9.6	7.1	3.9	9.6
차량대여/렌트	1.0	1.0	0.9	1.2	1.0	1.4	1.3	1.2	1.4
자전거	0.0	0.0	0.0	0.0	-	0.0	0.0	0.1	0.0
기타	1.2	0.8	1.6	0.8	0.2	1.3	1.2	0.4	1.8

자료 : 문화체육관광부(2015), 2014 국민여행실태조사, p.37.

2018년 기준 우리나라 국민의 국내여행 시기는 '주말'(73.8%)이 가장 높았고, 다음은 '평일'(37.2%), '명절연휴'(9.6%), '공휴일'(8.2%) 순으로 나타났다. 여행 유형별로 살펴보면, 관광여행은 '주말'(78.4%)이 높았고, 기타여행은 '주말'(47.7%) 외에 '평일'(33.7%)이 상대적으로 높게 나타났다.

〈표 4-5〉 국내여행 시기

(중복응답, 단위 : %)

구분		평일	주말	공휴일	명절연휴
국내여행	전체	37.2	73.8	8.2	9.6
	숙박	50.1	74.1	7.7	13.9
	당일	20.5	69.6	8.0	4.6
관광여행	전체	36.2	78.4	7.9	4.4
	숙박	52.9	81.8	8.3	5.7
	당일	15.8	74.3	7.4	2.9
기타 여행	전체	33.7	47.7	6.8	26.5
	숙박	36.0	39.9	4.7	45.0
	당일	31.4	53.8	8.5	9.2

자료 : 문화체육관광부(2019), 2018 국민여행조사 분석편, p.75.

월별 국내여행 횟수는 12월(29,814천 회), 9월(29,371천 회) 등의 순으로 많았고, 관광여행 횟수는 12월(22,473천 회), 기타여행 횟수는 9월(12,122천 회)에 많은 것으로 나타났다.

〈표 4-6〉 월별 여행 횟수

(단위 : 천 회)

구분	국내여행			관광여행			기타 여행		
	전체	숙박	당일	전체	숙박	당일	전체	숙박	당일
전체	311,153	163,204	147,949	236,590	128,436	108,154	74,562	34,767	39,795
1월	24,233	13,717	10,516	16,938	10,213	6,725	7,295	3,504	3,791
2월	28,263	18,137	10,126	17,682	10,324	7,359	10,581	7,814	2,767
3월	24,668	12,039	12,629	19,342	10,334	9,009	5,326	1,706	3,620
4월	24,242	10,547	13,695	19,306	8,806	10,500	4,936	1,741	3,194
5월	24,571	12,033	12,538	20,363	10,414	9,949	4,209	1,619	2,590
6월	24,600	11,645	12,955	19,665	10,040	9,625	4,935	1,605	3,330
7월	24,628	15,652	8,976	20,485	14,448	6,037	4,143	1,204	2,939
8월	25,298	16,507	8,791	21,826	15,448	6,378	3,471	1,058	2,413
9월	29,371	18,574	10,797	17,249	9,506	7,745	12,122	9,071	3,051
10월	26,051	10,578	15,473	21,175	8,744	12,431	4,876	1,834	3,042
11월	25,413	10,371	15,042	20,086	8,803	11,283	5,327	1,568	3,759
12월	29,814	13,404	16,411	22,473	11,359	11,114	7,342	2,044	5,297

자료 : 문화체육관광부(2019), 2018 국민여행조사 분석편, p.55.

〈표 4-7〉은 국내여행 시에 이용하는 숙박시설을 보여주고 있다. 2018년 기준 관광여행 시 이용한 숙박시설은 '펜션'(33.7%)이 가장 많았고, 다음은 '콘도미니엄/리조트'(16.0%), '가족/친지집'(13.1%), '모텔/여관'(11.1%), '호텔'(10.7%) 등의 순으로 높게 나타났다. 연령별로 살펴보면, '펜션'은 20대(36.8%), '콘도미니엄/리조트'는 30대(19.0%), '가족/친지집'은 70세 이상(21.1%) 계층에서 높게 나타났다. 가구원 수별로 살펴보면, '콘도미니엄/리조트'는 3인 이상 가구(16.3%), '가족/친지집'은 2인 가구(16.2%)에서 높았다.

〈표 4-7〉 국내여행 숙박시설

(중복응답, 상위 10위, 단위 : %)

구분		펜션	콘도 미니엄/ 리조트	가족/ 친지집	모텔/ 여관	호텔	민박	자연 휴양림내 숙박시설	야영	게스트 하우스	전통 한옥 숙박시설
		33.7	16.0	13.1	11.1	10.7	4.9	3.0	2.6	2.5	1.9
성별	남자	35.0	15.5	11.7	11.7	10.0	5.1	2.6	3.2	2.2	1.7
	여자	32.4	16.5	14.5	10.5	11.4	4.7	3.3	2.0	2.9	2.2
연령	15~19세	35.2	15.0	16.0	7.6	8.4	2.1	1.6	3.9	6.4	1.6
	20대	36.8	13.3	8.1	14.9	7.8	5.0	2.6	2.2	8.3	2.0
	30대	34.2	19.0	10.7	8.4	11.5	5.9	2.3	3.3	2.4	1.4
	40대	33.7	16.5	13.9	12.2	11.0	3.4	4.0	2.5	1.3	2.2
	50대	32.8	16.5	14.6	9.4	13.4	6.2	3.9	3.1	0.3	1.7
	60대	31.2	18.6	15.4	11.7	9.3	5.2	1.9	1.4	-	2.0
	70세 이상	29.4	12.7	21.1	11.6	10.8	3.8	2.1	1.7	0.2	3.5
가구원수	1인	32.3	15.4	13.1	11.4	10.1	4.3	1.9	2.6	4.4	2.4
	2인	31.2	15.0	16.2	12.3	11.4	4.4	2.4	1.9	0.7	2.3
	3인 이상	34.7	16.3	12.2	10.7	10.6	5.2	3.3	2.8	2.7	1.8
가구소득	100만원 미만	31.0	19.6	17.8	14.7	5.8	2.0	2.8	2.9	0.8	1.2
	100~200만원 미만	29.1	17.3	21.5	7.3	9.7	5.7	1.7	0.5	0.8	5.2
	200~300만원 미만	32.7	12.8	14.6	12.5	9.0	4.4	3.5	2.6	2.6	3.2
	300~400만원 미만	34.6	15.6	14.9	11.5	10.2	4.8	2.7	1.9	2.5	0.5
	400~500만원 미만	33.1	17.5	11.8	9.8	11.9	4.2	2.8	2.8	2.7	1.7
	500~600만원 미만	34.5	15.4	10.9	11.6	10.1	4.2	3.7	2.2	2.4	2.3
	600만원 이상	34.1	16.6	12.5	11.5	11.9	6.6	2.7	4.1	2.8	1.6

자료 : 문화체육관광부(2019), 국민여행조사 분석편. p.128.

〈그림 4-3〉은 관광여행 시 여행지에서 하는 활동을 나타내고 있다. 2018년도 기준 관광여행 시 여행지에서의 활동은 '자연 및 풍경감상'이 68.2%로 가장 높았고, 다음은 '음식관광(지역 맛집 등)'(57.0%), '휴식/휴양'(54.7%) 등의 순으로 높은 것으로 나타났다. 관광 숙박여행과 관광 당일여행의 경우도 '자연 및 풍경감상'이 각각 71.7%, 63.9%로 가장 높게 나타났으며, 관광 숙박여행은 '휴식/휴양'(65.7%)이 두 번째로 많이 하는 활동이고 관광 당일여행은 '음식관광'(56.7%)이 두 번째로 가장 많이 하는 활동으로 나타났다.

〈그림 4-3〉 **여행지에서의 주요 활동**

(중복응답, 상위 5위, 단위 : %)

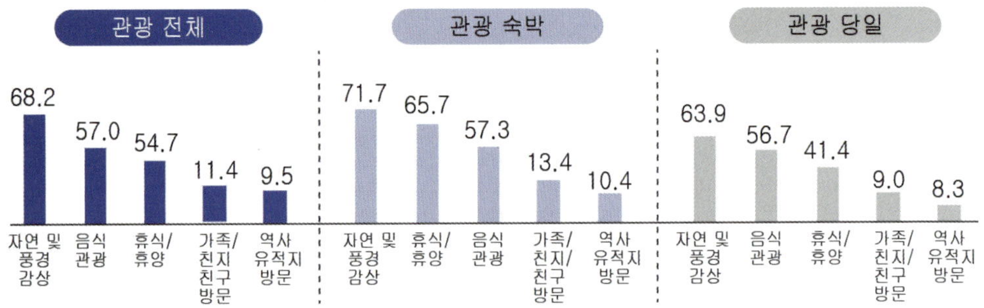

자료 : 문화체육관광부(2019), 2018 국민여행조사 분석편, p.12.

정부는 자연자원과 문화자원을 갖추고 관광 및 휴식에 적합한 지역을 대상으로 관광지로 지정하여 공공·편의시설과 숙박·상가시설, 그리고 운동·오락시설, 휴양·문화시설, 녹지 등을 유치하고 개발하고 있다. '관광지'란 관광자원이 풍부하고 관광객의 접근이 용이하며, 개발 제한요소가 적어 개발이 가능한 지역과 관광정책상 관광지로 개발하는 것이 필요하다고 판단되는 지역을 말한다(문화체육관광부, 2015).

〈표 4-8〉 **관광지 지정 현황**

시·도	지정개소	관광지명
부산	5	태종대, 금련산, 해운대, 용호씨사이드, 기장도예촌
인천	2	서포리, 마니산
대구	1	비슬산
경기	14	대성, 용문산, 소요산, 신륵사, 산장, 한탄강, 산정호수, 공릉, 수동, 장흥, 백운계곡, 임진각, 내리, 궁평

강원	41	춘천호반, 고씨동굴, 무릉계곡, 망상해수욕장, 화암약수, 고석정, 송지호, 장호해수욕장, 팔봉산, 삼포 · 문암, 옥계, 맹방해수욕장, 구곡폭포, 속초해수욕장, 주문진해수욕장, 삼척해수욕장, 간현, 연곡해수욕장, 청평사, 초당, 화진포, 오색, 광덕계곡, 홍천온천, 후곡약수, 어흘리, 등명, 방동약수, 용대, 영월온천, 어답산, 구문소, 직탕, 아우라지, 유현문화, 동해추암, 영월 마차탄광촌, 평창 미탄마하 생태, 속초 척산온천, 인제 오토테마파크, 지경
충북	22	천동, 다리안, 송호, 무극, 장계, 세계무술공원, 충온온천, 능암온천, 교리, 온달, 수옥정, 능강, 금월봉, 속리산레저, 계산, 괴강, 제천온천, KBS제천촬영장, 만남의광장, 충주호체험, 구병산, 늘머니과일랜드
충남	25	대천해수욕장, 구드래, 신정호, 삽교호, 태조산, 예당, 무창포, 덕산온천, 곰나루, 죽도, 안면도, 아산온천, 마곡온천, 금강하구둑, 마곡사, 칠갑산 도림온천, 천안종합휴양, 공주문화, 춘장대해수욕장, 간월도, 난지도, 왜목마을, 남당, 서동요역사, 만리포
전북	21	남원, 은파, 사선대, 방화동, 금마, 운일암 · 반일암, 석정온천, 금강호, 위도, 마이산 회봉, 모악산, 내장산리조트, 김제온천, 웅포, 모항, 왕궁보석테마, 백제가요정읍사, 미륵사지, 오수의견, 벽골제, 변산해수욕장
전남	28	나주호, 담양호, 장성호, 영산호, 화순온천, 우수영, 땅끝, 성기동, 회동, 녹진, 지리산온천, 도곡온천, 도림사, 대광해수욕장, 율포해수욕장, 대구도요지, 불갑사, 한국차소리문화공원, 마한문화공원, 회산연꽃방죽, 홍길동테마파크, 아리랑마을, 정남진 우산도-장재도, 신지명사십리, 해신장보고, 운주사, 영암 바둑테마파크, 사포
경북	32	백암온천, 성류굴, 경산온천, 오전약수, 가산산성, 경천대, 문장대온천, 울릉도, 장사해수욕장, 고래불, 청도온천, 치산, 용암온천, 탑산온천, 문경온천, 순흥, 호미곶, 풍기온천, 선바위, 상리, 하회, 다덕약수, 포리, 청송주왕산, 영주 부석사, 청도 신화랑, 울릉개척사, 고령 부례, 회상나루, 문수, 예천삼강, 예안현
경남	21	부곡온천, 도남, 당항포, 표충사, 미숭산, 마금산온천, 수승대, 오목내, 합천호, 합천보조댐, 중산, 금서, 가조, 농월정, 송정, 벽계, 장목, 실안, 산청전통한방휴양, 사등, 하동 묵계(청학동), 거가대교
제주	15	돈내코, 용머리, 김녕해수욕장, 함덕해안, 협재해안, 제주남원, 봉개휴양림, 토산, 묘산봉, 미천굴, 수망, 표선, 금악, 제주돌문화공원, 곽지
합계	227	

자료 : 문화체육관광부(2019), 2018년도기준 관광동향에 따른 연차보고서. p.167.

〈표 4-8〉에서 관광지로 지정된 시 · 도별 현황을 살펴보면, 강원도가 41개소로 가장 많고, 그 다음은 경북(32), 전남(28), 충남(25), 충북(22) 순으로 나타나고 있다. 특히 대도

시인 부산 5곳, 인천 2곳, 경기지역이 14곳으로 타지역에 비해 관광지 지정이 낮은 상태를 보여주고 있다. 관광자원성이라는 측면에서 강원과 경북이 가장 높은 자원성과 잠재성을 보여주고 있다.

관광지와 유사한 개념으로 보다 포괄적인 지역을 포함하고 있는 관광단지가 있는데, 관광단지란 관광산업의 진흥을 촉진하고, 국내외 관광객의 다양한 관광 및 휴양을 위하여 각종 관광시설을 종합적으로 개발하는 관광거점 지역을 말한다. 「관광진흥법」에 의하여 2017년까지 42개소가 지정되었으며, 2018년 신규 지정 관광단지는 제주 애월국제문화복합단지, 제주 프로젝트 ECO, 남원 드래곤 등 3개소로 2018년 12월 말 기준으로 전국에 지정된 관광단지 현황은 총 45개소 관광당지가 지정되어 있다.

〈표 4-9〉 국민들의 레저시설별 이용자현황에 대한 통계청 자료(2019년)에 의하면, 관광명소(73.0%), 해수욕장(33.8%), 온천 및 스파(32.5%), 놀이공원(30.3%), 삼림욕장(31.0%), 수영장 및 워터파크(28.4%) 순으로 나타났다. 이는 놀이공원과 수영장(워터파크)의 인공시설을 제외하고는 대부분 자연자원에 기반을 둔 관광지에 집중되고 있음을 나타낸다.

〈표 4-9〉 2019년 기준 레저시설이용자 현황

(단위 : %)

구분	이용함 (%)	관광 명소 (%)	온천장 및 스파 (%)	골프장 (%)	스키장 (%)	해수 욕장 (%)	삼림 욕장 (휴양림) (%)	놀이 공원 (%)	수영장 (워터 파크) (%)	기타 (%)
계	73.4	73.0	32.5	6.6	14.0	33.8	31.0	30.3	28.4	0.2

자료 : 통계청, 사회조사보고서(2019년도)

수도권의 관광지 지정 부족과 개발미흡은 여전히 여름휴가철에 수도권 지역 주민들의 강원도 등 일부 지역으로의 집중현상으로 이어지고 있다. 따라서 최근 수도권을 비롯하여 전국에 많은 워터파크(예 : 오션월드)와 테마파크(예 : 포천 허브아일랜드) 등 인공시설물의 조성과 펜션 건립 등은 방문객들이 특정관광(단)지로의 분산화를 유도하는 바람직한 현상으로 볼 수 있다.

〈표 4-10〉은 2018년 한국관광공사 관광불편신고센터에 접수된 관광불편신고에 대한 내용이다. 2018년 한국관광공사 관광불편신고센터에 접수된 관광불편신고는 전년 대비 24.7% 감소한 180건으로 집계되었다. 감사내용 등 불편 외 사항을 제외한 신고는 168건으로 전년(2017년 217건)대비 49건 감소했다. 내국인의 유형별 접수현황은 '여행사' 관련

불편이 50건으로 전년 대비 12건 감소하였고, '숙박' 관련 불편이 44건으로 전년 대비 18건 감소했으며, '음식점' 관련사항도 14건으로 전년 대비 1건 감소했다.

관광활성화가 이루어지기 위해서는 국내외 방문객들의 불편사항을 조속히 시정해야 한다. 이러한 부분은 정부의 제도적인 측면에서의 개선대책과 아울러 문제가 있는 업체에 대해서는 강력한 처벌을 병행하여 건전한 관광풍토를 조성해야 할 것이다.

〈표 4-10〉 내국인 연도별/유형별 관광불편신고 접수현황

(단위 : 건, %)

유형		2014년		2015년		2016년		2017년		2018년	
		건수	구성비	건수	구성비	건수	구성비	건수	구성비	건수	구성비
불편사항	여행사	52	30.2	36	21.6	47	23.6	62	28.6	50	29.8
	숙박	34	19.8	41	24.6	36	18.1	62	28.6	44	26.2
	음식점	10	5.8	21	12.6	10	5.0	15	6.9	14	8.3
	택시	3	1.7	10	6.0	4	2.0	6	2.8	6	3.6
	버스	8	4.7	4	3.6	5	2.5	4	1.8	6	3.6
	공항 및 항공	6	3.5	6	9.0	4	2.0	7	3.2	4	2.4
	관광종사원	12	7.0	15	1.8	6	3.0	4	8.3	4	2.4
	쇼핑	3	1.7	3	0.6	26	13.1	18	-	3	1.8
	안내표지판	1	0.6	1	1.8	4	2.0	-	2.3	3	1.8
	철도 및 선박	3	1.7	3	-	5	2.5	5	-	2	1.2
	콜밴	1	0.6	-	-	-	-	-	-	1	0.6
	분실 및 도난	-	-	-	16.2	1	0.5	-	16.7	-	-
	기타	39	22.7	27	100.0	51	25.6	34	100.0	31	18.5
소계		172	100.0	167		199	100.0	217		168	100.0
	감사내용	5		6		12		22		12	
총계		177		173		211		239		180	

자료 : 문화체육관광부(2019), 2018년도 기준 관광동향에 관한 연차보고서, p.50.

2. 해외여행 현황

1) 연도별 국민 해외여행 추세

1989년 해외여행 자유화 조치 이후 급격한 성장률을 보인 내국인의 출국은 '97년 말에 발생한 IMF 외환위기의 영향으로 해외여행 수요가 크게 줄어 '98년에는 32.5%의 감소를

보였다. 그러나 이후 환율안정과 경제회복에 대한 기대감으로 '99년에 41.6%, 2000년 26.9%의 성장률을 보였다. 2001년에는 약 608만명이 해외로 출국하여 전년 대비 10.5%의 성장률을 보였다. 2003년에는 잠시 마이너스 성장률(-0.5%)을 보이다가 2007년까지 꾸준한 성장세를 보였으나, 사스(SARS)와 원화약세에 따른 소비심리 위축으로 2008년(-10%), 2009년(-20.9%)에 감소세를 나타냈다. 종합하면 2000년대의 3개년을 제외하고는 대부분 두 자릿수 증가를 기록하였다. 2011년 내국인 출국은 전년 대비 1.6% 증가한 12,593,773명으로 나타났고, 2012년에는 13,736,976명으로 전년 대비 8.2% 증가하였다. 향후 내국인 출국자 수는 지속적으로 증가될 것으로 전망된다. 2012년 10월 이후 원화 절상 추세가 나타나며 아웃바운드 수요에 긍정적인 환경이 조성되었다. 원화강세 기조의 지속과 국제선 저가항공 시장의 성장으로 인해 2013년에도 출국자수는 증가세를 나타낼 것으로 전망되지만, 불확실한 경기환경으로 인해 아웃바운드 수요의 급격한 상승은 어려울 것으로 보인다. 2013년에는 14,846,486명으로 전년 대비 8.1% 성장세를 보였고, 2014년 국민 해외여행은 원화 강세, TV 프로그램의 영향으로 전년 대비 8.3% 증가한 16,080,684명을 기록하였다. 전체 출국자 중에서 남성은 7,954,892명으로 2013년(7,447,068명) 대비 6.8% 증가하였고, 여성은 6,771,196명으로 2013년(6,078,229명) 대비 11.4% 증가한 것으로 나타났다. 특히 방학과 휴가철인 1월(9.1%), 7월(9.0%), 10월(8.9%), 12월(8.9%) 140만명 이상이, 그리고 8월에는 150만명 이상(9.6%)이 해외여행을 다녀온 것으로 나타났다.

국민 해외여행객은 2015년 이후 두 자릿수 성장률을 보였으나 2018년의 경우 2,869만 5,983명으로 전년 대비 8.3%의 다소 둔화된 성장률을 보인 것으로 나타났다. 이는 현 정부의 국내여행 진흥정책 추진 및 평창올림픽 개최와 7월 이후 일본 태풍 및 지진 등의 자연재해 등의 영향으로 인한 것으로 보인다. 2018년의 경우 짧은 연휴가 많아 일본, 베트남, 동남아 등 단거리 여행객이 증가하였으며, 저가항공의 단거리 국제노선의 증편 및 여가시간의 확대 등으로 인해 해외여행 시장은 꾸준히 증가할 것으로 보인다.

〈표 4-11〉 연도별 국민 해외여행 출국 현황

(단위 : 명, %)

연도	출국자 수	성장률	해외여행 허용연령 확대단계
1988	725,176	42.0	
1989	1,213,112	67.3	
1990	1,560,923	28.7	
1991	1,856,018	18.9	
1992	2,043,299	10.1	
1993	2,419,930	18.4	
1994	3,154,326	30.3	
1995	3,818,740	21.1	
1996	4,649,251	21.7	
1997	4,542,159	-2.3	
1998	3,066,926	-32.5	
1999	4,341,546	41.6	
2000	5,508,242	26.9	
2001	6,084,476	10.5	
2002	7,123,407	17.1	45세 이상(1987.9.16) 40세 이상(1988.1.1) 30세 이상(1988.7.1) 연령제한폐지(89.1.1)
2003	7,086,133	-0.5	
2004	8,825,585	24.5	
2005	10,080,143	14.2	
2006	11,609,878	15.2	
2007	13,324,977	14.8	
2008	11,996,094	-10.0	
2009	9,494,111	-20.9	
2010	12,488,364	31.5	
2011	12,593,733	1.6	
2012	13,736,976	8.2	
2013	14,846,485	8.1	
2014	16,080,684	8.3	
2015	19,310,430	20.1	
2016	22,383,190	15.9	
2017	26,496,447	18.4	
2018	28,695,983	8.3	

자료 : 관광지식정보시스템(원시자료출처: 법무부 출입국 통계 재구성)

2) 지역별 · 목적별 출국 동향

해외 국가별 방문객 수를 기준으로 살펴보면 중국, 일본, 베트남, 태국, 홍콩, 필리핀, 미국 등이 우리나라 국민의 해외여행의 주요 목적지인 것으로 나타났다. 2009년 말부터 회복세를 보이기 시작한 국민 해외여행은 3월 일본대지진과 원전사고에 따른 일본수요의 급감과 세계 금융불안에 따른 소비심리 위축의 결과로 해외여행수요가 잠시 둔화되었으나(2008~2009년), 2010년부터는 다시 증가하였고, 2018년에는 전년 대비 5.6% 증가세를 나타냈다.

2018년 우리 국민의 해외 출국현황을 보면, 주요 목적지 중에서 증가폭이 큰 국가로는 '베트남'(42.2%), '터키'(29.0%), '말레이시아'(27.3%) 등 순으로 나타났으며 일본, 태국, 말레이시아, 베트남, 터키 등 몇몇 국가를 제외하고는 모두 감소한 것으로 나타났다. 2017년의 경우 베트남(56.4%), 일본(40.3%), 마카오(32.0%) 등 순으로 내국인 출국이 가장 많았으며, 중국의 경우 전년(2016년) 대비 -19.1%로 가장 큰 폭으로 감소하였다.

좀 더 자세히 살펴보면, 일본은 2017년 대비 5.6% 증가한 7,538,997명으로 기록되었는데, 2016년에 전년 대비 27.2% 증가한 5,090,302명, 2017년은 전년 대비 40.3% 증가한 7,140,165명을 기록하여 꾸준히 출국자수의 증가세를 나타내고 있다. 그리고 베트남은 2018년 3,435,405명(42.2%), 2017년 2,415,245명(56.4%), 2016년 1,543,883명(34%)로 최근 들어 지속적으로 내국인 출국자수가 증가되고 있다. 하지만 중국은 2011년 4,185,400명으로 우리나라 국민이 가장 많이 여행한 목적지가 되었고, 2016년에 4,762,163(7.2%)를 기록했으나 최근 한한령 이후 중국으로의 내국인 출국이 크게 감소하여 2017년 3,854,869(-19.1%)의 큰 감소폭을 나타냈다.

〈표 4-12〉 연도별 주요 목적지별 출국자 수 (단위 : 명, %)

		2018년		2017년		2016년	
		출국자 수	증감률	출국자 수	증감률	출국자 수	증감률
아시아	일본	7,538,997	5.6	7,140,165	40.3	5,090,30.2	27.2
	중국	-	-	3,854,869	-19.1	4,762,163	7.2
	대만	1,019,122	-3.3	1,054,380	19.2	884,397	34.3
	홍콩	1,421,411	-4.5	1,487,670	6.8	1,392,367	12.0
	태국	1,612,459	3.6	1,717,867	17.3	1,464,218	6.6
	말레이시아	616,783	27.3	484,528	9.0	444,439	5.5
	싱가포르	629,451	-0.3	631,297	11.4	566,503	-1.8
	마카오	812,842	-7.0	874,253	32.0	662,263	19.5
	필리핀	1,587,959	-1.2	1,607,821	9.0	1,475,081	10.1
	인도네시아	358,527	-15.3	423,191	23.1	343,887	-2.8
	베트남	3,435,406	42.2	2,415,245	56.4	1,543,883	34.0
	터키	155,558	29.0	120,622	12.8	106,904	-52.0

미주	미국	2,210,597	-5.3	2,334,839	17.8	1,982,516	11.7
	캐나다	253,236	-16.0	301,476	18.3	254,759	24.4
유럽	독일	309,548	-2.7	367,172	15.3	318,330	7.2
	영국	187,466	-9.7	207,550	-0.4	208,413	-12.2
대양주	호주	288,000	-4.6	301,800	7.7	280,100	21.8
	뉴질랜드	87,853	-3.6	91,168	10.7	82,384	26.8

자료 : 한국관광공사, 한국관광 통계, 국민해외관광객 주요 행선지 통계(2018년 12월 작성)

〈표 4-13〉 지역별 출국 현황

(단위 : 명, %)

구분		2014년	증감율	2013년	증감율	2012년	증감율	2011년	증감율	2010년	증감율
아시아	일본	2,755,313	12.2	2,456,165	20.1	2,044,249	23.3	1,658,073	-32.0	2,439,816	53.8
	중국	4,181,800	5.4	3,969,000	-2.5	4,069,900	-2.8	4,185,400	2.7	4,076,400	27.5
	대만	527,706	50.2	351,301	35.6	259.089	6.7	1,020,996	14.6	891,025	44.0
	홍콩	1,251,047	15.5	1,083,543	0.5	1,078,458	5.6	1,020,996	14.6	891,024	44.0
	태국	1,096,164	-15.4	1,297,200	11.5	1,163,619	15.6	1,006,283	24.9	805,445	30.3
	말레이시아	385,769	40.5	274,622	-3.3	283,977	7.8	263,428	-0.2	264,052	16.2
	싱가포르	536,544	13.7	354,718	2.7	445,157	7.3	414,879	15.0	360,615	32.6
	마카오	554,521	16.9	474,269	6.6	1,031,155	11.5	925,204	24.9	740,622	48.7
	인도네시아	328,122	1.1	324,560	6.8	303,856	0.6	302,184	7.2	281,785	10.3
	베트남	832,969	11.3	748,727	6.8	700,917	30.7	536,408	8.2	495,902	36.9
	터키	248,910	33.1	187,040	17.6	159,084	6.1	149,943	21.6	123,315	38.3
미주	미국	1,449,538	6.6	1,238,691	8.8	1,251,432	9.3	1,145,216	3.4	1,107,518	48.9
	캐나다	162,536	12.4	144,579	3.3	139,999	-7.3	151,093	-8.0	164,279	18.9
유럽	독일	254,332	39.5	228,865	10.0	208,108	20.4	172,866	19.7	144,450	15.5
	영국	171,000	14.0	165,000	42.2	158,000	12.9	140,000	21.7	115,000	53.3
대양주	호주	147,300	-23.9	193,700	-1.6	196,800	-0.6	198,000	-7.5	214,000	18.2
	뉴질랜드	55,488	8.8	50,992	-3.6	52,896	0.2	52,787	-21.6	67,309	27.2
	사이판	122,596	-12.4	139,958	8.2	129,394	20.4	107,503	-7.1	115,773	29.9

자료 : 문화체육관광부(2015), 2014년 국민여행실태조사, p.129.

〈표 4-14〉 해외여행 목적

(단위 : %)

구분		여가/위락/휴가	종교/성지순례	가족/친척/친구 방문	교육훈련 연수	쇼핑	사업 및 전문활동/업무상 목적	기타
연도별	2012년	76.4	2.0	5.4	6.3	-	9.8	0.1
	2013년	80.9	2.2	2.8	5.7	0.4	7.8	0.1
	2014년	79.1	1.5	1.9	5.4	3.3	8.3	0.6

자료 : 문화체육관광부(2015), 2014년 국민여행실태조사, p.137.

여행목적별 현황을 살펴보면, 해외여행의 주된 목적은 '여가/위락/휴가' 목적이 79.1%로 가장 많았고, 다음이 '사업 및 전문활동/업무상' 목적(8.3%), '교육/훈련/연수'(5.4%), '쇼핑'(3.3%), '가족/친척/친구 방문'(1.9%)의 순으로 나타났다.

해외여행 시 여행지에서의 활동은 '자연 및 풍경 감상'(69.9%), '휴식/휴양'(69.2%), '음식관광'(54.6%) 등의 순으로 높았고 응답자특성별로 살펴보면, '자연 및 풍경 감상'은 60대(75.0%), 1인 가구(76.1%), 월 평균 가구소득 100만원 미만(96.3%), 계층에서 높았고, '휴식/휴양'은 월 평균 가구소득 100만원 미만(88.0%) 계층에서 높게 나타났다.

〈그림 4-4〉 해외여행에서의 활동

(중복응답, 상위 10위, 단위 : %)

전체

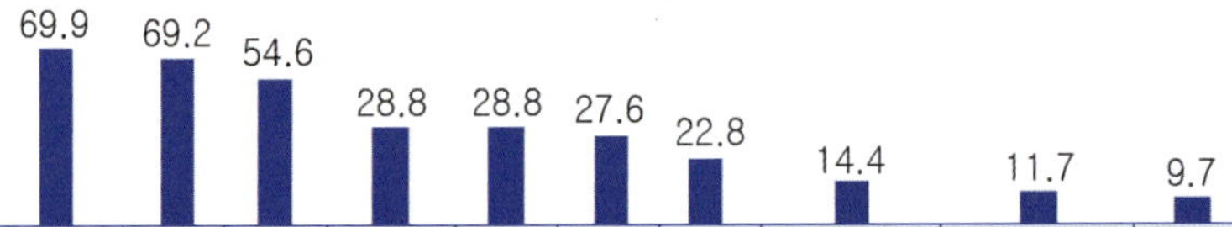

구분		자연 및 풍경 감성	휴식/휴양	음식관광	역사 유적지 방문	쇼핑	시티투어	온천/스파	지역/문화 예술/공연/전시시설 관람	테마파크 놀이시설 동·식물원 방문	유흥/오락
성별	남자	71.1	71.2	57.1	28.8	25.5	29.6	20.3	14.7	9.4	10.7
	여자	68.8	67.3	52.1	28.8	32.1	25.5	25.3	14.0	13.9	8.6
연령	15~19세	69.8	57.6	52.4	34.9	20.9	13.6	16.7	19.2	15.4	10.0
	20대	68.2	67.3	63.4	30.8	33.9	33.4	22.5	16.6	11.4	11.7
	30대	68.1	72.3	56.3	25.5	33.2	28.5	25.9	9.1	14.9	11.2
	40대	70.0	68.3	51.5	26.2	28.5	27.1	23.2	18.9	13.8	10.4
	50대	71.3	72.7	54.6	27.6	26.1	27.5	19.6	12.4	6.8	5.4
	60대	75.0	68.2	46.7	34.0	17.3	21.3	19.9	13.9	10.0	10.4
	70세 이상	70.8	67.8	54.4	39.6	31.3	30.8	39.8	10.6	2.2	2.5
가구원수	1인	76.1	71.5	55.6	22.8	28.3	28.3	22.2	13.4	14.4	10.2
	2인	66.8	69.7	53.3	27.2	24.7	22.9	24.1	11.7	11.8	10.1
	3인 이상	69.6	68.7	54.8	30.4	29.9	28.7	22.5	15.3	11.1	9.4
가구소득	100만원 미만	96.3	88.0	53.0	63.1	48.5	3.7	-	52.4	-	-
	100~200만원 미만	70.7	64.0	59.2	27.5	35.6	27.7	22.4	4.4	4.1	-
	200~300만원 미만	70.1	71.8	61.1	30.5	28.4	25.1	20.7	9.5	13.2	10.2
	300~400만원 미만	74.6	68.9	55.5	23.7	27.2	17.6	19.7	9.8	11.8	13.1
	400~500만원 미만	68.5	69.5	51.0	25.7	29.7	26.5	27.0	12.8	15.3	5.5
	500~600만원 미만	71.3	72.8	57.8	29.3	25.5	28.2	20.2	16.8	10.3	8.4
	600만원 이상	66.3	65.8	52.4	32.7	31.8	35.7	25.7	17.4	10.3	12.3

자료 : 문화체육관광부(2019), 2018 국민여행조사 분석편, p.177.

3) 해외여행 계획

국민여행실태조사(2018) 자료에 따르면 만 15세 이상 전 국민 중 해외여행 경험률은 22.4%이며 여성(23.0%), 20대(30.7%), 3인 이상 가구(24.2%) 계층에서 특히 높은 것으로 나타났다.

〈그림 4-5〉 해외여행 경험률

(단위 : %)

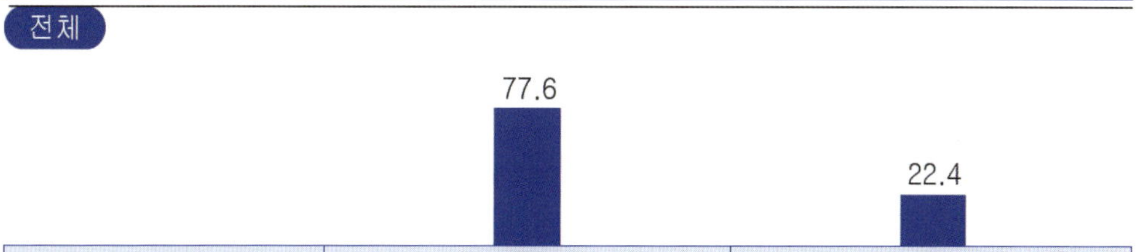

구분		비경험	경험
성별	남자	78.3	21.7
	여자	77.0	23.0
연령	15~19세	89.7	10.3
	20대	69.3	30.7
	30대	71.3	28.9
	40대	74.8	25.2
	50대	80.0	20.0
	60대	78.4	21.6
	70세 이상	92.2	7.8
가구원수	1인	76.7	23.3
	2인	83.4	16.6
	3인 이상	75.8	24.2
가구소득	100만원 미만	94.5	5.5
	100~200만원 미만	87.1	12.9
	200~300만원 미만	82.1	17.9
	300~400만원 미만	82.8	17.2
	400~500만원 미만	76.3	23.7
	500~600만원 미만	71.2	28.8
	600만원 이상	70.1	29.9

자료 : 문화체육관광부(2019), 2018 국민여행조사 분석편, p.166.

해외여행 경험자의 평균 해외여행 일수는 4.62일로 나타났고, 응답자특성별로 살펴보면, 70세 이상(5.08일) 계층에서 가장 길었고, 다음은 월 평균 가구소득 100~200만원 미만(5.40일), 60대(5.07일), 2인 가구(5.07일) 등의 순으로 나타났다.

해외여행 시기는 '평일'(94.4%)이 가장 높았고, 다음은 '주말'(83.7%), '공휴일'(20.1%), '명절연휴'(8.8%) 순으로 나타났으며, 모든 계층에서 '평일' 비율이 높았고 '주말'과 '공휴일'은 월 평균 가구소득 100만원 미만(각각 100.0%, 29.3%) 계층에서 상대적으로 높게 나타났다.

해외여행 시 정보 획득 경로로 '주변인'이 64.4%로 가장 높았고, 다음은 '인터넷 사이트/모바일 앱'(44.9%), '여행사'(44.3%) 등의 순으로 나타났으며, '지인'은 60대(78.5%) 계층에서 가장 높았고, '인터넷 사이트/모바일 앱'은 연령이 낮을수록 높게 나타났다.

제3절 국민관광의 문제점

1. 정책적 관심 미흡

국내의 여가시설 및 공간은 양적으로 부족할 뿐만 아니라 이용이 불편하고 관리체계가 미흡하여 점점 높아지는 국민들의 욕구를 충족시키지 못해 점증하는 국민 여가 · 관광 수요에 효과적으로 대처하지 못하고 있다. 우리나라 국민들은 여가활동참여 확대를 위한 정책적 과제로서 가장 중요하게 생각하는 부분으로 여가시설 및 공간 확충을 들고 있다. 하지만 현재의 시설과 공간은 민간기업의 영리추구 위주여서 경제적인 여건에 따라 여가활동의 범위와 내용에 큰 제약을 받고 있는 것이 현실이다. 또한 이러한 여가정책에 대한 유기적이고 종합적인 관리체계가 미비함에 따라 여가시설 서비스도 계층, 연령, 지역의 특성을 살리지 못하고 제한적이며 효율적인 여가복지정책은 미흡한 실정이다.

현재 우리나라의 관광휴양공간 개발의 경우, 정책기관인 문화체육관광부의 관광정책국(2018년 현재는 관광정책과)에서는 관광지 및 관광단지와 관광객 이용시설업(전문, 종합휴양업)과 관련된 업무로 한정되어 있고, 도시공원 및 유원지는 국토교통부가 관할기관이고 자연공원(국립, 도립, 군립)은 환경부가 관할기관이어서 관광휴양공간 개발의 비체계적 관리로 인한 부처별 중복개발과 차별화된 관광휴양공간이 되지 못하는 등 문제가 발생되고 있다.

2. 경제적 · 사회적 여건 부족

1) 관광소비행태의 불균형

우리나라 국민들의 여가행태는 계층 간 이원화된 양상을 보여준다. 과거 10년 전까지만 해도 여가생활의 불만족 요인으로 가장 큰 영향요인이 경제적 부담으로 나타났다. 즉, 대도시의 중산층 이상의 사람들과 일반 서민들의 여가행태는 경제적 능력에 따라 많은 차이를 나타냈고, 이러한 경향은 1980년대 이후 더욱 심화되었다. 하지만 현재(2018년 기준)는 여가생활 불만족의 주요 원인으로 경제적 부담(29.9%)보다는 시간부족(51.3%)이 더 높게 조사되고 있어, 여가시간 확보가 더 우선시되어야 하는 것으로 나타나고 있다.

여가행태상으로도 차이가 심하여 서민이나 노동자들은 주로 TV를 보거나 낮잠을 자는 것으로 소일하는 등 여가행태가 극히 제한적인 데 반해, 대도시의 부유층과 중산층은 해외로 여행을 떠나거나 호화별장, 콘도, 골프 등의 여가시설을 이용하는 것으로 나타났다. 따라서 서민이나 노동자층들은 일부 계층의 소비적인 여가행태를 부러워하고 상대적 박탈감을 느끼게 되어 사회적 위화감이 더욱 커지는 결과를 초래하고 있다.

이러한 현상은 국민들의 삶의 질에 있어서도 계층 간 격차가 더욱 심화되어 가는 것을 의미한다. 주5일 근무제가 실시되면서 국민들이 더 많은 여가시간을 갖게 됨에 따라 이러한 계층 간 관광형태상 차이는 앞으로 더욱 커질 것이다. 특히 청소년들이 유흥비 마련을 위해 범죄를 저지르는 등 여러가지 사회문제로까지 확대될 수 있어 이에 대한 효과적인 대응방안이 모색되어야 할 것이다.

2) 휴가제도 등 사회적 여건 부족

국민관광에 있어 가장 시급한 과제로는 성수기 휴가 집중현상에 따른 문제점을 들 수 있다. 여름철 휴가기간이 집중됨으로써 해마다 전국적으로 교통체증이 발생되고 있으며, 성수기의 숙박시설이나 음식점 등 바가지요금이 관행처럼 행해지고 있어 여행객들의 관광경험의 질을 크게 하락시키고 있다.

또한 자녀들의 방학기간의 경직성은 휴가의 여름집중 현상을 더욱 가중시킨다. 현재 정부에서 초·중·고 방학을 학교장이 여건과 지역특성을 감안하여 자유롭게 조정할 수 있도록 하고 있지만, 아직은 자율방학제가 보편화된 현상은 아니어서 현행 여름과 겨울에 집중된 자녀의 방학기간에 맞춰 가족의 휴가기간이 결정될 수밖에 없는 형편이다.

그리고 근로자들의 실제적인 휴가일수가 적을 뿐만 아니라 휴가에 대한 사회적인 분위기도 아직은 충분히 성숙되어 있지 못하다. 현재 우리나라의 휴가일수는 2015년을 기준으로 공휴일과 토요일을 합한 일수는 114일(2016년 기준으로 118일)이며, 1998년 휴무일수(법정 공휴일, 주휴일, 연월차휴가 모두 포함한 수치) 76.8일과 비교하면 현저하게 늘어난 것을 알 수 있다.

우리나라 근로자들의 근로시간은 1997년 말 기준으로 평균 주 46.7시간, 연간 총 근로시간이 2,434시간에서 2018년 현재 근로자 1인당 연평균 근로시간은 1,993시간으로 줄어든 것으로 나타났다. 그러나 이는 OECD 평균 1인당 연간 근로시간 1,776시간을 훨씬 초과한 시간이며, 연간 1,500시간대 미만인 유럽은 물론 일본의 1,600시간대에 비해서도 훨씬 많은 수준이다. 유럽 및 일본의 근로시간을 구체적으로 살펴보면, 독일(1,363시간), 덴마크(1,392시간), 노르웨이(1,416시간), 프랑스(1,520시간), 벨기에(1,545시간), 일본(1,680시간), 아일랜드(1,782시간) 등이다.

〈그림 4-6〉은 우리나라를 비롯하여 주요 국가들의 휴가일수 및 휴가소비율을 나타내고 있다. 지급된 휴가일수 및 사용한 휴가일수, 그리고 휴가소비율의 세 가지 측면에서 브라질, 프랑스, 독일, 스페인(100%)이 가장 휴가를 잘 사용하고 있다.

그 다음으로 영국(96%), 이탈리아, 뉴질랜드, 인도가 각각 67%를 사용한 것으로 나타났다. 온라인 여행사 익스피디아가 발표한 '익스피디아 유급휴가 사용 현황 조사(Expedia Global Vacation Deprivation Report 2018)'에 따르면, 한국의 휴가 사용 환경은 지난 3년간 크게 개선된 것으로 나타났다. 2018년 기준 평균 15일의 유급휴가를 받았고 그중 14일을 사용한 것으로 나타났다.

직장인교육 전문기업 휴넷이 직장인 1,106명을 대상으로 올해 여름휴가에 대한 설문조사를 실시한 결과, 응답자의 16.3%가 여름휴가를 포기했다고 답했다. 휴가를 가지 않는 이유로는 '경제적 여유가 없어서'라는 응답과 '다른 기간에 휴가를 사용하겠다'는 응답이 각각 25.6%로 공동 1위였다. 이어 '회사 업무가 많아서'(13.3%), '주변에 휴가 쓰는 사람이 없어서'(5.6%), '회사 사정이 어려워 눈치가 보여서'(3.3%) 순이었다.

〈그림 4-6〉 **유급휴가 사용실태**

각 나라별 유급휴가 과연 얼마나 사용할까?

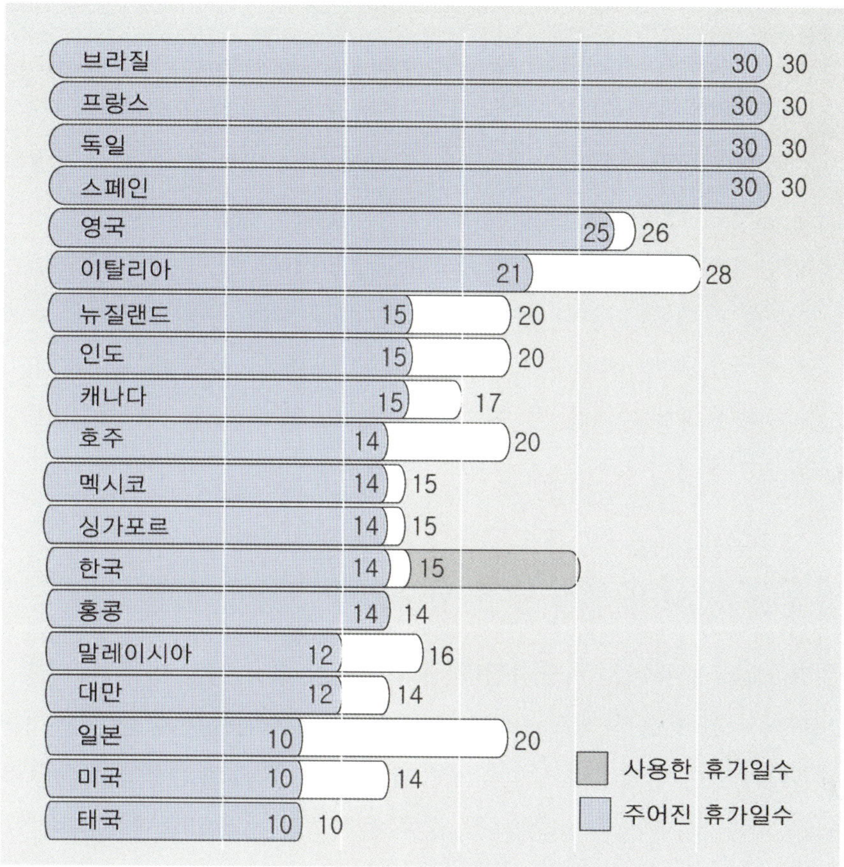

자료 : 익스피디아(2018). 익스피디아 유급휴가 사용 현황 조사

3. 관광인프라 구축의 미흡

국민관광 현황 중 우리나라 국민이 국내여행 중 느끼는 주요 불편사항은 교통 불편, 화장실 불편 및 부족, 안내판 부족 등으로 나타나고 있어 국민관광 활성화 측면에서뿐만 아니라 외래객 유치를 위한 수용태세 완비 차원에서도 관광인프라 구축은 시급한 과제이다. 그중에서도 안내체계상의 문제는 관광안내판의 부족 및 잘못된 표기 등의 문제와 아울러 각 지역의 문화를 소개할 수 있는 지역 전문 문화해설자 등이 부족한 상황이다.

국내관광 활성화를 위한 가장 큰 장애요소로 인식되고 있는 부분은 중저가 숙박시설의 부족이다. 대부분의 숙박시설은 호텔, 콘도 등 고급 숙박시설 위주로 되어 있고 저렴한 숙박시설이 크게 부족하며, 중저가 숙박시설에 대한 관광정보체계도 미흡하다. 중저가 숙박시설은 객실수의 확충뿐만 아니라, 활용도를 높이는 방안이 마련되어야 한다.

관광목적지에 대한 관광정보는 현재 전국 16개 광역 지방자치단체에서 관광지 소개, 숙박시설, 간단한 교통안내정보를 제공하는 수준에 머물러 있다. 해외선진국의 경우는 GIS 시스템을 활용한 전자지도 및 실시간 교통, 기상정보, 관광숙박 및 관광시설 예약시스템 등 다양한 관광정보를 제공하고 있으나, 우리나라의 경우는 음식소개, 관광코스, 지역축제, 스포츠 레저 등 다양한 관광정보를 제공하는 기관은 몇몇 지자체를 제외하고는 매우 제한적이다. 또한 현재 한국관광공사, 한국관광협회중앙회, 지방자치단체 등에서 제공하는 관광안내정보는 각 기관의 데이터베이스를 통해 이루어지고 타기관의 자료를 공유하거나 연계되어 활용되지 못하고 있다.

4. 관광 휴양공간[1]의 부족 및 관광상품의 다양성 미흡

현재 우리나라의 관광지는 자연자원에 근거한 관광지가 주로 지정되고 있어서 산악, 해안, 동굴이나 사찰 등을 중심으로 하고 있다. 이러한 자원들은 강원도를 비롯한 특정 지역에 편중되어 있어 관광객의 집중을 일으키고 있다. 특히 휴가철에는 관광객 집중으로 인한 교통체증 및 관광지의 혼잡 등 많은 문제점을 야기하고 있는 실정이다.

또한 이러한 관광휴양공간은 공급자 위주의 개발로 소비자의 만족도를 높이지 못하고 있다. 개발형태가 주로 입지의 자연성에 근거한 휴양공간으로 독특한 특색을 보여주지 못하고 있다. 또한 각종 시설도 공급자 위주의 개발로 이용자의 욕구를 충분히 파악하지 못한 상태이다. 그리고 지정된 관광지의 상당수가 아직도 개발진척 상황이 부진한 것은 우선적으로 개발주체인 지방자치단체의 낮은 재정자립도로 인한 투자재원의 확보가 가장 큰 문제로 대두되고 있다. 또한 현재의 관광지의 효율성과 시장성이 낮아 민간

---

1) 관광휴양공간의 개념을 살펴보면, 이용객들의 관광활동이 실제적으로 이루어지는 공간을 총칭하는 것으로 여기에는 자연공원, 도시공원, 골프장, 스키장 등의 체육시설, 청소년 야영장 및 심신수련장, 관광지/관광단지, 유원지 등이 포함된다. 즉 관광휴양공간은 「관광진흥법」상에 법적으로 규정하고 있는 '관광지'보다 포괄적인 공간이 포함된다.

부문의 투자도 충분한 효과를 보지 못하는 상황이다.

최근의 여행객의 행동패턴은 기존 자연경관 및 문화재 감상 등에서 체험이나 스포츠 등의 동적 관광활동으로 변화되고 있기 때문에 이에 부합되는 운동 및 위락시설은 아직도 상당히 부족한 실정이다. 지정된 관광지도 자원의 특성을 살리지 못하고 획일적이어서 관광객들에게 식상함을 주고 있다. 또한 관광지에서의 볼거리, 먹거리, 놀거리 부족으로 상품자체의 흡인력이 많이 부족한 편이다. 이러한 국내여행상품 개발의 미흡은 국내여행업체의 열악한 경영환경으로도 설명될 수 있다. 이러한 국내여행업체 영세성과 서비스부족으로 국민들의 높아진 관광욕구에 적절히 부응하지 못해 국내여행상품이 외면당하고 있는 실정이다.

5. 국민관광 인식 부족

우리나라 국민들은 전반적으로 해외여행을 선호하는 경향이 높아가고 있고, 국민관광에 대한 인식도 부족한 상황 속에서 다양한 국내 관광상품 개발 미흡과 국내여행업계의 영세성으로 상대적으로 국내관광이 위축되어 있는 것이 현실이다. 국민 국내관광은 국민여가 욕구가 높은 것에 반해 아직도 업종의 영세성, 프로그램의 부족, 인프라 부족, 수용체계의 한계, 복잡한 업종 구조 등이 한계점으로 지적되고 있다.

국가차원에서 살펴보면, 국가적인 국민관광 인식에 관해 추진된 건전관광수필 공모, 불건전관광 행태 근절을 위한 홍보물 배포 등의 사업들은 단순 · 단기계획으로 효과성이 떨어져 장기적인 대책이 부족하다. 또한 1960년대 이후 관광정책도 외래객 유치의 국제관광에만 초점을 두고 국민들에 대한 건전한 관광기회 제공에 대한 관심은 미흡하였다. 또한 현재의 관광상품의 내용과 질이 떨어져 국내관광에 대한 긍정적인 인식을 심어주지 못했다.

1989년 해외여행 자율화 이후 해외여행객들의 불건전한 행태가 보도되었고, 해외여행을 할 수 있는 계층이 중산층 이상으로 한정되면서 여행의 기회를 갖지 못하는 계층이 느끼는 상대적 빈곤감은 관광에 대해 부정적인 인식을 갖게 할 수 있다. 또한 국민들이 가장 선호하는 여가행태가 '관광'이면서도 경기불황으로 인한 가처분소득의 감소 등으로 관광을 할 수 없는 상황은 관광에 대한 부정적인 인식을 갖게 한다. 대다수 국민들은 경제적 여건이 좋지 않을 때 가장 먼저 씀씀이를 줄이는 부분이 바로 관광을 기반으로 한 '휴가여행'이다.

여가활동의 지식 및 정보출처에 대한 문화체육관광부의 한 조사내용을 살펴보면, 친구나 직장동료, TV나 라디오의 언론매체를 통해서가 지배적이었고, 문화단체, 여가관련 업체, 공공기관을 통해서라는 응답은 상당히 저조하게 나타났다. 이는 바람직한 여가문화 선도를 위한 사회교육적 노력이 상당히 미흡함을 나타낸다.

6. 복지관광 미흡

복지관광은 관광의 비참여 · 소외계층에게 최소한의 휴식과 여행의 기회를 제공함으로써 사회 안정과 복지증진에 기여할 수 있어 여행기회의 형평성 실현, 국민결속의 효과적 수단으로 사회정책적인 조치이다. 하지만 현실적으로 우리나라는 아직 복지관광이 제대로 실행되고 있지 못하다. 현재 일부 계층을 대상으로 실시하고 있는 사업은 한국관광공사에서 장애인(사랑의 관광단)을 대상으로 '87년부터 연 1회씩, 고아원생, 소년소녀가장을 대상으로 '94년부터 연간 한 차례씩 초청관광(꿈나무 관광단)을 실시하는 정도에 그치고 있다.

그리고 관광의 기회를 가진 사람도 비용이라는 경제적인 면에서 많은 관광기회의 제한을 받기 때문에 도시 저소득층이나 장애인, 노인계층 대부분은 여가활동에 소외되어 있다.

제4절 국민관광의 발전과제

1. 중장기적 국민관광정책 수립 및 협력

2016년부터 2018년까지 최근 3년간 우리나라의 관광수지 적자가 무려 348억 달러가 넘는 것으로 나타났다. 여러 가지 이유가 있지만 방한 외국인 감소에는 중국인 관광객의 방문이 크게 줄어든 점이 큰 영향을 미쳤으며, 일본의 수출규제조치 이후 한일 양국간 무역전쟁까지 벌어지면서 한국을 찾는 일본인들은 2017년 대비 1%도 늘어나지 않았다. 한국관광공사의 '관광수지 현황' 자료에 따르면, 관광수지 적자는 지난 2016년에 약 70억 달러에서 2017년 약 147억 달러로 최고치를 기록했으며, 2018년에는 132억 달러

적자를 기록한 것으로 집계됐다. 관광수지 악화는 입국 외국인보다 출국 내국인이 2배 가까이 많은 것이 주된 원인이다. 즉, 2018년 우리나라를 찾은 외국인 관광객은 약 1천 500만 명이었지만, 해외로 나간 국민은 약 2천870만 명으로 집계됐다.

과거 정부는 관광수지의 문제가 대두되자 관광수지 적자를 줄이는 노력으로 정부에서는 2002~2003년 '내나라 먼저보기' 캠페인, 2004~2005년 '내나라 사랑여행, Love Korea' 캠페인, 그리고 2006~2011년에는 '대한민국 구석구석 캠페인'을 추진하였다. 하지만 국민들의 애국심에만 호소하는 계도성 캠페인은 한계가 있다. 이러한 캠페인도 국내관광지가 경쟁력과 차별성을 갖추지 못한다면 결국은 큰 성과나 실효성을 보지 못할 것이다. 따라서 국내관광지를 먼저 찾도록 근본적인 인식전환을 위한 제반적인 여건조성을 하는 것이 우선적으로 필요하다. 이제는 관광수지적자에 대한 성급하고 단편적인 단기 대응책보다는 국민을 먼저 생각하고 국민의 해외여행에 대해서도 국민의 '삶의 질'을 한 단계 고양(高揚)시킬 수 있는 복지적인 차원에서 종합적이고 중장기적인 국민관광정책 대안이 마련되어야 한다.

국민관광 활성화를 위해서는 국민관광정책 창구의 일원화 및 관련기관 간의 유기적 협력체계가 필요하다. 현재 문화체육관광부 관광국(2018년 현재는 '관광정책국')에는 주로 행정지도와 감독을 하고 있고, 실제적인 국민관광관련 사업수행은 한국관광공사에서 실시하고 있다. 따라서 실제적인 국민관광사업의 주체인 문화체육관광부 내 관광정책국을 중심으로 '(가칭)국민관광발전협의회'를 구성하여 국토교통부, 보건복지부, 행정자치부 등의 관련부처와 정례적인 협의를 통해 효과적이고 유기적인 사업수행이 되도록 해야 한다. '국민관광발전협의회'의 사업 시행은 먼저 시급히 해결해야 할 과제에 우선순위를 두어 순차적으로 추진토록 하고, '협의회'에 모든 업무에 대한 과정과 결과에 대해 지도와 감독의 강력한 권한을 부여함과 아울러 책임소재를 명백히 하여 실제적이고 신속한 의사결정이 되도록 해야 할 것이다. 또한 문화체육관광부에서 관장하는 관광개발의 경우, 개발 업무의 범위가 제한적이므로 관련 업무의 단일화로 통일성과 일관성을 기하고, 이에 대한 관련 부처별 조정이 필요하다. '국민관광발전협의회'는 문화체육관광부가 주관하고, 관광공사가 사무처 역할을 수행하는 것이 바람직할 것으로 보인다.

2. 휴가분산제 등 제반여건 마련

주5일 근무제 실시를 계기로 국민의 해외여행뿐만 아니라 국내여행 기회가 증가하면서 국민관광 도약의 발판이 마련된 것으로 보인다. 또한 2018년 우리나라의 법정공휴일은 국경일을 포함하여 15일인데, 상대적으로 작은 소규모업체에서는 법정공휴일에 일하고 대신 특근수당을 받는 경우가 많았다. 여가와 충분한 휴식은 노동자의 피로를 풀어주고 노동생산력을 높여주므로 기업가는 이러한 점을 잘 인식하여 휴가를 단축하거나 급여로 대체하는 근시안적인 자세를 지양해야 한다. 따라서 우선적으로 법정공휴일을 잘 준수하도록 해야 한다.

직장 내 자유로운 휴가문화 조성 및 국내여행 활성화를 위하여 지난 2014년 시범사업에 이어 2018년부터 본격적으로 '근로자 휴가지원사업'을 실시하였다. 이는 정부(10만 원), 기업(10만 원), 근로자(20만 원)가 공동으로 비용을 조성하여 근로자가 국내여행에 사용하는 사업으로 2018년 사업 첫 해에 2,441개 중소기업 및 소상공인 근로자 2만 명이 참여하였다. 사업 참여 기간(2018.6월~2019.2월) 동안 국내여행 일수 및 횟수가 전년 동기 대비 50% 이상 증가하였으며, 정부지원금(10만 원)보다 약 9.3배(925,524원)를 총여행경비로 사용하여 국내여행 소비를 촉진하였다.

그리고 휴가시기에 전국의 관광지나 위락시설에서 연극, 무용, 연주회 등 크고 작은 이벤트들이 개최되는 것처럼 비수기에도 휴가를 즐기는 사람들을 위해서 다양한 볼거리가 있어야 효과적인 휴가분산제가 실시될 수 있을 것이다.

이와 더불어 2013년부터 범정부적 차원으로 국내관광 캠페인 규모를 확대하고 있고, 2014년부터 국내관광 캠페인 '관광주간'을 신설하여 봄(5.1~11), 가을(9.25~10.5) 각각 11일간 실시하고 있는데, 국민이 참여하도록 이벤트 혜택을 제공하고 특별프로그램을 개발하여 국내여행 수요 분산 및 신규 여행수요를 창출하도록 해야 한다.

3. 관광인프라 확충

첫째, 국내관광이 활성화되기 위해서는 중저가 숙박시설 확충 및 이용이 좀 더 원활히 이루어져야 한다. 정부의 숙박시설 확충에 대한 적극적인 의지에 힘입어 2011년 외국인관광 도시민박업, 생활숙박업 등의 제도가 시행되었고, 최근 숙박 수요 변화에 발맞춰 민박시장의 활성화 및 건전성 강화를 위하여 '안전민박(Safestay) 캠페인'을 추진하고 있다. 또한 토종호텔 브랜드인 '베니키아(BENIKEA)를 2007년부터 시작하여 한국형 중저가 관광호텔 체인호텔사업을 시행하고 있다. '베니키아'의 인지도가 아직은 높지 않지만, 광고, 언론기사, SNS 등의 다양한 방법으로 브랜드 인지도를 제고하고 있으며, 2018년 12월 현재 55개 가맹호텔을 보유하고 있다. 또한 숙박시설의 고부가가치를 위해 한국관광공사에서 2008년부터 한옥 숙박 체험시설에 대한 관리 및 홍보를 시작하면서 2013년부터 한옥체험업 지정 업체 등록의 서비스 기준을 도입하여 우수한 '한옥스테이 인증사업'을 추진하기 시작하였다. 하지만 이러한 노력에도 불구하고 아직까지는 우리나라의 중저가 숙박시설은 선진국과 비교해 볼 때 시설과 서비스 면에서 낙후되어 있는 것이 사실이다. 중저가 숙박시설에 대한 국제경쟁력을 확보하기 위해서 관광진흥개발기금을 통해 개보수 비용을 지원하고, 표준화된 숙박예약 안내망을 통해 손쉽게 이용할 수 있는 체제를 갖추어야 한다. 또한 적절한 가격으로 종사원들에 대한 친절 교육으로 관광객들에게 일정 수준 이상의 서비스를 제공해야 한다.

또한 가족단위의 여행객들이 저렴하게 이용할 수 있는 야영장, 가족휴가촌, 휴양림 등의 국민숙박시설과 공간이 절대적으로 필요하다. 특히 캠프장은 가족중심의 저렴한 자연지향형 여행문화 선도에 바람직한 시설로 향후 증대시켜야 할 시설물이다. 그리고 가족휴가촌은 저렴한 숙박시설, 스포츠 및 레저시설과 레크리에이션 지도자와 프로그램을 갖춘 종합레저시설이 되어야 한다. 아울러 저렴하게 국민들이 이용할 수 있는 가족호텔, 유스호스텔 등의 숙박시설 설치도 더욱 확대되어야 한다.

둘째, 관광안내 및 예약체계를 더욱 강화해야 한다. 관광진흥을 촉진하기 위해서는 관광안내체계의 3요소인 관광표지, 안내책자, 관광안내 홈페이지의 균형적인 발전과 선진화, 그리고 이들에 대한 표준화(標準化)를 시급히 추진해야 한다. 또한 인터넷을 통한 관광안내의 비중이 점차 커지고 있음을 감안하여 인터넷을 통한 관광안내에 보다 체계적인 대응방안이 필요하다. 특히 인터넷을 활용한 관광안내시스템은 관광지와 지역별 민박시설 등의 숙박시설에 대한 상세한 관광정보 제공뿐만 아니라, 이용자의 편의를 증진시키기 위해서 온라인 예약·구매업무도 반드시 병행해야 한다.

셋째, 국내여행상품의 질을 향상시키기 위해서는 지역전문 '문화유산해설사' 제도의 활성화를 통해 현지의 관광안내원의 수준을 높여야 한다. '문화유산해설사'는 2001년 한국방문의 해와 2002년 한일 월드컵 개최 등 대규모 국제행사를 맞이하여 방한외국인 관광객들을 위해 한국의 문화, 전통, 관광자원 등을 전문적으로 해설하도록 하기 위해 도입된 제도이다. 현재 '문화관광해설사'는 자원봉사기본법에 의거 자원봉사활동을 기본으로 운영하고 있으며, 2018년 말 기준으로 전국에 3,182명이 활동하고 있다. 자원봉사활동을 근간으로 하고 있지만, 전문안내인들에 대한 적절한 보상 및 처우 등이 고려되어야 보다 수준 높은 안내서비스를 제공하게 될 것이다. 이러한 방안으로는 '명예통역안내원'제도를 활용하고, 고학력 퇴직노인과 주부인력, 다문화 가정주부 등의 인력활용은 효과적인 보안책이 될 수 있을 것이다.

넷째, 관광정보 제공 기능을 강화해 나가야 한다. 최근 관광객들은 정적인 관광보다는 동적인 참여형, 테마형 여가와 자연친화형의 여가를 지향하고 있다. 이에 따라 관광상품에 대한 추세도 패키지상품보다는 자신의 욕구와 상황에 적합한 주문형, 맞춤형 상품을 선호하고 있다. 따라서 이러한 추세에 부응하는 관광정보의 DB 확대 및 세분화가 필요하다. 현재 국내 최대 관광정보 DB와 테마별/시기별 여행기사와 같은 온라인 관광정보를 제공하고 있는 국문 여행정보사이트(korea.visitkorea.co.kr)을 운영하고 있다. 또한 전국 지방자치단체의 관광관련 홈페이지와 연결(link) 서비스가 제공되는 관광정보 인터넷 홈페이지를 운영하고, 다양한 국내여행상품과 여행코스에 대한 콘텐츠를 강화하며, 관련업계 연계서비스 및 지원시스템 구축 등으로 다양한 관광정보 제공에 보다 많은 관심을 기울여야 할 것이다. 이러한 측면에서 한국관광공사는 스마트폰 이용자의 증가에 대응하기 위해서 2010년 스마트폰 기반의 관광정보 서비스 로드맵을 수립하고, 2011년 2월 국문 스마트폰 여행 어플리케이션 '대한민국 구석구석'앱을 출시하였다. 특히, 모바일 사용이 급격히 증가하는 추세(모바일 First)에 대응하고, 웹과 앱으로 분리된 운영체계를 개선하기 위해 2018년 대대적인 개편을 통해 대한민국 구석구석 웹과 앱 서비스를 통합하였으며, 다양한 디바이스(PC, 스마트폰, 테블릿 PC 등)에서 동일한 정보를 이용할 수 있도록 스마트 관광 편의성을 대폭 강화하였다. 국내관광 활성화를 위해서는 공중파 및 케이블 TV를 통해 주요관광지를 소개하는 빈도를 높이고, 신문, 한국관광공사 인터넷 사이트 등을 통해 국내관광지에 대한 홍보를 더욱 강화해야 한다. 또한 '우수국내여행상품'에 대해서는 신문 기사화, 언론매체 광고 등을 통해 홍보 기회를 확대시켜야 나가야 한다.

마지막으로 국내의 관광지로 접근이 용이하게 하기 위해서는 도로 확장 및 포장, 대중교통수단의 확보 등 도로 교통수단 개선이 우선되어야 한다. 이러한 교통망은 관광지간의 연결교통망 건설과 동시에 관광지내 도로망 정비가 필요하다.

4. 관광휴양공간 정비 및 확대

국내의 관광휴양공간이 경쟁력을 갖추고 차별화된 관광지가 되는 것은 외래객 유치를 위한 관광매력물의 근거가 될 뿐만 아니라 국민들의 국내관광의 공간이 된다는 측면에서도 그 의미가 크므로 다음과 같은 개선이 필요하다.

첫째, 관광휴양공간의 체계적인 관리와 정비로 국내 관광지를 쾌적한 공간으로 격상시켜야 한다. 국내 관광지에 대한 불편사항으로 화장실, 숙박시설 및 주차시설 부족 등이 지적되고 있어 이에 대한 개선조치가 반드시 선행되어야 한다. 쾌적한 관광지로 인식되기 위해서는 편의시설 개선 및 증축이 있어야 한다.

관광지를 정비함에 있어서 획일적인 방식을 지양하고, 지역주민과 관광전문가의 의견을 수렴하여 특색있는 관광지가 되도록 해야 한다. 쾌적한 관광지 관리를 위해서 '관광지 관리 표준매뉴얼'을 작성하여 각 지자체에 배포하여 이에 근거한 관리를 하도록 해야 한다. 각 지자체의 관광수용태세 개선을 위해서 정부는 2010년 '관광 수용태세 경쟁력 진단 표준 매뉴얼'을 제작 · 보급하여 관광수용태세를 평가 · 개선할 수 있도록 지원하였다.

국민들의 동적 관광수요에 효과적으로 대응하기 위해서 오락레저시설 등의 설치 및 이용을 유도하는 한편 자연자원을 보호하는 방안이 검토되어야 한다. 관광지 매력의 가장 중요한 요소는 무엇보다도 관광지의 자원성(資源性)이겠지만 지나치게 자원지향형의 관광지를 개발 · 이용하다보면 관광지의 훼손 정도가 심해져 환경이 파괴될 우려가 있다. 따라서 자원성이 뛰어난 지역은 기본적인 경관탐방활동에 중점을 두고, 주변지역에 인공적인 위락시설을 갖추어 환경도 보호하고 이용객의 다양한 욕구에 부합되는 복합적인 관광지를 조성해야 한다. 계절성 극복을 위해서는 전천후 테마형 복합관광지 개발이 필요하며, 부족한 투자재원 확보를 위해서 정부는 기반시설의 보조금을 지원해야 한다.

관광지를 방문하게 되면 숙박시설이나 식당이 곳곳에 무질서하게 산재하여 주변경관의 아름다움이 상당히 경감되는 경우를 흔히 보게 된다. 따라서 주변 숙박시설물과 식당의 건축은 주변 환경과 조화되도록 유도하고, 이를 인 · 허가 시에 철저히 관리토록 해야 할 것이다.

둘째, 국내관광지에 바가지요금 등의 문제를 근절하기 위해서는 관광지의 물가관리를 지방자치단체와 협력하여 조사 · 감독함으로써 문제가 있는 업소를 강력하게 처벌하여 건전한 관광지가 될 수 있도록 해야 한다.

셋째, 관광휴양공간 확보 방안의 하나로서 농촌관광의 형태가 있다. 농촌관광은 도시인들의 자연욕구 충족, 농촌체험학습, 건강욕구 증진의 장(場)이 될 수 있고, 농업인들에게는 소득증대, 고용창출, 지역산업 진흥, 농촌 자원활용 등의 혜택을 줄 수 있다. 농촌관광을 통해 이용자와 지역주민, 사업주체가 모두 상호 만족할 수 있다면 지방관광활성화와 지역발전에 중요한 수단으로 자리매김할 수 있다. 또한 최근 체험지향형 상품을 선호하는 경향이 높은데, 저렴한 비용으로 농촌을 체험하고 전원을 즐기는 자연 체험형 소규모 리조트로서 '주말농장'도 이러한 농촌관광의 한 형태로서 향후 바람직한 가족지향형 여가형태가 될 것이다.

5. 다양한 관광상품 개발 및 확대

첫째, 소비자의 다양해진 욕구에 부응하기 위해서 지역별로 특색있고 차별화된 여행/관광상품 개발이 이루어져야 한다. 이러한 상품으로는 체험 생태여행상품, 특별목적관광(Special Interest Tour : SIT)상품, 권역별 역사 · 문화 상품, 지역토산품 등이 있다. 특히 주 5일 근무제의 실시로 가족들과 저렴하게 여행할 수 있는 상품개발이 절실하다. 주말을 활용한 1박 2일, 2박 3일의 비교적 단기 여행기간 동안 가족들이 휴양림, 국립공원, 계곡 등의 자연자원과 축제 및 이벤트, 박물관, 민속마을 등의 문화자원을 함께 체험할 수 있는 다양한 국내여행상품 개발과 정보 제공이 필요하다. 또한 국내의 관광지와 여행상품이 차별화되고 경쟁력을 갖추기 위해서는 여행상품 기획 및 홍보 등에 해당 관광전문가의 참여를 제도화시켜서 전국의 관광지와 여행상품이 차별성을 갖춘 관광지와 여행상품으로 거듭날 수 있어야 한다.

둘째, 여행상품 개발을 활성화시키기 위해서는 국내 우수상품에 대한 적극적인 제도적 · 재정적 지원과 아울러 개발상품의 지적재산권을 보호하여 모방 등으로 개발의지가 저하되는 사례를 근절시키는 조치가 필요하다. 이에 대해 문화체육관광부는 관광객이 건전하고 독창적인 여행상품을 선택하고, 우리나라 여행상품의 국제경쟁력을 제고하기 위해 2002년 3월부터 '우수여행상품 인증제'를 도입하고 있다.

셋째, 다양한 여행상품개발의 일환으로서 지역축제의 활성화도 좋은 방안이 될 수 있다. 현재 각 지방자치단체에서는 지역발전의 수단으로서 관광산업에 많은 관심을 보이고 있는데, 그 대표적인 것이 바로 지역별 문화축제이다. 하지만 현재는 독창적인 지역

특성을 살리지 못하고 축제 기획운영 능력의 부족으로 전문적인 축제로 인식되지 못해 방문객들의 만족도를 높이지 못하고 있다. 따라서 해당축제 전문가의 참여와 조언을 통한 전문성, 축제의 독창성과 기획력을 높여 지역이미지를 제고하고 지역경제를 활성화 시키는 축제로 자리매김 되도록 해야 할 것이다. 또한 현재 많은 축제중 경쟁력 있고 차별성을 갖춘 축제를 정책적으로 육성시켜서 지역경제 활성화의 구심적인 역할을 담당토록 해야 할 것이다.

넷째, 문화를 바탕으로 한 다양한 분야의 체험상품 개발이 필요하다. 문화관광형태가 보편화됨에 따라 타지역의 생활관습, 건축양식, 공연, 음악 및 미술, 문화유적 등의 역사문화에 대한 관광객들의 관심이 증대되고 있다. 따라서 다른 나라의 독특한 문화를 체험할 수 있는 문화상품 개발이 필요한데, 이러한 문화관광상품의 활동유형으로 도자기 체험, 김치 만들기 체험, 민속공예품 만들기 제작실습활동과 전통예절이나 생활양식을 배우는 상품(예 : 템플스테이, 한옥체험 등), 전통시장 체험 등이 보다 활성화 되어야 한다. 현재 운영 중인 서울시티투어는 저렴한 가격에 서울시내의 주요 관광자원과 문화재 및 주요 고궁 등을 경험할 수 있는 여행상품으로 내외국인 관광객에게 좋은 여행기회를 제공하고 있다. 하지만 현재의 이동수단 제공 그 이상의 의미있는 관광상품으로서의 매력성을 갖기 위해서는 현재의 시티투어의 문제점을 보완 및 개선하여 서울을 대표하는 관광상품으로 자리매김되도록 해야 할 것이다.

6. 국민들에 대한 선도적 계도 강화

우선적으로 국민들의 올바른 여가관(餘暇觀) 정립과 건전한 행동을 유도하기 위해서는 국민여가 수요증대에 부응하는 여가 및 관광산업에 대한 전국민적 차원의 계도가 필요하다. 특히 국가가 정책적인 차원에서 라디오, TV, 신문 등의 언론매체에 국내관광여행이 '지역경제발전'과 '나라 사랑의 길'이라는 점을 지속적으로 홍보하여 국내여행에 대한 의식개선을 유도해 나가야 한다. 이러한 측면에서 한국관광공사의 전광판, 라디오, TV 등을 활용한 국내관광 홍보 및 계도기능을 더욱 강화시켜 건전한 여가문화를 창출하는 것이 바람직하다. 이와 아울러 전 국민을 대상으로 한 관광에 대한 언론의 올바른 방향제시도 병행되어야 할 것이다.

그리고 해외로 나가는 국민들에 대해서는 자유의사에 따른 개인행동을 자제하도록 하는 캠페인보다는 과소비를 지양하고, 보다 교양 있고 사려 깊은 행동을 유도하는 캠페인 전개가 바람직하다. 이러한 차원에서 내국인 해외여행객의 계몽을 위한 안내책자 등을 공항에 비치하는 것도 하나의 방법이 될 수 있다. 이제는 더 이상 해외여행을 현재의 관광수지라는 경제적 관점에서만 바라볼 것이 아니라, 국민들의 해외여행을 통해 선진문화시민의 자세를 함양하고 견문을 넓히고, 다양한 경험을 통해서 국가 간의 이해도모, 커뮤니케이션의 수단으로 바라보는 포괄적인 차원에서의 접근이 바람직하다.

현재 관광인식 조기교육을 위해서 초 · 중 · 고 교과서에 관련내용을 수록하고 있으나 이것만으로는 부족하며, 전 국민을 대상으로 언론매체나 여가관련기관 및 공공기관을 활용한 국가적인 차원에서의 계획적인 여가활용 교육이 필요하다.

7. 복지관광 차원에서의 접근

아직까지 많은 사람들이 경제적 여건에 따라 여가활동에 큰 영향을 받고 있고, 특히 장애인, 노인, 청소년, 도시의 빈민층 등은 상대적으로 여가의 소외계층이다. 따라서 여행기회를 형평화 하려는 복지관광은 비참여계층에 대한 참여기회를 부여함으로써 사회안정과 복지증진에 기여할 수 있다. 이에 정부는 사회적으로 취약계층을 대상으로 여행경비를 보조하여 소외계층의 국내관광 참여를 통한 관광복지 실현 및 국내관광활성화를 도모하고 있다. 여행바우처 사업은 여행을 하기 어려운 저소득층을 대상으로 정부가 쿠폰 또는 카드를 수혜자에게 지급하여 국내여행 경비의 일부를 부담해 주는 제도로 2005년부터 추진되었다. 2005년과 2006년에 시행되던 사업이 전면 중단되었다가 2010년 다시 부활하였다. 여행바우처 사업은 2011년 대폭 개선되어 기존의 「복지관광」과 「여행바우처」 두 분야로 나누어져 운영되던 것을 「여행바우처」로 통합하여 일원화하였다. 2011년에는 49,322명, 2012년에는 64,145명, 2013년 69,330명이 정부지원으로 관광혜택을 누렸다.

2016년도부터는 여행분야 민간업체 협력을 통한 문화누리카드를 중심으로 사업을 개선하였다. 시외버스, 정보화 마을(체험, 관광), 한옥스테이, 굿스테이 등 실생활에서 관광을 손쉽게 접할 수 있도록 가맹점을 확대하였고, 관광분야 이용 활성화를 위하여 가을관광상품 할인(관광협회), 계절별 · 주제별(8도 장터, 야간열차 등) 국내 관광상품 할인(코레일) 등의 상품 개발과 할인정책을 추진하였다. 2016년도는 관광분야 사용액이

7,725백만 원으로 2015년(5,261백만 원) 대비 46.8% 상승하였다.

또한 정부는 아동 및 청소년의 여행경험 제공 및 여행인식 제고를 위한 청소년 관광 활성화 사업을 추진하고 있다. 이러한 사업으로 초중고 우수수학여행사례공모전 개최, 소규모 테마형 신규 수학여행 코스 발굴, 수학여행 문화교실, 국내여행 체험프로그램 개발 및 운영 등의 사업을 전개하였다. 미래관광의 주역인 청소년을 대상으로 한 이러한 관광사업은 보다 확대되어 추진되어야 할 것이다.

한국관광공사에서 실시하고 있는 복지관광사업인 장애인이나 소년소녀가장 등 어린이를 대상으로 한 꿈나무 관광행사는 평소 관광기회를 갖기 어려운 사회에서 소외된 소년소녀 가장들에게 사회적 관심을 보여주고, 관광을 통해 사회에 대한 밝은 이미지를 제공하기 위해서 1994년 이후부터 시행되고 있다. 이러한 무료초청관광은 수혜계층이 한정되어 있으므로 앞으로 그 혜택 범위를 좀 더 확대시키는 것이 바람직하다. 이러한 무료초청여행 지원방법보다 더 일반적인 여행경비지원 방안으로서는 여행금고 설립을 통한 휴가쿠폰 발행이 있는데, 이는 휴가쿠폰을 종업원과 저소득층에게 염가로 판매하는 방법으로 가장 이상적인 복지관광의 형태로 볼 수 있다. 기업과 국가가 일정금액을 부담해야 하기 때문에 단시일내 체계를 갖추기는 어렵지만 앞으로 이러한 체제가 바람직하다.

2018년 12월을 기준으로 '대한민국구석구석(www.visitkorea.or.kr)' 누리집 내 '무장애여행' 페이지와 모바일 서비스를 통해 관광취약계층 맞춤형 관광지정보 1,937건, 숙박시설 990건, 음식점 434건, 문화시설 1,339건, 레포츠 209건, 쇼핑 290건에 대한 접근 환경정보 및 맞춤형 추천코스 등 5,199건의 다양한 관광정보를 제공하고 있으며, 정확한 정보제공을 위해 지속적으로 콘텐츠 현행화를 시행하고 있다. 하지만 아직까지 관광사업장의 장애인을 위한 편의시설 및 맞춤형 서비스의 제공 실태는 장애인들의 증가하는 관광수요에 부응하지 못하고 있으며, 여전히 대부분의 관광지들은 장애인들이 접근이 어려운 것이 현실이다. 따라서 장애인들을 위한 관광지의 개보수 지원이 필요하다.

제5장 국제관광의 이해

제5장 국제관광의 이해

제1절 국제관광의 정의

경제협력개발기구(OECD)는 인종, 성별, 언어, 종교 등에 관계없이 외국의 영토에서 24시간 이상 6개월 이내의 기간 동안 체류하는 것을 '국제관광'으로 정의하고 있다. 국제관광객에 대한 세계관광기구(UNWTO)의 정의를 살펴보면, 거주지를 떠나 국경을 넘어서 1박(24시간) 이상 1년 미만 동안 체재하는 여행자로 규정하고 있어 외국에서 1년 이상의 장기체류자와 이주민은 국제관광객의 범위에서 제외된다. 즉 국제관광이란 국경을 넘는 관광행동과 그 현상을 가리키는 용어이다.

관광은 크게 국경을 기준으로 국제관광(international tourism)과 국내관광(domestic tourism)으로 나뉜다. 이러한 국제관광은 유럽권, 미주권 등의 권역을 중심으로 역내관광(intra-regional tourism)과 역외관광(inter-regional tourism)으로 구분되고, 관광을 하는 주체에 따라 내국인의 해외여행(outbound tourism), 외국인의 해외여행(inbound tourism)으로 분류된다.

제2절 세계의 관광동향

1. 개관

세계관광기구(UNWTO)의 통계에 따르면, 국제관광객 수가 2012년 최초로 10억 명을 돌파한 이래 2018년에는 전년 대비 5.6% 증가한 14억 300만 명으로 집계되었다. 2018년의 국제관광 수입은 전년 대비 4.2% 증가한 1조 4,480억 달러를 기록하였다. 대륙별 국제관광객 유치 동향을 살펴보면, 유럽지역은 전년 대비 6.1% 증가한 7억 1,340만 명의 외국인 관광객을 유치함으로써 전체 대륙 가운데 1위를 고수하였다. 아시아·태평양 지역의 경우 전년 대비 6.5% 증가한 3억 4,510만 명의 외국인 관광객이 방문하였고, 미주대륙은 전년 대비 3.1% 증가한 2억 1,730만 명의 외국인 관광객을 유치하였다. 아프리카는 전년 대비 7.0% 증가한 6,710만 명의 관광객이 방문하였고, 중동지역의 외국인관광객은 전년 대비 3.8% 증가한 5,990만 명으로 집계되었다.

〈표 5-1〉 연도별/지역별 세계관광객 수

(단위 : 백만 명, %)

구분	관광객 수						성장률		구성비
	2005	2010	2015	2016	2017	2018	17/16	18/17	2018
전 세계	809	952	1,195	1,241	1,328	1,403	7.0	5.6	100
유럽	153.1	486.4	604.5	619.7	672.5	713.4	8.5	6.1	50.9
아시아·태평양	154.1	208.2	284.6	306.6	324.0	345.1	5.7	6.5	24.6
미주	133.3	150.4	194.1	201.3	210.8	217.3	4.7	3.1	15.5
아프리카	34.8	50.4	53.5	57.8	62.7	67.1	8.5	7.0	4.8
중동	34.0	56.1	58.3	55.5	57.7	59.9	4.1	3.8	4.3

자료 : 문화체육관광부(2019), 2018년도 기준 관광동향에 따른 연차보고서, p.23.

국제관광이 자국경제에 미치는 영향이 커짐에 따라 일본, 중국, 싱가포르, 말레이시아, 태국 등 아시아 국가들은 관광산업을 국가의 주요 전략산업으로 육성하고 있으며, 더 많은 관광객들을 유치하기 위해 관광자원 및 상품을 개발하고, 수용태세를 개선하는 등 총력전을 기울이고 있다. 그리고 범세계적으로 국외 장거리 여행이 증가될 것이다. 역내관광 대 역외관광의 비율이 '95년 82 : 18에서 2020년까지 76 : 24의 비율로 크게 증가할 것이다.

〈그림 5-1〉 국제관광객수 증가추이(1950~2020)

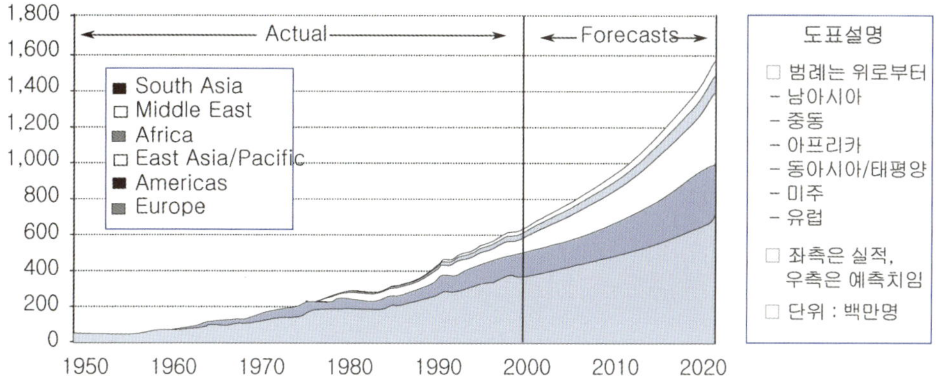

세계관광기구(UNWTO)가 발표한 2018년도 세계관광규모에 따르면, 관광객수 면에서는 프랑스(8,690만명, '17년 기준), 스페인(8,280만명), 미국(7,690만명, '17년 기준), 중국(6,290만명) 순인 것으로 나타났다. 2017년 대비 2018년 증가율 추이는 터키가 21.7%로 가장 많이 증가한 것으로 나타났다. 반면 관광수입 면에서는 미국(2,145억 달러)이 1위를 차지하였고 다음으로 스페인(738억 달러), 프랑스(674억 달러), 태국(630억 달러) 순으로 나타났다. 전년 대비 2018년 관광수입의 증가율은 중국이 21.2%로 가장 많이 증가하였으며, 다음으로 일본(18.9%), 호주(10.7%) 순인 것으로 나타났다.

〈표 5-2〉 주요국가 외국인 관광객 현황

(단위 : 백만 명, %)

순위	국가명	방문객 수		증가율	
		2017	2018	17/16	18/17
1	프랑스	86.9	-	5.1	-
2	스페인	81.9	82.8	8.7	1.1
3	미국	76.9	-	0.7	-
4	중국	60.7	62.9	2.5	3.6
5	이탈리아	58.3	62.1	11.2	6.7
6	터키	37.6	45.8	24.1	21.7
7	멕시코	39.3	41.4	12.0	5.5
8	독일	37.5	38.9	5.2	3.8
9	태국	35.5	38.3	9.1	7.9
10	영국	37.7	-	5.1	-

자료 : UNWTO World Tourism Barometer(Vol.17, May 2019).
주 : 2018년은 잠정치임.

〈표 5-3〉 지역별 세계 관광수입

(단위 : 십억 달러(US$), %)

순위	국가명	관광수입		증가율	
		2017	2018	17/16	18/17
1	미국	210.7	214.5	1.9	1.8
2	스페인	68.1	73.8	10.3	3.6
3	프랑스	60.7	67.4	9.0	6.2
4	태국	56.9	63.0	12.0	5.4
5	영국	49.0	51.9	7.4	2.0
6	이탈리아	44.2	49.3	7.7	6.5
7	호주	41.7	45.0	9.3	10.7
8	독일	39.8	43.0	4.2	3.2
9	일본	34.1	41.1	14.4	18.9
10	중국	38.6	40.4	-25.4	21.2

자료 : UNWTO World Tourism Barometer(Vol.17, May 2019).
주 : 1) 2018년은 잠정치임.
2) 성장률은 자국화폐 정상가격을 기준으로 산정한 것임.

2. 국가별 관광동향

1) 미국

미국은 세계 관광객수 3위와 관광수입 1위의 위치를 차지하고 있다. 전세계의 경기침체 영향으로 미국의 관광업계가 2009년 큰 타격을 입었으나, 달러화 약세, 경기회복세, 항공여행 수요증가, 컨벤션산업 부흥 등으로 2011년에 회복되었다. 2010년 2월 미국의 관광산업 진흥과 해외여행객과의 소통을 위해 최초로 관광진흥법이 제정되었고, 관광진흥을 위한 기금조성과 상무부 내 관광진흥실을 신설하였다. 미국내 회의와 이벤트 관광활동의 감소는 호텔, 레스토랑, 숙박업체 등 관광산업에 부정적인 영향을 미쳤다. 또한 사스(SARS) 등 전염병의 위급상황이 국내외 여행패턴에 변화를 주고 있다. 하지만 일반관광과는 달리 문화유산 관광은 최근 몇 년간 고소득층 여행객을 중심으로 다양한 문화유산 참여활동을 추구하고 있다. 또한 항공업, 렌터카, 호텔 등 관광업계는 최근 환경문제로 인한 기후변화가 관광산업에 미치는 영향에 민감한 반응을 나타내고 있다. '트래블 그린(Travel Green)'은 정부 및 민간단체들이 환경정책 및 규제를 통하여 관광산업 내 기후변화에 대응하는 행동을 취하도록 하고, 환경친화적인 관광사업을 전개하고 있다.

세계여행관광협회(WTTC)는 '2014년 미국의 경제 영향 보고서'에서 관광산업 발전을 위해서는 외국인의 비즈니스 및 관광목적의 단기 비자를 쉽게 발급 받을 수 있도록 비자발급 절차를 간소화해야 한다고 주장하였다(한국문화관광연구원, 2014).

2) 일본

일본은 2003년 'VISIT JAPAN' 캠페인을 시작으로 인바운드 관광활성화와 국내외 관광객 유치, 지역관광산업 육성을 통해 지역경제활성화를 도모하였다. 2006년 관광입국추진을 위한 기본법 제정, 2008년 관광청 설치, 2010년 국토교통성 성장전략회의에서 관광입국 및 지역활성화 전략을 7가지 전략중 하나로 추구하였다. 이러한 전략은 2011년 3월 동일본대지진 및 원자력발전소 사고로 큰 어려움에 직면하게 되었고, 국외 관광객 감소를 극복하기 위해 2012년 국제관광진흥과 관련된 시책이 적극 추진되었다. 'Fly to Japan'과 같은 외국인 관광객 초청이벤트 기획 등을 통해 해외각국에 일본관광의 안전성을 알리기 위한 다양한 정보 제공 노력이 이어지고 있다. 또한 관광을 중심으로 한 지역만들기 플랫폼 구축 등 지역주민들이 참가하는 여행상품 개발과 관광 인재육성 등을 통한 지역관광 부흥과 관련된 예산집행도 이어질 것으로 전망된다.

3) 영국

영국은 관광산업을 통해 매년 900억 파운드(약 162조원)의 직접적인 경제효과가 발생하고 있으며, 20만개의 관련 기업들이 전체 일자리의 4.4%를 제공하고 있다. 2012년 런던 올림픽과 패럴림픽 등 메가이벤트를 개최하여 관광산업의 부흥을 꾀하며 4백만명의 추가 관광객을 유치하려고 노력하였다. 이를 통해 장기적으로 마케팅 펀드조성을 추진하고, 런던 이외 다른 지역 관광지의 경쟁력을 증진시키고자 노력하고 있다. 이러한 정책이 실효성을 거두기 위해서는 정부와 업계 간의 관계가 개선되는 것이 중요한 과제이다.

또한 영국은 국내관광산업 증진에 많은 관심과 노력을 기울이고 있다. 관광수지에 있어서 1986년 이후 만성적인 적자를 보이고 있는데, 이는 내국인들의 국내관광 수요가 적기 때문이다. 국내관광 활성화를 위해 5월 첫번째 휴일인 노동절을 옮기는 것을 고려하고 있으며, 관광객을 위한 도로 안내 표지판 개선을 위해 노력하고 있다. 이와 더불어 영국정부는 불필요한 제도를 개선하고, 관광비자 발급 절차의 간소화 및 입국절차 간소화(전자여권 출입구 설치)를 추진하고 있다. 하지만 여전히 다른 유럽국가에 비해 영국의 입국절차는 까다롭고 시간이 많이 걸리는 것이 사실이어서 이러한 입국절차 간소화 시행이 얼마나 관광객들에게 실효성 있게 체감될 수 있을지는 아직 불확실해 보인다.

4) 싱가포르

싱가포르를 관광 명소화하고, 역내관광의 중심지로서의 관광수도화 전략을 펼치고 있다. 이러한 관광수도화 전략을 위해 세계적인 관광기업을 유치하기 위해 투자마케팅을 강화하고 다양한 인센티브를 제공하고 있다. 국제회의컨벤션협회(International Congress and Convention Associatin: ICCA) 자료에 따르면 2013년까지 싱가포르는 10년 연속 아시아 최고의 회의 개최지로 선정되었으며, 2018년에는 1,238건을 개최하여 국제회의 개최국 1위를 차지하였다. 싱가포르가 10년 연속 아시아의 최고 회의지로서 성공을 거둔 이유는 사업행사를 육성하는 활기찬 생태계, 아시아의 역동적 성장세, 그리고 MICE산업 파트너 간의 협력과 헌신이 있었기 때문이다. 싱가포르는 MICE 장소로서 위치를 더욱 강화하기 위하여 핵심 산업군(생물 의학 및 의료, 인터컴, 기술, 환경 및 에너지, 은행 및 금융) 내 사업행사의 강력한 네트워크 공동창출과 개발을 통해 차별화에 더욱 매진하고 있으며, 기존 MICE 기반시설을 지속적으로 향상시키고, 확립된 행사 시설들을 경쟁력 있게 유지하도록 노력하고 있다.

제3절 우리나라의 국제관광 진흥

1. 외래관광객 입국 동향

2012년 우리나라 사상 최초로 외래관광객 천만명(1,114만명)을 달성한 이래(13.7% 성장률) 2018년 방한 외국인 관광객은 전년 대비 15.1% 증가한 1,535만 명으로 집계되었다. 중국시장의 경우 중국의 방한 단체 관광금지 조치 등이 일부 완화되면서 전년 대비 14.9% 증가한 479만 명으로 집계되었다. 일본 시장의 경우 전년 대비 27.6% 증가한 295만 명을 기록하였는데, 이는 남북정상회담, 북미 회담 등에 따른 한반도 정세 안정화 및 일본 내 신(新)한류 붐 등이 긍정적인 영향을 준 것으로 보인다.

외래관광객 급증은 한국대중가요(K-POP)를 활용한 한류마케팅, 원화가치 하락에 따른 쇼핑관광 매력 등이 효과적으로 작용하였기 때문으로 분석된다. 또한 남북정세 불안과 일본 지진 및 방사능 피해 불안에 따른 동북아 지역 여행심리 위축 분위기를 벗어나기 위해 2014년 하반기에 집중적으로 전개한 안전한 한국 이미지 홍보와 외래관광객을 위한 방한 비자 개선, 공항 및 항만 출입국 편의지원 등의 적극적인 제도개선, 그리고 저가항공 취항에 따른 항공좌석 공급 증대 등에 영향을 받은 것으로 분석된다.

특히 중국시장은 '환승관광 무비자입국' 프로그램 확대 시행 등 비자발급 요건의 지속적 완화, 항공편 증가, 크루즈관광, 별그대 등 한국드라마 열풍 등으로 전년 대비 41.6%의 성장률을 나타냈다. 또한 2013년에 2차 비자완화 조치와 중일관계 경색에 따른 반사효과 등에 힘입어 중국인 관광객을 중심으로 수요증가세가 유지될 것으로 전망되었다. 반면 독도 영유권 분쟁에 따른 한일 갈등 이슈와 2012년 3사분기 이후 엔화 환율의 하락 추세가 이어지면서 외래입국자수의 약 33%(2011년 기준)를 차지하는 일본인 관광객은 감소 추세를 보이고 있다. 전체적으로는 입국자수의 급격한 상승세로 인해 전년 대비 2013년 전체 외래객 입국자수 증가율은 22.6%였고, 2014년도는 16.1%로 다소 둔화되었다.

2018년도 외래관광객 입국 통계에 따르면, 대륙별로는 아시아의 경우 전년 대비 17.1% 성장한 1,236만 3,734명으로 전체 방한 외국인 관광객 중 80.6%를 차지하였으며, 미주지역은 전년 대비 11.3% 증가한 124만 2,792명으로 우리나라 전체 인바운드 중 8.2%를 차지하는 것으로 조사되었다. 그리고 구주지역은 전년 대비 7.2% 성장한 100만 3,620명으로 6.5%를 차지하였고, 중동지역은 전년 대비 9.3% 증가한 23만 7,715명으로 1.6%를 차지하였다. 기타 대양주, 아프리카 주, 교포 및 미상 외국인은 전체 인바운드의 약 3.3%를 차지하는 것으로 나타났다.

국가별로는 아시아 지역의 경우 중국(14.9%), 일본(27.6%), 대만(20.5%), 태국(12.1%), 말레이시아(24.5%) 등은 두 자릿수의 급성장세를 보였으며, 그 외 홍콩(3.9%), 필리핀(2.6%), 베트남(4.1%) 등의 경우에도 소폭 성장률을 기록하였다. 미국 및 캐나다의 경우에도 각각 11.4%, 10.2%의 큰 성장률을 기록하였으며, 러시아(11.9%), 영국(3.9%), 독일(5.4%), 프랑스(8.4%) 등 유럽지역 국가들도 증가한 것으로 나타났다.

2018년을 기준으로 국적별로 살펴보면, 중국은 2013년부터 우리나라 제1의 인바운드 시장으로 자리매김한 이후 경제성장 및 소득수준 향상과 아웃바운드 규모 증대 등에 힘입어 방한 중국인 관광객 수는 가파른 성장세를 유지해 왔으며, 2015년 메르스 사태 후 방한 중국인이 회복세를 보이며 2017년 초까지 증가세를 이어갔으나 2017년 3월 중국의 방한 제한 조치로 인해 방한 중국인이 급감하여 2017년 전년 동기대비 48.3% 감소한 4,169,353명으로 집계되었다. 2018년 중국 일부 지역의 시장이 회복되어 전년 동기대비 14.9% 증가한 4,789,512명을 기록하였으나 여전히 크루즈, 전세기 등을 통한 방한 중국인 및 온라인 영업 등은 제한적인 것으로 나타났다.

우리나라 제2의 인바운드 시장을 유지하고 있는 일본의 경우 북한 도발 관련 한반도 정세 및 역사 인식 문제 등으로 소폭의 성장세를 보인 2017년과 달리 2018년 한국을 방문한 일본인 관광객 수는 전년 대비 27.6% 증가한 2,948,527명을 기록하였다. 이는 성공적인 평창올림픽 개최와 남북 정상회담, 북미 회담 등에 따른 방한 관광 안전이미지 호전, 일본인 해외여행시장의 점진적 회복세 등의 영향으로 보이며, 특히 K-POP, 패션, 미용 중심의 일본 내 신(新)한류 붐 등에 기인한 것으로 볼 수 있다.

〈표 5-4〉 연도별 외래객 입국 현황

(단위 : 명, %)

연도	외국인 관광객 수	성장률	연도	외국인 관광객 수	성장률
1996	3,683,779	-1.8	2008	6,890,841	6.9
1997	3,908,140	6.1	2009	7,817,533	13.4
1998	4,250,216	8.8	2010	8,797,658	12.5
1999	4,659,785	9.6	2011	9,794,796	11.3
2000	5,321,792	14.2	2012	11,140,028	13.7
2001	5,147,204	-3.3	2013	12,175,550	9.3
2002	5,347,468	3.9	2014	14,201,516	16.6
2003	4,752,762	-11.1	2015	13,231,651	-6.8
2004	5,818,138	22.4	2016	17,241,823	30.3
2005	6,022,752	3.5	2017	13,335,758	-22.7
2006	6,155,048	2.2	2018	15,346,879	15.1
2007	6,448,240	4.8			

자료 : 관광지식정보시스템(원시자료출처: 법무부 출입국 통계 재구성)

대만의 경우 2018년 방한 관광객 수는 전년 대비 20.5% 상승한 1,115,333명으로 사상 처음으로 100만 명을 넘어선 것으로 나타났다. 2008년 32만 명 수준이었던 대만 관광시장은 지속적인 성장을 거듭하였으며, 2012년 50만 명을 돌파하였고, 2015년 한국-대만 항공협정 체결을 통한 항공편 증가, LCC 취항 증가, 크루즈 노선의 확대 등 교통편이 다양화됨에 따라 2017년 중국, 일본에 이어 제3의 인바운드 시장으로 자리매김하였다.

전체적으로 방한 관광객의 유치증대에 큰 영향을 준 것은 한류 열풍이다. 한류는 1990년대 말부터 아시아지역을 중심으로 한국 드라마, K-POP 등 대중문화가 큰 인기를 끌면서 탄생하였다. 특히 2003년 드라마 '겨울연가'가 일본에서 방영되면서 겨울연가의 촬영지인 남이섬 등에 일본관광객들이 방문하기 시작하였다. 드라마 '대장금'도 한국음식과 한방의료를 세계에 알리는 데 크게 기여하였다. 이외에도 한국 아이돌 스타들의 해외진출과 최근 '강남스타일'의 글로벌 열풍은 세계인에게 한류가 더욱 인식되는 계기가 되었다. 이러한 한류효과는 관광한국에 대한 이미지 제고 및 관광객 증가에 긍정적인 영향을 줄 것으로 전망된다.

2. 관광수지 현황

방한 외국인 관광객의 관광지출에 의한 관광수입은 2001년부터 2007년까지 50~60억 달러 수준이었으나, 방한 외국인 관광객의 점진적인 증가와 함께 쇼핑관광의 활성화에 의해 2008년 관광수입은 전년 대비 59.8% 증가하여 처음으로 90억 달러를 넘어섰다. 2010년에는 100억 달러를 초과하였으며, 2014년에는 전년 대비 21.3% 증가한 173억 달러로 사상 최고치를 기록하였다. 2018년도 잠정 관광수입은 전년 대비 14.6% 증가한 152억 달러로 추산된다. 우리나라 국민의 관광 지출은 2005년에 전년 대비 22.0% 증가하며 처음으로 100억 달러를 넘어섰고, 2014년 이후 지속적으로 두 자릿수의 증가세를 유지하였으나 2018년 전년 대비 1.6% 증가한 284억 달러를 기록하였다. 2018년도 관광수지는 중국 관광객 시장의 일부 회복 및 한반도 정세 안정화 등에 따라 외국인 관광객 수가 다소 증가하고 내국인 출국자 증가세가 둔화되면서 2017년보다 적자폭이 다소 줄어든 약 132억 달러(잠정치)의 적자를 기록하였다.

2018년 기준 1인당 연평균 관광수입은 1,203달러로 전년 대비 약 20% 증가하였고 1인당 관광지출은 1,099달러로 전년 대비 약 4% 증가한 것으로 나타났다. 관광수입과 관광지출 모두 2014년 이후 지속적으로 감소 추세였으나 2018년 다시 상승한 것으로 나타났다.

〈표 5-5〉 연도별 관광수지 현황

(단위 : 백만 명, %)

연도	관광수입 (US$1,000)	관광지출 (US$1,000)	관광수지 (US$1,000)	1인당 관광수입 (US$)	1인당 관광지출 (US$)
2014년	17,335,900	19,469,900	-2,134,000	1,221	1,211
2015년	14,675,800	21,528,000	-6,852,200	1,109	1,115
2016년	16,753,900	23,688,600	-6,934,700	972	1,058
2017년	13,263,900	27,959,800	-14,695,900	995	1,055
2018년	18,461,800	31,527,900	-13,066,100	1,203	1,099

자료 : 관광지식정보시스템. https://know.tour.go.kr/stat/tourSearchDis.do

3. 해외관광 진흥책

1) 해외관광 진흥활동

(1) 해외홍보 마케팅전략

해외홍보는 크게 중화권, 일본, 아시아/중동, 유럽/미주/대양주 시장으로 구분하여 각각의 시장별 특성에 맞는 중점유치대상을 설정하여 이에 맞는 사업을 수행하고 있다.

〈표 5-6〉 지역별 유치대상 및 주요 사업

구분	중점 유치대상	사업목표
일본	여성, 가족, 청소년, 실버층 등	- SNS 등 온라인 마케팅을 통한 개별관광객 유치 확대 - 한일 지방간 1 : 1 송객 마케팅 등 지방관광 활성화 - 역사, 한류, 동호회 등 일본 특화 테마상품 개발 - 한일 정부간 교류 사업 등 일본 관광객 유치 활성화를 위한 기반 조성
중화권	20~40대 여성, 청소년, 노년층 및 기업체 인센티브	- 고품질 우수상품 개발 및 판촉 지원 - 중화권 FIT(개별여행객)유치 확대 - 중국 내륙 및 2-3선 시장 방한관광 홍보 강화 - 청소년 및 실버층 교류지원 - 국내 지역관광 활성화 등

구분	중점 유치대상	사업목표
아시아/중동	한류팬, 쇼핑, 기업체 인센티브, 무슬림 관광객 등	- SNS 등 온라인 마케팅을 통한 방한관광 홍보 강화 및 개별 관광객 유치 - 한류, 쇼핑, 계절(동계관광 등) 테마상품 관광객 유치 - 무슬림 관광객 유치 활성화를 위한 기반 조성
유럽/미주/대양주	젊은 FIT관광객, 한류관광객, 기업체 인센티브 등	- 원거리 고부가 테마상품 개발 - 소셜네트워크서비스(SNS) 활용 - 박람회, 소비자 행사 활용 한국관광 홍보 - 스톱오버 및 주변국 연계관광 홍보

자료 : 한국관광공사 내부자료

(2) 지역별 세부 마케팅 활동

① 중화권 시장

2018년 방한 중국인 관광객은 '17년 대비 14% 이상 증가하였으나 여전히 중국의 단체 관광객 제한 조치가 계속됨에 따라, 개별여행객 대상의 홍보 바이럴 마케팅에 더욱 집중하였다. 재한 중국인 SNS 기자단 '한유기' 7기 35명 외에도 베이징 · 시안 · 선양 · 청뚜 · 광저우 · 칭다오 지역에서 신규로 총 139명을 확대 운영하고, 최초로 영상팀과 SNS팀 분할홍보를 진행하여 총 1,753건의 포스팅을 게재하여 조회수는 487만 회를 기록하였다. 재한 대만 · 홍콩 · 몽골 유학생 SNS 기자단 'Korea Buddies' 2기는 최초의 여행 동영상 배틀 대회 '코버 앤 트립' 행사를 통해 서울, 강원, 부산, 인천 등 총 7건의 트렌디한 지방여행 영상을 생성하였고, 개별 여행 2회를 포함한 정기 지방 취재를 7회 실시하며 총 2,068건의 포스팅으로 개별여행객 대상 지방관광 홍보활동을 강화하였다.

한류스타 '황치열'을 한국관광 명예홍보대사로 위촉, 평창레거시를 활용하여 강원/강릉지역 홍보영상을 촬영하였고, 이를 통한 개별여행객 상품을 구성하여 총 450명을 유치하였다. 또한 '전라방문의 해'를 계기로 군산과 변산반도에서 촬영한 홍보영상을 유튜브, SNS 등에 게재하며 해당 영상은 12월 기준 총 110만뷰를 돌파하였다.

모바일을 통한 여행정보 획득에 익숙한 중화권 개별관광객을 위해 모바일 환경에 최적화된 '씽얼 웹진사이트'를 운영하여 매주 2회 국내의 유명한 관광지 정보를 칼럼, 영상 등의 형태로 제공하였다. 또한 방한관광의 주요 타겟층인 중화권 20~30대 대상 '씽얼 여행 가이드북 Ver.03'을 제작하여 서울, 제주, 강원, 전주/전라, 인천/경기, 부산/경상 지역의 자세한 여행 정보와 추천 코스를 소개할 뿐만 아니라, 지역에서 사용가능한 쿠폰을 제공하여 서울 외 지역으로의 여행을 적극 홍보하였다. 중국 전담여행사 대상 우수단체관광상품 공모전을 개최하여 1차 국내 전문가 심사와 2차 현지 전문가 심사를 통해 총 14개 여행사 37개 상품을 선정하여 해당 여행사에 대해 중국 전담여행사 평가시 가점을 부여하고, 해외 판로 개척을 지원하여 단체방한상품의 질적 개선과 국내 여행사의 우수상품 개발, 상품 기획력을 제고하였다.

중화권 지사별 현지 특화 마케팅을 실시하였는데, 베이징에서는 최근 각광받고 있는 쇼트 클립앱을 활용하여 방한관광 영상을 제작/방영하여 시청량이 1,558만 회를 달성하였다. 또한 텐센트 채널을 활용한 방한관광 광고 집행과 온라인 이벤트 실시를 통해 노출량 161백만회, 웨이신 가입자 79,911명, 이벤트 가입자 4,831명을 달성하는 등 비교적 접근이 수월한 온라인 환경에서 방한관광 홍보를 강화하였다. 상하이에서는 대학생 방한시장 육성 및 사업영역 확대를 위해, 지역 명문대학인 복단대 등 5개 대학교를 직접 방문, 한국관광 설명회 개최 및 골든벨 퀴즈 형식의 행사를 진행하여 지역관광 '홍보대사'를 선발하여 친한 감정을 제고하는 한편, 광저우에서는 FIT시장 주 타깃인 20 · 30여성의 생애주기 변화에 맞추어 '아이와 함께하는 한국여행' 사업을 실시하였다. 가족 캐릭터를 개발하고, 한국여행 가이드북을 발간하는 등 KOL(Key Opinion Leader)을 활용한 홍보캠페인 결과 3,000만뷰의 홍보 실적을 달성하였다. 또한 우한에서는 한국자유여행 스토리텔링 웹툰 '응답하라 청춘'을 연재하고 캠퍼스 음악회 및 로드쇼 5회, 온라인이벤트를 실시한 결과 누적 페이지뷰 9,780만뷰 달성, ADMEN 국제광고마케팅대상 지적재산권 금상 수상, IAI 국제관광대상 콘텐츠 마케팅 은상을 수상하는 등 트렌디하고 효과적인 마케팅활동을 전개하였다.

② 일본시장

2017년도 한반도 정세에 따른 불안 심리 등으로 위축되었던 일본인의 방한여행시장은 '평창동계올림픽' 및 '남북 정상회담' 등과 연계한 평화와 안전 이미지의 적극적인 홍보와 방한 분위기 붐업을 위한 대형 종합 이벤트 개최, 미디어 믹스를 활용한 홍보 등의 적극적 마케팅 활동을 통하여 시장 분위기를 전환하는 계기를 마련하였다. 이를 통해 2018년 방한 일본인 관광객은 전년 대비 27.6% 증가한 295만 명을 기록하였다. 최근 주목받고 있는 K-Pop, 패션, 코스메틱 등의 '신한류'를 활용한 일반소비자 대상 대형 종합 이벤트를 개최하여 우호 분위기 조성과 한국관광에의 관심이 방한 수요로 연결되도록 노력하였으며, 특히, 도쿄에서 개최된 '한국관광 페스티벌'(총 11,650명 참가, 233건 기사화)와 후쿠오카에서 개최된 '신한류 페스티벌'(총 10,000명 참가, SNS 후기 3천건)을 통하여 방한 분위기 붐업에 박차를 가하였다. 또한 아시아 최대 여행박람회로 총 207,352명이 내방한 '투어리즘 엑스포'에 국내 63개 기관이 공동으로 참가하여 한국 관광종합 홍보관을 운영하였다.

미디어믹스를 활용한 방한 관광 효율적 방한 관광 홍보를 위하여 일본 인기드라마 '고독한 미식가' Season7 한국 출장편을 제작/방영하여 국·내외에서 높은 화제를 불러일으켰으며, 지상파 특집 프로그램 제작 및 총 86개 매체의 주요 미디어 방한 취재 지원을 통하여 한국관광 인지도 제고와 지방관광 등 방한 수요 창출을 위하여 노력하였다. 이밖에도 FIT(에어텔 포함 91.9%)와 재방문자 비율(70.2%)이 늘어나는 추세의 일본시장 특성에 따라, 성숙시장의 질적 성장 및 니즈 충족을 위한 고품격 관광콘텐츠 개발 및 홍보 마케팅을 전개하였다. 특히 당일 셔틀버스인 'KOREA 고토치셔틀'을 5개 코스(강릉·평창, 공주, 담양, 문경, 순천)로 운영하여 FIT의 지방방문을 유도하였으며, FIT 전문 착지형(着地型) '현지옵셔널' 여행사와 공동으로 '나만의 테마여행'이라는 지방 관광 상품 판촉을 실시하였다. 또한, 일본 OTA와 공동 FIT 마케팅을 통하여 지방, 음식, 지방주유 활용 상품을 개발하여 총 73,500명을 모객하였다.

일본관광객의 지방방문 유도를 위한 일본시장 특화 지방대표 사업의 지속적 추진 및 안정화를 도모하였다. 국내 지자체, 업계 등과의 밀착협업을 통하여 세계문화유산을 소재로 한 '워킹페스타 in 백제' 행사의 정례 개최 기반을 마련하였고, 일본인이 선호하는 지방 식도락을 소재로 한 '부산대게 캠페인'을 전개하여 12개 상품 2,436명을 모객하였으며, 이외에도 전라권을 중심으로 한 남해안 관광콘텐츠를 집중 소개하는 가이드북 제작 및 관련 상품개발도 추진하였다. 이외에도 일본인의 낮은 여권 발급률에 착안하여, 신규시장 개척 차원에서 해외여행 미경험자 대상 여권발급을 지원하는 'My First Korea 캠페인'을 현지 업계, 한일노선 보유 현지 지자체와 협력하여 지속적으로 전개함으로써 신규 방한수요 창출을 도모하였다.

③ 아시아/중동시장

2018년에 한국을 찾은 아시아/중동지역 관광객은 약 297만 명으로 전년 대비 13.2% 증가하였다. 한국관광공사는 아시아/중동 시장의 안정적 성장을 이어 나가고, 양적 확대를 위한 마케팅뿐만 아니라 방한 관광의 질적 제고를 추구하였으며, 무슬림 시장 개척 등 지속적으로 방한시장을 다변화하기 위한 사업을 강화하였다. 먼저, 아시아/중동 지역 방한 외래객 중 여성 비율이 지속 증가함에 따라 여성 맞춤형 콘텐츠 발굴 및 마케팅 강화를 위해 "레이디스 스페셜(Ladies Special)" 캠페인을 전개하였다. 20~30대 여성층을 타깃으로 뷰티, 패션, K-드라마 등을 테마로 할인쿠폰을 포함한 소형 가이드북을 제작하여 배포하였으며, 8개국 29명의 여성언론인이 참가한 여성언론인 메가 팸투어를 비롯하여 다양한 언론인, 소셜미디어 인플루언서 초청사업을 전개하여 여성 콘텐츠를 홍보하였다. 또한 동남아에 진출한 한국화장품 브랜드사와 공동으로 현지 소비자행사를 개최하여 한국 상품과 한국 관광을 동시에 홍보하기도 하였다.

방한관광 질적 제고를 위한 노력으로는 고품격 상품(Korea Premium Selection) 사업을 지속 추진하였다. 숙박 4성급 이상, 판매가 150만 원 이상 등 선정 기준을 신규로 마련하고, 우수판매사에 대한 인센티브 제도도 도입하였다. 이를 통해 동남아 6개국에서 총 20개 상품을 개발하여 2,308명을 모객, 53억 원의 매출을 달성하였으며, 평균 판매가격은 230만원에 달해 방한상품 고품격 이미지 제고에 기여하였다. 또한, 아시아/중동지역 대표 관광박람회에 참가하고 소비자 이벤트를 개최하여 현지 관광업계 및 일반소비자를 대상으로 한국관광에 대한 관심을 증대시켰다. 아시아/중동시장의 지역별 주요 관광박람회(태국 TTIF, 말레이시아 MATTA, 두바이 ATM 등)를 통해 각 시장별 특성에 맞는 홍보활동을 추진하여 국내업체의 현지 마케팅활동을 지원하고, 잠재관광객들을 직접적인 수요로 이어지게 하기 위한 노력을 강화하였다. 뿐만 아니라 대형 소비자행사인 한국문화관광대전을 베트남 하노이, 싱가포르, 카자흐스탄 알마티, 인도 뉴델리에서 총 4회 개최하여 잠재 방한관광객에게 한국관광의 매력을 현장에서 전파하는 한편, TV와 각종 인쇄매체, 온라인매체를 통해 행사내용이 현지에 노출되어 한국관광 인지도를 높이는 데 기여하였다.

국가적 행사인 평창동계올림픽 개최를 계기로 관광목적지로서 한국과 강원도 평창의 인지도를 제고하기 위한 노력도 전개하였다. 태국 CH5, 인도네시아 NET TV 등 동남아의 유력 지상파 TV 채널을 초청하여 평창동계올림픽 특집 홍보방송을 제작하였으며, 전시박람회 및 현지 소비자 행사에서 동계올림픽 경기종목 체험코너 운영 등 올림픽 붐업 조성을 위한 다양한 이벤트와 홍보활동도 실시하였다. 또한 평창 및 인근 지역 한류드라마 촬영지 등 아시아 중동 지역에 소개할 수 있는 평창 올림픽 연계 콘텐츠를 발굴하여 사계절 목적지로 홍보하고 상품화를 추진하기도 하였다. 방한 관광시장 다변화를 위해 17억 무슬림 시장을 공략하기 위한 무슬림 관광객 친화 환경 조성 사업도 대폭 강화하였다. 먼저 무슬림 친화레스토랑 분류제는 지자체와 협업을 통해 지역식당 발굴을 확대하고 연중 상시 심사 진행 및 모니터링을 실시하였다. 이를 통해, 전년 대비 103개 증가한 총 238개 무슬림 친화식당을 확보하였으며, 지방 식당의 비중은 전년 26.7%에서 51%로 확대되었다. 할랄레스토랑 위크는 온라인 쿠폰 도입 등 온라인을 활용한 마케팅을 강화하여 할인쿠폰 사용건수가 전년 대비 136.7% 증가하는 성과를 보였으며, 할랄메뉴 시연행사 등 다양한 이벤트를 연계 개최하기도 하였다. 국내 업계 및 지자체의 무슬림 관광 전문가 양성을 위하여 무슬림 유치사업 설명회(7회) 및 업계 대상 교육(6회)을 실시하여 무슬림 관광 이해도를 제고하고 서비스를 개선하는 데 기여하기도 하였다.

④ 구미/대양주 시장

2018년 구미/대양주 외래 관광객은 전체 외래객 1,534만 명 중 16%에 해당하는 244만 명이 방한하였다. 구미주 방한관광시장은 아시아권 방한시장에 비하여 시장규모는 작지만, 세계 아웃바운드 시장의 70%를 점유하는 거대 시장으로서 중국과 일본에 편중된 방한관광 의존도 완화 및 한국관광의 지속가능한 발전을 위하여 적극적인 마케팅 활동이 필요한 시장이다. 구미/대양주 방한 외래객 유치 확대를 위하여 주요 대형 관광박람회 참가를 통한 방한상품 판로 개척, 유력 글로벌 언론매체 방한초청 한국관광 기사화 확대, 신규 방한상품 개발 및 판촉확대를 위한 주요 여행업계 초청 팸투어, 개별관광객 유치 확대를 위한 온 · 오프라인 입체마케팅, '2017~2018 한영 교류의 해' 기념 방한관광 캠페인 사업을 전개하였다. 우선 구미주 주요 박람회(스페인 FITUR, 독일 ITB, 영국 WTM) 등에 참가하여 B2B/B2C 대상 방한관광 홍보 및 상품판촉 활동을 전개하여 평창홍보관 운영 및 한국문화관광체험 이벤트 진행을 하였다. 또한 글로컬(지방의 세계화) 상품 홍보와 차별화된 콘텐츠를 통해 관광목적지로서 한국의 인지도와 고품격 이미지를 제고하였다. 뿐만 아니라 현지 여행업계 및 국내 인바운드 업계 간 비즈니스 상담활동을 지원하여 방한상품 판로를 개척하는 데 일조하였다.

파급력이 높은 구미주 대형 미디어 초청지원 사업을 통한 한국관광 기사화 확대를 위하여 연간 약 54개 매체 79명의 언론인을 초청하여 42건의 기사화를 달성하였으며, '유네스코 세계문화유산', '한류', '한식', '2018 평창 동계올림픽' 등의 관심콘텐츠를 고려한 맞춤형 미디어 지원 전략으로 홍보효과를 극대화하였다. 특히, 평창 동계올림픽 개최기간 중 미국 NBC TV, 캐나다 CBC TV 등에서 한국의 주요 관광지를 소개하는 프로그램을 제작 방영하였으며, 독일의 미식 전문 계간지 'LAFER(유명 요리사 Johann Lafer 발행)' 초청 'Seoul Food'라는 제목의 기사로 한식 테마 한국 관광을 홍보하였다.

신규 방한상품 개발 및 판촉확대를 위하여 주요 여행업자 방한초청 팸투어를 추진하였다. 특히, 블라디보스톡과 대구 간 직항노선 취항 계기 극동러시아 지역 타깃 대구, 경주 등 동남권 방한상품 개발을 위한 여행업자 팸투어, 개별여행객 편의 증진을 위한 '디스커버 서울패스(DSP)' 활용 FIT형 방한상품 개발 팸투어, 남미시장 개척을 위한 브라질 여행업자 초청 상품개발 팸투어 등을 다양하게 추진한 결과, 테마형 상품 모객 실적 37,807명(전년 대비 19%), FIT 모객실적 28,251명(전년 대비 22%)을 유치하였다. 개별관광객유치 강화를 위하여 Expedia 등 구미대양주 지역 주요 온라인 글로벌 여행사 공동홍보 판촉 및 SNS 활용 관광정보 제공, 방한관광 이벤트 실시하였고, 주한 외국인으로 구성된 구미주 SNS 기자단 'Hello Korea 제2기' 선발 · 운영을 통해 SNS 콘텐츠 756개 생성(업로드), 좋아요/댓글/공유 등 인터랙션 50,186건을 달성하는 등 온라인을 통한 한국관광 홍보에 주력하였다. 또한, 구미주 파워 유투버 초청 서울/부산 지역 관광지 취재를 지원하고, SNS 기자단과 함께 'Global Youtuber Night'을 개최하기도 하였다. 한편, 미국, 러시아에서 한국문화관광대전을 개최하였다. 특히, 미국문화관광대전(8월)에서는 LA 현지 기업고객, 중산층 등을 대상으로 미쉐린 한식당 셰프 초청 한식 쇼케이스를 진행함으로써 '맛있는 한국'을 대대적으로 홍보하였으며, 한국관광 트래블 마트를 개최하여 한국관광상품 판촉 증진에 보탬이 되고자 하였다(국내 8개사 및 해외 25개사 참가, B2B 미팅 96건 매칭). 또한, LA KCON(8.10~12) 연계 한국 홍보관을 운영함으로써 현지인 약 1만 2천여 명을 대상으로 한국관광을 적극 홍보하였다.

'2017~2018 한영 교류의 해 기념 방한관광 캠페인'의 일환으로 인천국제공항공사와 공동으로 런던 현지에서 '환승/스탑오버 관광 설명회'를 개최하였으며, 대한항공 공동 영국 주요 여행업자 초청 FIT형 상품개발 팸투어(6.5~8)를 추진한 바 있다. 또한, 「National Geographic Traveller(11월호)」 취재 지원을 통해 '한국' 특별판을 발간한 바 있으며, 런던 시내 주요 기차역/버스정류장 74개소에 한국관광 홍보 이미지 광고를 시행하였고, 네이버 인기 웹툰 작가를 활용하여 한국관광 소재 특별 웹툰(총 10편)을 제작하는 등 한영 교류의 해 계기 한국관광을 집중 조명하였다.

2) 국제협력 증진

(1) 국제회의 유치

정부는 MICE 산업을 신성장 동력사업의 하나로 적극적으로 육성하고 있어 방한 외래관광객 증대에 긍정적인 효과가 예상된다. MICE산업은 '회의(meeting)', '포상관광(incentive)', '컨벤션(convention)', '전시회(exhibition)'의 약자로 국제적 회의, 전시회 및 박람회 행사를 유치하는 사업을 의미한다. 국제회의산업은 국제회의 개최를 통해 세계 각국에서 수많은 관람객이 방문하며, 장기간 체류하면서 회의기간 전후에 국내관광과 쇼핑 등 참가자의 1인당 지출 규모가 일반관광객에 비해 매우 크기 때문에 교통, 숙박, 항공, 쇼핑 등 관련사업의 경제적 효과가 크다. 즉 일반관광객들이 평균 4박 5일을 체재하는 데 비해 국제회의 참가자들은 통상 7일 이상이 되고, 평균 소비액도 미화 2,432달러로 일반관광객들의 거의 2배 이상을 지출하고 있다. 즉 국제회의산업은 경제적 파급효과가 큰 관광산업의 꽃이라 할 수 있다.

지난 2005년 서울특별시, 부산광역시, 대구광역시, 제주특별자치도가 국제회의도시로 지정된 이래, 2007년 광주광역시, 2009년 대전광역시, 창원시, 2011년 인천광역시, 2014년 강원도 평창군, 경기도 고양시, 경북 경주시 등이 국제회의도시로 지정됨에 따라 현재 우리나라는 총 11개 도시가 국제회의도시로 지정되어 있다.

국제회의 유치기반 조성과 유치활동 강화를 위해서는 한국관광공사(KTO)의 컨벤션뷰로(convention bureau)의 역할과 기능을 더욱 강화하고, 체계적인 원스톱서비스(one-stop service)를 제공하는 유치지원 체계를 강화해 나가야 한다. 이와 같은 기반을 조성하기 위해서는 컨벤션뷰로의 조직 확대와 인력의 전문화를 추진하고, 국제회의의 유치대상을 확대하며, 유관단체와 지자체 및 컨벤션 업체 간의 네트워크 강화와 공동 유치체계를 구축해야 한다. 특히 한국을 아시아 최고의 국제회의 개최지로 부각시키기 위해서 관련기관, 지자체 및 컨벤션 업체간 네트워크 강화에 힘쓰고 있으며, 이를 위해 한국 MICE 육성협의회(Korea MICE Alliance)를 운영하고 있다.

또한 효과적인 국제회의 홍보 · 마케팅을 위해서는 해외광고, 언론인 및 유관인사 초청, 언론기사화, 국제회의 및 전시박람회 공동참가, 인터넷 홈페이지를 통한 홍보 등 유관단체 및 지자체와의 공동 유치활동과 국제회의 정보수집 확대 및 체계화가 이루어져야 한다. 이를 위해서 국제회의참가자 소비액 조사, 국제회의 개최실적 조사, 컨벤션관련 국제기구 교육 프로그램 참가 등 각종 조사 · 연구사업을 전개하여 컨벤션시장 환경에 능동적으로 대처해 나가고 있다. 이와 더불어 MICE산업전 개최, 공동광고, 해외전문 전시박람회 참가, 미주 및 아주지역 설명회, 세일즈콜 등에서 관련기관과 긴밀한 협조를 통해 마케팅효과 극대화를 도모하고 있다.

우리나라는 2000년 제3차 '아시아 · 유럽 정상회의(ASEM)' 및 제1회 'APEC 관광장관회의'에 이어 2001년에는 '세계관광기구(UNWTO)', 그리고 2002년 6월 월드컵대회 등 대규모 국제행사를 성공적으로 개최하여 국제적 위상을 높이고 아시아 지역의 주요 국제회의 개최국으로 부상하였다. 2004년 'PATA 제주총회', 2005년 'APEC 정상회의', 2007년 '세계폐암학회 학술대회', 2010년 'G20 정상회의', 2012년 '서울 핵안보정상회의' 및 '여수 세계박람회'를 개최하였다. 2014년 2014 '국제전기통신연합 전권회의', '중국 암웨이 인센티브단체총회'(17,566명 참가) 등 대규모 국제행사를 개최하였다. 2015년 '2015 세계간호사대회', '2015 세계 물포럼', '2015 제25회 세계도로대회', 중국 암웨이 인센티브단체(17,556명), 중국 완메이 인센티브단체(6,160명), 2015년 베트남 4Oranges(1,500명), 말레이시아 AIA(1,750명), 2016년 국제로터리대회(44,607명), 아오란 인센티브 단체(5,295명), 2017년 인도네시아 MCI(1,143명), 대만 삼상인수보험(2,801명), UIA 서울 세계건축대회, 2018년 아프리카개발은행(AfDB) 연차총회, 2018년 세계기생충학회총회, 2018년 인도네시아 Tupperware Indonesia(1,518명), 태국 PTT Public(1,037명) 등 대규모 국제행사 역시 성황리에 개최되어 우리나라의 국제적 위상 제고 및 아시아지역 주요 국제회의 개최국으로서 그리고 인센티브 여행 목적지로의 부상이 기대된다.

(2) 국제기구와의 협력

우리나라는 세계관광의 흐름을 파악하고 이에 능동적으로 대처하고자 각종 국제기구에 가입하여 활발한 활동을 전개해 오고 있는데, 그중 대표적인 것이 세계관광기구(UNWTO), 경제협력개발기구(OECD), 아시아 · 태평양 경제협력체(APEC), 아세안+3(ASEAN+3), 아시아 · 태평양관광협회(PATA), 국제회의전문가협회(ICCA) 등이다. 또한 최근에는 세계여행관광협의회(WTTC), 세계 관광인들의 친목 모임인 스칼(SKAL) 등으로 협력의 지평을 넓히고 있다.

3) 쇼핑관광 활성화

방한객들의 소비지출을 늘리고 체재기간 중 가장 많이 하는 관광활동은 쇼핑관광으로 나타나고 있다. 2018년 외래관광객 실태조사에 따르면, 외래관광객의 한국선택 시 고려요인으로 '쇼핑(63.8%)'이 가장 높은 응답을 나타냈고 다음으로 '음식/미식탐방'(57.9%), '자연풍경감상'(36.2%) 순으로 나타났다. 외국인들은 쇼핑의 편의성, 다양한 품목, 상대적으로 저렴한 가격 등으로 한국을 쇼핑지로 선호하고 있다. 특히 인천공항 면세점에서 쇼핑하는 외국인이 증가하였다. 1980년대 전통토산품, 귀금속, 공산품, 식품 등으로 품목이 다양해지기 시작했고, 1990년대는 의류나 식료품 등이 인기를 끌었다.

2018년 기준 한국화장품/향수(61.8%)에 대한 관심이 가장 높았고, 다음으로 식료품(55.5%), 의류(43.8%) 순으로 판매된 것으로 나타났다. 주요 쇼핑장소로는 명동(50.5%), 공항면세점(32.5%), 시내면세점(29.8%), 동대문시장(22.3%), 백화점(20.0%) 등 순으로 나타났다. 외래객의 쇼핑관광이 활성화되기 위한 과제를 제시하면 다음과 같다.

첫째, 관광기념품 입상작의 '한국관광명품' 인증마크 부여 및 관광진흥개발기금 지원 등을 통해 관광기념품의 세계적 수준의 품질제고 및 판매가 이루어지도록 홍보 및 판촉 지원을 강구해야 한다.

둘째, 재래시장의 명소화 및 주차, 통역 등 편의시설의 지속적인 확대 및 정비가 필요하다. 그리고 품질이 객관적으로 입증된 업체에 대해서는 국가품질인증 마크를 가게 앞 출입구에 부착하여 관광객들이 안심하고 물건을 구매할 수 있고, 업체는 인증된 업체라는 홍보효과 등으로 판매 증대를 도모토록 유도한다.

셋째, 현재의 사후면세점이 활성화되기 위해서는 환급절차를 좀 더 간소화해야 한다. 현재 우리나라의 면세점은 2014년 기준으로 43개이고, 사후면세점은 10,121개가 운영되고 있다.

넷째, 쇼핑관광의 판촉활동을 좀 더 강화해야 한다. 공항면세점의 판촉활동 뿐만 아니라 코리아 그랜드세일의 정례화로 관광소비 극대화를 유도해야 한다. 우선 코리아 그랜드 세일 참여업체의 수를 늘리고 할인폭도 확대시켜야 한다. 또한 최근 인터넷을 통한 전자상거래의 빈도가 높아지고 있는 추세에 대비하여 쇼핑관광 관련 정보검색과 상거래가 가능토록 쇼핑관광 안내정보의 표준화와 안전상거래가 조성되도록 해야 한다.

마지막으로 쇼핑불편사항 처리를 강화하여 공정거래 질서를 확립해야 한다. 2014년부터 2018년까지 4년간 관광불편 신고접수현황에 따르면, '쇼핑' 관련 불편이 360건(32.9%)으로 가장 높은 순위를 차지했다. '택시' 관련 불편은 149건(13.6%)으로 전년 대비 2건 감소했으며 '공항 및 항공' 관련불편은 120건(11.0%)로 전년에 비해 33건 증가했다. 세부내용을 살펴보면, 가격시비(34.7%), 부가세 환급(15.8%), 기타(12.8%), 불친절(11.4%), 탁송지연 및 내역오류(9.4%) 환불 및 제품 교환 요청(9.4%), 제품 및 맞춤불량(6.4%) 순으로 나타났다. 개선방안으로는 우수쇼핑점 인증업소 홍보 및 외국인 소비자 대상 상담서비스 개시, 외국인 관광객 대상 부가세 환급 처리기간 단축 등 쇼핑관광활성화를 위해서는 제도적 개선 및 친절서비스 마인드 함양교육이 필요하다. 특히 관광객들에게 3회 이상 바가지 요금 및 부당행위를 행한 업체를 제재하는 강력한 대책 마련이 필요하다. 가맹점의 표준가격 사전공개와 전용관광기념품 판매업의 가격 정찰제 확립으로 공정한 상거래를 확립해야 하고, 유통질서를 문란하게 한 여행사 및 업체에 대해서는 강력한 처벌을 해야 한다.

4) 출입국 절차의 개선

주민등록증을 발급받은 17세 이상의 국민을 대상으로 2008년 6월 26일부터 인천국제공항에서 서비스를 시작한 자동출입국심사서비스(SES) 이용자는 해마다 지속적으로 증가하여 지난해까지 총 누적 이용자가 1억 명을 돌파(1억 1678만 명)했다. 2018년도에는 전체 출입국자(8,890만 명)의 34.2%인 3,046만 명이 자동출입국심사대를 이용하여 2017년도 2,462만 명보다 23.7% 증가했다.

문화체육관광부는 법무부, 외교부 등 관련기관과 협력하여 방한중국인 사증발급제도 개선 및 사증심사 표준화 도입을 통해 출입국절차를 간소화하여 방한객 증대에 기여하였다. 2006년 중국인 관광객의 제주도 무비자 입국 허용, 2010년 중국인 복수비자 발급요건 대폭 완화, 2012년 10월 29일부터 인천공항에 환승하는 외국인과 제주행 중국인 단체관광객에 12시간 무비자 입국 허용, 2013년 5월 1일부터 인천 · 김해공항에서 제3국으로 가는 환승객 및 제주도 중국인 단체여행객을 대상으로 72시간 또는 120시간 무비자입국 허용제도 등 정부의 중국관광객 유치를 위한 적극적인 노력으로 전체적인 인바운드 관광산업에 긍정적인 영향을 미쳤다.

2018년 평창 동계올림픽의 성공적 개최를 지원하기 위해 2017년 7월 1일부터 2018년 4월 30일까지 양양공항으로 입국하는 제주환승 중국인 단체관광객에 대해 제주 방문 조건을 한시적으로 유예하고 체류기간을 확대(10일→15일)하였다. 이와 더불어 2017년 12월 1일부터 2018년 3월 31일까지 한시적으로 중국 국민 중 대한민국 법 위반 사실이 없는 사람으로서 ▶최근 5년 이내 우리나라 비자를 발급받고 정상적으로 출입국한 사람,

▶중국 지정여행사를 통해 올림픽 입장권(20만 원 이상)을 소지하고 입국하는 관광객, ▶중국 공무보통 여권 소지자(국영기업 간부 등)에 대하여 무비자 입국(체류기간 15일)을 허용하여 관광객 유치를 통한 올림픽 분위기 조성 및 관광산업 활성화의 기반을 마련하였다.

최근 자동출입국 심사대 이용자 수가 점진적으로 증가하고 있는 것은 19세 이상 국민과 17세 이상 등록외국인의 사전등록절차 면제, 미국, 홍콩, 마카오에 이어 대만, 독일과 자동출입국심사대 상호이용 개시 등 이용대상 확대 및 이용절차 간소화를 지속적으로 추진한 데 따른 결과이다. 또한, 외국인 관광객에게도 출국 시 자동출입국심사대 이용을 허용하여 출국 편의 제공 방안을 추진 중으로 이용자 수는 향후 계속 증가할 것으로 전망된다.

앞으로 출입국 서비스 개선의 방향은 순수단체관광객에게는 입국심사를 완화하고 사전에 철저히 심사하는 방식으로의 전환이 필요하다. 또한 외래객의 입국편의를 도모하기 위해서 무사증 대상국과 대상기간을 확대토록 유도해야 한다. 또한 출입국 절차에 있어서는 외국인용 출입국 심사대 배분 확대와 입국 심사직원들의 외국어와 친절서비스 교육 강화를 통한 출입국 절차 시스템의 보완이 필요하다. 환승통과여객을 위한 편의시설도 좀 더 확충되어야 하며, 제주와 영종도(인천국제공항 소재) 지역을 비자면제 지역으로 지정하는 방안을 추진해야 할 것이다.

제4절 국제관광기구와의 협력

우리나라는 세계관광의 흐름을 파악하고 이에 능동적으로 대처하고자 각종 국제기구에 가입하여 활발한 활동을 전개해 오고 있는데 그중에서 대표적인 것이 세계관광기구(UNWTO), 경제협력개발기구(OECD), 아시아 · 태평양 경제협력체(APEC), 아세안+3(ASEAN+3), 아시아 · 태평양관광협회(PATA), 미주여행업협회(ASTA), 국제컨벤션협회(ICCA) 등이 있으며, 최근에는 세계여행관광협의회(WTTC) 등으로 협력의 지평을 넓히고 있다. 이들 중 곤광과 관련된 주요한 국제기구 몇 가지를 소개하면 다음과 같다.

1. 세계관광기구(UNWTO)

세계 각국 정부기관이 회원으로 가입되어 있는 유일한 정부간 관광기구인 세계관광기구(United Nations World Tourism Organization : UNWTO)는 국제관광연맹(International Union of Official Travel Organization : IUOTO)이 1975년에 정부간 협력기구로 개편되어 설립된 가장 대표적인 관광기구이다. 설립목적은 세계관광정책을 수립 · 조정하고, 가맹국의 관광과 경제발전을 도모하며, 각국의 사회 · 문화적 우호관계를 증진시키는 데 있다. 본부는 스페인의 마드리드에 있다.

2019년 현재 세계 159개국 정부기관이 정회원이고, 500개 관광유관기관이 찬조회원으로 가입되어 있으며, 격년제로 개최되는 총회와 7개 지역위원회를 비롯한 각종 회의와 세미나를 개최하고 있다. 세계관광기구(UNWTO)는 공신력을 가진 각종 통계자료의 발간을 비롯하여 교육 · 조사 · 연구, 관광편의 촉진, 관광지 개발, 관광자료제공 등에 역점을 두고 활동하고 있으며, 관광 분야에서 전문기구와 협력하는 중심역할을 수행하고 있다.

우리나라는 국제관광연맹(IUOTO)의 회원이었던 교통부(현 문화체육관광부)가 1975년 자동적으로 정회원으로 가입되었고, 한국관광공사는 1977년 찬조회원으로 가입하였으며, 1992년 5월 제43차 집행이사회에서 한국관광협회가 찬조회원으로 가입하였다. 북한은 1987년 9월 제7차 총회에서 정회원으로 가입하였다. 그리고 우리나라는 1980년에서 1983년 동안 집행이사국으로 처음 선임되었고, 1992년부터 1999년 동안에 사업계획조정위원회(Technical Committee for Program and Coordination)의 위원국이었다(문화체육관광부, 2019).

1) 설립 목적

① 세계관광정책의 수립 · 조정

② 각 회원국의 관광으로 인한 경제발전 도모

③ 각국의 사회 · 문화적 우호관계 증진

2) 주요 활동

① 총회 개최

② 집행위원회의 회의 · 사업 · 협력활동

③ 관광발전을 위한 협력
④ 교육과 훈련
⑤ 관광 서비스의 질 개선(여행편의 촉진)
⑥ 세계관광통계 자료제공 및 시장조사
⑦ 통신과 자료관리
⑧ 환경보존관련 노력

3) 협력 내용

① 관광진흥방안 협의
② 기술자문
③ 국제관광전문가 양성
④ 국제회의 공동개최
⑤ 국제관광기구 집행업무

2. 경제협력개발기구(OECD)

경제협력개발기구(Organization for Economic Cooperation and Development : OECD)는 유럽경제협력기구를 모체로 하여 제2차 세계대전후 유럽의 경제부흥협력을 추진해 왔으며, 이후 개발도상국 원조문제 등 새로 발생한 경제정세변화에 적응하기 위해 1961년 9월 30일 프랑스 파리에서 20개국을 회원국으로 설립되었다. 2019년 현재 36개국이 정회원국으로 구성되어 있고, 조직으로는 이사회 · 사무국과 실질적 활동을 수행하는 25개의 분야별 위원회가 있다. 이중 관광위원회는 관광부문의 전담위원회로서 관광분야에 대한 각국의 정책연구와 관광진흥정책연구 등을 주요 기능으로 하고 있으며, 특히 위원회 산하에 통계작업반을 두어 관광관련 기초자료의 구축에 주력하고 있다. 주요사업은 관광객 보호정책개발, 관광산업에 대한 국가지원사업 등이며, 매년 총회, 통계작업회의, 전문가 특별회의 등을 개최하고 있다. 현재 문화체육관광부 소속 공무원을 파견하여 OECD 관광 프로젝트 등 관광분야에서 협력사업을 수행하고 있다.

1) 설립 목적

① 재정금융상의 안정을 유지하면서 고용 · 생활수준의 향상을 도모하여 세계경제 발전에 기여

② 세계무역의 다각적이고 차별없는 확대정책 추진을 통하여 경제 · 사회 · 복지에 기여

③ 개발도상국에 대한 조화로운 노력을 통하여 세계경제의 건전한 발전에 기여

2) OECD 관광위원회(Tourist Committee of the OECD)의 주요 활동

① 국제관광정책의 자유화 촉진

② 관광이 국가경제에 미치는 중요성에 대한 이해 증진

③ 관광부문의 국제협력 촉진

④ 회원국의 관광정책분석 및 표준설정과 관광홍보활동 등에 대한 회의 개최

⑤「OECD 가맹국의 관광정책과 국제관광」 연보 발행(관광정책 및 관광통계 수록)

3) 협력 내용

우리나라는 1994년 6월 관광위원회에 대한 옵저버 참가자격이 부여되어 1995년부터 관광위원회와 통계실무작업반회의에 참가하여 주요선진국의 관광정책과 통계분석기법 등을 학습하고 있으며, 1996년부터는 정회원으로 가입하였다. 1998년에는 OECD 관광회의를 서울에서 개최하였다. OECD 권고사업의 하나인 관광위성계정(TSA) 개발을 세계 5번째로 완료하였다. 2009년 12월 '음식관광 선진화 및 한식의 세계화'에 관해 문화체육관광부와 OECD 관광위원회가 공동으로 국제컨퍼런스를 개최하여 한식의 매력을 국내외에 홍보하였다.

3. 아시아 · 태평양경제협력체(APEC)

아시아 · 태평양경제협력체(Asia Pacific Economic Cooperation : APEC)는 아시아 · 태평양지역 국가들의 공동이익과 동 지역의 지속적인 성장 · 발전을 위하여 결성된 지역국제기구이다. 1989년 호주의 캔버라에서 제1차 각료회의를 개최하면서 발족하였고, 한국, 미국, 일본, 캐나다 등 12개국이 참가한 가운데 공식 출범하였다. 1998년 러시아, 베트남, 페루가 가입하면서 총 21개국으로 회원국으로 확대되었다.

1) 설립 목적

① 지역발전을 통한 세계경제의 발전과 성장에 기여

② 재화 · 용역 · 자본 · 기술의 자유로운 흐름을 통한 역내 경제의 의존관계 심화와 혜택 추구

③ 개방적 다자무역체제 강화

④ 관세 및 무역에 관한 일반협정(GATT) 원칙에 의거한 역내 무역과 투자 장벽의 제거

2) 관광실무그룹(Tourism Working Group)

APEC은 협력사업의 분야별 업무추진을 위하여 11개의 실무그룹(working group)을 운영하고 있으며, 그중의 하나로서 관광실무그룹이 설치되어 있다. 관광실무그룹은 1991년 1차 회의를 가진 후 역내관광발전을 저해하는 각종 제한조치의 완화, 환경적으로 지속가능한 관광발전 등의 관광과 환경에 관한 조사와 관광산업 진흥책, 인재양성 프로젝트 등의 과제를 토의 · 발전시키고 있다. 2차 회의는 1992년 캐나다 벤쿠버에서 개최되었으며, 주된 회의과제는 관광과 환경, 교육, 항공과의 관계, 특히 관광통계에 대한 기준설정 문제가 심도 있게 다루어졌다. 이후 3차 회의는 호주에서, 4차 회의는 일본 오사카에서 개최되었는데, 특히 4차 회의에서 '관광통계 데이터베이스 공동구축'이 주요협력과제의 하나로 결정되었다. 2008년 4월 제5차 APEC 관광장관회의가 제32차 APEC 관광실무그룹 회의와 연계되어 페루 리마에서 개최되었다. 이 회의에서 한국의 관광산업 경쟁력 강화를 위해 추진중인 규제 완화, 제도 개선, 인프라 확충 등 다양한 정책적 노력을 알렸다. 회원국들은 아시아 · 태평양지역 책임있는 관광을 향하여 (Towards Responsible Tourism in Asia and Pacific Region)를 주제로 한 「파차카막 선언문」을 채택하였다. 2012년 7월 러시아에서 열린 제7차 APEC 관광장관회의에서 APEC 관광장(차)관은 '아시아태평양 경제의 견고한 성장을 위한 관광도모'라는 주제하에 '2012-2015 APEC 관광전략계획'을 포함하는 '하바로프스크선언문'을 채택하였다. 2014년 9월 마카오에서 열린 제8차 APEC 관광장관회의에서 2025년 APEC 역내 관광객 8억명 유치를 목표로 하는 '마카오선언문'이 채택되었다. 2016년 5월에는 "여행 활성화를 통한 아태지역의 연결"이라는 주제로 페루 리마에서 제9차 APEC 관광장관회의가 개최되었으며, 결과문서로서 APEC 역내 관광활성화 및 경제발전을 위한 APEC 경제체 공동행동을 담은 리마 선언문을 채택하였다.

3) 주요 업무

① 역내 관광발전을 저해하는 각종 제한조치의 완화

② 환경친화적인 관광발전 도모

③ 관광통계 기초자료 구축

4. 아시아 · 태평양관광협회(PATA)

아시아 · 태평양관광협회(Pacific Asia Travel Association : PATA)는 아시아 · 태평양지역 관광인들의 제창에 의해 동 지역의 관광진흥활동, 관광산업 발전, 그리고 지역발전 도모와 구미관광객 유치를 위한 마케팅 활동을 목적으로 1951년 설립된 정부관광기구중심의 민관합동 국제기구이다.

현재 95개국의 800여개 관광기관과 업체가 회원으로 있으며, 전 세계에 36개 지부가 결성되어 있다. 운영본부는 태국 방콕에 있으며, 북미, 태평양, 유럽, 중국, 중동에 각각 지역본부를 갖고 있다. 주요활동으로는 연차총회 및 관광교역전 개최, 관광자원 보호활동, 회원을 위한 마케팅 개발 및 교육사업, 각종 정보자료 발간사업 등을 하고 있다.

우리나라는 문화체육관광부, 한국관광공사 등 총 13개 관광관련 기관 및 업체가 PATA 본부에 가입되어 있으며, 매년 연차총회와 교역전에 참가하여 세계관광업계 동향을 파악하고 한국관광홍보와 판촉상담활동을 전개하고 있다.

PATA 한국지부는 PATA내에서 한국회원들의 입장을 반영하고, 권익을 신장하며, 본부와 지부 간의 협력을 통하여 회원들의 업무증진에 기여하며, 회원 상호 간의 유대강화를 위해 1968년에 설립되었다. 현재 한국관광협회중앙회 내에 사무국을 두고 있으며, 총 114개 기관 및 업체가 회원사들을 위해 다양한 사업을 전개하고 있다.

한편 우리나라는 1965년, 1979년, 1994년에 PATA 총회와 이사회를 유치하여 개최한 바 있으며, 1998년에는 제주도에서 PATA 이사회를 개최하였다. 2004년에 제53차 PATA 연차총회에서 제주도를 세계적인 관광지로 부각시키고자 국내외에 적극 홍보하였고, 개최결과 PATA 총회 역사 최대인 48개국 2,145명이 참가한 성공적인 국제행사로 평가받고 있다. 2009년에는 마케팅 캠페인 부문과 가이드북 부문, 2010년에는 영상부문에서 PATA Gold Awards를 수상했다. 2012년 마케팅 캠페인 부문, 2013~2016년 매년 마케팅 미디어 부문에서 PATA Gold Awards를 수상하였으며, 2017년에는 한국관광공사의 글로벌 캠페인 'Korea Visits You'가 사상 최초로 마케팅 캠페인 부문 PATA Grand Awards를 수상하였다. 2018년 5월에는 PATA 연차총회를 강원도에서 개최하여 2018 평창 동계올림픽 개최 후 강원도를 세계에 다시 알리는 효과를 이끌어내고, PATA 내에서 우리나라의 지위를 확고히 다지는 성과를 냈다.

1) 설립 목적

① 아시아 · 태평양지역 관광진흥개발
② 구미관광객 유치를 위한 공동선전활동
③ 지역관광개발 추진
④ 고유한 자연 · 사회 · 문화적 환경의 보존
⑤ 관광산업 발전 도모
⑥ 관광교류 증진

2) 주요 활동

① 연차 총회, 관광교역전, 세계지부회의 및 마케팅회의 개최
② 관광상품 및 관광지 개발 자문
③ 조사연구, 정보제공(시장 동향, 관광 통계)
④ 관광인력 개발, 교육, 훈련
⑤ PATA재단 운영 : 환경, 문화보존 지원, 장학금

3) 협력 내용

① 판촉활동과 기술제공 등의 마케팅 활동 지원
② 공동 선전활동
③ 관광상품 구매와 판매의 기회제공
④ 회원국 간의 유대강화, 아이디어 교환, 업무증진 기회제공
⑤ 관광시장 동향을 지속적으로 조사 · 분석하여 자료제공
⑥ 관광인력양성 : PATA 교육과 훈련 프로그램 제공

5. 미주여행업협회(ASTA)

미주여행업협회(American Society of Travel Agents : ASTA)는 세계 최대여행업기구로서 1931년에 설립되었고, 본부는 미국 버지니아주 알렉산드리아에 있다. 미주지역이라는 거대한 시장을 배경으로 세계 140개국 2만여 회원을 거느린 세계 최대의 여행업협회이다. ASTA는 연차총회와 트레이드 쇼를 동시에 연례행사로서 개최하며, 각국 NTO와 관광업계의 판촉활동이 활발하게 전개되고, 각종 유익한 교육프로그램이 제공된다.

우리나라는 1973년 한국관광공사가 준회원으로 가입하여 동 기구내 활동을 통해 미주시장 개척의 기반을 다지고 있고, 1983년에는 총회와 트레이드 쇼를 서울에 유치하여 대형 국제회의 개최능력을 전 세계에 홍보한 바 있다. 한편 매년 연차총회와 트레이드 쇼에 업계와 공동으로 한국대표단을 파견하여 판촉과 정보수집활동을 전개하고 있다. 2007년 ASTA 제주 총회(3.25~29)를 성공적으로 개최하여 미주시장에 대한 동북아 관광목적지로서의 제주도의 관광이미지와 위상을 제고하는 기틀을 마련하였다는 평가를 받고 있다.

1) 설립목적

① 회원 윤리관 확립, 준수

② 회원 권익보호 및 여행객의 안전도모

③ 여행업계의 회원대상 교육실시, 지위향상, 복리증진 도모

2) 주요 활동

① 연차 총회 및 교역전 개최

② 각 지역 총회, 국제부 총회 등

③ 세미나, 각종 회의 주최 등을 통한 교육훈련

④ 여행자에 대한 각종 정보 제공

⑤ ASTA Travel News 발간

3) 협력 내용

① ASTA 한국지부 설치 운영(1979)

② 연차총회와 교역전 개최

③ 우리나라 관광진흥정책 홍보

④ 2001년 '한국방문의 해'와 2002년 월드컵대회의 성공을 위한 ASTA 지원 요청

6. 동남아연합(ASEAN)

아세안은 1966년 8월 제3차 ASA(Association of Southeast Asia: 동남아연합) 외무장관회의에서 ASA의 재편 필요성이 제기되어, 1967년 말리크 인도네시아 외무장관이 태국 측과 아세안 창립선언 초안을 마련하였다. 1967년 8월 인도네시아, 태국, 말레이시아, 필리핀, 싱가포르 5개국 외무장관회담을 개최, 아세안 창립선언을 통하여 결성되었다.

아세안은 창립 당시 5개국으로 구성되었으나, 1975년 월남전 종결을 계기로 동남아 평화 및 자유 · 중립지대 구상과 '동남아 우호협력조약'의 대상범위를 인도차이나반도 3개국(베트남, 캄보디아, 라오스) 및 미얀마를 포함한 지역으로 확대하는 구상이 대두되었고, 이후 브루나이(1984년), 베트남(1995년), 라오스와 미얀마(1997년), 캄보디아(1998년)가 차례로 가입하여 현재는 총 10개국의 회원국으로 구성되어 있다.

아세안은 1993년 아세안 자유무역지대(AFTA: ASEAN Free Trade Area)를 결성함으로써 국제적인 교섭력이 한층 강화되기 시작했으며, 또한 21세기 세계관광목적지로 아시아 · 태평양 지역의 중요성이 커지면서 한 · 중 · 일과 아세안의 관광협력을 논의하는 '한 · 중 · 일+아세안' 회의가 개최되었다. 특히 2005년 5월 26일에는 강원도 속초에서 제7차 ASEAN+3NTO(한 · 중 · 일+아세안)회의가 개최되어, 우리나라와 아세안 국가와의 관광협력 체계를 한층 더 공고히 하였고, 아세안에서 한국의 위상을 제고한 것으로 평가받았다.

7. 국제컨벤션협회(ICCA)

국제컨벤션협회(International Congress & Convention Association : ICCA)는 국제회의산업의 발상지인 유럽중심의 범세계적 국제회의 관련기구로서 1963년에 설립되어 현재 91개국 1,007개 단체가 회원으로 가입하여 활동하고 있으며, 본부는 네델란드 암스테르담에 소재하고 있다. 우리나라는 2014년 기준 한국관광공사 등 21개 기관이 가입하여 활동 중이며, 2011년 Korea MICE EXPO에서 ICCA 워크샵을 개최하고, 2013년 ICCA와 공동으로 ICCA Building Workshop을 개최하는 등 ICCA와의 협력을 강화하고 있다.

1) 설립목적

① 국제회의 적극적 유치 및 선전활동

② 국제회의 개최에 따른 회원이익의 균등화 추구

③ 국제회의 관련 전문적 서비스 제공

2) 주요 활동

① 국제회의 관련 각종 정보 수집 및 분석

② 국제회의 유치관련 책자 배포 및 운영 프로그램 실시

8. 세계여행관광협의회(WTTC)

WTTC(World Travel and Tourism Council)은 전 세계관광 관련 가장 유명한 100여개 업계 리더들이 회원으로 가입되어 있는 대표적인 관광 관련 민간기구이다. 1990년에 설립되었으며 영국 런던에 본부를 두고 있다. 주요 활동은 관광 잠재력이 큰 지역에 대한 관광자문 제공 및 협력사업 전개, "Tourism For Tomorrow Awards" 주관, 세계관광정상회의(Global Travel and Tourism Council) 개최 등이다. 특히 매년 5월 개최되는 관광정상회의는 개최국의 대통령, 국무총리를 비롯 각국의 관광장관, 호텔 및 항공사 CEO 등이 대거 참석하여 관광현안을 논의하는 권위 있는 회의로 정평이 나 있다. 한국관광공사는 지난 2006년부터 정상회의에 참가하여 세계관광 인사와의 네트워킹 및 최신 관광트렌드 습득에 힘쓰고 있다. 한편, 2013년 WTTC 아시아지역 총회가 9월 10일부터 12일까지 서울에서 개최되었다.

제6장

관광산업의 기초와 효과

제6장

관광산업의 기초와 효과

제1절 관광산업의 기초

1. 관광산업(관광사업)의 개념

관광산업이란 관광객이 관광지(관광대상)에서의 관광활동이 원활하게 수행되도록 관광객의 필요와 요구를 충족시켜주는 모든 제반 시설과 서비스를 제공하는 관광매체에 해당된다. 흔히 관광산업은 관광사업, 관광기업과 유사하게 사용되는데, 관광기업은 경제적 관점을 기준으로 사적(私的)인 민간기업을 의미하는 말이며, 관광산업은 관련된 모든 산업 전체를 의미하는 포괄적인 용어이다. 우리나라 관광진흥법상에는 '관광사업'이라는 용어가 사용되고 있지만, 관광산업(tourism industry)이라는 용어가 가장 보편적으로 사용되는 표현이다. 따라서 본 저서의 제목과 동일한 관광산업(tourism industry)과 관광진흥법상의 관광사업(tourism business)을 함께 사용하기로 하겠다.

우리나라의 「관광진흥법」(제2조 제1호)에 규정하고 있는 관광사업에 대한 정의를 보면, "관광사업이란 관광객을 위하여 운송 · 숙박 · 음식 · 운동 · 오락 · 휴양 또는 용역을 제공하거나 그 밖에 관광에 딸린 시설을 갖추어 이를 이용하게 하는 업을 말한다"고 정의하고 있다.

그리고 "The Travel Industry"(Chuck Y. Gee 외 2명)의 학자들의 정의를 살펴보면, 협의의 관광산업(사업)은 호텔, 식당, 여행사, 여행도매업자, 교통을 의미하며, 광의의 뜻은 주민과 노동자의 관광을 지원하는 국가의 경제적 지원까지도 포함한다고 하였다. 〈표 6-1〉은 학자와 기관마다 정의된 관광산업의 정의를 나타낸 것이다.

관광산업에 대한 학자와 기관의 정의를 종합하면, 관광산업이란 "관광수요를 창출하고, 관광객의 다양한 욕구를 충족시켜주는 사업을 통하여 관광의 효용을 촉진하고 관광객의 모든 관광활동이 원활하게 수행되는데 직 · 간접적으로 관련을 맺는 모든 공적 · 사적 조직기관의 활동"으로 규정할 수 있다.

〈표 6-1〉 관광산업의 정의

학자 및 기관	정의	비고
로버트그뤽스만 (Robert Grücksman)	일시적 체재지에 있어서 외래자와 그 지역 사람들 간의 제관계의 총체	
브룩아우스 (Brockhaus)	관광객의 욕구충족을 위해 서비스를 제공하는 제영업의 총체	관광기업에 편중된 설명
다나카 기이치 (田中喜一)	관광왕래를 유발하는 각종 요소에 대해 조화로운 발달을 도모함과 함께 일반적 이용을 촉진함으로써 경제적 · 사회적 효과를 기대하려고 하는 조직활동	
이노우에 마스조 (井上万壽藏)	관광왕래에 대처하고 이것을 수용 또는 촉진하기 위해 행하는 모든 인간활동의 총체	
Chuck Y. Gee 외 2명	협의의 관광사업은 호텔, 식당, 여행사, 여행도매업자, 교통을 의미하며, 광의의 뜻은 주민과 노동자의 관광을 지원하는 국가의 경제적 지원까지도 포함	
관광진흥법 제2조	관광객을 위하여 운송 · 숙박 · 음식 · 운동 · 오락 · 휴양 또는 용역을 제공하거나 그 밖에 관광에 딸린 시설을 갖추어 이를 이용하게 하는 업	

자료 : 김용상 외(2014), 관광학, 백산출판사, p.91 참조 저자 재작성

2. 관광산업의 분류

관광산업의 분류를 크게 관광객에게 서비스를 직 · 간접적으로 제공하는 것을 중심으로 한 분류와 「관광진흥법」상의 관광사업의 분류, 그리고 공공기관과 민간기업의 관광사업주체별 분류로 구분하여 살펴보기로 하겠다.

1) 관광객 서비스제공 중심의 관광산업의 분류

관광객의 서비스를 직·간접적으로 제공하는 것에 따른 분류는 척기(Chuck Y. Gee) 교수 외 2명이 집필한 저서 "The Travel Industry"를 근거로 한 분류이다.

(1) 직접공급자

직접공급자는 관광객에게 서비스와 시설을 직접적으로 제공해 주는 관광사업체로서 이러한 사업으로는 호텔, 여행사, 식당, 지상교통, 레스토랑, 소매점, 항공사 등이 해당된다. 이러한 직접공급자들은 표면적으로 관광객들과 가장 밀접한 관계를 맺고 있는 조직체들이다.

(2) 지원서비스

관광객들에게 직접 또는 직접공급자들을 통해 간접적으로 재화나 서비스를 제공하는 업체들을 말한다. 이러한 지원서비스를 제공하는 관광사업체로는 계약된 음식서비스나 세탁업, 식품제공업자, 여행도매업자, 여행관련 출판업자들이 해당된다.

〈그림 6-1〉 관광객 서비스중심의 관광산업의 분류

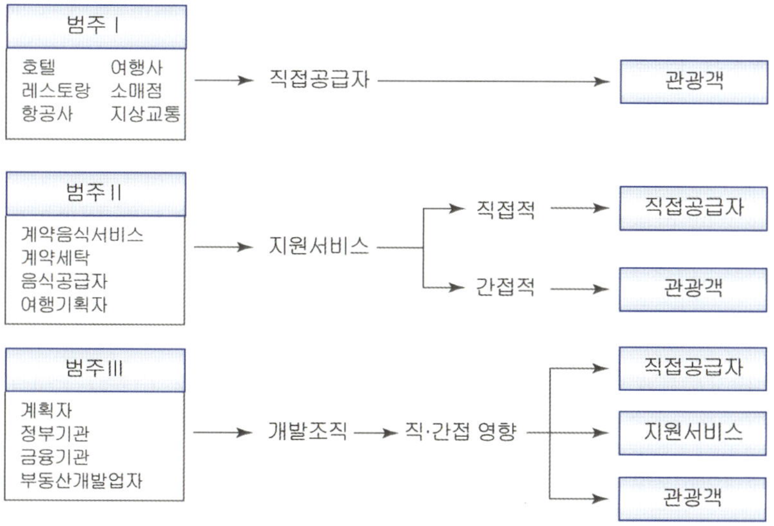

자료 : Chuck Y. Gee, James C. Makens and Dexter J. L. Choy(1997), The Travel Industry, Van Nostrand Reinhold.

(3) 관광개발조직

직접공급자와 지원서비스 제공자, 관광객에게 직접 또는 간접적으로 영향을 주는 관광개발조직이 있다. 이러한 관광개발조직으로는 계획자(planner), 정부기관, 금융기관, 부동산개발업자, 교육 및 직업교육기관 등이 있다.

이상의 관광들은 관광객에게 직간접적으로 제공되는 서비스를 중심으로 분리된 것이며, 모두 관광객들의 다양한 요구와 필요에 부응하기 위해 상호 긴밀한 관계를 맺는다.

2) 관광법규에 따른 분류[1)]

2018년 12월 말 현재「관광진흥법」에서 규정하고 있는 관광사업의 종류는 여행업, 관광숙박업, 관광객 이용시설업, 국제회의업, 카지노업, 유원시설업, 관광 편의시설업 등 크게 7개 업종으로 구분하고 있으며(동법 제3조 1항), 동법시행령에서는 이를 각각의 종류별로 다시 세분하고 있다(동법시행령 제2조). 이를 도표화하면 위의 〈표 6-2〉와 같다.

〈표 6-2〉「관광진흥법」에 따른 관광사업의 분류

<table>
<tr><th>종 류</th><th colspan="2">세분류</th></tr>
<tr><td>여행업</td><td colspan="2">일반여행업, 국외여행업, 국내여행업</td></tr>
<tr><td rowspan="2">관광숙박업</td><td>호텔업</td><td>관광호텔업, 수상관광호텔업, 한국전통호텔업,
가족호텔업, 호스텔업, 소형호텔업, 의료관광호텔업</td></tr>
<tr><td colspan="2">휴양콘도미니엄업</td></tr>
<tr><td rowspan="6">관광객 이용시설업</td><td>전문휴양업</td><td>민속촌, 해수욕장, 수렵장, 동물원, 식물원, 수족관, 온천장, 동굴자원, 수영장, 농어촌휴양시설, 활공장, 등록 및 신고 체육시설업시설, 산림휴양시설, 박물관, 미술관</td></tr>
<tr><td>종합휴양업</td><td>제1종 종합휴양업, 제2종 종합휴양업</td></tr>
<tr><td colspan="2">야영장업(일반야영장업, 자동차야영장업)</td></tr>
<tr><td colspan="2">관광유람선업(일반관광유람선업, 크루즈업)</td></tr>
<tr><td colspan="2">관광공연장업</td></tr>
<tr><td colspan="2">외국인관광 도시민박업</td></tr>
<tr><td>국제회의업</td><td colspan="2">국제회의시설업, 국제회의기획업</td></tr>
<tr><td>카지노업</td><td colspan="2"></td></tr>
<tr><td>유원시설업</td><td colspan="2">종합유원시설업, 일반유원시설업, 기타유원시설업</td></tr>
<tr><td>관광 편의시설업</td><td colspan="2">관광유흥음식점업, 관광극장유흥업, 외국인전용 유흥음식점업, 관광식당업, 관광순환버스업, 관광사진업, 여객자동차터미널시설업, 관광펜션업, 관광궤도업, 한옥체험업, 관광면세업</td></tr>
</table>

1) 조진호 · 우상철 공저, 최신관광법규론(서울: 백산출판사, 2019), pp.121~142.

(1) 여행업

현행 「관광진흥법」에서의 여행업이란 "여행자 또는 운송시설 · 숙박시설, 그 밖에 여행에 딸리는 시설의 경영자 등을 위하여 그 시설이용의 알선이나 계약체결의 대리, 여행에 관한 안내, 그 밖의 여행 편의를 제공하는 업"을 말한다(동법 제3조 제1항 제1호).

여행업은 사업의 범위 및 취급대상에 따라 일반여행업, 국외여행업 및 국내여행업으로 구분하고 있다(동법시행령 제2조 제1항 제1호).

(2) 관광숙박업

「관광진흥법」은 관광숙박업을 호텔업과 휴양콘도미니엄업으로 나누고(제3조 제1항 제2호), 호텔업을 다시 세분하고 있다(동법시행령 제2조1항 제2호). 여기서 호텔업이란 관광객의 숙박에 적합한 시설을 갖추어 이를 관광객에게 제공하거나 숙박에 딸리는 음식 · 운동 · 오락 · 휴양 · 공연 또는 연수에 적합한 시설 등을 함께 갖추어 이를 이용하게 하는 업을 말한다. 호텔업은 관광호텔업과 수상관광호텔업, 가족호텔업, 한국전통호텔업, 호스텔업, 소형호텔업, 의료관광호텔업으로 구분된다.

휴양콘도미니엄업이란 관광객의 숙박과 취사에 적합한 시설을 갖추어 이를 그 시설의 회원이나 공유자, 그 밖의 관광객에게 제공하거나 숙박에 딸리는 음식 · 운동 · 오락 · 휴양 · 공연 또는 연수에 적합한 시설 등을 함께 갖추어 이를 이용하게 하는 업을 말한다.

(3) 관광객 이용시설업

관광객 이용시설업이란 ① 관광객을 위하여 음식 · 운동 · 오락 · 휴양 · 문화 · 예술 또는 레저 등에 적합한 시설을 갖추어 이를 관광객에게 이용하게 하는 업 또는 ② 대통령령으로 정하는 2종 이상의 시설과 관광숙박업의 시설(이하 "관광숙박시설"이라 한다) 등을 함께 갖추어 이를 회원이나 그 밖의 관광객에게 이용하게 하는 업을 말한다.

현행 「관광진흥법」은 관광객 이용시설업의 종류를 전문휴양업, 종합휴양업(제1종, 제2종), 야영장업(일반야영장업, 자동차야영장업), 관광유람선업(일반관광유람선업, 크루즈업), 관광공연장업, 외국인관광 도시민박업 등으로 구분하고 있다. 기존의 외국인전용 관광기념품판매업은 2014년 7월 16일 「관광진흥법 시행령」 개정 때 관광객 이용시설업에서 제외되었다.

(4) 국제회의업

국제회의업이란 대규모 관광수요를 유발하는 국제회의(세미나 · 토론회 · 전시회 등을 포함한다)를 개최할 수 있는 시설을 설치 · 운영하거나 국제회의 계획 · 준비 · 진행 등의 업무를 위탁받아 대행하는 업을 말한다(관광진흥법 제3조 제1항 제4호). 국제회의업은 국제회의시설업과 국제회의기획업으로 분류하고 있다(동법시행령 제2조 제4호).

(5) 카지노업

카지노업이란 전문영업장을 갖추고 주사위 · 트럼프 · 슬롯머신 등 특정한 기구(機具) 등을 이용하여 우연의 결과에 따라 특정인에게 재산상의 이익을 주고 다른 참가자에게 손실을 주는 행위 등을 하는 업을 말한다(관광진흥법 제3조 제1항 제5호).

우리나라 카지노업체 현황을 살펴보면 2018년 1월 말 기준으로 전국에 17개 업체가 운영 중에 있는데, 이 중에서 외국인전용 카지노가 16개 업체이고(지역별로는 서울 3개소, 부산 2개소, 인천 1개소, 강원〈알펜시아카지노〉 1개소, 대구에 1개소, 제주에 8개소), 내국인 출입이 가능한 카지노는 강원랜드카지노 1개소가 운영 중에 있다.

(6) 유원시설업

유원시설업(遊園施設業)은 유기시설(遊技施設)이나 유기기구(遊技機具)를 갖추어 이를 관광객에게 이용하게 하는 업(다른 영업을 경영하면서 관광객의 유치 또는 광고 등을 목적으로 유기시설이나 유기기구를 설치하여 이를 이용하게 하는 경우를 포함한다)을 말한다(관광진흥법 제3조 제1항 제6호). 현행 「관광진흥법」상의 유원시설업은 종합유원시설업, 일반유원시설업, 기타유원시설업으로 분류하고 있다(동법시행령 제2조 제1항 제5호).

(7) 관광 편의시설업

관광 편의시설업은 앞에서 설명한 관광사업(여행업, 관광숙박업, 관광객 이용시설업, 국제회의업, 카지노업, 유원시설업) 외에 관광진흥에 이바지할 수 있다고 인정되는 사업이나 시설 등을 운영하는 업(관광진흥법 제3조 제1항 제7호)을 말한다. 이는 비록 다른 관광사업보다 관광객의 이용도가 낮거나 시설규모는 작지만, 다른 사업 못지않게 관광진흥에 기여할 수 있다고 보아 인정된 사업이라고 하겠다.

관광 편의시설업을 경영하려는 자는 문화체육관광부령으로 정하는 바에 따라 특별시장·광역시장·특별자치시장·도지사·특별자치도지사(이하 "시·도지사"라 한다) 또는 시장·군수·구청장의 지정을 받을 수 있다(관광진흥법 제6조).

「관광진흥법」에서 규정하고 있는 관광편의시설업의 종류는 관광유흥음식점업, 관광극장유흥업, 외국인전용 유흥음식점업, 관광식당업, 관광순환버스업, 관광사진업, 여객자동차터미널시설업, 관광펜션업, 관광궤도업, 한옥체험업, 관광면세업 등으로 구분되고 있다(동법 시행령 제2조 제1항 제6호).

3) 관광사업주체별 관광산업의 분류

관광사업주체별 관광산업의 분류는 영리를 추구하는 민간위주의 사적(私的)관광산업과 공공성(公共性) 중심의 공적(公的)관광산업으로 구분된다.

사적관광산업으로는 관광기업과 관광관련 기업으로 분류되며, 공적관광산업은 관광행정기관(중앙정부와 지방자치단체)과 공익단체로 구분된다. 좀더 세부적인 내용을 살펴보면 다음과 같다.

(1) 관광기업

관광기업은 영리를 목적으로 관광객들에게 직접적인 서비스와 시설을 제공하는 민간위주의 기업체로서 호텔, 여행사, 기념품점, 레스토랑, 각종 교통업체 등이 해당된다.

(2) 관광관련기업

관광객에게 직접 또는 간접적으로 서비스를 제공해주는 업체들로 여행도매업자, 여행안내책자출판업체, 식품조달업체 등이 해당된다.

(3) 관광행정기관

관광객의 원활한 관광활동을 도모하는 공적인 부분의 관광사업체로서 중앙정부와 지방자치단체 등의 관광행정기관을 말한다. 주로 관광지를 개발하거나, 관광지에 대한 홍보와 정보제공 등의 공적인 관광정책과 행정을 전담한다.

(4) 공익단체

문화체육관광부와 지방자치단체의 관광행정조직 이외에 관광산업을 공적인 측면에서 지원해 주는 단체나 조직으로 우리나라에는 한국관광공사와 한국관광협회중앙회, 한국문화관광연구원 등이 해당된다. 관광사업주체별 관광산업의 분류는 〈그림 6-2〉에 나타나 있다.

〈그림 6-2〉 사업주체별 관광산업의 분류

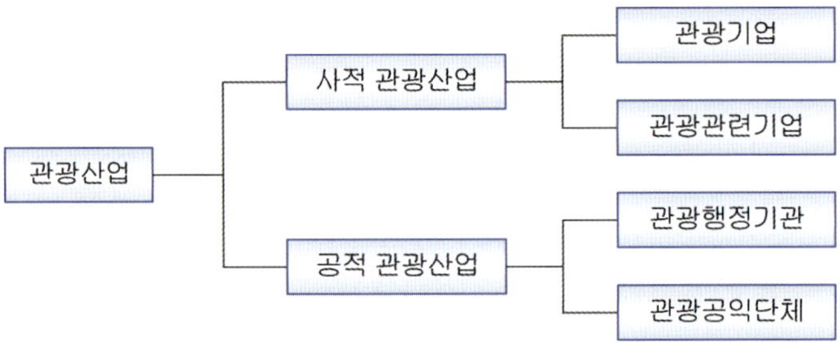

자료 : 김광근 외(2011), 관광학의 이해, 백산출판사, p. 174.

3. 관광산업의 특성

관광산업의 특성을 복합성, 입지의존성, 변동성, 공익성, 서비스성 등으로 나누어 살펴보기로 하겠다.

1) 복합성

복합성은 크게 사업주체의 복합성 및 산업내용의 복합성으로 구분된다.

① 사업주체의 복합성

관광산업의 복합성의 첫번째는 사업주체가 다양하다는 점이다. 즉 관광사업체는 추구하는 목표에 따라 공적기관 및 민간기업의 역할로 구분된다. 전반적인 관광지에 대한 개발 및 홍보, 여행정보제공과 도로, 상하수도 등의 기반시설(infrastructure) 제공 등은 공공기관에서 담당하고 관광지 내의 호텔, 여관, 민박 등의 숙박업체와 음식점, 기념품점 운영 등은 민간이 담당한다.

최근 관광현상이 대중화되고 전반적으로 여행에 대한 관심이 높아지면서 정부를 비롯한 공공분야의 역할이 더욱 커지는 경향을 보이고 있으며, 국민들 또한 공적기관에 대한 기대치가 높아지고 있는 추세이다.

② 산업내용의 복합성

관광산업의 내용은 관광객의 활동을 직 · 간접적으로 지원하는 다양한 활동을 포함하고 있으므로 관련업체도 다양하다. 관광객이 관광대상지(목적지)에서의 관광활동 전 과정에서 교통, 숙박, 투어, 쇼핑 등 여러 활동을 하므로 이러한 모든 관광사업체들이 복합적으로 관광객들의 요구에 부응한다. 즉 관광객의 다양한 활동을 지원해 주기 위해서는 여행업, 교통업, 공원, 박물관, 스포츠, 숙박업, 음식업, 기념품판매업 등 다양한 관광사업체가 필요하다. 이러한 측면에서 관광산업은 종합예술산업, 총체적 산업이라고 불린다.

2) 입지의존성

관광산업의 두번째 특성으로 입지의존성을 들 수 있다. 모든 관광지는 유형 · 무형 자원유무, 기후조건, 관광자원의 우열, 주변과의 연계성에 따라 나름대로 특색 있는 관광지가 조성된다. 관광산업은 관광지의 개발추진상황, 교통사정, 배후시장과의 접근성 및 시장규모 등에 크게 의존한다. 이러한 입지의존성에는 불연속 생산활동형, 생산-소비 동시완결형, 노동장비율의 상승이라는 세 가지 측면이 있다.

① 불연속 생산활동형

관광객의 내방(방문)은 계절별, 월별, 주별, 시간별 등에 따라 변동의 차가 크다. 이러한 변동에 따른 관광사업체의 자구책으로는 비수기 요금할인, 단체관광객 유치, 예약판매방식, 회원제 운영 등이 있다.

② 생산-소비 동시완결형

상품(호텔 객실, 항공기 좌석 등)이 저장불가능하므로 경영상 탄력성이 없다. 이러한 상품공급의 경직성에 대한 관광사업체의 보완책으로 예약판매제도 확립, 특별회원제, 요금할인제, 분할판매(day use sale), 다양한 부대시설을 운영한다.

③ 노동장비율의 상승

관광객들이 좀더 편리하면서 대형화되고 고급화된 시설을 추구하므로 이에 부응하기 위해서 관광사업체도 대형화 및 고급화되면서 노동장비율이 상승하는 추세를 보이고 있다.

3) 변동성

관광활동은 소득과 시간적인 여유, 관광을 하고자 하는 욕구가 있을 때 비로소 발생되는 자발적인 활동으로서, 경제, 사회, 정치 등의 여러 가지 요인들에 의해 민감하게 영향을 받는 분야이기 때문에 관광산업도 이러한 측면에 상당한 영향을 받게 된다.

관광산업의 세번째 특성인 변동성은 사회적, 경제적, 자연적(계절성), 보건적 요인 등으로 살펴볼 수 있다. 사회적 · 보건적 요인으로는 국제정세, 정치불안, 국내 사회정세, 시위나 폭동, 질병발생 등 관광객의 안전을 저해하는 요소들이다. 경제적 요인은 물가상승, 외환위기, 환율폭등, 경제불황, 외화사용제한 등의 조치들을 의미하며, 자연적(계절적) 요인으로는 성수기와 비수기의 관광수요의 격차로 인한 관광수입 감소의 문제, 인력수급 문제 등을 들 수 있다.

4) 공익성

관광산업의 네번째 특성은 공익성을 들 수 있다. 공익성을 크게 사회문화적 측면과 경제적 측면으로 구분해 보면 다음과 같다. 관광산업은 사회문화적으로 국위를 선양함과 동시에 외화획득, 고용창출 등으로 경제성을 동시에 추구하는 분야이다.

① 사회문화적 측면

관광산업은 국위선양, 국제친선의 증진, 국제문화 교류, 세계평화 기반 구축, 국민 보건향상, 근로의욕 증진, 교양의 향상에 크게 기여하는 산업이다.

② 경제적 측면

관광산업은 외화획득, 경제발전, 기술협력과 국제무역 증진, 고용창출, 생활환경 개선 및 지역개발효과 등에 기여하는 산업이다.

5) 서비스성

관광산업은 관광객에게 무형의 서비스와 재화, 시설을 제공하는 노동집약적 산업으로 편리하고 안락한 시설 못지않게 가장 중요한 부분이 바로 지역주민의 환대성과 종사원의 수준 높은 서비스를 제공하는 일이다. 관광객들에게 자국에 대한 좋은 이미지를 제공해 주기 위해서는 전 국민의 관광객들에 대한 친절성과 서비스정신이 필요하다. 따라서 정형화되고 수준 높은 서비스를 관광객들에게 제공하기 위해서는 종사원들의 서비스 교육과 훈련이 반드시 필요하며 일반국민들의 친절성도 더욱 제고되어야 한다.

제2절 관광산업의 효과

관광산업은 관광객들의 관광지(목적지)에서의 경제행위를 기반으로 하기 때문에 소비지향적이며 소득성향을 갖는 산업으로 여러 가지 긍정적인 효과를 나타낸다. 이러한 관광산업의 효과로는 경제적 효과와 사회적 효과, 문화적 효과의 긍정적인 측면과 함께 지역사회에 일부 부정적인 영향을 미치기도 한다.

1. 관광산업의 경제적 효과

1) 경제편익

관광산업의 가장 큰 혜택과 긍정적인 효과는 바로 경제적인 효과로 볼 수 있다. 경제적인 편익은 크게 국제수지 개선, 고용창출, 소득증대, 조세수입 증대 등으로 살펴볼 수 있다.

(1) 국제수지 개선 효과

관광산업은 무형의 수출산업으로 특히 천연자원이 부족한 나라에서는 국가의 외화획득의 중요한 수단으로 인식되면서 오늘날 세계의 많은 국가들이 관광산업을 통해 국제수지를 개선하고자 관광객 유치에 심혈을 기울이고 있다. 특히 이탈리아, 스페인, 프랑스, 오스트레일리아, 그리스, 멕시코 등의 나라들은 관광산업을 통해 국제수지를 크게 개선하고 있는 국가들이다.

관광산업은 제조업에 비해 관세장벽과 원자재 수입의 어려움, 국제정세 등에 비교적 덜 영향을 받으며, 상대국과의 무역마찰의 소지가 적은 편이어서 외화획득을 위한 중요한 수단이 된다. 관광산업은 해외홍보비와 관광지 개발 등의 비용만 부담하면 타산업에 비해 외화가득률이 매우 높은 고부가가치 산업이다. 관광산업의 외화가득률은 83.3%로 이는 제조업 59.5%, 전체산업 평균 73.1%에 비해 매우 높은 수치이며, 서비스업 전체평균 83.4%와도 유사하게 높은 외화가득률을 보이고 있다.

(2) 고용창출 효과

관광산업은 노동집약적 서비스산업으로 타산업에 비해 고용창출 효과가 매우 높다.

특히 개발도상국의 경우 종사원들이 특별한 기술이 없이도 일할 수 있고, 반숙련공에게도 일자리가 제공되기 때문에 고용상 유리한 측면이 있다. 하지만 이러한 노동수요에도 관광객들이 요구하는 어느 정도의 서비스는 반드시 제공되어야 한다.

〈표 6-3〉 주요 산업의 외화가득률 비교

대분류		중분류	외화가득률(%)
제조업 (59.5 %)		인쇄 및 복제	77.3
		음·식료품	71.0
		섬유 및 가죽제품	65.6
서비스업* (83.4 %)		금융 및 보험	91.3
		부동산 및 사업서비스	91.0
		공공행정 및 국방	87.0
		교육 및 보건	86.9
		도매	86.2
		통신 및 방송	84.0
		사회 및 기타서비스	81.1
		운수 및 보관	75.6
	관광 산업 (83.3%)	차량임대업	94.2
		식음료	91.2
		오락 및 유흥	89.9
		문화예술공연	89.4
		소매업(관광쇼핑)	88.8
		관광교통	87.6
		운동경기	85.4
		여행업	82.5
		숙박업	77.4
		운수 보조업	46.7
전 산업 평균**		73.1%	

자료 : 한국관광공사

주 : * 서비스업의 평균은 서비스의 중분류 8개 업종과 관광산업의 중분류 10개 업종을 모두 포함한 평균임.

** 전 산업 평균은 농림수산 및 광산업, 제조업, 전력가스 및 건설업, 서비스업, 관광산업의 평균임.

관광산업의 고용창출 효과는 관광고용의 승수효과로서 관광객 한 단위 소비지출증가가 지역 내 얼마만큼의 고용기회를 증대시켰는지를 말하며, 구체적으로 관광소비 증가를 통한 직간접적 효과와 유발효과를 의미한다(김용상 외, 2014, p.358).

관광의 고용효과는 크게 직접효과, 간접효과, 유발효과로 나뉜다. 직접효과는 관광산업과 관광관련 이용시설 등에 직접 지출한 경비가 창출하는 경제적 효과로서 1차적인 효과로 볼 수 있다. 간접효과는 직접지출의 결과로 일어나는 간접지출(indirect expenditure)로서 지역의 관련산업에 연속적으로 회전된다. 예를 들면 은행, 건축업, 공예업 등에 파급된 고용유발효과를 의미한다. 유발효과는 직 · 간접적인 고용증가가 지역주민의 소득증대로 이어져 지역경제가 활성화되면서 지역산업에 대한 투자로 유발되는 고용효과를 의미한다.

(3) 소득증대 효과

관광의 소득증대 효과는 관광객이 숙박, 음식, 교통, 유흥비로 지출하면서 지역경제에 회전되고 순환되어 결국 지역내 또는 국가내 타업체의 수입증대와 종사원 소득증대에 기여하게 되는 정도를 말한다. 관광산업은 외화수입에 따른 승수효과가 비교적 높은 산업으로 국가의 소득증대에 크게 기여한다. 즉 관광승수효과란 관광객의 소비지출이 관광 대상국가 또는 지역에 소득 또는 고용을 누진적으로 창출시키는 효과를 의미한다(김광근 외, 2011, p.307).

(4) 조세수입 증대

관광객들이 숙식, 교통, 기념품구입 등에 지출한 비용은 소득효과 뿐만 아니라 국가의 조세수입 증대에도 도움이 된다. 관광수입에는 일정한 비율의 세금이 부과되며, 이는 국가의 재정수입이 된다. 관광객이 이용하는 관광시설의 이용료나 관람료도 재정수입의 보조적인 원천이 된다. 그리고 비자발급 등의 각종 서류발급상에도 서비스 요금을 부과함으로써 세수증대를 도모하고 있다. 현재 국내공항과 항만을 통해 출국할 때 부과되는 '출국납부금(현재 10,000원)'은 관광진흥개발기금의 수입원이 된다.

2) 경제비용

관광산업을 통해 외화를 획득하고 고용을 창출하는 긍정적인 경제편익이 크지만 이와는 반대급부로 자연환경이 파괴되고, 관광관련 이용시설의 유지 · 보수를 해야 하는 등의 경제적인 비용도 초래된다.

(1) 직접비용

관광산업을 통해 초래되는 직접적인 경제비용으로는 자연환경 파괴와 훼손, 생활환경의 질 저하, 관광관련 이용시설 유지 및 보수비, 공공시설 및 서비스부문의 비용 증가를 들 수 있다.

(2) 간접비용

추후 경제비용 발생이 요구되는 간접적인 경제비용의 측면으로는 관광수요 증가로 인한 물가상승, 관광개발 이후 지역내 지가 상승, 관광재화수입에 따른 수입성향 증가로 경제활동의 대외 의존도 가속화, 생산과 고용의 계절성으로 단순노동직 종사원의 고용의 질 저하 등을 들 수 있다.

2. 관광산업의 사회적 효과

관광객들은 목적지의 지역주민과의 교류를 원하며 그들의 사회와 문화를 접하기를 원한다. 이러한 접촉의 과정에서 관광객들의 생활습관이나 의복, 언어 등이 지역주민에게 영향을 미치게 되고 이러한 관광객들의 새로운 생활양식의 유입은 다른 나라와 지역사회에 대한 이해를 높이는데 도움이 된다. 또한 관광객들과의 교류로 지역사회에 새로운 생활양식이 유입되면서 여성의 사회 진출의 기회와 다양한 직업창출로 전직의 기회가 증가되기도 한다.

또한 외부세계에 알려지지 않았던 지역에 관광객들의 유입으로 당해 지역사회가 알려지면서 이미지와 대외적인 인지도가 높아지게 되고, 이를 계기로 지역의 주변적인 환경이 정비되고 새로운 위락시설이 개발되고, 공항이 건설되는 등 지역사회가 크게 발전된다.

하지만 때때로 관광객들의 지나친 소비행태와 무례한 행동으로 지역주민들은 외부인들에 거부감을 표시하기도 하고 빈부의 격차로 상대적인 박탈감을 느끼게 된다. 특히 관광객들의 행동을 보고 그들의 의식주 행동양식과 태도, 언어 등을 무비판적으로 모방하려는 전시효과(demonstration effect)가 생기며, 관광객들의 유입으로 사회적 유대감이 상실되어 새로운 사회가치 변화에 갈등이 야기되는 면이 있다.

또한 물질만능주의와 소비주의가 만연하면서 빈부갈등, 물가상승으로 살기가 더욱 어려워지고, 지역사회가 도박, 매춘, 마약 등 범죄의 온상이 될 수 있는 부정적인 측면에 노출되기도 한다.

〈표 6-4〉 관광산업의 사회 · 문화적 효과

구분	긍정적 효과	부정적 효과
사회적 효과	• 인구구조의 변화 - 수입, 고용 기회 증대 - 여성인구 증가와 경제활동 가능한 젊은층 증대 • 여성의 지위향상과 역할 변화 - 여성의 취업기회 확대 - 여성의 역할과 영향력 증대 • 직업의 다양화 - 새로운 직업기회 많아져 다른 직업의 전환 발생 • 문화시설과 교육시설 개선 - 도로망, 통신시설, 휴식공간 등 하부시설 확충 - 지역주민의 문화와 생활환경 질적 향상	• 가족구조의 변화 - 가장권한의 약화 - 가족구성원 간 유대감 약화 - 세대간 갈등 • 인구구조의 변화 - 관광객 증대와 외부 유입 인구로 인한 혼잡으로 주거환경 악화 - 청년층과 젊은 여성층의 과도한 증가로 지역사회 인구구조 왜곡 • 사회적 일탈 증가 - 미풍양속 사라지고 도덕적 타락과 무질서한 행위 증가 - 도박, 매춘, 폭력과 같은 범죄 증가 • 지역주민간 갈등 초래 및 지역민 소외현상 • 과소비 현상
문화적 효과	• 전통문화의 보전과 발전 - 관광자들을 위한 지역 축제 개최를 통한 새로운 문화를 개발 · 자극하고 촉진 • 역사적 유물 · 유적의 보존 • 전통공예기술의 보전 및 발전 • 전통공예학교 설립	• 지역의 고유문화 파괴 - 외래문화의 잘못된 유입으로 지역사회 고유문화 파괴 및 변질(문화동화현상) - 지역민 전통문화의 희석과 혼합 • 전통예술, 공예품의 타락 - 새로운 생활양식과 기술의 발전에 따라 조잡한 생산양식으로 대치 - 대량생산으로 값싼 공예품 판매 - 예술품이 전통기념품, 공예기념품으로 전락

자료 : 김광근 외(2011), 관광학의 이해, 백산출판사, pp.323~327, 348~349 내용 토대로 저자 재정리

3. 관광산업의 문화적 효과

관광과 관광산업의 가장 큰 효용가치는 상호 간의 이해증진을 통한 세계평화의 구현이라 할 수 있다. 특히 관광을 통해 민족간 지역 간 갈등을 해소하는 계기가 되며, 문화발전과 교류의 장이 되기도 한다.

관광산업은 전통예술과 공예품 등을 관광을 통해 발전시킴으로써 오히려 사라져가는 전통예술을 부흥시키는 역할을 하기도 한다. 뉴질랜드의 마오리 춤은 거의 사라져갈 상황에서 관광객들을 위한 춤으로 상업화함으로써 더욱 발전되었으며, 마오리족의 목공예품의 판매를 통해 전통목공예가 회생하는 계기가 되었다.

관광산업의 문화적인 효과는 긍정적인 측면뿐만 아니라 부정적인 측면도 상존한다. 관광객들의 유입으로 관광지의 문화가 파괴되어 저질화되며, 전통문화가 지나치게 상업화되어 본질이 훼손되고 문화적 가치가 상실되기도 한다. 그리고 외지인들과의 교류가 오히려 자신들의 문화적 자부심과 지역애를 손상시킨다.

제 7 장 관광숙박업

제 7 장

관광숙박업

제1절 관광숙박업의 일반적 이해

1. 관광숙박업의 개념

1) 숙박업과 관광사업과의 개념차이

숙박업이란 숙박시설의 건설과 운영을 목적으로 하는 사업활동을 말하는 것으로, 일반대중을 대상으로 숙면과 음식에 관계되는 인적 · 물적 서비스를 제공함으로써 목적지에서 체재를 가능하게 하는 시설사업을 의미한다고 하겠다.

원래 숙박시설은 관광까지 포함한 여행에 필요한 시설로서 관광 역시 여행의 일종이므로 관광사업의 중요한 요소가 되어 있다. 그러나 숙박업과 관광사업의 개념은 다르며, 관광사업의 한 종류가 숙박업이다.

일반적으로 숙박업으로서는 호텔, 콘도미니엄, 여관, 여인숙 등을 당연히 그 대상으로 들 수 있지만, 이 모두가 관광객만의 이용대상이 되는 것은 아니고, 그 밖의 여행객층 일반도 이용의 대상이 되고 있는 것이다. 그러므로 「관광진흥법」은 숙박업 가운데서 관광객이 주로 이용하는 대상이 되는 영업만을 선정하여 관광숙박업으로 규정하고 있는 것이며, 또 관광숙박업의 종류별로 등록기준을 설정하고 있는 것이다.

2) 관광숙박업의 정의

관광숙박업에 직접 관련되는 주요한 법률로서는 「관광진흥법」이 있다. 이 법은 관광과 관계되는 법률 중에서도 가장 핵심적인 법이라 할 수 있는데, 관광여건의 조성, 관광자원의 개발, 관광사업의 지도 및 육성 등을 통하여 우리나라 관광진흥을 도모함을 목적으로 하고 있다.

현행 「관광진흥법」은 관광숙박업을 호텔업과 휴양콘도미니엄업으로 나누고, 호텔업을 다시 세분하고 있다(동법 제3조 제1항 2호 및 동법시행령 제2조 제1항 제2호).

여기서 호텔업이란 관광객의 숙박에 적합한 시설을 갖추어 이를 관광객에게 제공하거나 숙박에 딸리는 음식 · 운동 · 오락 · 휴양 · 공연 또는 연수에 적합한 시설 등을 함께 갖추어 이를 이용하게 하는 업을 말하며, 휴양콘도미니엄업이란 관광객의 숙박과 취사에 적합한 시설을 갖추어 이를 그 시설의 회원이나 공유자, 그 밖의 관광객에게 제공하거나 숙박에 딸리는 음식 · 운동 · 오락 · 휴양 · 공연 또는 연수에 적합한 시설 등을 함께 갖추어 이를 이용하게 하는 업을 말한다.

2. 관광숙박업의 분류[1)]

현행 「관광진흥법」은 관광숙박업을 호텔업과 휴양콘도미니엄업으로 나누고(제3조 제1항 제2호), 호텔업을 다시 세분하고 있다(동법 시행령 제2조 제1항 제2호).

1) 호텔업

호텔업이란 "관광객의 숙박에 적합한 시설을 갖추어 이를 관광객에게 제공하거나 숙박에 딸리는 음식 · 운동 · 오락 · 휴양 · 공연 또는 연수에 적합한 시설 등을 함께 갖추어 이를 이용하게 하는 업"을 말하는데, 그 종류는 관광호텔업, 수상관광호텔업, 한국전통호텔업, 가족호텔업, 호스텔업, 소형호텔업, 의료관광호텔업 등으로 세분하고 있다(동법 시행령 제2조 제1항 제2호).

1) 조진호 · 우상철 공저, 최신관광법규론(서울: 백산출판사, 2019), pp.123~129.

(1) 관광호텔업

관광호텔업은 관광객의 숙박에 적합한 시설을 갖추어 관광객에게 이용하게 하고 숙박에 딸린 음식 · 운동 · 오락 · 휴양 · 공연 또는 연수에 적합한 시설 등(이하 "부대시설"이라 한다)을 함께 갖추어 관광객에게 이용하게 하는 업(業)을 말한다.

한때는 관광호텔업을 종합관광호텔업과 일반관광호텔업으로 세분한 적도 있었으나, 2003년 8월 6일 「관광진흥법 시행령」을 개정하면서 이를 통합하여 관광호텔업으로 단일화하였다. 2018년 12월 말 기준으로 관광호텔업의 등록현황을 살펴보면 전국 1,044개 업체에 126,422실이 등록되어 있다.

(2) 수상관광호텔업

수상관광호텔업은 수상에 구조물 또는 선박을 고정하거나 매어 놓고 관광객의 숙박에 적합한 시설을 갖추거나 부대시설을 함께 갖추어 관광객에게 이용하게 하는 업으로서, 수려한 해상경관을 볼 수 있도록 해상에 구조물 또는 선박을 개조하여 설치한 숙박시설을 말한다. 만일 노후선박을 개조하여 숙박에 적합한 시설을 갖추고 있더라도 동력(動力)을 이용하여 선박이 이동할 경우에는 이는 관광호텔이 아니라 선박으로 인정된다.

우리나라에는 2000년 7월 20일 최초로 부산 해운대구에 객실수 53실의 수상관광호텔이 등록된 바 있으나, 그 후 2003년 태풍으로 인해 멸실되어 현재는 존재하지 않는다.

(3) 한국전통호텔업

한국전통호텔업은 한국전통의 건축물에 관광객의 숙박에 적합한 시설을 갖추거나 부대시설을 함께 갖추어 관광객에게 이용하게 하는 업을 말한다.

현재 우리나라에서 운영되고 있는 관광호텔은 모두가 서양식의 구조와 설비를 갖추고 있어 외국인관광객이 한국고유의 전통적 숙박시설을 이용할 수 없는 것이 현실이다. 따라서 외국인관광객의 수요에 대처하기 위하여 한국고유의 전통건축양식에 한국적 분위를 풍길 수 있는 객실과 정원을 갖추고 한국전통요리를 제공하도록 한 것이 한국전통호텔업이다.

우리나라에는 1991년 7월 26일 최초로 제주도 중문관광단지 내에 객실수 26실의 한국전통호텔(씨에스호텔앤리조트)이 등록된 이래 2003년 10월 전남 구례에 지리산가족호텔(124실), 2004년 5월에는 인천에 을왕관광호텔(44실)이 등록되었고, 2010년 7월 5일에는 경북 경주시에 ㈜신라밀레니엄 라(羅)궁 16실, 2011년 10월에는 전남 영광에 한옥호텔 영산재 21실이 등록된 바 있어, 2018년 12월 말 기준으로 전국 9개소 283실이 운영되고 있다(문화체육관광부, 2018년 기준 관광동향에 관한 연차보고서, p.295).

(4) 가족호텔업

가족호텔업은 가족단위 관광객의 숙박에 적합하도록 숙박시설 및 취사도구를 갖추어 관광객에게 이용하게 하거나 숙박에 딸린 음식 · 운동 · 휴양 또는 연수에 적합한 시설을 함께 갖추어 관광객에게 이용하게 하는 업을 말한다.

경제성장으로 인한 국민소득수준의 향상은 다수 국민으로 하여금 여가활동을 향유케 함으로써 가족단위 관광의 증가를 가져왔는데, 이에 따라 가족호텔도 급격히 증가하게 되었다. 이에 정부는 증가된 가족단위의 관광수요에 부응하여 국민복지 차원에서 저렴한 비용으로 건전한 가족관광을 영위할 수 있게 하기 위하여 가족호텔 내에 취사장, 운동 · 오락시설 및 위생설비를 겸비토록 하고 있다. 2018년 12월 말 기준으로 전국 159개소에 14,078실이 운영되고 있다.

(5) 호스텔업

호스텔업은 배낭여행객 등 개별 관광객의 숙박에 적합한 시설로서 샤워장, 취사장 등의 편의시설과 외국인 및 내국인 관광객을 위한 문화 · 정보 교류시설 등을 함께 갖추어 이용하게 하는 업을 말한다. 이는 2009년 10월 7일 「관광진흥법 시행령」 개정 때 호텔업의 한 종류로 신설되었는데, 2010년 12월 21일 최초로 제주도에 객실수 36실의 호스텔이 등록되었으며, 2011년도에 제주도 4개소 81실, 인천광역시 1개소 15실이 등록되는 등 2018년 12월 말 기준으로 전국 638개소에 11,875실이 운영되고 있다(문화체육관광부, 전게 2018년 기준 연차보고서, p.296).

(6) 소형호텔업

관광객의 숙박에 적합한 시설을 소규모로 갖추고 숙박에 딸린 음식 · 운동 · 휴양 또는 연수에 적합한 시설을 함께 갖추어 관광객에게 이용하게 하는 업을 말한다. 이는 외국인관광객 1,200만명 시대를 맞이하여 관광숙박 서비스의 다양성을 제고하고 부가가치가 높은 고품격의 융 · 복합형 관광산업을 집중적으로 육성하기 위하여 2013년 11월 「관광진흥법 시행령」 개정 때 호텔업의 한 종류로 신설된 것으로 소형호텔업에 대한 투자를 활성화시켜 관광숙박서비스의 다양성을 제고하고 관광숙박시설을 확충하는 데 기여할 것으로 기대되고 있다. 2018년 12월 말 기준으로 전국 33개소에 850실이 운영되고 있다(문화체육관광부, 전게 2018년 기준 연차보고서, p.297).

(7) 의료관광호텔업

의료관광객의 숙박에 적합한 시설 및 취사도구를 갖추거나 숙박에 딸린 음식·운동 또는 휴양에 적합한 시설을 함께 갖추어 관광객에게 이용하게 하는 업을 말한다. 이는 외국인 관광객 1,200만명 시대를 맞이하여 관광숙박서비스의 다양성을 제고하고 부가가치가 높은 고품격의 융·복합형 관광산업을 집중적으로 육성하기 위해 2013년 11월 「관광진흥법 시행령」 개정 때 호텔업의 한 종류로 신설된 것으로, 의료관광객의 편의가 증진되어 의료관광 활성화에 기여할 것으로 기대되고 있다.

2) 휴양콘도미니엄업

휴양콘도미니엄업이란 관광객의 숙박과 취사에 적합한 시설을 갖추어 이를 그 시설의 회원이나 공유자, 그 밖의 관광객에게 제공하거나 숙박에 딸리는 음식·운동·오락·휴양·공연 또는 연수에 적합한 시설 등을 함께 갖추어 이를 이용하게 하는 업을 말한다(관광진흥법 제3조 제1항 2호).

본래 콘도미니엄(Condominium)은 1957년 스페인에서 기존호텔에 개인소유개념을 도입하여 개발한 것이 그 시초이며, 1950년대 이탈리아에서 중소기업들이 종업원들의 복리후생을 위해 회사가 공동투자를 하여 연립주택이나 호텔형태로 지은 별장식 가옥을 10여명이 소유하는 공동휴양시설로 개발한 것이 그 효시라 한다.

우리나라는 1981년 4월 (주)한국콘도에서 경주보문단지 내에 있는 25평형 108실을 분양한 것이 콘도미니엄의 시초인데, 1982년 12월 31일에는 휴양콘도미니엄업을 「관광진흥법」상의 관광숙박업종으로 신설한 후 오늘에 이르고 있다.

우리나라 휴양콘도미니엄업의 등록현황을 살펴보면 2018년 12월 말 기준으로 전국 228개 업체에 47,001실이 운영되고 있다(문화체육관광부, 전게 2018년 기준 연차보고서, p.297).

3) 기타 숙박시설

(1) 모텔(Motel)

모텔(motel)은 자동차를 의미하는 'motor'와 숙박시설인 'hotel'이 합성된 말로 1920년대 미국의 캘리포니아에서 등장한 자동차 여행자를 위해 고속도로와 국도 주변에 위치한 시설로 대부분의 객실 수가 50실 미만이다. 새로운 숙박시설로서 모텔이 미국에서 급성장하게 된 이유는 첫째, 제2차 세계대전 이후 미국에서 승용차의 보급과 고속도로의 정비 및 확충에 따른 것이며, 둘째, 자동차로 여행하는 상용 여행객이 증가했다는 점이다. 이러한 시장 환경의 필요성에 따라 모텔이라는 새로운 숙박형태가 창출되었는데, 호텔에 비해 셀프서비스 등을 통한 인건비 절감으로 비교적 저렴한 형태의 숙박시설이다.

이러한 모텔의 대표적인 업체는 세계 최대 체인망을 가진 홀리데이 인(Holiday Inn)이다. 1952년 윌슨(Wilson)에 의해 시작된 홀리데이 인은 현재 여러 호텔 브랜드를 운영하고 있는 다국적 회사로 세계 최대 규모의 호텔회사를 운영하고 있는 인터콘티넨탈 호텔그룹(Intercontinental Hotels Group)의 14개의 패밀리 브랜드 중 하나로 전 세계 1,173개의 호텔과 214,000객실을 운영하고 있다(2018년 기준).

(2) 유스호스텔(Youth Hostel)

청소년이 저렴한 가격으로 안전하고 즐겁고, 편안하게 여행하고 전 세계 각국의 친구를 사귈 수 있도록 각국에 설치된 숙박시설로 간소하고 깨끗한 공동침실, 편의시설, 주방시설 등을 갖추고 있다. 유스호스텔의 기원은 1909년 독일의 초등학교 교사 실만(Schirrman, R)의 발상에 의해 북부 라인의 알테나(Altena) 성내(城內)에 간소하게 마련된 청소년을 위한 숙박시설로 시작되었다. 유스호스텔은 스위스, 네덜란드, 폴란드, 영국 등 전 세계에 확산되어 청소년의 유익한 숙박시설로 활용되어 왔다. 유스호스텔 운동은 여행을 통해 젊은이들이 세계의 모든 지역을 대상으로 자연에 대한 사랑과 관심을 갖도록 고무시키고 각국의 문화적 가치에 대한 인식을 높이는 데 목적이 있다.

(3) 인(Inn)

인(inn)은 호텔의 발전과정에서 초기의 숙박시설이다. 초창기 인(inn)은 비위생적이고 청결하지 못했으나 산업혁명 이후 고객들의 편안한 안식처로 새롭게 단장되었다. 미국에서의 초창기 인은 주로 항구주변에 많이 건립되었다.

인(inn)은 주류가 제공되고 내방객들이 숙박할 수 있는 시설을 갖춘 숙박시설이다. 보통 1층은 바(bar)이고 2층은 침실로 되어 있다. 일반적으로 소규모의 가정적인 서비스를 제공하는 숙박시설을 인(inn)이라고 하는 경우가 많은데, 홀리데인 인(Holiday Inn)과 같은 기업명에서 볼 수 있는 것처럼 규모가 크더라도 명칭은 크게 제한을 받지 않는다.

(4) 펜션(Pension)

펜션은 일반적으로 유럽에서 볼 수 있는 시설로서 영어권 나라에서는 게스트하우스(guest house)와 동일하다. 보통 경영과 소유를 함께 하기 때문에 숙박시설, 요리, 음료를 주인이 숙박객에게 직접 제공한다.

펜션은 일반가정에서 아이들이 독립한 후에 비어 있는 방을 여행객에게 값싸게 제공하여 용돈이라도 벌어 보고자 시작된 숙소이다. 펜션은 보통 5~10실 미만의 소규모 주택으로 호텔에 비해 호화스럽지는 않지만 가정적인 분위기와 서비스를 특징으로 하고 있다. 우리나라는 주5일 근무제 도입과 녹색관광의 활성화 등으로 전원과 레저생활에 많은 관심이 집중되고 있고, 숙박시설 공급이 부족한 상태에서 전국에 많은 펜션(pension) 업체가 생겨나고 있다.

(5) 가족휴가촌

가족휴가촌은 공적기관이 주관하거나 지원하는 공적 레크리에이션 지구의 하나이다. 국민들 사이에 널리 정착되어 온 가족여행에 대응하여 주로 가족들이 천혜의 자연 속에서 손쉽게 이용할 수 있는 관광레크리에이션의 장(場)을 확보하는 동시에 지역발전에 이바지한다는 것이 그 목적이다. 가족휴가촌 내 시설에는 캠프장, 피크닉 녹지대 등의 레크리에이션 시설을 중심으로 숙박, 휴양시설, 스포츠시설, 문화교양시설 등이 있다.

가족휴가촌이 일반호텔과 다른 점은 저렴한 요금과 가족단위의 셀프 서비스의 숙박시설로 휴가촌의 건설에서부터 운영까지 국가나 공공단체의 재정적 지원이 주어진다는 것이다. 가족휴가촌은 중앙정부와 지방자치단체가 직접 조성하여 실비로 운영하거나 민간기업이 참여하는 경우에는 토지의 무상 임대, 세제 감면, 관광진흥개발기금의 지원 등 각종 혜택을 부여함으로써 다른 유사시설에 비해 이용료가 저렴하다.

이러한 가족휴가촌은 복지관광(social tourism)의 일환으로 볼 수 있는데, 선진국들은 가족중심의 건전관광 활성화를 위해 다양한 형태로 가족휴가촌을 지원하고 있다. 프랑스의 가족휴가촌(VVF), 일본의 국민숙사(國民宿舍), 유럽의 센터파크 등이 그 대표적인 사례이다.

(6) B & B(Bed & Breakfast)

B & B(bed & breakfast)는 침실과 조식을 제공하는 민박의 형태이다. 보통 20실~30실 규모의 객실을 가지고 주인이 직접 서비스를 제공하고 로비, 응접실, 식당 등은 주인과

공동으로 사용하며 가격이 상대적으로 저렴하다. 주로 영국 전역 자가용 이용자에게 흔히 이용 가능한 숙박형태로 영어권 나라에서는 B & B 형태의 숙박시설이 많다. 보통 숙박과 아침이 제공되는 경우가 일반적이지만 희망자에게는 저녁식사까지 제공된다. 객실이 만원(滿員)인 경우에는 시설 앞 안내판에 '만실(滿室 : No room)', 객실이 빈 경우에는 '공실(空室 : Vacancy)' 등으로 표시되기 때문에 이용객이 알기 쉽다.

3. 관광숙박업의 현황

1) 관광호텔업

관광호텔업은 관광객의 숙박에 적합한 시설을 갖추어 관광객에게 이용하게 하고 숙박에 딸린 음식 · 운동 · 오락 · 휴양 · 공연 또는 연수에 적합한 시설 등(이하 "부대시설"이라 한다)을 함께 갖추어 관광객에게 이용하게 하는 업(業)을 말한다.

2018년 12월 말 기준으로 관광호텔업의 등록 현황은 전국 1,044개 업체에 126,422실로 2017년에 비해 5,866실이 증가되었다. 이를 지역별로 보면 서울 330개 업체에 52,345실, 제주 126개 업체에 15,173실, 경기 124개 업체에 11,242실, 부산 81개 업체에 10,720실, 인천 78개 업체에 8,838실 순으로 등록되어 있다.

등급별로 보면 5성급 · 특1등급이 65업체 25,215실, 4성급 · 특2등급이 95업체 22,691실, 3성급 · 1등급이 192업체 25,597실, 2성급 · 2등급이 229업체 15,924실, 1성급 · 3등급이 154업체 8,208실로 나타나고 있다.

2) 가족호텔업

가족단위 관광객의 숙박에 적합한 시설 및 취사도구를 갖추어 관광객에게 이용하게 하거나 숙박에 딸린 음식 · 운동 · 휴양 또는 연수에 적합한 시설을 함께 갖추어 관광객에게 이용하게 하는 업이다. 주5일 근무제의 본격적 시행으로 가족단위의 국내관광 수요가 폭발적으로 늘어가고 있는 추세에 따라 가족단위의 관광수요에 부응하여 저렴한 비용으로 건전한 관광을 할 수 있도록 가족호텔내 취사장, 오락 및 위생설비를 겸비토록 한 관광숙박시설이 가족호텔업이다. 2018년 12월 말 기준 전국에 159개소(14,078실)가 등록되어 있다.

〈표 7-1〉 호텔업의 등록 현황

(단위 : 개소)

구분			서울	부산	대구	인천	광주	대전	울산	경기	강원	충북	충남	전북	전남	경북	경남	제주	계
관광호텔업	5성급 특1급	업체수	25	8		5			1	1	6				1	2	1	15	65
		객실수	11,449	2,942		2,484			200	377	1,165				311	764	166	5,357	25,215
	4성급 특2급	업체수	41	2	4	4	1	2		8	6		1	4	3	4	3	12	95
		객실수	11,564	767	558	918	205	510		1,818	1,576		151	495	321	1,009	586	2,213	22,691
	3성급 1등급	업체수	82	14	5	5	1	6	2	20	9	5	3	2	7	3	11	17	192
		객실수	14,190	1,992	321	488	30	646	420	2,613	713	533	461	201	541	215	879	1,354	25,597
	2성급 2등급	업체수	61	29	6	20	1	3	3	34	7	5	5	8	13	11	15	8	229
		객실수	4,870	3,110	318	1,247	110	157	265	2,125	358	235	328	490	629	575	648	459	15,924
	1성급 3등급	업체수	55	14	3	18	4	2	2	17		4	2	2	8	6	13	4	154
		객실수	3,139	653	158	966	194	94	101	933		191	105	68	370	310	707	219	8,208
	등급 없음	업체수	66	14	3	26	5	3	6	44	18	7	6	13	6	15	7	70	309
		객실수	7,133	1,256	678	2,735	402	139	1,094	3,376	2,050	773	533	1,004	393	1,162	488	5,571	28,787
	소계	업체수	330	81	21	78	12	16	14	124	46	21	17	29	38	41	50	126	1,044
		객실수	52,345	10,720	2,033	8,838	941	1,546	2,080	11,242	5,862	1,732	1,578	2,258	2,565	4,035	3,474	15,173	126,422
전통 호텔업		업체수				3					1			1	2	1		1	9
		객실수				152					16			20	53	16		26	283
가족 호텔업		업체수	20	1		4		1	1	12	14	2	4	5	10	3	20	62	159
		객실수	3,241	37		564		80	35	750	919	102	211	2,085	718	150	1,253	3,933	14,078
호스텔업		업체수	81	65	2	58	1			11	7	2	3	7	196	19	23	163	638
		객실수	2,438	620	31	776	6			456	116	35	29	148	2,440	291	387	4,102	11,875
소형 호텔업		업체수	9	2		2				6	2		1	2	2	2	1	4	33
		객실수	224	57		46				160	53		24	41	57	75	21	92	850
소계 (관광호텔업 외)		업체수	110	68	2	67	1	1	1	29	24	4	8	15	210	25	44	230	839
		객실수	5,903	714	31	1,538	6	80	35	1,366	1,104	137	264	2,294	3,268	532	1,661	8,153	27,086
호텔업 합계		업체수	440	149	23	145	13	17	15	153	70	25	25	44	248	66	94	356	1,883
		객실수	58,248	11,434	2,064	10,376	947	1,626	2,115	12,608	6,966	1,869	1,842	4,552	5,833	4,567	5,135	23,326	153,508

자료 : 문화체육관광부(2019), 2018년 12월 31일 기준

주 : 등급 없음은 신규등록업체 및 등급유효기간 만료업체로서 기준일 현재 유료등급을 보유하지 못한 업체

〈표 7-2〉 가족호텔업 등록 현황 (단위 : 개소)

구분	서울	부산	대구	인천	광주	대전	울산	경기	강원	충북	충남	전북	전남	경북	경남	제주	계
업체수	20	1	-	4	-	1	1	12	14	2	4	5	10	3	20	62	159
객실수	3,241	37	-	564	-	80	35	750	919	102	211	2,085	718	150	1,253	3,933	14,078

자료 : 문화체육관광부(2019), 2018년 12월 31일 기준

3) 한국전통호텔업

한국전통호텔업은 한국전통의 건축물에 관광객의 숙박에 적합한 시설을 갖추거나 부대시설을 함께 갖추어 관광객에게 이용하게 하는 업을 말한다.

우리나라에는 1991년 7월 26일 최초로 제주도 중문관광단지 내에 객실수 26실의 한국전통호텔(씨에스호텔앤리조트)이 등록된 이래 2003년 10월 전남 구례에 지리산가족호텔(124실), 2004년 5월에는 인천에 을왕관광호텔(44실)이 등록되었고, 2010년 7월 5일에는 경북 경주시에 (주)신라밀레니엄 라(羅)궁 16실, 2011년 10월에는 전남 영광에 한옥호텔 영산재 21실이 등록된 바 있어, 2018년 12월 말 현재 전국 9개소에 283실이 운영되고 있다.

〈표 7-3〉 한국 전통호텔업 등록 현황 (단위 : 개소)

구분	서울	부산	대구	인천	광주	대전	울산	경기	강원	충북	충남	전북	전남	경북	경남	제주	계
업체수	-	-	-	3	-	-	-	-	1	-	-	1	2	1	-	1	9
객실수	-	-	-	152	-	-	-	-	16	-	-	20	53	16	-	26	283

자료 : 문화체육관광부(2019), 2018년 12월 31일 기준

4) 수상관광호텔업

수상에 구조물 또는 선박을 고정하거나 매어 놓고 관광객의 숙박과 체재에 적합한 시설을 갖추거나 부대시설을 함께 갖추어 관광객에게 이용하게 하는 업으로서, 수려한 해상경관을 볼 수 있도록 해상에 구조물 또는 선박을 개조하여 설치한 숙박시설을 말한다. 만일 동력(動力)을 이용하여 선박이 이동할 경우에는 이는 관광호텔이 아니라 선박으로 인정된다. 우리나라에는 2000년 7월 20일 최초로 부산 해운대구에 객실 수 53실의 수상관광호텔이 등록되었으나, 태풍으로 인해 멸실되어 현재 등록된 업체는 없다.

5) 호스텔업

호스텔업은 배낭여행객 등 개별 관광객의 숙박에 적합한 시설로서 샤워장, 취사장 등의 편의시설과 외국인 및 내국인 관광객을 위한 문화 정보 교류시설 등을 함께 갖추어 이용하게 하는 숙박업종으로, 2009년 10월 7일 「관광진흥법 시행령」 개정을 통해 호텔업의 한 종류로 신설되었으며 2010년 12월 21일 최초로 제주도에 객실 수 36실의 호스텔이 등록되었으며, 2018년 12월 말 전국 638개소 11,875실이 운영되고 있다.

〈표 7-4〉 호스텔업 등록 현황

(단위 : 개소)

구분	서울	부산	대구	인천	광주	대전	울산	경기	강원	충북	충남	전북	전남	경북	경남	제주	계
업체수	81	65	2	58	1	-	-	11	7	2	3	7	196	19	23	163	638
객실수	2,438	620	31	776	6	-	-	456	116	35	29	148	2,440	291	387	4,102	11,875

자료 : 문화체육관광부(2019), 2018년 12월 31일 기준

6) 의료관광호텔업 및 소형호텔업

의료관광호텔업은 의료관광 활성화를 위해서 2013년 11월 29일자로 호텔업의 한 종류로 신설되었다. 소형호텔업은 부띠크 호텔 등 객실 규모는 크지 않으나 특색있는 숙박경험을 제공할 수 있는 호텔을 장려하기 위하여 2013년 11월 29일에 신설되었다. 2018년 12월 말 전국 33개소 850실이 운영되고 있다.

〈표 7-5〉 소형호텔업 등록 현황

(단위 : 개소)

구분	서울	부산	대구	인천	광주	대전	울산	경기	강원	충북	충남	전북	전남	경북	경남	제주	계
업체수	9	2	-	2	-	-	-	6	2	-	1	2	2	2	1	4	33
객실수	224	57	-	46	-	-	-	160	53	-	24	41	57	75	21	92	850

자료 : 문화체육관광부(2019), 2018년 12월 31일 기준

7) 휴양콘도미니엄

휴양콘도미니엄은 1957년 스페인에서 기존호텔에 개인의 소유권 개념을 도입하여 개발한 것이 시초이며 관광객의 숙박과 취사에 적합한 시설을 갖추어 이를 당해시설의 회원공유자 및 기타 관광객에게 이용하게 하는 관광숙박시설을 말한다. 우리나라는 1982년 12월 31일자로 휴양콘도미니엄업을 「관광진흥법」상의 관광숙박업종으로 신설하

였으며, 2018년 12월 말 기준 228개 업체에 47,001실이 운영되고 있다.

휴양콘도미니엄은 우리나라 국민의 생활수준 향상에 따라 이용계층이 확대되어 국민의 주요 관광숙박시설이 되었다. 향후 지속적으로 휴양콘도미니엄을 건전한 관광숙박시설로 유도하고 이용의 편의를 도모하여 건전한 가족단위 관광숙박시설로 육성해 나갈 방침이다.

〈표 7-6〉 시 · 도별 휴양콘도미니엄업 등록 현황

(단위 : 개소)

구분	서울	부산	대구	인천	광주	대전	울산	경기	강원	충북	충남	전북	전남	경북	경남	제주	계
업체수	-	5	-	2	-	-	-	17	75	8	15	6	9	15	16	60	228
객실수	-	1,603	-	351	-	-	-	3,171	20,623	1,977	2,764	743	957	3,157	2,786	8,869	47,001

자료 : 문화체육관광부(2019), 2018년 12월 31일 기준

제2절 호텔업

1. 호텔업의 개념

호텔업의 어원은 라틴어의 'hospitale(순례 참배자나 나그네를 위한 숙소)'→'hospital(여행자가 거처할 수 있는 장소나 병자를 간호하는 시설)'→'hostel(대저택, 기숙사)'에서 오늘날의 '호텔(hotel)'로 발전되었다.

우선 호텔업의 사전적 정의를 살펴보면, 웹스터 사전에 호텔은 "대중을 위해 숙박, 식사와 서비스를 제공하는 공공 성격의 건물이나 시설"로 정의하고 있다[hotel as "an establishment (public house) that provides lodging, usual meals, entertainment, and various personal services for public"].

그리고 1988년 국제호텔업협회(International Hotel Association)의 메딕(S. Medick) 교수는 호텔을 "대가를 받고 여행객이나 투숙객에게 숙소, 음식 및 식사를 제공하고 그 밖에 이용자에게 식음료와 그 이외 부대시설을 제공하는 기업"으로 정의하였다.

결국 호텔업은 "경제적으로 지급능력이 있는 불특정 고객에게 영리를 목적으로 적합한 숙박과 식음료시설을 갖추고 무형의 인적서비스를 바탕으로 공익개념의 휴식, 오락, 여가를 즐길 수 있는 문화적 공간을 제공하는 기업"으로 정의될 수 있다.

과거 호텔의 전통적 기능은 여행자에게 수면, 음식, 생명과 재산의 보호의 기본적인 기능만을 수행하는데, 이러한 우리나라의 과거 숙박시설로는 여각, 객주, 주막 등이 있다. 하지만 현대에 들어와서 호텔은 숙박, 식사, 고객의 재산과 안전에 대한 보호의 책임, 청결, 위생과 안락을 위한 최상의 시설을 제공함과 동시에 비숙박객에게도 널리 개방되는 공공장소의 성격과 레저문화의 중심지로서의 역할도 중요시되고 있다. 따라서 오늘날 호텔업의 현대적인 기능은 宿, 食, 娛樂, 情, 安, 公, 文(lodging, meals, entertainment, personal service, safety, public, cultural center)의 복합적인 면이 요구된다. 우리나라의 경제성장으로 소득수준이 향상되면서 이제 호텔은 관광객들을 위한 숙박시설을 제공할 뿐만 아니라 내국인을 위한 각종 모임, 회의, 연회, 세미나, 교육장소로 이용되면서 점차 활용도가 높아지고 있는 추세이다.

2. 호텔업의 특성 및 분류

1) 호텔업의 특성

(1) 관광산업의 일부로서의 호텔

호텔업은 관광산업 중 관광객의 체재를 가능하게 하는 시설사업으로 여행업, 관광교통업과 더불어 가장 중요한 부분을 차지하고 있다. 호텔업은 영리를 목적으로 관광객에게 관광상품 및 서비스를 공급하는 대표적인 관광기업체이다.

1764년 산업혁명 이후 대량여행이 시작되면서 오늘날과 같은 근대적인 호텔이 등장하게 되었고, 1794년 미국의 시티호텔(city hotel)을 시작으로 전 세계에 많은 호텔들이 생기기 시작하여 관광객들의 여행편의를 도모하였다.

(2) 인적서비스에 대한 의존성

호텔업은 대표적인 환대산업의 하나로 고객만족이 될 수 있는 인적 서비스를 제공해야 한다. 하지만 고객에게 항상 만족할 만한 서비스를 제공한다는 것은 말처럼 쉬운 일이 아니다. 따라서 고객에게 최상의 서비스를 제공해야 하는 호텔산업은 타산업에 비해서 종사원의 인적 자원에 대한 의존도가 크다. 이러한 측면에서 호텔경영자는 종사원들이 최상의 서비스로 고객을 응대하도록 내부고객이라 할 수 있는 종사원들의 만족도를 제고시키는 데 관심을 기울여야 하고 내부고객 만족이 자연스럽게 외부고객인 손님들의 만족으로 연결되도록 해야 한다. 따라서 호텔에 근무하는 직원들에게 동기를 부여하여 직무만족도를 높이고, 이직률을 낮추는 방법이 무엇보다 중요하며, 좋은 서비스를 제공하기 위한 교육훈련 역시 중요하다.

(3) 상품공급의 비탄력성

호텔상품은 제조업과는 달리 객실이 당일 판매되지 않으면 저장되어 판매될 수 없는 공급상 조절이 불가능한 측면이 있다. 호텔의 객실뿐만 아니라 레스토랑의 공급도 좌석수 만큼 수용력이 제한되어 있으므로 수요가 초과되는 경우에 공급에 한계가 존재한다. 즉 호텔상품은 비보관성, 비이동성, 비신축성, 생산과 동시에 소비성 등의 비탄력적인 특성이 있다. 따라서 호텔업은 호텔상품의 비탄력적인 특성으로 비수기에는 할인된 가격으로라도 객실 판매를 가급적 최대로 하기 위한 판촉노력을 기울여야 한다.

(4) 높은 초기 투자비용

호텔은 건물이나 시설 자체가 상품이기 때문에 부분적, 연차적 투자는 어렵고, 개관하기 전에 거액의 자본이 일시에 투자된다. 즉 호텔건설에 필요한 부지확보와 건물이나 시설을 갖추는데 전투자액의 80% 이상이 사용되어 일시적인 초기투자가 다른 일반 기업에 비해 상당히 높다. 호텔업은 최초의 투자액이 높고 자본의 회전속도가 느려 현금유동성이 낮기 때문에 초기 투자액 조달이 가능한 대기업에서 주로 호텔업 투자가 가능하다. 초기에 투자되는 거액의 초기자본을 회수하는 방법은 호텔운영을 얼마나 효과적으로 운영하느냐에 달려 있다.

(5) 시설의 조기 노후화

호텔의 시설은 고객이 항상 이용하므로 훼손이나 마모가 빠르며, 이는 제품으로서의 효용가치를 상실하게 됨을 의미한다. 따라서 호텔업은 시설이 부대적인 역할을 하는 타 산업에 비해서 시설 자체가 하나의 상품이므로 고객이 이용하든, 이용하지 않든지 간에 항상 최상의 상태를 유지하기 위한 주기적인 개보수(renovation)를 통하여 고객의 다양한 취향과 욕구변화 및 타호텔 대비 경쟁력을 유지하기 위해 노력해야 한다. 보통 객실 등의 내부시설의 수명은 10년 이하로 비교적 짧은 편이다.

(6) 호텔위치의 고정성

호텔은 한번 위치가 정해지고 건물이나 시설이 갖춰지면 위치를 변화시키기 어렵다.

따라서 호텔경영자는 초기 호텔 부지 선정시 부동산으로서의 가치뿐만 아니라 고객확보와 향후 매출증대 등의 여러 가지 요인을 고려한 신중한 위치선정을 해야 한다.

(7) 연중무휴 영업

호텔업은 고객의 가정과 같이 숙박을 제공하는 기능을 하므로 하루 24시간, 1년 365일 연중무휴로 영업을 한다. 호텔업은 고객의 호텔 이용이 성수기/비수기, 주중/주말에 따라 수요에 차이를 보이므로 이에 대한 호텔상품의 공급도 차이를 나타낸다.

(8) 계절성

호텔은 고객의 수요가 연중 고르게 분포되지 못하고 시기적으로 특정 기간에 집중되는 계절성을 갖는다. 호텔은 시기적으로 성수기와 비수기가 있으며 주중보다는 주말에 집중되는 경향을 보인다.

특히 호텔의 위치에 따라 객실의 고객 점유율에 큰 차이를 나타내는데, 휴양지에 있는 호텔의 경우는 휴가시기인 여름이나 연말연시 등의 겨울시즌에는 고객이 일시에 몰리고 그 이외의 시기에는 한산한 반면, 도심에 있는 비즈니스호텔은 비교적 연중 고른 분포를 보이나 주말보다는 오히려 주중에 손님이 많은 등 차이가 많다.

시기적으로 성수기에는 초과되는 수요에 부응하지 못해 사업기회를 잃게 되고, 비수기에는 적은 수요에도 불구하고 전체 영업장을 운영해야 하므로 운영상에 어려움을 겪는다.

(9) 국내외 환경변화에 민감

호텔업을 포함한 관광산업은 국내외 경기상황과 환경변화에 가장 민감한 분야이다. 최근 세계 경기의 침체와 2001년 9·11 테러 사태 이후 전반적인 관광산업의 침체는 항공업계 뿐만 아니라 여행업, 호텔업에도 상당한 영향을 주었다.

또한 대부분의 관광객들이 정치적으로 안정되지 못한 국가로의 여행 자체를 꺼리기 때문에 국내의 정치 상황이 불안하면 호텔업은 운영상 더욱 큰 어려움에 직면하게 된다.

(10) 서비스 품질 측정의 곤란성

호텔 서비스는 고객이 직접 서비스를 제공받기 전에는 그 서비스품질을 측정하기 매우 어렵다. 또한 호텔리어가 동일한 서비스를 제공하더라도 고객의 주관적인 기준에 따라 서비스품질이 다르게 지각되기 때문에 그 만족도가 상이하게 나타날 수 있다. 이는 호텔시설의 표준화는 가능하지만 호텔 서비스는 표준화가 어렵다는 것을 의미한다.

2) 호텔업의 분류

호텔업의 유형을 객실수(규모), 입지, 숙박목적, 요금방식, 호텔운영방식, 경영형태에 의한 분류 등으로 살펴보기로 하겠다.

(1) 객실수(Size)에 의한 분류

① 소규모 호텔 : 객실 규모 100실 미만

② 중규모 호텔 : 100실~300실 미만

③ 대규모 호텔 : 300실 이상~600실, 우리나라 특급호텔에 해당

④ 특대규모 호텔 : 600실 이상

(2) 입지(Location)에 따른 분류

① 도시 호텔(City Hotel) : 도시 중심지에 위치한 호텔

② 휴양지 호텔(Resort Hotel) : 제주도, 설악산 등 관광지나 휴양지에 위치한 호텔

③ 터미널 호텔(Terminal Hotel) : 철도역, 버스터미널 등의 인근에 위치한 호텔

④ 공항 호텔(Airport Hotel) : 공항터미널 인근에 위치하여 경유하는(transit) 손님과 승무원들이 주로 이용하는 호텔

⑤ 항구 호텔(Seaport Hotel) : 항구 근처에 위치한 호텔

(3) 숙박목적에 의한 분류

① 상용호텔(Commercial Hotel)

비즈니스를 목적으로 여행하는 고객들을 위한 호텔로 업무 특성상 도심지 및 상업지역에 위치하고 있으며, 비즈니스 여행자들의 편의를 위하여 팩스, 복사기, 컴퓨터, 프린터 등 사무기기를 갖춘 비즈니스센터와 객실내 무선 인터넷 등 최고급 시설을 갖추고 있다.

② 컨벤션호텔(Convention Hotel)

국제회의 유치를 위한 공간/시설 및 숙박시설을 보유하고 있어야 한다. 즉 대규모 회

의에 참석하려는 고객을 대상으로 충분한 객실수, 연회장 및 회의장, 다양한 부대시설, 전시장, 대형주차 시설 등 각종 회의를 유치하기 충분한 시설을 갖춘 호텔을 말한다.

③ 거주호텔(Residential Hotel)

중기 체류객을 대상으로 한 호텔로서 1주일 이상 숙박을 하는 상용관광객들을 위한 숙박시설이다.

④ 카지노호텔(Casino Hotel)

카지노 고객들을 위해 만들어진 호텔로 각종 쇼, 부대시설, 저렴한 숙박료 등을 구비하여 고객을 적극 유치한다.

(4) 요금지급방식에 의한 분류

① 미국식 플랜 호텔(American Plan Hotel)

객실요금에 아침, 점심, 저녁의 3식 식사요금이 포함된 요금 제도이다. 미국식플랜 호텔에서 제공되는 아침식사를 '미국식 조식(American breakfast)'이라고 하고, 대륙식 조식(continental breakfast)과는 차별화된 아침식사가 제공된다. 이와 같은 요금방식을 'full pension'이라고도 한다.

② 수정 미국식 플랜 호텔(Modified American Plan Hotel : MAP)

객실요금에 아침식사와 점심 또는 저녁식사가 포함된 1박과 2식의 요금방식이다. 수정 미국식 플랜 호텔의 요금체계를 'Half Pension' 또는 'Semi Pension' 방식이라고 한다.

③ 유럽식 플랜 호텔(European Plan Hotel)

객실요금과 식사요금 별도로 계산되는 방식이며, 우리나라뿐만 아니라 세계 대부분 호텔들이 채택하고 있는 요금제도이다. 특히 비즈니스 호텔에 적합하다.

④ 대륙식 플랜 호텔(Continental Plan Hotel)

객실요금에 간단한 아침식사(continental breakfast)만 제공되는 방식이다. 컨티넨탈 블랙퍼스트는 주스류 중 한가지 음료와 각종 빵 종류 및 커피나 홍차 또는 핫 초콜릿 중 한가지 음료를 제공하는 간단한 식사이다. 주로 모텔(motel), 인(inn) 등의 중저가 호텔에서 주로 사용되는 요금체계이다.

⑤ 버뮤다 플랜 호텔(Burmuda Plan Hotel)

객실요금에 아메리칸 블랙퍼스트 1식을 포함하여 요금을 징수하는 방식의 호텔이다.

아메리칸 블랙퍼스트는 컨티넨탈 블랙퍼스트에 계란요리, 베이컨, 햄 또는 소시지와 시리얼이 추가되는 조식이다.

(5) 호텔 시설형태에 의한 분류

① 모텔(Motel) : 자동차 여행자를 위한 소규모 숙박시설

② 유스호스텔(Youth Hostel) : 청소년을 위한 공익목적의 저렴한 숙박시설

③ 요텔(Yachtel) : 요트여행자를 위한 숙박시설

④ 보텔(Botel) : 배를 이용해 여행하는 사람들을 위한 숙박시설

(6) 경영형태에 의한 분류

① 소유직영방식

호텔을 직접 소유하고 경영하는 방식의 개별경영(independent hotel)으로 외부의 경영이나 자금의 지원 없이 독자적으로 운용되는 형태이다. 이 형태는 체인호텔에 비해 신속한 의사결정과 경영의 독립성이 유지되고 위탁경영 등의 수수료가 들지 않는 장점이 있지만 호텔 건설 및 노하우의 부족, 투자에 대한 위험부담과 해외마케팅 등의 한계가 있다. 소유직영방식은 비교적 소규모 중소기업형태가 일반적이다.

② 임차방식(Lease)

호텔의 소유주(임대인)는 대지와 건물을, 호텔경영회사(임차인)가 시설과 경영권을 갖는 경영방식이다. 호텔 소유주는 호텔경영에 대한 지식이 없어도 호텔경영회사를 통해 전문적인 경영을 할 수 있으며, 호텔경영회사로부터 일정한 임차료를 받게 된다.

③ 위탁경영(Management Contract) 방식

위탁경영방식은 체인호텔의 하나이다. 체인호텔(chain hotel)이란 서로 연결된 체인과 같이 여러 호텔이 서로 연결되어 하나의 호텔집단을 이루고 있는 형태를 말한다. 체인은 직영형태와 프랜차이즈 형태로 구분되며, 프랜차이즈 형태는 계약에 따라 위탁경영, 프랜차이즈, 컨소시엄(리퍼럴) 등이 포함된다(김영국, 2009).

위탁경영방식은 호텔소유자(owner)가 경영호텔(operator)과 계약을 맺어 시설관리와 경영을 위탁하는 방식이다. 경영을 의뢰받은 호텔(경영회사)은 호텔소유주에게 상표 사용과 위탁경영을 제공하고 호텔 소유주는 위탁에 대한 수수료(management fee)를 경영회사에 지불하는 형태로 호텔경영은 체인본부(경영회사)에서만 담당하고, 호텔소유주

는 경영에 참여할 수 없다. 즉 호텔소유주는 총지배인을 포함한 주요 핵심간부들이 경영호텔에서 파견되어 위탁되므로 인사권 등의 경영권에 관여할 수 없다. 일반적으로 프랜차이즈 방식의 수수료보다 더 높은 비용을 경영회사에 지급한다.

이러한 위탁경영방식은 미국의 힐튼호텔에서 최초로 위탁경영을 시작하여 일명 '힐튼방식'으로 불리기도 한다. 위탁경영호텔의 장·단점은 〈표 7-7〉에 나와 있다.

〈표 7-7〉 위탁경영 호텔의 장·단점

장 점	단 점
〈소유주〉 • 호텔경영의 전문성 확보 • 선진경영기법 획득 가능 • 인지도 높은 브랜드 사용으로 신뢰성 확보 • 체인 예약망 활용 • 공동 광고 효과 • 경영노하우의 습득 • 금융권으로부터 자금조달 용이 〈경영회사〉 • 위험이나 손실에 대해 책임지지 않음 • 품질관리가 가능함 • 자본 및 운영자금에 대한 지출이 필요 없음	〈소유주〉 • 경영의 독립성 상실 • 과다한 수수료(fee) 지급 • 본사의 브랜드가 약해지거나 부정적 이미지로 바뀌면 영업실적 하락 • 불합리한 계약조건에도 불구하고 장기간 계약기간 동안 손실 감수 • 계약 종료 후 이미지 저하 • 경영회사의 운영결과로 생긴 손실 부담 〈경영회사〉 • 호텔가치가 상승해도 보상받을 수 없음 • 소유주의 계약 파기로 회사수입에 영향을 받을 수 있음

④ 프랜차이즈(Franchise) 방식

체인호텔의 하나의 형태로 프랜차이즈 방식은 가맹점(franchisee)이 본사(franchiser)와 계약을 맺어 본사에서 경영기술지도, 모회사의 이미지, 광고, 업무제휴, 경영지원, 종사원 교육 등의 혜택을 받으면서 일정한 사용료(royalty)를 지급하는 방식이다. 여기서 브랜드와 노하우를 소유하는 호텔을 호텔체인본부(franchiser)라고 하고, 본부로부터 브랜드의 사용권, 서비스 매뉴얼 등을 제공받는 호텔을 가맹호텔(franchises)이라고 한다. 프랜차이즈 방식은 위탁관리운영방식과 달리 호텔소유주의 경영권이 유지된다. 하지만 위탁경영과 비교할 때 프랜차이즈 호텔의 가장 큰 약점은 경영통제가 약하다는 점이다. 즉 위탁경영에 비해 모회사의 경영권한과 통제가 약하기 때문에 자회사의 잘못된 경영으로 전체 브랜드 이미지나 가치에 손상을 줄 우려가 있다. 프랜차이즈 방식은 호텔업보다는 레스토랑업계에서 더 보편적으로 활용되는 방식이다. 프랜차이즈 형태의 장점은 본부와 동일한 브랜드 사용과 운영시스템, 표준화된 서비스 이용, 중앙예약시스템 활용, 직원 교육훈련지원 등 다양한 혜택을 본부로부터 지원받을 수 있다(김영국, 2009).

세계적으로 이러한 프랜차이즈 방식으로 운영되는 호텔로는 '홀리데이 인(Holiday Inn)', '라마다 인(Ramada Inn)', '하워드존슨(Howard Johnson)' 등이 있다. 국내 소재의 프랜차이즈 호텔로는 쉐라톤 워커힐이 대표적이며, 그 외에도 소피텔, 노보텔, 앰배서더 호텔 등이 있다.

⑤ 본사직영 체인방식(Company-owned)

본사직영 체인호텔은 호텔 소유주가 2개 이상의 호텔을 체인화하는 형태이다. 우리나라의 롯데호텔의 경우 1979년 서울에 롯데호텔을 시작으로 롯데호텔월드(잠실), 부산, 제주, 울산, 마포, 모스크바, 김포 등에 롯데호텔 직영호텔을 건립하여 운영하고 있다. 소유주와 경영이 일치되는 면에서 소유직영방식과 유사하지만 여러 지역의 호텔을 체인화하여 경영함으로써 체인경영의 장점을 그대로 살릴 수 있다.

⑥ 컨소시엄(Consortium) 방식

컨소시엄(리퍼럴) 방식은 단독으로 경영하는 호텔들이 체인호텔에 대항하기 위해 상호 연합하여 협력체(referral association)를 구축하는 방식이다. 특히 컨소시엄의 업무제휴를 한 호텔들은 체인호텔처럼 상호 협력하에 예약, 판촉과 광고, 판매와 마케팅 정보 등 상호알선(referral)하는 협약을 맺어 공동 선전 및 판촉, 예약서비스 공유, 정보교환 등 공동의 이익을 도모하며, 공동마케팅 전략을 수행한다. 컨소시엄방식은 프랜차이즈 방식에 비해 소유권과 경영권이 독립적인 특성을 지니고 있지만 체인호텔 간 표준화가 되어 있지 않은 점이 단점으로 작용한다. 컨소시엄(리퍼럴) 방식은 프랜차이즈와 위탁경영에 의한 체인경영에 비해서 체인의 결속력이 약하므로 브랜드를 중심으로 모여있는 개별 호텔기업이라 할 수 있다. 세계 최고의 리퍼럴(referral)체인이었던 Best Western International, Choice Hotels International 등 많은 리퍼럴 체인들이 점차 프랜차이즈시스템으로 변경하는 추세이다.

3. 호텔업의 조직과 업무

1) 호텔업의 조직

호텔업의 조직은 총지배인을 중심으로 객실부문, 식음료부문, 관리부문, 부대시설 등으로 나누어진다. 객실부문은 객실의 판매, 서비스, 유지관리에 전반적인 기본 직무가 부여되고, 식음료부문은 식당, 라운지, 커피숍 등 식음료 판매의 주 기능과 조달의 역할을 수행한다. 객실부문과 식음료부문의 두 부서가 영업현장업무를 수행하는 핵심적 부서로 볼 수 있다. 관리부문은 호텔 운영 기획, 인사관리, 재정업무 등 호텔의 두뇌역할을 하는 부서로 최고경영자의 의사결정에 필요한 경영정보와 경영자료를 제공하는 참모로서 호텔 경영성과 극대화를 추구하는 곳이다. 이외에 객실과 식음료를 제외한 부대시설 등이 있다.

2) 호텔업의 주요 업무

(1) 총지배인(General Manager : GM)

호텔의 최고경영자로 호텔 영업과 관리의 전반에 거쳐 지휘, 통제하는 책임을 맡고 있는 호텔을 대표하는 직책이다. 그러므로 전체를 인솔할 역량과 인품이 뛰어나야 하며, 내부적으로는 호텔직원의 존경을 받고 외부적으로 능력과 참신성이 요구된다.

호텔지배인은 객실 예약 및 판매업무, 접객, 회계, 식당, 주방, 홍보 및 마케팅 등 호텔에서 이루어지는 제반업무에 대한 계획을 조정 · 운영하고, 종사원들의 근무상태를 지휘 · 감독한다. 대외적으로는 국제 호텔세미나 참가, 외국호텔 시찰 등의 일을 하고, 내부적으로 간부사원의 세미나, 연수단, 노사관리, 내국손님 유치를 위한 신상품개발 기획 등의 업무를 담당한다.

(2) 객실 부문(Room Division)

객실부는 호텔의 가장 중요한 상품인 객실을 판매하는 부서로 주로 객실판매와 예약, 객실청소, 현관서비스와 관련된 부서이다.

객실부에는 크게 객실영업과(front office), 객실관리과(housekeeping)로 나뉜다. 객실영업과는 프런트 데스크(front desk), 현관서비스(유니폼서비스 : 벨맨, 도어맨, 컨시어지, 주차대행서비스), 예약실, 전화교환실, 비즈니스센터(business center)로 구성되고, 객실관리과에는 객실정비(housekeeping), 린넨 · 세탁실(laundry)로 되어 있다.

〈그림 7-1〉 호텔경영 조직도

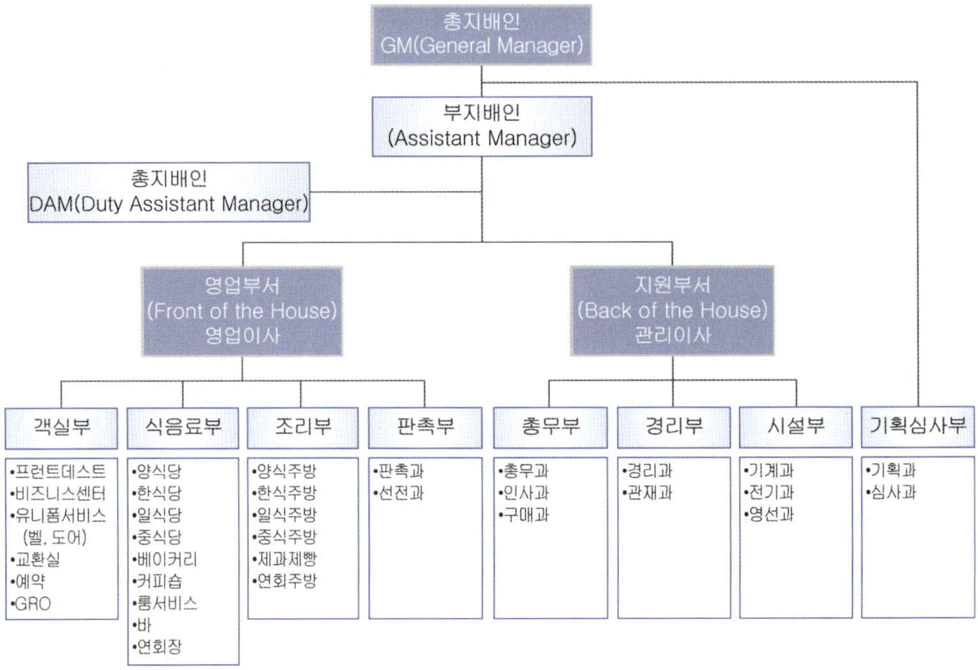

자료 : 정의선(2012), 관광학원론, 백산출판사, p.283.

(3) 식음료 부문(Department of Food and Beverage)

식음료부는 고객에게 음식과 음료를 판매하는 부서로 크게 식당과, 음료과, 연회과, 조리과, 패스트리과로 구성된다. 호텔 식당에는 한식당, 양식당(프랑스식당, 이탈리아식당), 동양식 식당(중식당, 일식당), 커피숍(coffee shop), 카페테리아(cafeteria), 뷔페식당(buffet restaurant), 룸서비스(room service), 연회장(banquet) 등이 있다.

음료과는 음료(비알코올성 음료)와 각종 주류(알코올성 음료)를 판매하는 곳으로 흔히 '바(bar)'라고 한다. 음료는 평균 비용이 15~20%로 비교적 낮고 주방요원 등 인건비를 절감할 수 있기 때문에 음식보다 식음료 전체 수익 창출에 더 많은 기여를 한다. 연회과는 크게 연회예약, 연회판촉, 연회서비스로 구분된다. 조리과는 음식을 생산하는 부서로 어느 부서보다도 체계적이고 직원 간의 단합과 팀워크가 중요하다.

(4) 관리 부문

관리부서는 모든 영업부서의 업무를 지원하고, 최고경영층의 의사결정에 필요한 정보를 수집하고 분석하는 역할을 담당하는 곳이다. 관리부문은 총무부, 관리부, 시설부, 마케팅부(판촉부)로 구성된다. 총무부에는 인사과와 총무과, 구매과가 있는데 인사과에서는 인사, 서무, 종사원의 후생복지 등을 담당하고, 특히 종사원의 신규채용, 교육, 인력배치, 승진 등과 관련된 일을 주로 맡는다. 구매과에서는 식자재의 입고(入庫)관리, 물품내용과 주문내용이 일치하는지를 확인하는 검수(檢數)관리, 외주업체에 대한 관리의 일을 담당한다.

관리부는 호텔회계, 종사원의 급료 등의 회계 관리와 자금의 조달과 운영을 효율적으로 관리하는 경리과와 재산비품관리과가 있다.

시설부에서는 고객에 쾌적한 환경과 최고의 시설을 안전하게 이용할 수 있도록 건축, 조경, 전기, 통신, 방송, 주차장, 소방관리 등과 관련된 일을 한다.

마케팅부(판촉과)는 호텔의 객실과 식음료 판매를 촉진하고 홍보를 담당하는 부서로 판매되는 상품에 따라 마케팅부(객실판촉, 연회판촉), 홍보/광고과로 구분된다. 특히 마케팅부서에서는 호텔을 대내외적으로 적극적으로 알려야 하는 일이 주된 업무이기 때문에 적극적인 성격, 뛰어난 의사소통 능력과 외국어 실력 등의 자질이 필요하다.

(5) 부대시설

호텔에서 부대시설은 객실과 식당을 제외한 시설을 말한다. 이러한 호텔의 부대시설로는 헬스클럽, 사우나, 수영장, 테니스장 등의 스포츠시설을 운영하는 피트니스센터(fitness center), 카지노시설이나 나이트클럽 등의 오락·위락시설, 기타 판매점(면세점, 미용실, 사진관, 기념품점, 스포츠점, 아케이드 등)이 있다.

4. 호텔업의 전망

1) 세계적인 호텔업의 추세 및 전망

첫째, 호텔업계는 향후 체인경영이 더욱 증대될 것이다. 앞으로 호텔은 단독 개별경영을 하는 호텔보다는 체인경영으로 전환하는 업체가 늘어날 것으로 전망된다. 체인호텔은 호텔의 기존 인지도로 인한 모객에 유리하며, 호텔입지의 노하우, 정보의 공유와 예약망 활용 등 체인본부에서 제공하는 여러가지 장점(merit)이 있기 때문이다. 특히 중소규모 호텔의 체인화 경향이 두드러질 것으로 보인다. 뉴욕이나 도쿄와 같은 세계적 대도시의 기존 유명체인 호텔 다음으로 새롭게 중저가 호텔의 체인화가 가속화되고 있다.

둘째, 호텔업의 사업규모가 다각화(diversification) 및 복합화될 것이다. 호텔업은 숙박업뿐만 아니라 관련분야인 레저시설, 골프장, 건강관련 사업, 외식산업 등의 분야로 사업의 범위를 확장시킬 것이다. 이러한 사업규모의 다각화는 부동산업, 금융업 등으로까지 그 범위를 확장시킬 것으로 예상된다. 휴양지에 위치한 호텔들은 스포츠시설, 건강시설, 레저시설, 회의시설 등을 겸비하여 종합적인 다양한 기능을 수행할 것이며, 도심지의 호텔은 쇼핑센터의 역할을 겸하게 될 것이다.

셋째, 호텔운영상 컴퓨터 및 인터넷의 영향력이 더욱 증대될 것이다. 컴퓨터를 통한 상품과 서비스에 대한 접근성과 편리성이 증대될 것이며, 컴퓨터를 이용한 예약시스템(Computer Reservation System : CRS)의 활용이 더욱 보편화되어 가고 있기 때문에, 호텔운영에서도 회계관리, 안전관리, 에너지 관리 등에 최첨단 기술이 적극 활용되고 있다. 특히 이러한 컴퓨터 시스템의 자동화는 호텔의 많은 노동집약적 업무를 대체함으로써 인건비 절감에 효과적인 수단이 되고 있다.

넷째, 환경에 대한 관심이 증대될 것이다. 환경문제는 향후 인류의 가장 중요한 현안으로 등장했기 때문에 호텔분야에서도 중요한 문제로 인식될 것이다. 앞으로 환경보호를 위한 재활용과 쓰레기 관리 및 에너지 절약 시스템 등의 철저한 관리 · 운영이 요구될 것이다.

다섯째, 세계적인 치열한 경쟁에 효과적으로 대응하기 위해 목표시장(target)의 명확한 설정과 서비스 관리에 전력하는 경향을 보이고 있다. 호텔업의 국제경쟁이 더욱 치열해짐에 따라 각 호텔들은 목표 고객층의 세분화에 따른 마케팅전략과 차별화된 서비스 관리로 고객관리에 심혈을 기울이고 있다. 최근 호텔의 서비스 수준은 커다란 진보를 보였는데, 이는 경쟁에서의 핵심적인 부분이 바로 고객에게 제공되는 서비스의 질로 좌우되기 때문이다. 호텔업은 객실, 식당 등의 시설과 인적서비스가 결합된 사업체로서 고객들의 기능적인 측면뿐만 아니라 감정적 · 감각적인 측면에서 만족도를 제고하여 재방문율을 높여야 할 것이다.

2) 우리나라 호텔업의 발전방안

우리나라는 1960년대 이후 정부의 지원으로 1963년 워커힐호텔, 1970년 조선호텔, 1976년 프라자호텔, 1978년 하얏트 호텔이 건립되었고, 1979년과 1980년 사이에 호텔신라, 호텔롯데, 경주 조선호텔, 부산 서라벌호텔, 서울 가든호텔(현 베스트웨스턴 프리미어 서울가든호텔) 등 대규모 호텔들이 서울과 지방에서 다투듯이 개관하였다.

1981년부터 내국인의 해외여행이 부분적으로 허용되기 시작했고, 1983년에는 대우그룹이 소유하는 힐튼(Hilton)호텔이 개관하였다. '86년 아시안게임에 이어 '88년 서울올림픽을 준비하면서 이에 대비한 숙박시설을 확충하기 위해 세제지원, 금융지원, 행정지원 등을 통해 유수한 특급호텔에 대한 투자를 적극 유인한 결과 인터컨티넨탈, 라마다르네상스, 호텔 롯데월드, 스위스그랜드호텔 등의 특급호텔이 올림픽 전에 개관하였다. 하지만 이러한 일련의 정부의 지원은 '88년 서울올림픽이 끝나면서 관광숙박업에 관한 법률 폐지와 함께 중단되었고, 오히려 관광산업을 '사치성 소비산업'으로 규정하여 정부의 과소비 억제책으로 호텔의 부대시설 영업시간 제한 등 각종 규제를 가하기 시작했다. 이러한 영향으로 1990년대 이후 호텔의 신축 및 증축은 거의 이루어지지 못했으며 이로 인해 우리나라는 숙박시설 객실 부족난을 겪게 되었다. 2012년 외래관광객 1,100만명 시대에 관광호텔 등의 숙박 인프라의 공급부족 현상은 관광산업에 가장 큰 해결과제가 되었다.

이러한 상황에서 정부는 2000년 아시아 · 유럽정상회의(ASEM), 2002년 월드컵 유치를 위해 부족한 객실 난을 해소하기 위해 1997년 「관광숙박시설 지원 등에 관한 특별법」을 제정하였고, 1999년 관광진흥촉진대회를 통해 관광산업에 관한 각종 세제, 금융지원과 규제개선 등의 정부지원을 확대하기 시작하였다. 특히 수도권 내 관광호텔에 대한 과밀부담금을 감면하고 풍치지구(風致地區)에 남산을 제외하고 관광호텔 건설을 허용하는 등 규제를 완화하였다.

호텔업은 1980년대 이후 소비패턴의 변화와 가처분소득의 증대 등으로 중산층의 공간으로 자리매김하고 있으며, 주 40시간 주5일 근무제와 주5일 수업제의 확산으로 다양한 레저활동을 위한 내국인의 숙박관광 수요증대와 호텔이용이 증대될 것으로 보여 우리나라 호텔업에도 많은 변화가 일어날 것으로 전망된다.

이러한 측면에서 우리나라 호텔업의 발전방안을 제시하면 다음과 같다.

첫째, 현재 부족한 객실난을 해소하기 위해서는 서울시, 인천, 경기도 등 수도권 지역의 숙박시설 개발 대책을 추진해야 한다. 한국문화관광연구원의 숙박수급 보고서에 따르면, 서울의 경우 관광호텔 객실이 1만실 정도 부족하고, 2017년에는 1만 8천실 정도가 부족할 것으로 전망하고 있다. 고가호텔은 공급과잉이 예상되지만 중국 관광객들이 선호하는 중가호텔은 매주 부족할 것으로 예측하고 있다. 현재 주요 특급호텔들의 가동률은 이미 80% 내외의 수준에 이르고 있고, 객단가 인상을 통해 객실부문의 매출호조가 이어질 것으로 예상된다. 정부의 숙박시설 확충을 위한 정책적 지원에도 불구하고 호텔 신규 투자에 상당기간이 소요되는 점을 감안하면 급격한 객실공급 증가는 어려울 것으로 보여 서울지역의 객실 과부족 현상은 상당기간 지속될 것으로 전망된다. 따라서 제도 개선을 통한 호텔객실 수를 확보해야 한다. 호텔시설 용도로 공유지를 대부하는 경우 최대 30년까지 장기 대부를 허용하고, 용적률을 완화하며, 소형호텔업도 허용해야 할 것이다. 이와 더불어 정부의 행정적인 정책지원이 필요하다. 관광호텔 등 관광숙박업의 신축 및 증개축시 시설자금과 운영자금을 향후 5년간 저리 융자로 지원해야 하며, 인허가 절차의 간소화가 필요하다.

둘째, 숙박시설의 인프라 공급 확충을 위해서는 중저가 숙박시설의 활용을 적극적으로 지원해야 한다. 현재 우리나라를 찾는 관광객들의 대부분이 특1등급(5성급)과 특2등급(4성급)의 고급호텔을 선호하고 주로 사용하고 있는데 반해, 중국인들은 중저가 숙박시설에 대한 선호가 26%로 전체평균 18%에 비해 높게 나타났다. 하지만 아직은 외래관광객의 중저가 숙박시설의 활용도는 낮은 편이다. 따라서 우리나라도 선진국과 같이 가격은 중저가 수준이고 시설과 서비스 수준은 비교적 우수한 숙박시설들을 확보하기 위해서 기존의 중저가 숙박시설에 대한 개선과 정비로 활용도를 제고시켜야 한다. 현재 한국관광공사에서 실시하고 있는 '굿스테이(Goodstay)' '베니키아'사업은 중저가 숙박시설 활용을 위한 좋은 시작으로 여겨지며, 일반 숙박시설 중 시설과 서비스 수준이 좋은 업체를 선정하여 이들 업체를 '관광공사' 등의 공인된 기관의 홈페이지에 소개함으로써 관광객들이 신뢰를 가지고 편리하게 이용할 수 있는 중저가 숙박시설 예약망을 확충해야 한다.

셋째, 호텔객실 공급 증대 및 개선과 더불어 호텔의 대체재라 할 수 있는 콘도미니엄, 민박, 가족휴가촌, 캠핑장, 외국인관광 도시민박업, 한옥체험업 등을 더욱 활성화시켜 다양한 표적시장의 요구를 충족해야 한다. 이러한 대체재로서 호텔과 콘도미니엄의 장점을 살린 콘도호텔, 노인전용호텔, 여성전용호텔 등 소비자의 다양한 욕구를 충족시킬 수 있는 전문화된 호텔들이 자유롭게 개발될 수 있도록 제반여건을 개선시킬 필요가 있다. 또한 주5일 근무제로 국민들의 관광 및 여가활동이 증대됨에 따라 저렴하게 이용할 수 있는 가족휴가촌 건립과 가족호텔을 더욱 활성화시킬 필요가 있다. 또한 기존 서양식 형태의 호텔과 더불어 우리나라 고유의 생활예절과 문화를 체험할 수 있는 한국전통호텔업이 보다 확대되어 여러 지역에 개발될 수 있도록 하여 외래객들이 한국적인 정취를 느낄 수 있는 방안이 강구되어야 한다. 일본의 전통숙박시설인 여관의 경우는 수준 높고 차별화된 서비스와 온천 등의 체험을 통해 고급숙박시설로 자리매김을 한 것은 우리에게 시사하는 바가 크다. 고택, 종택 등 한옥을 체험형 숙박시설로 활용하여 전통문화를 체험하면서 숙박을 동시에 할 수 있는 한옥체험상품이 활성화되어야 한다.

종합하면 외래관광객 2천만명 시대 숙박인프라 구축과 국민의 관광수요 증대와 관광형태 변화에 대응하기 위해서는 신규 관광호텔의 객실확충과 기존 숙박시설의 개선 및 활용도를 높여 양적, 질적인 경쟁력 강화를 도모해야 하며, 다양한 대체 숙박시설 공급이 함께 병행되어야 할 것이다.

제 8 장
여행업

제8장 여행업

제1절 여행업의 개요

1. 여행업의 정의

여행업의 정의는 법률적인 정의와 일반적인 정의로 구분하여 살펴볼 수 있다. 여행업의 법률적인 정의는 관련법규가 몇차례 개정되면서 정의가 변하고 있음을 알 수 있다. 1994년 12월 「관광진흥법」의 개정시 법률적 정의(관광진흥법 제3조)를 보면 여행업의 개념을 "여행자 또는 운송시설 · 숙박시설 기타 여행에 부수되는 시설의 경영자 등을 위하여 당해 시설이용의 알선이나 계약체결의 대리, 여행에 관한 안내, 기타 여행의 편의를 제공하는 업"이라고 정의하고 있다. 즉 여행업이란 "요금을 받고 관광객을 위하여 운송시설과 숙박시설을 알선하거나 여행을 위한 여러 가지 편의를 제공하며, 여행에 필요한 부수적인 업무도 같이 행하는 사업"이라고 정의 내릴 수 있다.

여행업의 일반적인 정의를 살펴보면 다음과 같다.

첫째, 여행자에게 관광관련 사업자(principal)를 알선하여 주고 수수료를 받는 것과 관광관련 사업자의 사용권(principle)을 판매하여 주고 수수료를 받는 것을 포함하고, 또는 여행상품이라는 여행사 고유의 제품을 생산 · 판매하는 3차 산업의 하나로서 독립된 산업이라고 정의하고 있다.

둘째, 여행상품을 생산 · 판매하고, 여행자를 안내하며, 여행자와 여행관련 사업자를 위하여 상호알선하고, 여행관련 사업자의 사용권을 매매하며, 기타 관광에 필요한 업무를 수행함으로써 이익을 추구하는 기업이라고 정의하였다.

셋째, 여행자의 상담에 응하여 여행자에 관한 필요한 지식을 제공하고, 여행자를 대신하여 교통편과 숙박예약을 하며, 여행에 관한 각종의 서비스를 제공하여 일정한 대가, 즉 보수를 수수하는 것이라고 정의하고 있다.

넷째, 여행자와 운송시설 · 숙박시설 등 여행에 관계를 갖는 사업과의 사이에 위치하여 여행자의 편의를 증대시키는 갖가지 서비스를 제공하는 것을 여행업이라 정의하고 있다.

마지막으로 여행자와 여행관련기관 사업자(principal) 사이에서 여행자에 대해 예약 · 수배 · 대리 · 이용 · 알선 등의 여행서비스를 제공하고 그 대가로 수수료(commission)를 받는 사업이라고 정의하고 있다.

2. 여행업의 특성

본서에서는 여행업의 특성을 구조적 특성, 경영적 특성, 사회현상적 특성 등을 위주로 살펴보고자 한다.

1) 구조적 특성

(1) 입지의존성

여행사의 사무실 위치는 고객측면이나 업무효율 측면에서 보았을 때 제일 먼저 고려할 사항은 접근성일 것이다. 고객이 쉽게 찾아 올 수 있도록 하기 위해 눈에 쉽게 띄는 곳에 있어야 하고, 또한 업무적 관련업체(대사관, 항공사) 등이 보통 시내 중심가에 위치하고 있어 대부분 여행사들이 다운타운에 몰려 있다. 그러나 계속적인 사업환경의 변화로 인하여 입지의존성이 점차 줄어들고 있는 추세이다.

(2) 인적의존성

여행사 경영은 여행준비부터 여행이 끝날 때까지의 모든 과정이 여행사 직원의 전문성 및 경험에 의해 좌우된다고 볼 수 있다. 여행사는 무형의 여행상품을 판매하므로 여행상품의 판매 및 안내까지 서비스의 제공에 있어서 인적 의존도가 높다. 특히 직원의 서비스 능력에 따라 서비스의 질이 결정되어 여행사 운영에 영향을 미치게 된다. 따라서 경험 있고 서비스마인드가 있는 직원의 확보와 정기적인 교육이 중요하다.

(3) 노동집약성

소비관련 서비스업은 일반제조업과는 달리 기계적인 서비스보다는 인적인 서비스가 중요하고, 기능적인 요소보다는 정신적인 요소가 강하다. 노동(인적)의 투자가 자본의 투자보다 높은 산업을 노동집약적 산업이라고 하는데, 대표적 레저산업인 호텔 및 외식산업은 노동집약적 산업이다.

(4) 과당경쟁성

여행사는 타 관광 관련업종에 비하여 비교적 소규모 자본으로도 창업하여 운영이 가능한 업이므로 여행사 간의 경쟁이 치열하다. 또한 여행사의 주된 수입원인 항공권 판매와 여행상품의 판매는 자체적으로 상품을 만들기보다는 상품구성요소를 조합하고 인적 요소를 덧붙여 판매할 수 있는 상품(무형상품)으로 모방이 쉬워 특화된 상품이나 품질의 경쟁보다는 박리다매식 저가경쟁의 영업방식으로 인해 과당경쟁이 심화되고 있다.

2) 경영적 특성

(1) 회사설립과 폐업의 용이성

여행사는 일반적으로 위험부담이 적은 사업이라고 인식되고 있다. 그것은 일반제조업에 비해 비용이 적게 들고 서비스업의 특성 중 하나인 인적 의존도가 회사운영을 좌우하기 때문이다. 여행사 설립 때 자본금의 규모는 일반여행업은 2억원 이상, 국외여행업은 6천만원 이상, 국내여행업은 3천만원 이상으로 타 업종에 비하여 소규모 고정자본 투자로도 운영이 가능하여 설립과 폐업이 용이하다.

(2) 최소의 위험부담률

여행사는 다른 관광사업인 숙박업이나 항공업과 비교해서 비용투자가 적게 들어가고, 항공좌석과 호텔객실 취소 시 책임한계가 크지 않아 상품구입에 대한 위험부담이 작다. 따라서 시장구조를 혼란시킬 가능성과 과당경쟁을 유발하는 원인으로 작용할 수도 있다.

(3) 신용사업

여행사는 여행객들에게 유형의 상품을 파는 것이 아니라 무형의 상품을 판매하면서 서비스를 제공하기 때문에 고객과의 약속 및 여행소재 공급업자와의 신용이 중요하다. 신용은 여행사의 사업성을 좌우할 수 있는 요소로서 여행객은 여행출발 전에 여행상품을 구매할 때 비싼 여행경비를 지급하고 있다. 여행소재 공급업자도 여행사에 대한 신뢰성을 바탕으로 해서 공급량을 조절하고 있기 때문에 여행사를 경영하는데 있어 신용은 가장 중요한 특성이라 할 수 있다.

(4) 온라인 판매 증대

컴퓨터, 인터넷, SNS 등의 기술수준이 발전함에 따라 오프라인 판매뿐만 아니라 온라인상에서의 여행상품의 예약 및 판매가 증대되고 있는 추세이다. 예약을 위한 고객 상담 및 고객서비스 제고를 위해서 온라인을 적극 활용하고 있다.

3) 사회현상적 특성

(1) 수요 · 공급의 탄력적 운영의 어려움

계절적 · 요일적 · 시간적 집중현상, 즉 방학과 휴가기간, 주중과 주말, 선호시간대와 비선호시간대의 요인으로 탄력적인 운영이 어렵다. 여행사의 상품은 무형의 상품이기 때문에 수급의 조절이 어려워 차별화 판매전략이 요구된다. 집중현상을 해결하기 위해서는 여행조건의 차별화와 가격차별화가 적극적으로 시행되고 있다.

(2) 비저장성

서비스업의 공통적인 특성의 하나는 생산과 소비가 동시에 이루어지기 때문에 저장이 불가능한 비저장성이라 볼 수 있다. 예를 들어 교통기관의 좌석이나 호텔의 객실 등은 당일 수요가 없어 팔지 못하면 그대로 없어지므로 다음날 고객에게 전날에 팔지 못한 것을 다시 팔 수는 없다. 그 이유는 교통기관이나 숙박시설 등은 모두 유형이지만, 여행 그 자체는 무형이기 때문이다.

(3) 단일품목으로 인한 독자적 상품조성의 어려움

여행상품을 구성하고 있는 요소, 즉 교통기관 · 숙박시설 · 식당 등의 소재는 단일 품목이나 이것을 모두 조합해야 여행상품을 만들 수 있기 때문에 하나의 요소만 가지고 상품을 만들기 어렵다. 즉 여행상품은 여행관련 소재들 간의 결합판매로 복합적이고 다양한 관련성을 가지고 있다.

(4) 공익성

여행사의 활동범위, 즉 관광대상지는 국내뿐만 아니라 전세계가 활동범위이기 때문에 한 사람의 개인행동양식이 곧 국제적인 이미지로 연결된다. 다시 말하면 내국인의 국외여행시나 외국인의 국내여행시 상호관계성으로 여행사의 이미지가 국가의 이미지에 영향을 미치기 때문에 사회적 책임이 강조되어야 한다.

(5) 외적 환경영향성

여행사는 기업 외적인 환경에 큰 영향을 받는다. 즉 경제적 요인과 자연적 요인, 세계 도처에서 일어나는 테러사건, 정치적 영향 등이 여행객 감소로 이어져 여행사 경영에 큰 타격을 줄 수 있다. 특히 세계경제 위기와 실질 구매력의 감소, 환율변동 등은 여행업뿐만 아니라 관광산업 전반에 걸쳐 많은 영향을 미친다.

3. 여행업의 분류

우리나라의 여행업은 「관광진흥법 시행령」 제2조 1항의 규정에 의해 일반여행업, 국외여행업, 국내여행업의 세 종류로 구분하고 있다. 일반여행업이란 "국내외를 여행하는 내국인 및 외국인을 대상으로 하는 여행업"을 말하며, 국외여행업이란 "국외를 여행하는 내국인을 대상으로 하는 여행업"을 말한다. 국내여행업이란 "국내를 여행하는 내국인을 대상으로 하는 여행업"을 의미한다.

〈표 8-1〉 여행업의 분류

분류	정의
일반여행업	국내 또는 국외를 여행하는 내국인 및 외국인을 대상으로 하는 여행업(사증을 받는 절차를 대행하는 행위를 포함한다)
국외여행업	국외를 여행하는 내국인을 대상으로 하는 여행업(사증을 받는 절차를 대행하는 행위를 포함한다)
국내여행업	국내를 여행하는 내국인을 대상으로 하는 여행업

4. 여행업의 등록기준

여행업의 등록기준을 보면 가장 규모가 큰 일반여행업은 자본금이 1억원 이상이어야 하고, 내국인의 국외여행을 담당하는 국외여행업은 자본금이 3천만원 이상이어야 한다. 내국인의 국내여행을 담당하는 국내여행업은 자본금이 1천5백만원 이상이어야 한다. 여행업의 등록기준은 〈표 8-2〉와 같다.

〈표 8-2〉 여행업의 등록기준(개정 2018.7.2.)

구분	일반여행업	국외여행업	국내여행업
자본금	1억원 이상	3천만원 이상	1천500만원 이상
사무실	소유권 또는 사용권이 있을 것	소유권 또는 사용권이 있을 것	소유권 또는 사용권이 있을 것
등록관청	특별자치도지사 · 특별자치시장 · 시장 · 군수 · 구청장	특별자치도지사 · 특별자치시장 · 시장 · 군수 · 구청장	특별자치도지사 · 특별자치시장 · 시장 · 군수 · 구청장

자료 : 관광진흥법 제4조 제1항, 세종시법 제8조

제2절 여행업의 조직과 기능

1. 여행업의 조직

여행사의 조직은 여행사의 규모, 여행사의 업무영역과 주력부문, 사무자동화 정도, 종업원 수에 따라 조직형태와 조직구성의 내용에 차이가 있다. 또한 여행사의 조직은 일반적으로 여행형태별 특성이 있으므로 국내여행, 국외여행, 해외여행으로 구분하여 부서를 두고 있다.

1) 여행업 조직의 방향성

여행사의 조직구성은 여행사의 경영수익으로 볼 때, 여행사 조직은 소수의 인원에 전문화된 직원이 가장 중요한 요소이고, 어떤 부서보다도 영업부서의 역할이 우선되어야 하고, 고객지향적이어야 한다.

2) 여행업의 조직구조

일반여행업을 기준으로 부서를 나누어 볼 때 외국인의 국내여행에 관한 제반 업무를 담당하는 국제관광부서(inbound division), 내국인의 국내관광을 담당하는 국내관광부서(domestic division), 그리고 내국인의 해외여행에 관한 업무를 담당하는 해외여행부서(outbound division)로 각각 부서들을 나눌 수 있다.

(1) 부문별 조직구조

부문별조직이란 기능별로 분할한 것으로 각 부문은 각각 특정기능에 전문화되어 있어 능률은 좋으나 부문 간의 협조가 잘 이루어지지 않을 수 있다.

① 기능별 · 부문별 조직구조

업무의 기능별 분류에 의한 것으로 이 기능별 · 부문별 조직구조의 장점은 기능별로 전문화함으로써 종사원들은 한 기능에 집중이 가능하고 전문화와 표준화의 이익이 효율성을 극대화시킬 수 있다. 우리나라의 경우 중 · 대형의 여행사들이 기능별 조직구조를 선택하고 있다.

〈그림 8-1〉 기능별 · 부문별 조직

자료 : 하동현 외(2012), 여행사경영론, 대왕사, p.115.

② 라인 조직구조

이 조직구조는 기능을 분화하기 어렵고, 지시계통의 일원화가 유지되나 복잡 · 다양한 여행사 기능의 전문화를 위해서는 폭넓은 업무처리 기회가 제공되지 않아 종사원의 전문지식 습득이 어렵다. 소규모 여행사에 적합한 경영조직이라 볼 수 있다.

③ 고객별 조직구조

여행객을 대상으로 분류한 조직형태이다.

④ 사업부 조직구조

최고경영자의 조정기능이 각 사업부 관리자에게 위임되어 어느 정도 분권화가 가능하며, 각 사업단위가 독립적이므로 사업부 관리자는 시장별 특성을 고려할 수 있어 적응성과 유연성을 높일 수 있다.

⑤ 매트릭스 조직구조

기능별 조직구조의 효율성과 사업부 조직구조의 시장적응성의 장점을 살리고 단점을 보완하기 위한 혼합형 조직구조이다.

(2) 계층별 조직

계층별조직이란 수직적, 즉 횡적인 구성으로 각 계층마다 상하의 관계를 가지고 역할 지위에 차이를 두고 있다. 계층은 상하의 의사소통이 가능하도록 적을수록 좋다.

〈그림 8-2〉 계층별 조직

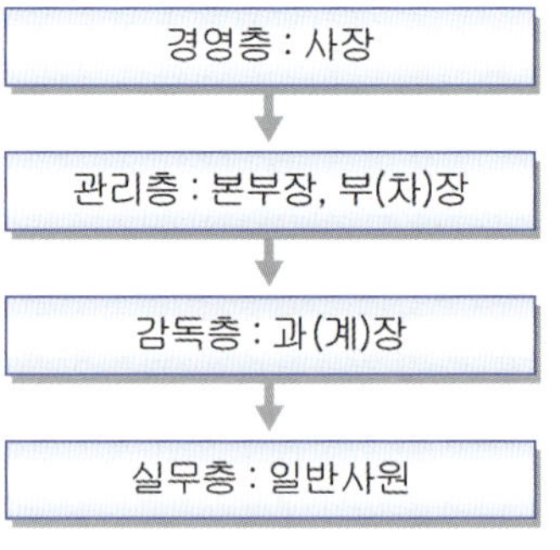

자료 : 하동현 외(2012), 여행사경영론, 대왕사, p.115.

2. 여행업의 업무

여행업의 최종적 기능은 항공기, 호텔, 식당, 관광지 등 여행을 구성하는 여행소재를 조립하여 일련의 여행상품으로 만들어서 고객(여행객)에게 제공하는 것이라 볼 수 있다. 여러 측면의 기능으로 나누어 볼 수 있는데, 여행알선, 여행상품의 조성, 판매를 여행업의 기본적 기능이라 볼 때 구체적으로 살펴보면 다음과 같다.

1) 상품생산업무

여행상품의 생산업무는 여행관련업자(항공사, 호텔, 교통기관, 식당 등)들로부터 제공되는 상품을 조합하여 하나의 여행상품으로 만들어내는 업무과정을 말한다. 이러한 여행상품을 만들기 위해서는 상품의 일정표 작성, 항공좌석 확보, 여행관련 업자와의 가격협상, 현지 여행정보 수집 등 다양한 업무가 포함된다.

2) 상담 및 판매업무

여행객을 위해 정보를 수집하고 이를 바탕으로 여행상담을 하며 여행상품에 대한 설명을 하는 업무를 말한다. 즉 각종 정보제공, 여행상담, 여행코스 설정, 여행요금 견적 등 여행객에게 필요한 각종 서비스를 제공하는 기능이다. 여행상품을 여행객에게 효과적으로 판매하는 기능으로 내부판매와 외부판매로 나눌 수 있다.

3) 예약 및 수배업무

여행객을 위한 대리인으로서의 중추적 기능을 말한다. 즉 여행에 필요한 항공권, 호텔, 식당, 관광지 등에 대한 예약, 변경, 취소 등을 행하는 업무이다.

4) 수속대행업무

여행에 필요한 비자 등 여러 가지 수속을 여행객을 위해 대행하는 업무를 말한다. 최근 수속대행업무는 그 역할이 점차 축소되어 가고 있다.

5) 발권업무

예약에 부수되는 업무로 항공권을 비롯하여 숙박권 · 승차권 등의 각종 쿠폰류를 판매위탁 받아 이용에 편의를 제공하여 주는 기능을 말한다.

6) 여행안내업무

여행출발부터 귀국시까지 여행일정을 예정과 같이 원활히 진행시키는 기능으로 국내외 여행안내 서비스 업무를 말한다. 확약된 여행일정에 의거하여 여행을 인솔시키는 인솔업무 기능을 의미하며, 국외여행인솔자(TC)가 담당한다.

7) 정산관리업무

여행비용의 정산, 견적, 청구, 지급 등에 필요한 업무를 말한다. 주로 경리부나 총무부의 주요 업무이다.

3. 여행업의 업종별 업무

여행업의 업종별 업무를 살펴보면 아웃바운드 업무, 인바운드 업무, 국내여행 업무로 구분되며 다음과 같다.

1) 아웃바운드 업무

아웃바운드 업무는 국외를 여행하는 내국인을 대상으로 하는 여행관련 제반 업무로서 내국인 송객업무라고 할 수 있다.

① 상품기획업무(상품개발과 / 오퍼레이션과)

상품기획업무는 해외여행상품의 개발 및 상품화, 협력사와 긴밀한 협조, 여행상품 원가계산, 판매가의 결정뿐만 아니라 독특한 상품을 개발하는 업무이다.

② 수배업무(수배과)

수배업무는 여행객의 요청에 따라 수배하여 예약을 행하는 것으로 항공좌석과 현지의 교통기관 · 숙박시설 · 식사장소 · 관광지 등에 관한 예약과 수배를 담당하는 업무이다. 수배업무는 크게 항공수배(flight reservation)와 지상수배(ground operation)로 나눌 수 있다.

③ 판매업무(영업과)

판매업무는 해외여행상품 및 항공권·숙박권 등을 판매하는 업무를 말한다. 판매는 직접판매와 대리점판매로 구분된다. 직접판매는 일반적으로 신문광고와 같은 대중매체를 이용하여 일반고객에게 알려서 판매하거나 여행사 종업원이 직접 방문하여 판매하는 형태이고, 대리점판매는 간판여행사가 생산한 여행상품을 대리점(중소여행업자)에게 여행상품을 판촉하여 판매하는 것을 말한다(하동현 외, 2012). 여행사는 영업형태에 따라 '간판여행사'와 '직판여행사'로 나뉜다. 하나투어와 모두투어는 지역 여행대리점에게 패키지상품을 파는 간판여행사이고, 롯데관광개발과 자유투어는 직영점을 운영하며 소비자에게 상품을 파는 직판여행사이다. 직판여행사의 주요 모객방법은 신문광고이다(박시사, 2009).

④ 상담업무(예약과)

여행상담업무는 전화상담, 카운터상담, 방문상담, 또는 인터넷을 통한 여행상담 등을 말한다. 상담의 과정에서 고객은 여러 정보를 비교하여 여행상품을 선택하기 때문에 판매로 이어지는 중요한 업무이다. 최종판매를 위해서는 수차례의 상담이 진행된다.

⑤ 수속업무(수속과)

수속업무는 아웃바운드 업무 중 가장 기본적인 업무로 여행객이 국외를 여행하는데 필요한 서류인 여권, 비자 등을 여행자를 대신하여 발급해 주는 업무이다. 특히 비자수속은 시간적인 제약이 따르므로 계획적이고 능률적으로 진행해야 한다.

⑥ 예약·발권업무(카운터과)

카운터 업무라고도 하며, 카운터는 고객을 상대로 항공권의 예약·발권과 여행상담을 수행하는 부서로 요금의 상담 및 예약·발권, 여행상품 상담, 방문고객에 대한 상품판매 등의 업무를 수행한다. 여행사 규모에 따라 항공권과 여행상품 상담판매 담당이 분리되어 있다.

⑦ 인솔업무(안내과)

인솔업무는 내국인여행객이 해외를 여행할 경우 출국에서부터 모든 일정을 마치고 입국할 때까지 모든 일정을 관리하는 업무이다. 국외여행인솔자(Tour Conductor)는 단체에 동행하여 여행지에서 여행일정에 필요한 일체의 업무를 수행하는 사람을 말하며 여행자가 출국에서부터 내국으로 돌아갈 때까지 현지 일정의 진행을 담당하는 업무를 한다.

⑧ 정산 · 심사업무(경리과)

정산 · 심사업무는 각 해당단체의 투어가 종료된 후 행사정산서, 행사비명세서, 항공권명세서, 지상비 및 기타 영수증, 보험증서, 고객명단(name list) 등을 작성하여 보고하며, 수입이나 지출 등에 관하여 보고된 행사단체의 정산을 관리하는 업무이다.

〈표 8-3〉 아웃바운드의 주요업무

구분	주요 업무내용
예약 · 발권	• 철도 · 항공 · 선박의 예약 및 발권 • 항공노선 정보관리 및 항공요금 산정 • 연간 수요에 따른 항공좌석의 확보와 운영
상품기획	• 시장상황과 고객욕구분석을 통한 신상품 기획 및 출시 • 외국 주요 여행목적지의 사전답사 및 시장동향 파악 • 상품 수익성과 위험성 분석, 최적규모 사업계획서 작성
상담 · 판매	• 고객상담, 거래선 방문 및 오거나이저를 통한 영업활동 • 대리점(타 여행사) 판매 및 홍보활동 • 유관단체 방문판촉 및 주문여행상품 판매
알선 · 수배	• 항공 및 숙박 · 교통 · 식사에 대한 예약과 알선업무 • 국외여행인솔자 교육 및 배정 • 여행예산 수립과 행사금 · 전도금 산출

자료 : 이봉석 외(2011), 관광사업론, 대왕사, p.79.

2) 인바운드 업무

인바운드 업무는 외국인을 대상으로 하는 업무로 우리나라를 홍보하는 기회를 제공할 수 있으며, 무형상품으로 외화를 벌어들일 수 있는 업무영역으로 외래관광객 유치증대에 중추적인 역할을 담당하는 곳이다. 〈표 8-4〉는 인바운드의 핵심시장인 일본을 중심으로 구성된 인바운드 업무의 주요 내용을 보여주고 있다.

① 기획 · 판매업무(기획과/판매과)

기획업무는 인바운드 사업계획서의 작성, 국내 관광상품 개발 · 생산, 각종 통계, 홍보 및 안내책자 발간 등의 업무이다. 즉 기획부서는 신상품 개발, 시장조사 및 분석, 각종 자료수집, 외래관광객 유치를 위한 홍보활동, 여행조건 작성 및 계약체결 등을 담당하는 부서이다(하동현 외, 2012).

판매업무는 여행상품에 대한 판촉활동에서부터 여행계약이 성립될 때까지의 업무,

즉 해외지사 직원과의 업무협의 및 연락, 여행일정표의 작성, 원가계산 산출견적, 단체 확정 통보서 혹은 행사지시서 작성, 관광통역안내사의 정산업무, 인보이스(invoice) 작성 및 발송, 옵션 투어의 개발, 전도금의 산출 및 신청업무 등 상품판매를 전담하는 업무이다.

② 수배업무(수배과)

수배업무는 여행계약에 따른 호텔·식당·차량 등 수배관련 업무이며, 주요 업무내용은 여행일정과 조건에 맞는 숙소, 식사, 교통기관에 대한 수배 이외에도 여행상품인 쇼핑, 골프, 카지노, 스키 등 다양한 관광관련 시설업체에 대한 수배 등을 담당한다.

③ 행사운영업무(통역안내과/투어 오퍼레이션)

행사운영업무는 관광안내업무와 투어 오퍼레이션(tour operation) 업무로 나누어 볼 수 있다. 관광안내업무는 인바운드의 여러 업무 중 최일선에서 수행하는 업무로서 외국인여행객들에게 우리나라 관광지에 대한 관광통역과 관광안내 및 신변보호 등의 서비스를 담당한다. 투어 오퍼레이션 업무는 외국인여행객의 입국에서부터 자국으로 돌아갈 때까지 전반적인 현지 일정의 진행을 담당하는 업무이다. 주요 업무내용은 공항이나 호텔에서의 미팅 및 센딩서비스(meeting & sending service), 인솔자와의 업무확인, 호텔 체크인(check-in) 및 체크아웃(check-out) 업무, 통역안내사의 업무관리, 관광조건과 일정표에 따른 행사진행의 확인, 여행종료 후 해당 단체의 평가와 불편사항처리 등의 업무이다.

〈표 8-4〉 인바운드의 주요업무

구분	주요 업무내용
판매	• 담당국가의 시장변화 및 국외 관광상품 동향 파악 • 상품기획 및 해당국가 주재원의 영업활동 지원 • 해당 지역에 판촉을 위한 출장영업활동 수행 • 해당 지역 여행업체의 시장활동 동향 파악
수배	• 호텔·교통·식사의 단체가격 협상 • 의뢰내용을 기준으로 호텔·교통편 및 식당 등 예약·수배 • 통역안내원 배정 및 교육
정산	• 계약내용과 행사결과의 일치 여부 및 예산지출 점검 • 호텔·식당·버스회사로부터의 청구금액 확인 • 외국여행사에 청구서 발송 및 미수금 관리

구분	주요 업무내용
해외영업 (주재원)	• 외국 현지여행사 방문판촉활동 및 동향 파악 • 외국 현지여행사와 본사와의 연락업무 • 현지의 대사관, 한국관광공사(KTO), 항공사 등과의 연합홍보활동

자료 : 이봉석 외(2011), 관광사업론, 대왕사, p.78.

④ 정산업무(정산과)

정산 · 심사업무는 여행이 종료된 단체에 대한 여행경비의 수입 및 지출에 관한 사항을 담당한다. 주요 업무내용은 해당 단체의 일정과 수입 · 지출의 일치성 확인, 관련업체와의 미지급금에 대한 관리, 각 단체의 수익성 체크, 매월실적보고 등이다.

3) 국내여행 업무

국내여행업무는 국내를 여행하고자 하는 내국인 여행객을 대상으로 여행상품을 개발하고 이를 판매 · 알선 · 안내하는 업무를 말한다.

① 기획 · 판매업무(영업과)

기획업무는 국내관광상품의 개발 및 개발된 상품을 상품화시키는 등의 업무이며, 판매업무는 여행관련요소인 국내여행상품과 국내항공권 및 숙박권 등을 구입한 후 이를 기획 · 생산하여 불특정다수의 잠재여행객에게 판매하는 업무이다.

② 수배 · 예약발권업무(수배/발권과)

수배업무는 여행계약에 따른 현지여행사의 선정 및 호텔 · 식당 · 렌터카 예약 등 수배관련 업무이다. 예약발권업무는 국내항공권이나 기차승차권 등의 예약 · 발권 · 환급 등의 업무이다.

③ 안내업무(여행안내과)

안내업무는 내국인여행객들에게 관광지를 안내하고 설명하는 국내여행 안내업무이다. 국내여행안내사는 관광지의 명소를 소개하고 여행객들에게 즐겁고 건전한 여행을 제공하도록 노력해야 한다.

④ 전세버스업무(배차과)

전세버스업무는 여행관련요소나 여행상품을 구성하는 부품요소로 관광지 및 관광지간 여행객 이동과 관련된 업무이다. 차량의 수배와 배차 및 차량 관리 등의 전세버스업무는 여행업과 밀접한 관계를 가지고 있으며 국내여행업의 주된 수입원이라고 볼 수 있다.

⑤ **정산업무(경리과)**

정산업무는 여행상품 판매, 항공권이나 기차승차권 판매, 전세버스판매 등의 수입과 지출을 회계상으로 결산하는 업무를 말한다.

제3절 여행업의 여행상품

여행상품은 여행사에서 제조·판매하는 상품과 여행사에서 판매하는 관광관련 업체의 사용권(principle), 즉 여행사에서 판매하는 모든 상품을 의미한다. 여행상품의 정의는 다양하나 세계관광기구(UNWTO)에서는 "여행목적지, 숙박, 교통수단, 보조 서비스와 관광매력을 결합시킨 것"으로 정의하고 있다. 여행업의 여행상품에 관한 내용은 크게 여행상품의 특성과 여행상품에 의한 관광형태 분류로 나누어 살펴보기로 하겠다.

1. 여행상품의 특성

1) 무형성

여행상품은 가시적인 형태가 없다. 여행상품은 자신이 직접 여행을 경험하기 전에는 모든 것을 확인할 수 없고, 일반적인 상품과 같이 눈으로 직접 확인하기가 불가능하다. 고객은 여행정보를 제공하는 팸플릿, 홈페이지, 직원과의 상담, 구전 등을 통해 여행상품 구매를 결정하게 된다.

2) 공급의 경직성

여행상품은 생산과 소비가 동시에 이루어지기 때문에 재고가 불가능한 공급의 경직성을 나타낸다. 여행상품은 연중 일정량의 계속적인 상품공급은 가능하나 일시에 대량의 공급은 불가능하다. 그 이유는 한 여행사에서 여행상품의 구성요소인 항공기의 좌석이나 호텔 객실 수를 무한정 확보하는 것은 한계가 있기 때문이다.

3) 수요의 계절성

여행상품은 여름과 겨울의 성수기(on-season)와 비수기(off-season)간 수요의 격차가 크게 나타낸다. 성수기와 비수기 수요의 편차와 휴일, 휴가기간에 관광객들이 집중되는 현상은 여행사의 상품공급을 원활치 못하게 만든다.

4) 모방의 용이성

여행상품의 가장 큰 취약점은 타 여행사에 의해 모방되기 쉽다는 점이다. 특정 여행사가 여행상품을 어렵게 개발하여 시장에 내놓으면 타 여행사가 바로 유사한 상품으로 모방하여 출시한다. 이렇게 여행상품이 모방이 쉬운 것은 여행사가 직접 상품을 생산하는 것보다는 여행관련 제공업자로부터 단일 여행소재를 제공받아 여기에 인적 서비스를 제공하여 조립 · 구성하여 여행상품을 만들기 때문에 차별화된 상품을 개발하기가 어렵기 때문이다.

5) 복수의 동시소비 불가능성

여행상품은 직접 고객이 현지에 가서 여행에 참여함으로써 상품화가 가능하다. 따라서 고객이 동시에 다른 여행상품을 판매하는 곳으로 이동하여 타 상품을 동시에 구매하여 여행경험을 할 수는 없다.

6) 상품가치의 주관성

동일한 상품의 동일한 여행일정을 경험한 고객이라도 여행종료 후 느끼는 만족도와 개인의 효용가치는 사람마다 다분히 주관적이다. 따라서 여행상품 가치는 객관적으로 평가하기 어려운 면이 있다.

7) 상품의 유사성

여행상품은 구성하는 소재인 항공좌석이나 호텔객실 등이 거의 유사하기 때문에 타 여행사의 상품과 차이를 나타내기가 쉽지 않다. 고객이 A여행사의 상품을 이용하더라도 실제로 B여행사의 여행일정과 상품의 내용 면에서 거의 유사하다는 것을 알게 된다. 따라서 여행사의 상품기획 능력과 여행지에 대한 정보수집 등이 중요하다.

8) 여행요금의 염가성

여행사는 여행상품을 구성하는 항공좌석, 호텔 객실, 지상교통수단 등을 직접 생산하는 것이 아니라 여행관련 제공업자로부터 여행소재를 제공받으므로 교통기관이나 숙박시설 등에 설비투자를 위한 많은 자산이 필요 없고, 대량의 구매를 통하여 경쟁력있는 가격을 제공받을 수 있다. 여행상품을 조립하는 인건비 이외에는 설비투자가 비교적 적게 소요된다. 소비자 입장에서도 단체요금 할인과 패키지여행의 보급 등으로 자신이 수배하는 것보다 저렴하기 때문에 여행사를 이용하는 것이다.

2. 여행상품의 관광형태별 분류

1) 패키지관광(Package Tour)

관광진흥법에서는 "기획여행"이라는 용어로 사용되며, 교통, 숙박, 관광코스, 관광안내 등을 묶어서 판매하는 형태의 관광으로 여행사에서 판매하는 대부분의 상품이 패키지관광이다.

2) 특수목적관광(Special Interest Tour : SIT)

특수목적관광은 일반적으로 SIT 또는 테마형 상품으로 불린다. 이는 주제가 있는 여행으로 미술, 음악, 패션, 건축, 오락, 레크리에이션, 트래킹, 생태관광 등 관심분야에 집중된 관광형태이다.

3) 국제회의 관광(Convention Tour)

국제회의나 전시회에 참가를 목적으로 한 여행상품이다. 최근 국제회의나 전시회가 많이 개최되고 있으므로 회의참가와 관광을 겸하는 경우가 많다. 국제회의나 전시회 참가자들은 일반여행자보다 지출규모가 크기 때문에 다른 여행상품에 비해 부가가치가 비교적 높은 관광형태이다.

4) 포상관광(Incentive Tour)

포상관광은 흔히 '인센티브관광(incentive tour)'이라 한다. 인센티브관광은 산업체나 단체 등에서 직원의 사기를 진작하여 업무의 생산성 향상 및 동기 부여를 목적으로 복지나 보상적인 차원으로 실시하는 관광형태이다.

5) 연수관광(Training Tour)

연수나 교육, 훈련 등을 목적으로 한 여행상품이다. 대표적인 관광형태로는 어학연수가 있는데, 여행사가 단독으로 모집하는 경우와 유학원, 기업연수, 단체 등에서 연수여행을 기획하는 방법이 있다.

6) 대리점 초청관광(Familiarization Tour)

대리점 초청관광은 흔히 '팸투어'라고 불린다. 팸투어는 항공사, 관광청, 관광관련 기업에서 관련 여행사 직원을 대상으로 무료로 실시하는 관광형태이다.

이외에도 여행을 하는 대상에 따라 신혼관광, 효도관광, 배낭여행 등으로 분류될 수 있다.

제4절 여행업의 현황

1. 일반여행업

우리나라 「관광진흥법」은 관광사업을 여행업, 관광숙박업, 관광객이용시설업, 국제회의업, 카지노업, 유원시설업, 관광편의시설업의 7가지로 분류하고 있다. 그중에서도 여행업은 관광사업체 중에서 가장 많은 종사자가 근무하고 있고, 우리나라의 관광산업 발전에 핵심적인 역할을 하는 사업체이다. 「관광진흥법」에서는 여행업을 "여행자 또는 운송시설 · 숙박시설, 그 밖에 여행에 딸리는 시설의 경영자 등을 위하여 그 시설이용 알선이나 계약체결의 대리, 여행에 관한 안내, 그 밖에 여행의 편의를 제공하는 업"으로 정의하고 있다. 그리고 여행업은 일반여행업, 국외여행업, 국내여행업의 3개 업종으로 분류된다. 1991년 1월부터 여행업의 대외 개방이 이루어짐에 따라 정부는 여행업의 경쟁력을 제고하고, 개방에 따른 국내여행업의 피해를 최소화 하기 위해 여행사의 서비스 향상, 경영개선, 여행업분야 전문인력 양성 등 각종 시책을 추진하고 있다.

여행업의 등록관청은 2009년 3월 25일 「관광진흥법」을 개정하면서 모두 특별자치도지사 · 특별자치시장 · 시장 · 군수 · 구청장(자치구의 구청장)으로 일원화하였다(관광진흥법 제4조 제1항, 세종시법 제8조).

2018년 12월 31일 기준 업종별 여행업체 등록현황을 살펴보면 〈표 8-5〉와 같다. 우리나라 여행업은 일반여행업 4,793개 업체, 국내여행업 5,903개 업체, 국외여행업 7,654개 업체로 전체적으로 18,347개 업체가 운영되고 있다.

〈표 8-5〉 시 · 도별 여행업체 등록 현황

(단위 : 개소)

구분	계	일반여행업	국내여행업	국외여행업
서울	6,375	2,749	1,008	2,618
부산	1,407	201	527	679
대구	962	118	403	441
인천	569	153	181	235
광주	632	104	245	283
대전	377	59	146	172
울산	317	45	133	139
세종	65	14	24	27
경기	2,332	503	748	1,084
강원	454	74	205	175
충북	484	58	213	213
충남	572	44	267	261
전북	614	96	253	265
전남	445	62	211	172
경북	631	56	302	273
경남	953	108	420	425
제주	1,158	349	617	192
계	18,347	4,793	5,903	7,654

자료 : 한국여행업협회 여행정보센터, 2018년 12월 31일 기준

일반여행업은 국내 또는 국외를 여행하는 내국인 및 외국인을 대상으로 하는 여행업으로 내국인을 위한 국내관광(domestic tour), 내국인을 위한 국외관광(outbound tour), 외국인을 위한 국내관광(inbound tour)을 취급하고 있다. 2018년 12월 말 기준 4,793개 업체가 등록되어 있다. 일반여행업체에서 유치한 외래관광객의 유치실적은 〈표 8-6〉과 같다. 특히 일반여행업체는 외국인 관광객 유치의 중추적인 역할을 담당한다. 2018년 일반여행업체의 외국인 유치실적은 237만명으로 전체 방한객의 15.5%를 차지하고 전년 대비 7.4% 감소하였다. 또한 내국인 관광객의 해외 송출실적(〈표 8-7〉 참조)은 943만명으로 전년 대비 4.5% 감소하였고, 전체 출국자의 32.9%를 차지하였다.

2. 국외여행업

국외여행업은 해외여행에 따른 여권 발급 및 여권 수속대행업무 등 국외를 여행하는 내국인을 대상으로 하는 여행업으로 아웃바운드 투어(outbound tour) 부문의 업무를 주로 수행하고 있다. 국외여행업으로 등록되어 있는 대부분의 여행사들은 1989년 해외여행이 자율화된 이후에 등록된 업체들이다. 2018년 12월 31일 기준으로 7,654개 업체가 국외여행업으로 등록되어 있는데, 이는 전체 여행업체(18,347개 업체)에서 가장 높은 비중을 차지하고 있음을 알 수 있다.

3. 국내여행업

국내여행업은 국내를 여행하는 내국인을 대상으로 하는 여행업으로 국내여행상품을 개발하여 이를 판매하고, 알선과 안내를 제공하며, 주된 업무로는 국내선항공권, 철도승차권, 호텔쿠폰 등을 대매하거나 관광버스의 전세업무를 취급하고 있다. 국내여행업은 다양한 국민관광의 수요를 충족하기 위하여 종전의 허가제에서 1982년 등록제로 변경되었다. 2018년 말 기준으로 5,903개가 등록되어 있고, 국외여행업체(7,654) 다음으로 국내여행업으로 등록된 여행사의 수가 많음을 알 수 있다.

〈표 8-6〉 연도별 한국여행업협회 회원사의 외국인 관광객 유치 실적

(단위 : 명, %)

연도	전체 입국자수(A)	증가율	여행업협회 회원사 외래객 유치실적(B)	증가율	점유비 (B/A)
2001	5,147,204	-	1,906,185	-	37.0
2002	5,347,468	3.9	1,978,492	3.8	37.0
2003	4,752,762	-11.1	1,907,358	-3.6	40.1
2004	5,818,298	22.4	2,225,251	16.7	38.2
2005	6,021,764	3.5	2,076,735	-6.7	34.5
2006	6,615,047	9.9	2,062,882	-0.7	31.2
2007	6,448,241	-2.5	2,085,740	1.1	32.3
2008	6,890,841	6.9	2,440,186	17.0	35.4
2009	7,817,533	13.4	3,307,525	35.5	42.3
2010	8,797,658	12.5	3,589,611	8.5	40.8
2011	9,794,796	11.3	3,776,171	5.2	38.6
2012	11,140,028	13.7	4,450,731	17.9	40.0
2013	12,175,550	9.3	3,841,528	-13.7	31.6
2014	14,201,516	16.6	4,808,074	25.2	33.9
2105	13,231,651	-6.8	3,515,600	-26.9	26.6
2016	17,241,823	30.3	5,427,891	54.4	31.5
2017	13,335,758	-22.7	2,561,218	-52.8	19.2
2018	15,346,879	15.1	2,371,246	-7.4	15.5

자료 : 한국여행업협회, 2018년 12월 31일 기준

〈표 8-7〉 연도별 한국여행업협회 회원사의 내국인 해외 송출실적

(단위 : 명, %)

연도	전체출국인원(A)	증가율	여행업협회 회원사 내국인송출실적(B)	증가율	점유비 (B/A)
2001	6,084,414	-	909,244	-	14.9
2002	7,123,407	17.0	1,224,083	34.6	17.2
2003	7,086,133	-0.5	1,334,140	9.0	18.8
2004	8,825,585	24.5	1,938,401	45.3	22.0
2005	10,077,619	14.2	2,585,666	33.4	25.7
2006	11,609,879	15.2	3,730,554	44.3	32.1
2007	13,324,977	14.8	4,860,548	30.3	36.5
2008	11,996,094	-10.0	4,356,994	-10.4	36.3
2009	9,494,111	-20.9	2,862,726	-34.3	30.2
2010	12,488,364	31.5	4,232,597	47.9	33.9
2011	12,693,733	1.6	3,970,425	-6.2	31.3
2012	13,736,976	8.2	4,192,338	5.6	30.5
2013	14,846,485	8.1	5,128,307	22.3	34.5
2014	16,080,684	8.3	5,678,807	10.7	35.3
2015	19,310,430	20.1	7,069,002	24.5	36.6
2016	22,383,190	15.9	8,334,155	17.9	37.2
2017	26,496,447	18.4	9,879,903	18.5	37.3
2018	28,695,983	8.3	9,436,597	-4.5	32.9

자료 : 한국여행업협회, 2018년 12월 31일 기준

제5절 세계의 여행업

1. 유럽의 여행업

세계 최초의 근대적인 여행사는 영국의 토마스 쿡(Thomas Cook) 여행사로 보고 있다. 근대여행업의 아버지로 불리는 토마스 쿡은 1841년에 당시 발전된 철도를 이용해 금주동맹회의 이벤트에 참가하는 사람들을 모집 단체할인열차의 여행을 실현했다. 1845년에 토마스쿡(Thomas Cook & Son, Co.) 여행사를 설립, 1851년 런던에서 개최된 최대 이벤트인 제1회 만국박람회의 견학을 위한 단체여행을 실현시켰다. 토사스쿡사(社)는 철도여행 뿐만 아니라, 해로의 기선을 이용한 여행, 중동에서부터 미국으로의 여행, 그리고 '세계일주여행'도 실현시켰다. 지금도 이용되고 있는 '토마스쿡 시각표' 발간, 여행비용의 적립제도 개발, 가이드북 발간 등으로 토마스 쿡 이후를 '근대관광의 시대'라고 불리고 있다. 토마스 쿡은 1928년에 유럽 최대의 철도회사인 와건리츠(Wagon-lits)사를 매수, 제2차 세계대전 후 은행으로 소유권이 변경되었고, 지금도 세계 각 도시에 네트워크를 가진 여행사로 건재하고 있다.

2. 미국의 여행업

1870년대에 유럽지역의 국제철도망이 완성되었고, 미국에서도 대륙횡단철도가 완성되었다. 해로도 기선에 의한 태평양과 대서양 항로에 정기여객선이 운항하여 여행을 촉진하는 기본적인 교통기관으로 정비되었다.

토마스쿡과 나란히 미국을 대표하는 여행사가 아메리칸 익스프레스사(American Express Company)이다. 1850년에 급행우편회사로서 탄생한 아메리칸 익스프레스는 단순한 여행업자를 넘어 종합적인 국제금융 서비스기관의 모습으로 변모되었다. 아메리칸 익스프레스는 웰즈(Henry Wells), 왓슨(Butterfield Wasson), 파고(W. G. Fargo) 등에 의해 1850년 미국 중서부를 기반으로 창설되었다.

아메리칸 익스프레스는 1890년 대서양 횡단 화물운송을 시작으로 1891년 아멕스 여행자수표(traveler's cheque) 발행, 1895년 유럽에 탁송사무소를 개설해 동부로 향하는 운송업무 시작, 그리고 1909년 유럽여행자에게 서부철도 티켓 판매를 실시하면서 본격적인 여행업을 시작했다.

3. 일본의 여행업

일본의 여행업은 1872년 메이지(明治)시대에 영업을 시작한 철도의 보급에 따라 교통과 숙박이 갖추어지면서 시작되었다. 1893년 일본교통공사(Japan Tourist Bureau : JTB)의 전신인 귀빈회(貴賓會)가 설립되면서 여행업무가 추진되었으며, 1905년에 국철계통의 (주)일본여행이 일본최초의 여행업체로 알려지고 있다. 1907년에는 영국의 토마스쿡사(社)가 요코하마에 지점을 개설하였다. 1912년 외국인관광객의 유치와 내방외국인의 편의를 도모할 목적으로 일본교통공사(JTB)가 설립되었다.

일본여행업의 본격적인 시작은 1960년이라 볼 수 있을 것이다. 1960년대 들어서 국내여행이 증가하고, 외국과의 교류도 활발해져 해외여행을 취급하는 여행회사가 설립되었다. 특히 1964년에 해외여행의 자유화로 인해 여행시장이 확대되는 계기가 되었다.

〈표 8-8〉 세계 3개 근대여행업자

회사명	토마스쿡 사	아메리칸익스프레스 사	일본교통공사
창업자	토마스 쿡	헨리 웰즈	木下淑夫ら
국가	영국	미국	일본
창업연도	1845년	1850년	1912년
초기사업	금주회의 사람들을 단체열차로 이용한데서부터 시작	역마차의 우편운송으로부터 시작	외국인의 일본유치사업으로부터 시작
여행사업	• 단체 할인여행 • 수배여행(패키지투어) • 쿠폰권(호텔레스토랑) 발행 • 가이드북 발행 • 시각표 발행 (토마스쿡 시각표)	• 여행자수표(traveler's cheque) 발행 • 신용카드의 발행 • 금융사업 • 보험사업	• 인바운드사업 • 단체여행(수학여행, 직장여행) • 여행업의 컴퓨터시스템 • 출판사업 • 내셔널 패키지 투어
배경	산업혁명후 자본주의 사회	산업혁명후 자본주의 사회	부국강병책에 의한 산업의 발전

제 9 장

국제회의산업

제9장

국제회의산업

제1절 국제회의산업의 이해

1. 국제회의의 개념

국제교류의 하나인 국제회의란 통상 공인된 단체가 정기적 또는 부정기적으로 주최하며 3개국 이상의 대표가 참가하는 회의를 의미하는데, 회의 내용은 국가 간의 이해조정을 위한 교섭회의, 전문분야 학술회의, 참가자 간의 우호증진이 목적인 친선회의, 국제기구의 사업결정을 위한 정기회의 등 매우 다양하다.

우선 국제회의에 관한 용어 개념을 살펴보면, 영어의 'con'이란 단어는 '반대'라는 뜻이 포함되어 있으며, 'vent'라는 단어의 뜻은 '감정을 나타내다'의 의미로 'convention(반대를 나타내다)'은 이 두 단어의 합성어로 '국제회의'라는 뜻으로 사용되고 있다. 또한 라틴어 'cum(together, 함께)'과 'venir(to come, 오다)'의 합성어로 '함께 만나다'라는 의미의 convention으로 사용되기도 하는 두 가지 견해가 있다.

국제회의의 영어적인 표현인 컨벤션(convention)의 본질은 meeting(회합, 토의, 의결), information(정보교환), communication(의사전달), social function(사교행사) 등을 들 수 있다.

국제회의란 말을 사전에서 찾아보면 "국제적 이행에 관한 사항을 심의결정하기 위해 여러 나라 대표자들에 의해서 열리는 공식적인 회의"라고 되어 있다.

국제협회연합(Union of International Associations : UIA)에서는 국제기구나 국내단체가

주최하는 회의 가운데 참가국 5개국 이상, 참가자 300인 이상이고 그중 외국인이 40% 이상, 회의기간이 3일 이상인 경우를 국제회의로 규정하였다. 세계의 국제회의 개최 현황은 국제협회연합(UIA)을 기준으로 한 것이며, 국제협회연합(UIA)은 국제회의에 관련된 가장 공신력 있는 기구라 할 수 있다.

세계국제회의전문협회(International Congress & Convention Associations : ICCA)는 4개국 100명 이상이 참가하는 규모를 국제회의라고 한다. 즉 국제회의는 사전에 계획된 모임으로서 최소 6시간 이상, 최소 25명 이상이 참석하여 정해진 순서에 따라 진행되는 모임이라고 규정하고 있다.

한국관광공사(KTO)의 국제회의 정의를 보면, 국제기구 본부가 주최하거나 국내단체가 주관하는 회의 중 참가국수가 3개국 이상, 외국인 참가자수 100명 이상, 회의기간이 2일 이상인 회의를 국제회의라고 규정하고 있다. 현재 우리나라 「국제회의산업 육성에 관한 법률 시행령」에 규정된 국제회의에 대한 정의는 국제협회연합(UIA)의 기준에 근거한 것으로 국제기구나 국제기구에 가입한 기관 또는 법인 · 단체가 개최하는 회의로서 참가국 5개국 이상의 외국인, 참가자 300명(외국인 100명 이상), 회의기간 3일 이상인 경우, 그리고 국제기구에 가입하지 않은 기관이나 법인 · 단체가 주관하는 경우는 회의 참가자 중 외국인 150명 이상, 회의기간 2일 이상일 때 국제회의로 규정하고 있다.

국제회의(convention)의 개념을 다각적인 관점에서 분류해 살펴보면, 〈표 9-1〉에서 보는 바와 같이 ① 사전적 정의, ② 법률적 정의, ③ NTO의 정의, ④ 학계의 정의, ⑤ 협회 및 단체의 정의로 구분해 볼 수 있다.

〈표 9-1〉 국제회의의 개념

구분	개념	출처
사전적 정의	• 일반적인 목적 아래 사람을 모으거나 모이는 행위로 특히 정치적, 사회적, 종교적인 문제를 심의 · 토의하거나 입법을 위해 모이는 일반적인 집회	The Oxford English Dictionary V.ll, 1970.
	• 해외로부터 많은 참가자를 얻어서 개최되는 회의, 학회, 연구회 등을 말한다. 일정규모 이상의 국제회의는 보통 회의와 일체가 된 리셉션, 시찰여행, 포스트투어(post-tour) 등의 관광 · 교류 프로그램이 포함되어 있어서 관광이나 지역경제의 진흥에 연계되어 있다.	한국국제관광개발연구원 譯, 관광학사전, 2000. p. 115.

구분	개념	출처
	• 동의, 협약, 계약 등의 뜻을 갖는 말로서 특정한 공통관심사에 대한 토론이나 행위를 위하여 대리인이나 대표자들로서 구성된 모임이나 공식적인 회합, 특히 사안을 다루기 위한 국제적인 협정	The Random Housecollege Dictionary
	• 국제적 이해에 관한 사항을 심의 의결하기 위하여 여러 나라 대표자에 의하여 열리는 공식적인 회의	새 우리말 큰사전, 신기철 · 신용철 편저, 삼성출판사, p.413
법률적 정의	• 국제기구 또는 국제기구에 가입한 기관 또는 법인 · 단체 ① 회의에 5개국 이상의 외국인이 참가할 것 ② 회의참가자가 300명 이상이고, 그중 외국인은 100명 이상일 것 ③ 3일 이상 진행되는 회의일 것 • 국제기구에 가입하지 아니한 기관 또는 법인 · 단체 ① 회의참가자 중 외국인이 150명 이상일 것 ② 2일 이상 진행되는 회의일 것	「국제회의산업 육성에 관한 법률 시행령」 제2조(국제회의 종류 · 규모)
NTO의 정의	• 회합을 할 수 있는 일정한 장소와 회의시간이 최소한 6시간 이상, 회의참가자는 25명 이상이며, 사전에 안건이 마련되어야 함	British Tourist Authority(영국관광청)
	• 통상 공인된 단체가 정기적으로 주최하고 3개국 이상의 대표가 참가하고, 외국인 참가자수 100명 이상, 회의기간이 2일 이상인 회의	KTO(한국관광공사)
학계의 정의	• 특별한 목적을 달성하기 위한 사회단체나 정당회원들 간의 회의, 그리고 정부 또는 정치가 간의 회의, 통상적으로 공인된 단체가 주최하는 3개국 이상의 대표가 참가하는 정기적 또는 부정기적 회의	Berkman et al., Convention Management & Service, AH & MA East Lasting Michigan, 1984.
협회 및 단체 정의	• 국제기구가 주최하거나 후원하는 회의 또는 국내단체가 주최하는 회의 가운데 다음의 4가지 기준을 만족시키는 회의 ① 참가국수 5개국 이상 ② 전체 참가자수 300명 이상 ③ 전체 참가자 중 외국인의 비율 40% 이상 ④ 회의기간이 3일 이상	국제협회연합(UIA)
	• 4개국 이상이 참가하면서 100명 이상이 참가하는 회의	세계국제회의전문협회(ICCA)

구분	개념	출처
	• 공인된 단체나 법인이 주최하는 단체회의, 학술 심포지움, 기업회의, 전시박람회, 인센티브관광 등 다양한 형태의 모임에 전체 참가자 중 외국인이 10% 이상이고 방문객이 1박 이상 상업적 숙박시설을 이용하는 행사	아시아컨벤션뷰로협회(AACVB)

2. 국제회의의 종류

국제회의의 종류는 개최되는 회의의 성격, 형태, 규모, 회의진행에 따라 다양하다.

1) 형태별 종류

(1) 회의(Meeting)

모든 종류의 회의를 총칭하는 가장 포괄적이고 보편적으로 사용되는 용어이다. 관광공사(KTO)의 정의에 의하면, 회의란 전체참가자 10명 이상인 정부, 공공기관, 협회, 기업회의로 전문회의시설, 준회의시설 등에서 4시간 이상 개최되는 회의

(2) 컨벤션(Convention)

회의분야에서 가장 일반적으로 쓰이는 용어로서 정보전달을 주목적으로 하는 정기집회에 많이 사용되며, 전시회를 수반하는 경우가 많다. 과거에는 각 기구에서 개최되는 연차총회(annual meeting)의 의미로 쓰였으나, 요즘은 총회, 휴회기간 중 개최되는 각종 소규모회의, 위원회 등을 포괄적으로 의미하는 용어로 사용된다.

(3) 콘퍼런스(Conference)

컨벤션과 거의 같은 의미를 가진 용어로서 통상적으로 컨벤션에 비해 회의진행상 토론회가 많이 열리고 회의참가자들에게 토론회 참여기회도 많이 주어진다. 또한 컨벤션은 다수 주제를 다루는 업계의 정기회의에 자주 사용되는 반면, 콘퍼런스(conference)는 주로 과학, 기술, 학문 분야의 새로운 지식습득 및 특정 문제 연구를 위한 회의에 사용된다.

(4) 콩그레스(Congress)

컨벤션과 같은 의미를 지닌 용어로서 유럽지역에서 빈번히 사용되며, 자주 국제규모의

회의를 의미한다. 컨벤션이나 콩그레스는 본 회의와 사교행사(social function), 그리고 관광행사 등 다양한 프로그램으로 편성되며 참가인원은 보통 수천명에 이르기도 한다.

(5) 포럼(Forum)

제시된 한 가지의 주제에 대해 상반된 견해를 가진 동일 분야의 전문가들이 사회자의 주도하에 청중 앞에서 벌이는 공개토론회로서 청중이 자유롭게 참여할 수 있으며 사회자가 의견을 종합한다.

(6) 심포지엄(Symposium)

제시된 안건에 대해 전문가들이 다수의 청중 앞에서 벌이는 공개토론회로서 포럼에 비해 다소의 형식을 갖추며 청중의 질의기회가 적다.

(7) 패널토의(Panel Discussion)

청중이 모인 가운데 수명의 연사가 사회자의 주도하에 서로 다른 분야에서의 전문가적 견해를 발표하는 공개토론회로 청중도 자신의 의견을 발표할 수 있다.

〈표 9-2〉 **국제회의의 형태별 종류**

용어	설명
컨벤션 (Convention)	회의분야에서 가장 일반적으로 사용되는 용어로서 사전에 결정된 일정에 의해 진행되는 공식적인 회의 · 전시 · 이벤트 등을 수반하는 일련의 집회로서 일반적으로 정기적이고 연례적으로 개최되고 많은 관계자들이 참여한다.
세미나(Seminar)	특정주제에 관하여 전문가에 의해 행해지는 연수회 · 강연회나 특정한 주제를 가지고 토론 · 연구하는 교육방식을 말하기도 한다.
회의(Meeting)	모든 종류의 회의를 총칭하는 포괄적인 용어로서 사전에 결정된 목표나 목적을 달성하기 위하여 동일한 관심을 가진 사람들이 일정한 장소 또는 시청각시설을 갖춘 곳에서 하는 회의이다.
워크숍 (Workshop)	문제해결능력의 일환으로서 참여를 강조하고 소집단(30-35명) 정도의 인원이 특정문제나 과제에 관하여 새로운 지식 · 기술 · 아이디어 등을 교환하는 회의로서 강력한 교육적인 프로그램이다.
콘퍼런스 (Conference)	일반적인 관심사의 문제를 논의하기 위한 2명 내지 그 이상의 회합으로서 공식적으로 의견을 상호교환한다.

용어	설명
콩그레스(Congress)	컨벤션과 같은 의미로서, 특히 유럽에서 국제적인 회의를 설명할 때 주로 사용하며, 본 회의와 사교행사 또는 관광행사가 동반되는 큰 행사이다.
클리닉(Clinic)	특정분야에 있어 특별한 지식과 기술을 배우거나 습득하는 교육적인 모임이거나 구체적인 문제해결 결과분석을 위해 개최되는 집단회의이다.
포럼(Forum)	일정한 주제에 대하여 상반된 견해를 가진 동일분야의 전문가들이 사회자의 주도하에 청중 앞에서 행하는 공개토론회로서, 청중이 자유롭게 질의에 참여할 수 있고, 사회자가 의견을 종합한다.
심포지엄(Symposium)	제시된 안건에 대하여 전문가들이 청중 앞에서 벌이는 공개토론회로서, 포럼에 비하여 다소의 형식을 갖추고 있고, 연사나 전문가들은 청중들의 질문에 답변해야 한다.
패널토의(Panel Discussion)	일정한 문제에 관하여 토론집단인 전문 패널의 견해를 차례로 발표하게 하는 전문가 집단회의이다.
강연(Lecture)	한 사람의 전문가가 한 주제에 관하여 공식적인 설명과 강의를 하고 청중들의 질문을 받는 회의이다.
전시회(Exhibition)	무역 · 산업 · 교육 분야 또는 상품 · 서비스 판매업자들을 초청하여 대규모 전시회를 개최하여 제품 및 서비스에 대한 상호 간의 정보를 제공하면서 회의를 수반하는 행사를 말한다.
박람회(Trade Show)	협회 또는 무역업자 · 관광업자들이 자사상품을 판매촉진하기 위하여 일련의 전시관을 구성하여 상품전시회와 회의를 개최하는 것으로 여행업자들의 국제행사는 이런 형태를 많이 취하고 있다.
화상회의(Teleconference)	장소를 이동하지 않고 몇 개의 장소에서 동시에 회의를 할 수 있는 방법으로 커뮤니케이션 통신망의 획기적인 발달에 따라 여행비용과 시간 등을 소비하지 않고 이용할 수 있어 기업가들의 이용률이 높아질 전망이다.

자료 : 이봉석 외(2011), 관광사업론, 대왕사, p.226.

(8) 강연(Lecture)

한 사람의 전문가가 일정한 형식에 따라 강연하며, 청중에게 질의 및 응답시간을 주기도 한다.

(9) 워크숍(Workshop)

총회의 일부로 조직되는 훈련목적의 회의로서 30~35명 정도의 인원이 특정문제나 과제에 관한 새로운 지식, 기술, 통찰방법 등을 서로 교환한다.

(10) 세미나(Seminar)

주로 교육목적을 띤 회의로서 30명 이하의 참가자가 참가자 중 1인의 주도하에 특정 분야에 대한 각자의 지식이나 경험을 발표한다.

(11) 전시회(Exhibition)

무역, 산업, 교육 분야 또는 상품과 서비스 판매업자들의 대규모 전시회로서 회의를 수반하는 경우도 있다. 전시회는 형태에 따라 순수한 상거래와 무역을 목적으로 한 무역전시회(trade show), 일반인을 대상으로 한 제품의 소개 및 홍보활동 위주의 일반전시회(public show), 그리고 무역전시회와 일반전시회의 특성이 혼합된 무역 · 일반전시회가 있다. 전시회를 참가업체 및 참관객(100명 기준)에 따라 국제전시회와 국내전시회로 나눈다. 국제전시회(국내전시회)는 전시산업발전법에 의한 전시회로 100명 이상(100명 미만)의 외국인 구매자가 참가 등록한 무역전시회, 소비자전시회 및 혼합전시회를 말한다(1일 이상).

(12) 화상회의(Teleconference)

원격 통신망을 통해 다른 장소에 있는 사람들 사이에서 행해지는 전자장비를 이용한 원격 화상회의 방식이다. 회의참석자가 회의장소로 이동하지 않고 국가간 또는 대륙간 통신시설을 이용하여 몇 개의 장소에서 동시에 회의를 개최하는 방법으로서 여행비용과 시간 등을 소비하지 않고 이용할 수 있어 기업체에서 이용률이 높다.

(13) 클리닉(Clinic)

특정분야에 있어 특별한 지식과 기술을 배우거나 습득하는 교육적인 모임이거나 구체적인 문제해결 결과분석을 위해 개최되는 집단회의이다.

2) 성격별 분류

(1) 기업회의(Corporate Meeting)

기업의 경영전략과 마케팅정책 수립, 판매 활성화, 교육 또는 연수, 상품출시 등 다양한 목적을 위해 개최되는 회의가 기업회의이다. 이러한 기업회의로는 신상품 개발 및 발표회, 세미나, 워크숍, 주주총회, 경영자회의, 상품판촉회의, 인센티브회의 등이 있다.

(2) **협회회의**(Association Meeting)

협회의 공동관심사와 운영전략, 유관기관과의 협의를 목적으로 개최되는 회의이다. 협회회의는 정기적으로 1년에 1회, 2회, 또는 2년마다 열리는 경우가 대부분이며, 주로 1년에 1회 이상은 회의를 개최하고 있다. 회의준비 기간은 2~5년 정도이고, 회의기간은 3~5일 정도가 소요된다.

(3) **비영리단체회의**(Non-profit Meeting)

사회단체 또는 비정부단체(NGO) 등이 주체가 되어 사회, 환경, 문화, 스포츠, 예술 등의 분야에 관한 공동의 관심사를 논의하기 위해 개최되는 회의를 말한다.

(4) **정부주관회의**(Government Agency Meeting)

중앙정부나 지방자치단체의 정부기관이 주최하여 경제, 사회, 문화, 외교 등에 관한 국가 상호 간의 공동의 관심사안에 대해 논의하기 위해 개최되는 회의를 말한다.

제2절 국제회의산업의 발전 및 파급효과

1. 국제회의(MICE)산업의 발전

21세기는 관광산업이 인터넷시대, 디지털혁명시대를 맞아 산업구조와 서비스 면에서 급격한 변화가 예상되고 있으며, 이러한 시대를 배경으로 국제회의산업 또는 마이스산업(Meeting, Incentive, Convention, and Exhibition : MICE)[1]은 지식기반 관광산업의 핵심으로 더욱 각광을 받고 있다. 세계는 점차 일일생활권이 되어가고 있고 각 국가의 교류도 더욱 활발히 전개될 것으로 보이며, 국제기구와 각 기업 간의 회의뿐만 아니라 많은

---

1) 국제회의산업과 MICE산업이라는 용어가 유사하게 사용되고 있다. MICE산업은 Meeting(회의), Incentive(포상관광), Convention(컨벤션), Exhibition(전시회)을 통칭하는 용어로 최근 싱가포르를 중심으로 사용빈도가 늘고 있으며, 우리나라에서도 최근 국제회의산업보다 좀 더 포괄적인 의미를 내포한 것으로 MICE산업이라는 용어가 통용되고 있다. 본 교재에서는 국제회의산업과 MICE산업을 함께 사용하기로 한다.

비정부기구(NGO) 간의 교류와 협력이 증대되고 있어 이러한 비영리단체회의의 수요도 꾸준히 늘어날 전망이다.

국제회의는 국제간의 상호이해 증진과 세계 평화구현에 기여할 수 있는 고부가가치 산업으로 향후 이 분야의 시장이 더욱 확대될 것으로 보여 세계 각국 정부는 국제회의, 전시회, 박람회, 학술세미나, 인센티브관광 등의 유치에 총력을 기울이고 있다.

국제회의는 계절 변화의 영향을 적게 받으므로 관광비수기 타개책으로 활용되고, 관광업계의 마케팅 및 신시장 개척에도 직접 기여할 뿐만 아니라 제반 경제 · 사회 분야의 국제화 및 국위선양에도 이바지한다. 또한 국제회의 참가자는 대부분 해당국의 정치 · 경제 · 과학 · 기술 · 문화 등 관련분야의 전문가로서 지도적인 위치에 있으므로 홍보효과 및 경제교류 촉진에도 상당한 성과를 거둘 수 있다.

우리나라는 1979년 한국관광공사 내 국제회의 전담부서인 국제협력부(현 MICE 뷰로)의 설치로 국제회의 진흥과 기반조성을 하여 현재까지 꾸준히 국제회의 유치 증대를 위한 각종 사업을 수행해 왔다. 2012년 국제협회연합(UIA) 조사에 의하면, 2014년에 총 10,651건의 국제회의가 개최되었으며, 이 중 한국은 총 636건의 국제회의를 개최하여 세계 4위라는 놀라운 개최 실적을 기록하였다. 이로써 3년 연속 세계 5위권 내 진입을 달성하였고, 아시아에서는 싱가포르에 이어 2위를 차지함으로써 국제회의 주요 개최지로서 높아진 한국의 위상을 보여주었다.

세계적으로 국제회의 개최는 매년 증가 추세에 있으며, 종전 구미지역 중심에서 벗어나 점차 아시아지역에서의 개최지 선정이 활발해지고 있다. 2000년 '제3차 아시아 · 유럽 정상회의(ASEM)'와 '제1회 APEC관광장관회의', 2001년 '세계관광기구(UNWTO)총회', 2002년 '월드컵축구대회' 등을 성공적으로 개최하였고, 2003년 '대구 유니버시아드대회', 2004년 'PATA 제주총회', 2005년 'APEC 정상회의', 2006년 '국가올림픽위원회연합회(ANOC) 총회', 2007년 '세계폐암학회 학술대회', '제46차 동양 및 동남아라이온스대회', 2008년 '제17회 국제자동제어연맹 세계대회' 및 '제22차 세계철학자대회', 2009년 '허벌라이프 아시아태평양 Extravaganza(외국인 참가자 2만명)', 2010년 'G20 정상회의', 2011년 '제19차 UNWTO 총회', 2012년 '핵안보 정상회의', 2014년 '전기통신연합 전권회의', '세계수학자대회' 등 대규모 국제행사를 성황리에 개최하여 우리나라의 국제적 위상 제고 및 아시아지역 주요 국제회의 개최국으로의 토대를 확고히 하였다.

이러한 국제회의산업에 대한 중요성을 인식하여 관련 법률인 「국제회의산업 육성에 관한 법률」('96.12.30)과 동법 시행령('97.4.4) 및 동법 시행규칙('97.5.12)이 각각 제정되어 발전의 근간을 이루었다. 또한 1998년 「관광진흥법」이 개정되면서 국제회의업의 분류는 기존의 '국제회의용역업'이 '국제회의기획업'으로 명칭이 변경되었고, 국제회의시설업을 새로이 추가하여 '국제회의업'으로 확대하였다.

국제회의산업이 최근 급격한 성장을 이룬 배경에는 2000년 5월 COEX 컨벤션센터 개관에 이어 2001년 대구전시컨벤션센터(EXCO), 부산전시컨벤션센터(BEXCO) 개관, 2003년 제주국제컨벤션센터(ICC Jeju)의 개관으로 서울과 지방에 대형 컨벤션센터가 건립되면서 수많은 대형 국제회의를 유치할 수 있는 여건이 조성된 점도 커다란 발전요인이었다. 그리고 이어서 경기도 고양에 한국국제전시장(KINTEX, 2005.4. 개관), 창원에 창원컨벤션벤터(CECO, 2005.9. 개관), 광주에 김대중컨벤션센터(KTJ Center, 2005.9. 개관), 대전에 대전컨벤션센터(DCC, 2008.4. 개관), 인천에 송도 컨벤시아(Songdo Convensia, 2008.10. 개관), 최근에는 경주 화백컨벤션센터(HICO, 2015.3.2. 개관) 등이 문을 열었다. 그리고 고양 KINTEX(2011.9.), 대구 EXCO(2011.5.), 부산 BEXCO(2012.6.)가 확장을 위한 신축공사를 완료하였다. 이외에도 2013년 6월에는 광주 김대중 컨벤션센터 제2센터를 개관하였으며, 2014년 7월 군산 새만금컨벤션센터(GSCO)와 2015년 3월 경주 화백컨벤션센터(HICO)가 개관되어 시설관련 수용태세는 점차 개선되고 있다. 또한 2019년 3월 29일에는 경기 수원 광교새도시에 수원컨벤션센터가 문을 열고, 경기 남부지역 마이스(MICE) 산업의 허브 구실을 하겠다며, 국내 컨벤션산업의 양대 공룡으로 불리는 서울 코엑스(COEX)와 경기 고양 킨텍스(KINTEX)에 도전장을 내밀었다.

2005년에 서울특별시, 부산광역시, 대구광역시, 제주특별자치도의 4개 지역이 국제회의도시로 지정된 이래, 2007년에는 광주광역시, 2009년에는 대전광역시, 경남 창원시, 2011년에는 인천광역시, 2014년에는 강원도 평창군, 경기도 고양시, 경북 경주시를 추가로 지정함으로써 2018년 12월 말 기준으로 전국적으로 11개 도시가 국제회의도시로 지정되어 있다.

2. 국제회의(MICE)산업의 파급효과

국제회의 국제회의(MICE)산업은 1차적으로는 컨벤션센터 운영과 관련된 시설과 서비스 관련 산업, 전시산업에 직접적인 관련을 맺고 있으나, 이외에도 다양한 관련 산업과 연관 효과를 가지고 있어 경제적 파급효과가 매우 높은 산업이다. 국제회의산업은 관광, 숙박, 식음료, 교통, 통신, 인쇄, 광고, 이벤트 등 관련 산업까지 총망라된 관광산업 중에서도 가장 핵심적인 지식기반산업(knowledge-based industry)이며 고부가가치산업이라 할 수 있다. 최근 정부는 MICE산업을 한국 미래를 이끌 17대 신성장 동력산업 중 하나로 미래 핵심 서비스산업으로 선정하여 집중적으로 육성 · 지원하기로 하였다.

1) 정치 · 외교적 효과

국제회의 참가자들은 단순 외래관광객과는 달리 호기심 이상의 관심을 가지게 되어 상당기간 동안 우리나라 및 의제에 관한 자료와 정보를 수집하게 됨에 따라 이를 통한 효과적인 한국의 이미지 부각이 가능하다.

참가자는 대부분 경제 · 사회 · 과학 · 기술 · 문화 등 관련분야에서 큰 영향력을 행사할 수 있는 지도급 인사이고 한국에 도착 전, 그리고 귀국 후 자신의 방한에 따른 제반사항을 관련단체와 주위의 동료 또는 주요인사와 접촉하여 논의할 것이므로 민간 외교적 차원에서 국가 홍보의 극대화를 이룰 수 있다. 특히 2000년 10월 개최된 아시아 · 유럽정상회의(ASEM), 2005년 APEC 정상회의, 2010년 세계관광기구(UNWTO)회의 등 세계적인 국제회의 유치는 전세계에 국가이미지를 높이고, MICE 목적지로의 위상을 높일 수 있는 계기가 되었다.

국제회의는 그 성격 면에서 수십여 개국의 대표들이 참가함에 따라 종래의 동남아와 구미주 지역에 편중된 한국관광홍보를 전 세계적으로 확산시킬 수 있는 계기가 되며, 특히 미수교국이 참가할 경우 이들과 관계 개선을 도모할 수 있는데, 동구권과 비동맹국 대표의 참여로 우리나라의 평화통일 외교정책 구현에 기여할 수 있다.

2) 경제적 효과

국제회의산업은 컨벤션센터와 호텔을 위시하여 스포츠와 리조트 등의 각종시설과 교통수단을 비롯하여 다양한 분야의 수익을 창출함은 물론, 그 파급효과가 크다.

한국관광공사에 따르면, 2017년 기준 MICE 산업의 전체 경제적 파급효과는 생산유발효과 약 19조 7,337억원, 부가가치유발효과 약 8조 5,852억원, 취업유발효과 202,395명, 고용유발효과 119,965명 등으로 나타났다. 특히 동 산업의 외화가득률은 90%로 자동차(71%), TV(60%), 휴대폰(52%), 반도체(43%) 등 주요 수출산업을 상회하고 있다.

국제회의 참가자들은 일반관광객에 비해 체재일수가 1.5배 길고, 외화소비액도 약 2배 이상이 되어 많은 경제적 효과를 얻을 수 있고 국제수지 개선에 크게 기여한다. 즉 국제회의 참가자의 1인당 평균 지출액이 371만 8천원으로 188만원인 일반관광객의 약 2배 이상을 지출한다(한국관광공사, 2017). 유럽과 호주의 경우에는 MICE 참가자의 지출액이 일반관광객에 비해 5배 이상 높은 것으로 조사되었다. 따라서 국제회의시장을 수십억원 가치의 시장(multi-billion dollar market)이라고 한다. 특히 비수기에 국제회의를 유치하면 호텔객실을 채우고 주변산업을 활성화시키는데 크게 도움이 된다. 따라서 국제회의참가자들에 대한 계획적이고 집중적인 마케팅활동을 전개해야 한다.

컨벤션 및 전시산업이 발전하면 개별기업의 국제마케팅 비용과 시간이 대폭 줄어들어 수출기업의 대외경쟁력을 높이고, 특히 해외네트워크가 부족한 중소기업의 경우에는 국내에서 바이어를 쉽게 발굴하고 수출을 증대하는 기회를 가질 수 있어 파급효과가 클 것으로 전망된다.

3) 사회적 효과

각종 국제회의가 한국에서 개최되는 빈도가 증가함에 따라 각 관련분야의 국제화 내지 질적 향상은 물론 일반국민의 자부심과 의식수준 향상을 꾀할 수 있다. 아울러 각종 시설물 정비, 교통망 확충, 환경과 조경개선, 고용증대, 항공 및 항만시설 정비, 신상품 개발 등 일반사회의 발전에 광범위한 파급효과를 가져올 수 있다. MICE산업은 연관산업에 대한 파급효과가 크기 때문에 일자리 창출에 크게 기여한다. 정부는 17대 신성장 동력으로 MICE산업을 선정하면서 2018년까지 산업규모가 GDP 대비 1.5%의 비중을 차지할 것이며 약 22조원의 산업규모와 약 48만명의 일자리를 창출할 것으로 전망하였다.

4) 관광적 효과

국제회의와 전시회 참가자는 회의 1건당 보통 100명에서 1,000명 이상에 이르므로 국제회의 유치는 대량 관광객 유치의 첩경이 된다. 특히 회의전후관광(pre & post tour)을 통해 기존 관광상품 및 신규상품을 참가자들에게 소개함으로써 한국고유의 문화, 전통, 풍습에 대한 깊은 인상을 심어주고, 참가자들이 체재기간 동안 얻은 한국에 대한 지식을 귀국 후 주위사람들에게 알림으로써 한국관광 홍보의 파급효과를 가져오게 된다.

5) 정보수집 및 정보교환의 효과

국내외로부터 다수의 국제회의 관계자가 개최지에 모이게 되므로 새로운 정보가 모이게 된다. 그 결과 국제회의의 개최지는 정보의 중심지가 되고, 그 지역의 활성화에도 기여하게 된다. 또한 참가자와 시민과의 접촉의 장소, 즉 국제친선 · 국제교류의 장소가 되며, 문화적 효과가 발생한다.

3. 관광산업과 국제회의산업의 관계

오늘날 국제회의는 관광에 의해 지탱되고 관광은 국제회의에 의해 육성되어 양자는 상호의존 관계에 있다. 즉 국제회의 도시의 매력은 관광에 의하여 상당히 증폭되고, 관광도시는 국제회의 개최에 유리하다.

국제회의산업과 관광산업의 관계를 규명하기 위해 우선 관광산업에서 국제회의산업이 차지하는 비중을 알아보고, 다음으로 국제회의산업의 기본적인 성격을 파악한 후 관광과의 연관성을 제시하였다.

첫째, 국제협회연합(UIA)의 자료에 의하면, 관광산업에서 국제회의산업이 차지하는 비중이 전체의 15%를 상회하고 있어 관광산업에서 그 중요성을 더해 가고 있다. 특히 국제회의산업은 국경을 넘나드는 인적교류이며, 정보와 문화의 교류로서 국제평화 증진이라는 점에서도 관광의 기본이념과 일치된다.

둘째, 국제회의산업의 기본적인 성격을 살펴보면, 국제회의산업은 공공분야의 공익성과 민간분야의 기업성의 두 가지 측면을 가지고 있다. 관광산업은 그 경제적 효과 못지않게 사회문화적 효과의 공익적인 측면에도 많은 비중을 두고 있다는 점에서 공공 · 민간 분야의 공동 노력이 필요하다. 국제회의산업 역시 그 경제적 효과 이외에도 사회문화적, 국가적 정보교류의 차원은 민간분야의 기업성만으로는 감당하기 어렵다는 점에서 관광산업과 유사한 특성을 가지고 있다.

셋째, 국제회의산업은 관광산업과 같이 복합성을 띠고 있으며 서비스와 유형적인 제품의 혼합체(amalgam)로 이루어져 있다. 국제회의 하나를 유치하는데 고려해야 할 분야가 실로 광범위하고 준비가 철저하게 이루어져야만 성공적인 유치가 가능하다. 다시 말해서 국제회의산업은 회의 뿐만 아니라 회의진행에 필요한 여러 가지 부수적인 서비스가 필요하다. 그중에서도 숙박시설, 식당, 여행사, 교통서비스 등의 관광산업과 밀접한 관계를 맺고 있다. 국제회의산업과 관광과의 관계를 나타내면 〈그림 9-1〉과 같다.

국제회의산업은 대규모 관광객 유치를 유발함으로써 국제회의기획업(PCO), 호텔, 여행사, 항공사, 쇼핑센터 등 관광관련 업체들에게 경제적인 수익창출과 더불어 관광의 기본이념인 세계평화에도 일익을 담당하는 중요한 산업이다.

MICE산업은 기본적으로 연관 산업 간의 상호의존성이 강하고 대규모 장치시설을 필요로 하는 산업이다. 따라서 MICE의 각 분야는 개별적으로 독립적 산업이지만 상호의존적인 측면이 강해 특정지역(예 : 서울)에 집중되어 설치 및 운영되고 있다. 또한 MICE 산업은 도시마케팅(destination marketing) 측면으로 접근해야 한다. 즉 단순한 시설이나 특정기업의 서비스 수준으로 경쟁력이 높아지는 것이 아니라, 도시 전체의 이미지와 관련 인프라에 의해 전체적으로 평가되고 인식되기 때문에 장기적인 관점에서 국가나 도시차원에서 산업전략을 구상하고 인프라를 구축해야 한다.

〈그림 9-1〉 국제회의산업(MICE)과 관광산업과의 관계

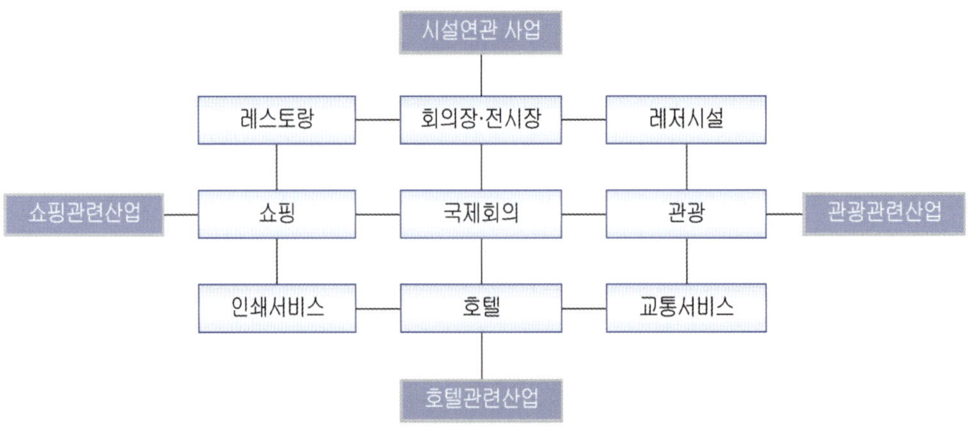

제3절 국제회의 산업의 현황

1. 세계의 국제회의 개최 현황

1) 세계 국제회의 개최 현황

국제협회연합(UIA)의 통계발표에 따르면, 2018년에 총 11,240건의 국제회의가 개최되었으며(2017년 10,786건), 한국은 890건의 국제회의를 개최하여 세계 순위 2위를 달성하였다. 한국은 6년 연속 세계 5위권을 유지함으로써 국제회의 주요 개최국으로서의 입지를 굳혔다.

〈표 9-3〉 세계 국제회의 개최건수 및 증감률 (단위 : 건, %)

구 분	2008	2009	2010	2011	2012	2013	2014	2015	2016	2017	2018
개최건수	11,085	11,503	11,519	10,743	10,498	11,135	12,212	12,350	11,000	10,786	11,240
증감률	7.43	3.78	0.13	-6.7	-5.9	6.1	9.7	1.1	-10.9	-1.9	4.2

자료 : 국제협회연합(UIA)

■ **UIA 통계기준**

- 국제기구가 주최하거나 후원하는 회의
- 국제기구에 소속된 국내지부가 주최하는 국내회의 가운데 다음 4가지 조건을 만족하는 회의
  ① 전체 참가자수가 300명 이상
  ② 참가자 중 외국인이 40% 이상
  ③ 참가국수 5개국 이상
  ④ 회의기간이 3일 이상

2) 국가별 개최 현황

국제회의연합(UIA)조사에 따르면, 2018년 총 11,240건의 국제회의가 개최되었으며 싱가포르가 1,238건으로 세계 1위를 달성하였고, 이어서 한국은 890건으로 전년 대비 1계단 하락한 세계 2위를 달성하였다. 세계 주요 국가별 국제회의 개최 건수의 상위 5개국은 싱가포르 1위(1,238건), 한국 2위(890건), 벨기에 3위(857건), 미국 4위(616건), 일본 5위(597건)으로 집계되었다.

〈표 9-4〉 주요 국가별/연도별 국제회의 개최현황

(단위 : 건)

순위	국가명	2018		2017		2016		2015		2014		5년 증감율
		건수	증감율	건수	증감율	건수	증감율	건수	증감율	건수	증감율	
1	싱가포르	1,238	41.2	877	1.2	888	20.7	736	△13.4	850	△14.5	5.2
2	한국	890	△31.4	1,297	30.1	997	11.9	891	40.1	636	0.2	9.6
3	벨기에	857	5.8	810	△15.0	953	29.3	737	△13.4	851	68.5	14.8
4	미국	616	7.1	575	△18.1	702	△24.5	930	8.4	858	7.4	△4.8
5	일본	597	14.1	523	-	523	△17.5	634	1.6	624	6.1	9.0
6	오스트리아	488	△17.4	591	46.3	404	5.5	383	△28.9	539	35.4	7.6
7	프랑스	465	10.2	422	△19.3	523	△11.4	590	5.2	561	37.5	4.0
8	스페인	456	3.6	440	4.0	423	△11.9	480	△6.4	513	1.6	△2.5
9	영국	333	8.5	307	15.4	266	△24.9	354	△0.3	355	1.7	0.1
10	독일	305	△18.4	374	△4.1	390	△17.4	472	7.5	439	2.5	6.5

자료 : 한국관광공사(2019), 2018 국제회의 개최현황

3) 도시별 개최 현황

세계 주요 도시별 개최실적으로는 싱가포르가 1,238건을 개최해 브뤼셀을 제치고 1위를 차지했으며, 브뤼셀이 734건을 기록하며 그 뒤를 이었다. 서울은 439건으로 3년 연속 3위 자리를 유지하였으며, 빈은 404건으로 4위 자리를 차지하였다.

그 외 국내 도시별 개최실적은 부산이 131건으로 세계 12위, 제주는 76건으로 세계 26위, 인천은 70건으로 27위를 기록하였다. 그 뒤로 대구는 37건을 기록하였고, 포항은 19건으로 전년 대비 증가세를 보였다. 광주는 15건, 대전은 14건을 기록한 것으로 발표되었다.

〈표 9-5〉 주요 도시 국제회의 개최 현황

(단위 : 건)

순위	국가명	개최건수	
		2017	2018
1	싱가포르	877	1,238
2	브뤼셀	763	734
3	서울	688	439
4	빈	515	404
5	도쿄	269	325
6	파리	268	260
7	마드리드	159	201
8	런던	166	186
9	바르셀로나	193	152
10	리스본	135	146

자료 : 한국관광공사, UIA(국제협회연합), 2019년 통계보고서 기준

주 : 순위는 2018년 개최건수 기준

4) 아시아지역 개최 현황

2018년 기준 아시아 지역에서는 싱가포르가 1,238건으로 타 국가에 비해 국제회의 개최건수가 상대적으로 높았고, 이어서 한국(890건), 일본(597건), 태국(185건) 등 순으로 나타났다. 아시아에서 개최되는 국제회의의 경우 대부분 싱가포르, 한국, 일본에 집중되는 경향이 있음을 알 수 있다.

〈표 9-6〉 아시아지역 주요 국가 국제회의 개최현황[2] (상위 10위까지 제시, 단위 : 건)

순위	국가명	A+B Type	A+C Type	A Type
1	싱가포르	1,238	1,313	1,177
2	한국	890	916	854
3	일본	597	601	579
4	태국	185	185	182
5	말레이시아	172	173	170
6	UAE	170	177	155
7	중국	132	132	131
8	인도	80	80	80
9	인도네시아	70	70	70
10	필리핀	59	59	59

자료 : 한국관광공사(2019), 2018 국제회의 개최현황

2) UIA 국제회의 인정기준

A Type	UIA DB에 등록된 국제기구가 주관하거나 후원하는 회의
B Type	A타입에 해당하지 않지만 그 성격이 국제적 성격을 띠는 회의로, 다음 조건을 만족하는 회의 1. 전체 참가자수가 300명 이상이거나 전시회 동반 2. 참가자 중 외국인이 40% 이상 3. 참가국수 5개국 이상 4. 회의기간이 3일 이상
C Type	A타입에 해당하지 않지만 그 성격이 국제적 성격을 띠는 회의로, 다음 조건을 만족하는 회의 1. 전체 참가자수가 250명 이상이거나 전시회 동반 2. 참가자 중 외국인이 40% 이상 3. 참가국수 5개국 이상 4. 회의기간이 2일 이상

2. 우리나라 국제회의 현황

1) 국제회의 개최 현황

(1) 국제회의 개최 현황

2017년 한 해 동안 개최된 MICE 관련 행사는 224,465건으로 나타났다. MICE 분야별로 살펴보면, Meeting 행사가 208,013건(92.7%)으로 가장 높게 나타났으며, 다음으로 Incentive Tour(11,202건, 5.0%), Convention(4,361건, 1.9%), Exhibition(889건, 0.4%) 순으로 나타났다.

2017년에 개최된 국제회의 전체 참가자 수는 약 3,827만명으로 나타났으며, 이 중 내국인 참가자 수는 약 3,686만명이고, 외국인 참가자 수는 약 140만명으로 나타났다. Meeting이 2,003만명으로 가장 높게 나타났으며, 다음으로 Exhibition(1,500만명), Convention(279만명), Incentive Tour(44만명) 순으로 나타났다. 내국인 참가자 수는 Meeting이 약 1,981만명으로 가장 높게 나타났으며, 다음으로 Exhibition(1,468만명), Convention(238 만명) 순으로 나타났다. 반면, 외국인 참가자 수는 Incentive Tour가 44만 명으로 가장 높게 나타났으며, 다음으로 Convention(42만명), Exhibition(32만명), Meeting(23만명) 순으로 나타났다.

〈표 9-7〉 한국의 MICE산업의 현황

(단위 : 건, 명, %)

구분	개최 건수		전체 참가자 수	내국인 참가자 수	외국인 참가자 수
	빈도(건)	비율(%)			
Meeting	208,013	92.7	20,032,640	19,806,231	223,409
Incentive Tour	11,202	5.0	444,637	-	444,637
Convention	4,361	1.9	2,792,637	2,377,477	415,160
Exhibition	889	0.4	14,997,017	14,679,038	317,979
전체	224,465	100.0	38,266,981	36,862,746	1,404,185

자료 : 한국관광공사(2019), 2017 MICE 산업통계 조사 연구

(2) 참가자 규모별 국제회의 개최현황

2017년 개최된 국제회의의 참가자 규모별 현황에 따르면, MICE 행사에 참가한 규모는 100~250명 미만이 64,646건(28.8%)으로 가장 높게 나타났으며, 다음으로 50~100명 미만(44,555건, 19.8%), 250~500명 미만(33,104건, 14.7%) 순으로 나타났다. 전체 참가자 수는 2,500명 이상이 약 1,950만명으로 가장 높게 나타났으며, 이 중 내국인 참가자 수는 약

1,904만명, 외국인 참가자 수는 약 46만 명으로 나타났다. 내국인 참가자 수는 2,500명 이상이 1,904만 명으로 가장 높게 나타났으며, 다음으로 1,000~2,500명 미만(약 695만명), 500~1,000명 미만(약 391만명) 순으로 나타났다. 외국인 참가자 수는 2,500명 이상이 약 46만 명으로 가장 높게 나타났으며, 다음으로 1,000~2,500명 미만(약 24만명), 50명 미만(약 17만명) 순으로 나타났다.

〈표 9-8〉 전체 참가자 규모별 국제회의 개최현황 (단위 : 건, %, 명)

구분	개최 건수		전체 참가자 수	내국인 참가자 수	외국인 참가자 수
	빈도(건)	비율(%)			
50명 미만	20,280	9.0	385,998	218,729	167,269
50~100명 미만	44,555	19.8	1,065,862	927,803	138,059
100~250명 미만	64,646	28.8	2,922,800	2,797,384	125,416
250~500명 미만	33,104	14.7	3,150,773	3,021,279	129,494
500~1,000명 미만	25,741	11.5	4,059,885	3,913,085	146,800
1,000~2,500명 미만	29,877	13.3	7,185,794	6,948,548	237,246
2,500명 이상	6,263	2.8	19,495,819	19,035,918	459,901
합계	224,465	100.0	38,266,931	36,862,746	1,404,185

자료 : 한국관광공사(2019), 2017 MICE 산업통계 조사 연구

2) 국제회의 시설 현황

국제회의업은 국제회의시설업과 국제회의기획업으로 분류된다. 국제회의시설업은 대규모 관광수요를 유발하는 국제회의를 개최할 수 있는 시설을 설치·운영하는 업을 말한다.

국제회의시설로는 컨벤션센터(전문회의시설), 호텔 연회장, 공연장, 체육관, 대학교, 역사적 건물 등이 포함된다. 우리나라 전문 컨벤션센터(국제회의시설)는 2000년 5월 COEX 컨벤션센터가 개관하기 이전에는 전문회의시설이 없어 주로 특1등급(5성급) 호텔의 대형 연회장에서 회의를 개최하였다. 하지만 현재는 COEX 컨벤션센터를 필두로 2001년 대구전시컨벤션센터(EXCO)와 부산전시컨벤션센터(BEXCO)가 개관하였고, 2003년 제주국제컨벤션센터(ICC Jeju), 2005년 9월 경기도 고양에 킨텍스(KINTEX), 광주에 김대중 컨벤션센터(KDJ Center), 창원에 창원컨벤션센터(CECO)가 각각 개관하였다. 2008년 11월 개관한 인천의 송도컨벤시아를 포함하여 2019년 3월 기준 2019년 3월 기준으로 국내에 운영 중인 전시컨벤션센터는 서울시 3개, 경기도 및 인천 등 수도권 3개, 충청권(대전)

1개, 동남권(부산, 창원) 2개, 대경권(대구, 구미, 경주) 3개, 호남권(광주, 군산) 2개, 제주권(제주) 1개 등 총 15개로, 이들 시설의 총 공급면적은 전시장면적 286,177㎡, 회의장면적 81,870㎡ 등 총 373,591㎡이다. 이 외에도 향후 울산 전시컨벤션센터, 충북 충주전시관, 잠실 제2코엑스 등이 추가 건립 예정이다.

〈표 9-9〉 **전국 국제회의장 시설 현황**

<table>
<tr><th rowspan="2"></th><th rowspan="2">시설명</th><th colspan="3">전시장 현황</th><th colspan="3">회의장 현황</th><th rowspan="2" colspan="2">총면적(㎡)</th><th rowspan="2">비중</th></tr>
<tr><th colspan="2">전시장 면적(㎡)</th><th>비중</th><th colspan="2">회의장 면적(㎡)</th><th>비중</th></tr>
<tr><td rowspan="3">서울시</td><td>코엑스(COEX)</td><td>36,007</td><td rowspan="3">51,377</td><td>12.5</td><td>11,123</td><td rowspan="3">13,037</td><td>13.6</td><td>47,130</td><td rowspan="3">64,414</td><td rowspan="3">17.2</td></tr>
<tr><td>세텍(SETEC)</td><td>7,948</td><td>2.7</td><td>839</td><td>1.0</td><td>8,787</td></tr>
<tr><td>양재 aT Center</td><td>7,422</td><td>2.6</td><td>1,075</td><td>1.3</td><td>8,497</td></tr>
<tr><td rowspan="3">수도권</td><td>일산 킨텍스(KINTEX)</td><td>108,566</td><td rowspan="3">133,464</td><td>37.5</td><td>10,188</td><td rowspan="3">23,022</td><td>12.4</td><td>118,754</td><td rowspan="3">156,486</td><td rowspan="3">41.8</td></tr>
<tr><td>송도컨벤시아 (Songdo Convensia)</td><td>17,021</td><td>5.9</td><td>4,020</td><td>4.9</td><td>21,041</td></tr>
<tr><td>수원컨벤션센터(Suwon Convention Center)</td><td>7,877</td><td>2.7</td><td>8,814</td><td>10.8</td><td>16,691</td></tr>
<tr><td>충청권</td><td>대전컨벤션센터(DCC)</td><td>2,520</td><td>2,520</td><td>0.9</td><td>4,064</td><td>4,064</td><td>5.0</td><td>6,584</td><td>10,784</td><td>2.8</td></tr>
<tr><td rowspan="2">동남권</td><td>부산 벡스코(BEXCO)</td><td>46,380</td><td rowspan="2">55,863</td><td>16.0</td><td>11,607</td><td rowspan="2">14,391</td><td>14.2</td><td>57,987</td><td rowspan="2">68,598</td><td rowspan="2">18.3</td></tr>
<tr><td>창원컨벤션센터(CECO)</td><td>9,483</td><td>3.3</td><td>2,784</td><td>3.4</td><td>12,267</td></tr>
<tr><td rowspan="3">대경권</td><td>엑스코대구(EXCO)</td><td>22,159</td><td rowspan="3">27,834</td><td>7.7</td><td>7,903</td><td rowspan="3">13,993</td><td>9.7</td><td>30,062</td><td rowspan="3">41,827</td><td rowspan="3">11.2</td></tr>
<tr><td>경주화백컨벤션센터 (HICO)</td><td>2,273</td><td>0.8</td><td>5,137</td><td>6.3</td><td>7,410</td></tr>
<tr><td>구미코(GUMICO)</td><td>3,402</td><td>1.2</td><td>953</td><td>1.2</td><td>4,355</td></tr>
<tr><td rowspan="2">호남권</td><td>김대중컨벤션센터 (KDJ Center)</td><td>12,027</td><td rowspan="2">15,724</td><td>4.2</td><td>4,529</td><td rowspan="2">6,354</td><td>5.5</td><td>16,556</td><td rowspan="2">22,078</td><td rowspan="2">5.9</td></tr>
<tr><td>군산새만금컨벤션센터 (GSCO)</td><td>3,697</td><td>1.3</td><td>1,825</td><td>2.2</td><td>5,522</td></tr>
<tr><td>제주권</td><td>제주컨벤션센터 (ICC JEJU)</td><td>2,395</td><td>2,395</td><td>0.8</td><td>7,009</td><td>7,009</td><td>8.6</td><td>9,404</td><td>9,404</td><td>2.5</td></tr>
<tr><td colspan="2">합 계</td><td colspan="2">289,177</td><td>100</td><td colspan="2">81,870</td><td>100</td><td colspan="2">373,591</td><td>100</td></tr>
</table>

자료 : 한국전시컨벤션산업연구원(2020), 제3차 전시산업발전계획 수립 연구

현재 우리나라의 국제회의시설의 종류는 크게 전문회의시설과 준회의시설, 전시시설, 부대시설 등으로 나누고 있는데, 다음과 같은 시설요건을 갖추어야 한다.

① 전문회의시설

2,000명 이상을 수용할 수 있는 대회의실과 30명 이상을 수용할 수 있는 중 · 소회의실 10실 이상과 2,000제곱미터 이상의 전시면적(옥내와 옥외시설을 모두 포함)을 확보하고 있을 것

② 준회의시설

국제회의 개최에 필요한 회의실로 활용할 수 있는 호텔연회장 · 공연장 · 체육관 등의 시설로서 200명 이상의 인원을 수용할 수 있는 대회의실과 30명 이상을 수용할 수 있는 중 · 소회의실 3실 이상 있을 것

③ 전시시설

2,000제곱미터 이상 전시면적(옥내와 옥외 시설을 모두 포함)을 확보하고, 30명 이상의 인원을 수용할 수 있는 중소회의실이 5실 이상 있을 것

④ 부대시설

국제회의 개최 및 전시의 편의를 위하여 전문회의시설과 전문시설에 부속된 숙박시설, 주차시설, 음식점시설, 휴식시설, 판매시설 등으로 한다.

3) 국제회의기획업(Professional Convention Organizer : PCO)

(1) 국제회의기획업의 현황

MICE산업에 있어서 국제회의기획업은 일반적으로 국제회의 유치, 계획, 준비, 운영에 이르기까지 전 분야에 걸친 전문적인 업무를 수행하는 조직으로서 현재 우리나라 국제회의기획업은 국제회의를 포함한 전시, 이벤트 등 MICE산업 관련 업무를 계획, 준비, 진행하는 등 관련 업무를 위탁받아 대행하는 업으로 정의할 수 있다(한국 PCO협회). 우리나라의 국제회의기획업체는 「관광진흥법 시행령」 제5조 등록기준에 따라 자본금 5천만원과 소유권 또는 사용권이 있는 사무실을 소유하고 있으면 등록할 수 있으며, 문화체육관광부령이 정하는 바에 따라 관광사업 등록신청서를 특별자치도지사 · 특별자치시장 · 시장 · 군수 · 자치구의 구청장에게 제출하면 등록이 가능하다. 2017년 기준 국제회의기획업(PCO)은 664개 업체가 등록되어 있으며, 현재 컨벤션센터는 15개 업체가 등록되어 있다. 2017년 기준, MICE산업의 총 종사자 수는 약 2만 3천명으로 그중 시설업 종사자 수가 약 1만 2천명으로 가장 높게 나타났으며, 다음으로 국제회의 기획업(약 6천명), 전시

및 기획업(약 3천명), 인센티브 여행업(약 2천명) 순으로 나타났다. 지역별로 살펴보면 서울지역의 종사자 수가 약 1만 1천명(47.0%)으로 가장 높게 나타났으며, 다음으로 경기(약 2천명, 8.7%), 부산(약 1천명, 6.4%) 순으로 나타났다(한국관광공사 2019).

(2) 국제회의 진행 조직

〈그림 9-2〉는 국제회의 진행조직도를 나타내고 있다. 조직위원장을 중심으로 사무총장, 분과위원회, 사무국이 있으며, PCO를 중심으로 국제회의 개최준비부터 모든 과정이 수행된다.

〈그림 9-2〉 국제회의 진행조직도

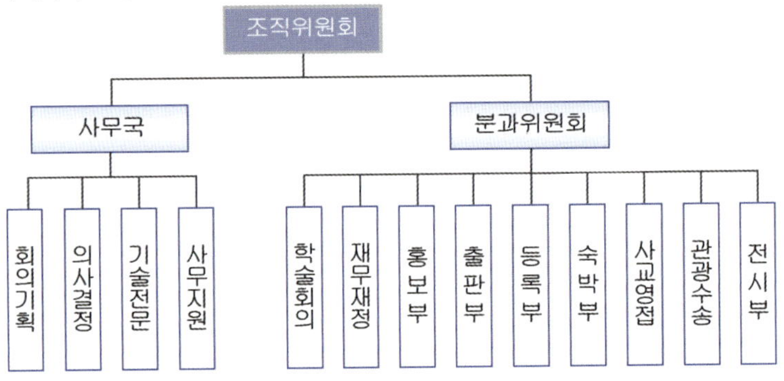

(3) 국제회의 단계별 주요 서비스

국제회의의 일정은 크게 개발 및 유치단계, 기획단계, 준비단계, 개최단계, 사후단계의 5단계로 구분될 수 있다.

〈그림 9-3〉 국제회의 단계별 주요서비스

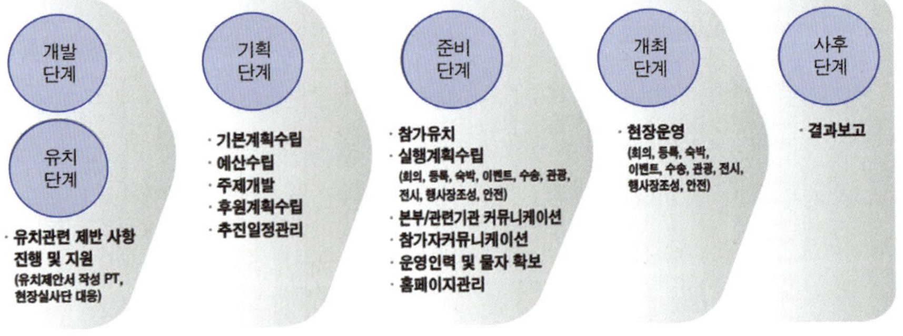

〈표 9-10〉 단계별 추진일정

일정	업무 진행 내용
6~12개월 전	• 지역 VIP를 포함하여 누가 참가할 것인지를 결정한다. • 몇 개의 회의 기간 및 장소를 갖고 있어야 한다. 휴일, 현지의 다른 행사, 기후 조건 등에 따른 유연한 대처가 필요하다. • 호텔 및 컨벤션센터와 접촉하고 홈페이지를 방문하여 분석한다. • 후보 대상지를 답사한다. 공항, 버스운행, 주차 등을 고려하여 평가한다. • 개최 도시 및 시설을 결정한다.
4~6개월 전	• 브로슈어나 이메일을 통하여 회의 장소 및 기간을 명기하여 참가 예정자들에게 통보한다. • 행사 프로그램과 의제를 가다듬는다. • 초청 연사를 확정시킨다. • 회의시설 임차 협상 및 계약을 완료한다. • 호텔과의 계약을 체결한다.
3개월 전	• 지역 교통계획 및 운행 계획을 세운다. • 장애인 참가자가 있는지를 확인한다. • 발표자나 참가자에게 필요한 각종 서비스를 준비한다.
2개월 전	• 각각의 회의장이 계획대로 준비될 수 있는지 판단한다. • 각종 싸인물(signage)을 주문한다. • 회의에 관한 정보를 참가자들에게 보낸다.
1개월 전	• 객실 사용자 명단을 호텔에 보낸다. • 참가자들이 객실에 필요한 것이 무엇인지를 확인한다. • 호텔에 청구서에 대한 것을 확인해 준다. • 식음료에 관한 것을 확정한다. • 연사의 필요한 시청각 자료(A/V)가 무엇인지 확인한다. • 모든 주요 직원(호텔, 컨벤션센터 등)의 이름, 전화번호 등 확인 • 참가자를 위한 각종 자료(이름표, 노트패드 등)를 주문한다.
2주 전	• 이름표를 준비하고 테이블 삼각형 카드를 준비한다. • 발표자의 이력서를 준비한다. • 회의에 관한 모든 장비를 준비시킨다. • 호텔 및 컨벤션 계약서를 다시 한번 점검한다. • 회의에 관한 정보를 사전에 알려준다. • 출판사와 저작권에 관한 내용을 정리한다. • 발표자의 자료를 입수한다.
3일 전	• 음식을 제공하는 회사에 총 참가자의 85% 범위에서 지불 보증을 한다. • 장애자가 필요한 것을 회의 개최시설에 확인해 준다. • 초청 연사에게 다시 한번 시청각 필요사항에 변동이 없는지를 확인한다. • 객실 명단을 검토하고 모든 참가자들이 조기 등록했는지 확인한다. • 영접 및 의전, 육상 교통에 대한 제반사항을 점검한다.
행사 당일	• 모든 필요사항을 다시 한번 점검한다. • 등록대를 운영한다.

자료 : 박의서 외(2011), MICE산업론, 학현사, pp.182~183.

(4) 국제회의기획업의 주요 업무

① 회의진행, 결과에 관한 기획업무

전반적인 회의전체에 대한 행사조직을 구성하고, 기본계획을 수립한다. 회의준비 일정표를 작성하고, 홍보계획, 예산안 등을 수립한다. 기본계획서 뿐만 아니라 숙박, 관광, 등록, 사교행사 등 행사의 모든 일정에 대한 상세한 세부진행계획서를 작성해야 한다. 또한 회의를 모두 종료하고 난 이후 결과보고서를 작성하고 회의 개최과정 중 미흡한 사항은 없었는지, 어떤 점이 향후 개선해야 하는지 등 전반적인 회의에 대한 평가회의를 개최한다.

② 주최측과 참가자의 연락관계 유지

주최측과 초청연사와의 계속적인 연락 업무, 참가자에게 등록 안내서 발송과 등록신청서 관리 등 전반적인 연락업무를 수행한다.

③ 회의장 및 각종 편의시설 준비 및 임차

회의장은 유치단계에서 후보지로 선정되었던 장소 가운데 회의의 성격과 예산 등을 고려하여 가장 적합한 곳을 선택한다. 회의장 선정시 가장 기본적으로 고려해야 할 사항은 회의장의 수용규모인원, 비용, 위치이다. 회의장은 크게 전문회의장인 컨벤션센터와 호텔회의장으로 구분된다. 그리고 회의실의 대관료는 전체 회의운영비의 가장 많은 부분을 차지하고 있는 만큼 참가자와 주최측의 경제사정을 고려하여 적절히 회의장 배치계획을 수립해야 한다.

회의에서 발표되는 내용은 새로운 주제를 다루는 일이 상당히 많은 편이기 때문에 발표 내용을 효과적으로 전달하기 위한 시청각 기자재를 사용하는 일이 대부분이다. 따라서 주최자는 발표자로부터 기자재 양식을 미리 신청받아 준비해야 하고, 회의시설에서 보유하지 않은 기자재는 외부 임대업자 등으로부터 임차해 준비를 완료해야 한다.

④ 회의 관련 각종 안내자료 기획 및 제작, 발송

등록안내서, 각종 양식을 포함한 회의안내 자료를 제작, 발송하는 일로 준비단계에 해당된다. 등록신청서 양식(registration form)은 매년 달라질 수 있으나 통상 기본형은 변함이 없는 경우가 대부분이다. 제작된 양식은 각종 회의정보와 더불어 전년도 회의참가자 등 각국의 예상참가자와 각국 지부를 대상으로 발송된다.

⑤ 참가자 등록업무

회의등록은 참가자들의 회의참가를 공식적으로 확인하는 절차로서 주최측에게는 참가자수, 참가자 입출국 현황 등 회의운영에 필요한 많은 정보를 제공한다. 일반적으로 회의등록은 회의 개시 전에 등록하는 사전등록(pre-registration)과 행사 현장에서 이루어지는 현장등록(on-site registration)의 두 가지로 분류될 수 있다.

⑥ 호텔 계약

호텔회의장에서 컨벤션을 개최하는 경우는 숙박이 가능하므로 이동할 필요가 없는 장점이 있다. 대규모 국제회의여서 해당 호텔의 객실을 모두 사용할 수 없는 경우에는 이동거리, 시간 등을 고려해 가급적 호텔회의장 인근에 위치한 호텔을 우선적으로 예약하는 것이 바람직하다.

호텔 계약을 위해서는 우선 회의참가자와 배우자 등 가족을 동반했는지의 유무 등을 파악하여 전체적으로 필요한 객실수요를 파악한다. 객실별 공식가격과 형태별(싱글, 더블, 트윈 등)로 필요한 숫자, 무료객실 제공 여부, 객실료 지불관계 등을 고려하여 호텔과 협상을 한 후 계약을 한다.

⑦ 사교행사(Social Function) 기획, 준비

국제회의참가자들은 배우자나 가족과 동반하는 경우가 많고 이들을 위한 특별한 프로그램은 국제회의 개최지의 매력을 더욱 높이고 참가자의 만족도를 높이는데 상당히 중요한 부분을 차지한다. 이러한 회의전후 관광과 리셉션 등 사교행사의 기획은 참가자 증가의 중요한 영향요인이 될 수 있다. 식사시간과 리셉션은 회의참가자들의 친목의 장으로서 회의를 성공적으로 이끄는데 있어서 없어서는 안 될 윤활유의 역할을 한다. 대부분 주최측이 부담하는 경우가 많다.

그리고 동반자 프로그램(spouse program)은 회의개최지의 특색을 보여주는 문화와 예술에 관련된 행사가 많다. 동반자 프로그램으로는 패션쇼, 전통차 예절, 쇼핑, 요리강습 등이 있다. 동반자 프로그램은 장소를 이동하며 방문하는 경우와 한 장소에서 여러 가지 다양한 프로그램이 준비되는 경우의 두 가지가 있다.

⑧ 회의준비 및 진행요원 확보

대규모 국제회의를 개최하기 위해서는 많은 준비 진행요원이 필요한데, 이들을 선발하고 교육해서 적재적소에 배치하는 일은 매우 중요하다. 이러한 진행요원으로는 학술

총괄팀장, 진행 및 장비관리 담당자, pre-view room 담당자, session room 담당자를 두고, 각 담당자별로 접수요원과 운영요원을 배치한다.

⑨ 수송 및 관광업무

수송업무는 행사별 수송계획, 셔틀버스 운용계획, 수송차량 예약 및 배치, 행사요원 교육과 배치 등의 업무가 있다.

관광업무는 회의 전 관광, 회의 중 관광, 회의 후 관광, 학술관련 시찰 등으로 나눌 수 있다. 회의 전 관광은 회의 종료 후 곧바로 출국을 해야 하는 참가자를 위해 실시되는 경우로 등록 전이기 때문에 정확한 참가자 수를 파악하기 어려운 점이 있다. 회의 중 관광은 종종 참가자의 휴식을 위해 실시되고, 보통 관광비용을 주최측에서 부담하는 경우가 많고 기간도 짧게 이루어진다. 회의기간이 3~4일 정도인 단기간인 경우에는 회의 중 관광을 실시하지 않는 경우도 많다. 회의 후 관광은 대부분의 회의에서 실시되며 주로 2~3일의 단기코스와 5~6일 코스의 2종류 이상 실시하는 경우가 많다. 그리고 회의의 성격이 전문적인 기술회의나 학술회의인 경우는 관련시설 시찰이 종종 행해지기도 한다.

⑩ 기타 국제회의 관련 제반업무 수행

국제회의기획은 위의 다양한 업무 이외에도 의전 및 행사계획, 인쇄 및 제작, 각종 인쇄물을 제작하는 일, 홍보물 제작, 인터넷 등을 이용한 국내외 홍보활동, 공식항공사 관련업무, 초청연사 관련 업무 등의 수많은 일을 담당한다.

(5) 국제회의전문가(컨벤션기획사/Meeting Planner)

국제회의 전문가는 컨벤션 산업의 전문인력을 일컫는 말로서 회의기획 · 준비 · 운영 · 관리 · 진행 · 사후관리 등의 업무를 처리하는 전문가를 의미하며 약 30년 전 유럽에서 등장하였다. 문화관광부(현 문화체육관광부)가 2003년 컨벤션기획사를 국제회의의 유치 · 기획 · 준비 · 진행 등 제반 업무를 조정 · 운영하면서 목표설정 · 기획 · 계약 · 현장관리 · 평가 등의 업무를 수행하는 전문가라고 정의하였으며, 컨벤션전문관리협회(Professional Convention Management Association : PCMA)와 국제회의전문가협회(Meeting Professional International : MPI)에서는 미팅이나 컨벤션의 기획 · 실행에 관한 모든 면을 조정하는 직업을 가진 사람이라고 정의한다. 따라서 컨벤션기획사들은 국제회의 개최와 운영을 위해 수행하는 모든 업무 내용의 구분이 필요하며, 이에 따라 전문화를 위한 전문 지식의 요구가 강화되고 있다.

국내 국제회의 산업이 국제적인 경쟁력을 갖춤에 따라 국제회의 개최수도 늘어나고 있어 이러한 전문지식과 기술을 갖춘 전문가 양성은 시급하다. 이에 국가기술자격법시행령 및 시행규칙의 개정에 따라 2003년부터 한국산업인력공단 주관 하에 컨벤션기획사 2급의 자격시험을 시행하고 있으며, 2011년도 기준 총 848명의 컨벤션기획사를 배출하였다(한국 PCO협회).

〈표 9-11〉 컨벤션기획사 2급 자격제도

구분	내 용
직무내용	회의기획/운용 관련 제반업무를 수행하는 자로 회의목표 설정, 예산관리, 등록기획, 계약, 협상, 현장관리, 회의평가 업무에 대해 전문적 지식을 갖고 업무를 수행
시험정보	① 시행처 : 한국산업인력공단 ② 응시자격 : 제한없음 ③ 시험과목 : 필기 - 컨벤션산업론, 호텔관광실무론, 컨벤션 영어 실기 - 컨벤션실무(컨벤션기획 및 실무제안서 작성, 영어서신 작성) ④ 합격기준 : 필기 - 매 과목 40점 이상, 전 과목 평균 60점 이상 실기 - 60점 이상(시험시간 6시간)

4) 한국관광공사의 MICE뷰로(MICE Bureau)의 기능과 역할

한국관광공사는 1979년부터 국제회의부(현, 코리아 MICE 뷰로)를 설치하여 국제회의 유치 활동 및 국제회의 개최지원, 해외 마케팅활동, 국제회의 관련 정보 제공, 전문인력 양성, MICE 업계 네트워킹 구축 활동 등을 전개함으로써 MICE산업 중앙전담기구로서의 역할을 담당하고 있다(K-MICE 웹사이트).

(1) 유치가능 국제회의 발굴

① 국제회의 유치의향조사(국제기구가입 국내단체 대상)

② 국제기구 자료에 의한 유치가능 국제회의 조사

③ 유치가능성이 높은 국내단체에 대한 세일즈콜 및 유치 권유 활동

④ 유관인사 방한 초청지원

(2) 국제회의 유치에 대한 원스톱 서비스(One-stop Service) 제공

① 국제회의 유치절차 안내 및 자문

② 유치제안서 작성 및 환영서신 제공

③ 보조금 지원(유치제안서 인쇄, 국제기구 간부 사전답사, 기념품 등)

④ 한국홍보 간행물 제공 및 비디오 대여

⑤ 한국홍보데스크 운영 지원

⑥ 공사 해외 지사망을 통한 유치지원

(3) 국내개최가 확정된 국제회의 주관단체에 대한 지원

▶ **당해년도 개최지원**

① 국제회의 개최관련 정보제공 및 자문

② 보조금 지원(참가안내서 인쇄, 관광프로그램 운영, 문화예술공연, 기념품)

③ 한국홍보 간행물 제공 및 비디오 대여

④ 멀티슬라이드 상영 및 관광안내데스크 운영 지원

▶ **참가자 유치증대를 위한 사전 홍보**

① 공사 해외 지사망을 통한 홍보

② 보조금 지원(기념품 등)

③ 한국홍보 간행물 제공 및 비디오 대여

(4) MICE 마케팅 활동

① MICE 전문 전시회 참가 및 한국 홍보관 운영

② MICE 전문지 광고게재 및 기사화

③ 해외 MICE 로드쇼(유치설명회) 실시 및 세일즈콜 실시

④ 홍보간행물 제작, 배포 : 홍보영상물, 컨벤션 시설 안내책자(영문)

(5) MICE 산업 육성 기반 조성

① 한국 MICE 육성협의회(Korea MICE Alliance) 운영

② 한국 MICE 산업전

③ 지방 MICE 유치세미나 개최

(6) MICE 정보 수집 및 제공

① MICE 통합정보시스템(K-MICE 홈페이지) 구축 운영(국/영문)

② 국제회의 주관기관 정보 수집 및 제공

③ 국제회의 개최실적 및 계획, 조사

④ 국내외 MICE 전담조직 및 전문시설 조사

⑤ MICE 캘린더 및 MICE 개최현황 책자 발간, 배포

⑥ 한국 컨벤션 e-newsletter 제작 발송

(7) 국제기구와의 협력 활동

① 국제관광기구 관련 회의 유치 지원

② PATA, UNWTO 등 국제관광기구와의 협력활동

③ 컨벤션 부문 국제기구 회의 참가

제4절 국제회의산업의 향후 과제

1. 국제회의산업의 문제점

MICE산업은 정보 및 지식교류의 인프라로서 산업 및 무역발전에 근간을 제공하는 미래 성장 동력산업으로 부상하고 있다. 최근 우리나라는 국제회의 개최실적 면에서 세계 2위(아시아 2위)로 비약적인 성장을 이루었고, 2010년 G20 정상회의, 2011년 세계관광기구(UNWTO) 총회 등 대규모 국제회의를 유치하면서 컨벤션개최지로서 한국의 위상 강화 및 영향력에 긍정적인 영향을 끼쳤으며, 전반적인 국가이미지가 크게 제고되어 시기적으로 MICE산업 도약의 절호의 기회를 맞고 있다. 더불어 지방에서 대규모 국제회의를 개최함으로써 지방관광 및 지역경제 활성화에 기여한 것으로 평가된다. 이렇듯 국제회의산업에 대한 인식과 중요성이 날로 높아지고 있어 향후 국제회의산업(MICE)은 관광산업분야 중에서 가장 큰 성장을 보일 것으로 기대된다. 인천 신공항 개항과 고속철도 개통 등 관련 인프라가 구축되고 있으며, 2000년 5월 코엑스(COEX) 컨벤션센터의 개관을 시작으로 부산, 대구, 제주 등에서도 컨벤션센터가 개관함에 따라 전국에 15개 국

제회의시설이 운영되어 국제회의개최를 위한 하드웨어 시설체계가 갖추어지고 있다. 하지만 한국의 컨벤션 및 전시인프라는 무역규모를 감안할 때 크게 미흡한 실정이며, 세계 컨벤션 강국들은 컨벤션 유치활동의 핵심기구인 컨벤션뷰로(CVB)의 활동을 강화하여 기존의 국제회의 유치나 단순 홍보활동에서 벗어나 지역(도시) 마케팅의 구심체로서 지자체, 호텔, 관광 등 컨벤션 관련산업 분야와의 협력체계를 대폭 강화하고 있다. 이런 측면에서 우리나라가 싱가포르, 미국, 독일, 영국, 일본과 같은 컨벤션 강국처럼 성장을 추진해 나가기에는 문제점들이 산재해 있다.

현재 우리나라의 MICE산업은 개최건수 면에서 두자리수의 성장률을 보이고 있다. 국내외 MICE시장에서 기업회의, 인센티브 여행 등 신규산업의 수요가 높아져 개최건수가 매년 증가하고 있다. 특히 MICE 개최건수 중 단순미팅(국내 및 국제회의 포함) 208,013건, 인센티브 여행이 11,202건을 차지하여 새로운 MICE 수요로 부상하고 있다(2017년 기준). 하지만 MICE산업은 서비스산업으로서 전문성이나 위상정립을 제대로 하지 못하고 있는 실정이며, 컨벤션센터를 제외하고 수많은 업체가 난립하여 불필요한 과당경쟁을 하는 동시에 제대로 된 서비스를 제공하는 업체의 공급에는 제약을 보이고 있다. 또한 정부의 지원책 역시 과감한 발상의 전환을 이루지 못해 신성장 산업으로서 성장하기에는 다음과 같은 제반 문제점으로 인해 국제회의산업 발전에 한계를 보이고 있다.

(1) 국제회의 개최를 위한 관련 인프라 구축의 미흡

각 지역이 경쟁적으로 컨벤션시설의 건립에 집중한 나머지, 호텔 등 숙박시설, 교통 등 컨벤션 인프라 조성과 체계적인 마케팅계획 수립이 이루어지지 못하고 있는 실정이다. 대규모 국제회의는 전문컨벤션센터의 확보와 더불어 참가자를 위한 충분한 숙박시설을 갖추어져야 한다. 하지만 현재 우리나라는 숙박시설이 절대적으로 부족할 뿐만 아니라 주로 이용되는 특1등급(5성급), 특2등급(4성급) 등 고급호텔의 가격이 비교적 높은 편이어서 국제회의 개최지로서의 전반적인 가격경쟁력을 크게 저하시키고 있다. 또한 컨벤션센터가 부산, 대구 등에 건립되었지만 서울에 비해 주변 관광지와의 연계성과 교통수단 확보가 미흡한 실정이다.

(2) 컨벤션 센터의 건립으로 과당경쟁과 자본의 유휴화 가능성

컨벤션 개최 유치건수의 수요에 비해 갑자기 많아진 지역 컨벤션센터의 건립으로 과당경쟁과 자본의 유휴화가 예상된다. 컨벤션센터가 점진적으로 개관되고 이에 맞게 국제회의 개최 건수가 증대되는 것이 바람직하지만, 아직은 한정된 국제회의시장에 공급의 초과로 대규모 지자체 자본으로 투자된 시설이 유휴화될 가능성을 배제할 수 없다.

(3) 행정체계의 단일화와 통합지원시스템 구축 미흡

현재 국제회의 관련 부분은 문화체육관광부와 한국관광공사에서 관할하고 있으며, 전시회 관련 사항은 산업통상자원부와 KOTRA에서 관할하고 있다. 관련 법률도 국제회의는 1997년 제정된 「국제회의산업 육성에 관한 법률」이고, 전시회는 2008년 제정된 「전시산업발전법」으로 이원화되어 있어서 종합적인 국제회의산업 육성을 위한 정책집행의 혼선을 초래할 수 있다. 즉 「국제회의산업 육성에 관한 법률」은 국제회의 전담조직의 지정 및 설치, 국제회의의 유치·개최 지원, 육성기반 조성, 국제회의시설 건립 및 운영 촉진, 국제회의 전문인력의 교육훈련, 국제협력의 촉진, 전자국제회의의 확충, 국제회의 정보 유통 촉진 등을 다루고 있다. 「전시산업발전법」은 전시산업의 개념을 명확히 하고 시행주체와 절차를 규정하고 있으며, 전시산업육성을 위한 계획을 주요 골자로 하고 있다. 그러나 양 법안은 해당 산업의 통합과 상호연계를 통한 MICE산업의 가치창출에 대한 내용은 거의 없다.

그리고 국제회의산업이 발전하고 좀 더 많은 국제회의를 국내로 유치하기 위해서는 국제회의기획업(PCO), 여행사, 호텔, 관광공사의 MICE뷰로 등 관련된 모든 유관기관의 협력이 절대적인데, 우리나라는 통합시스템 구축이 아직 충분하지 않아 원활한 국제회의 개최가 되지 못하고 있다.

(4) 국제회의 유치 운영에 기여할 수 있는 실질적 지원 장치 미흡

한국관광공사내 '코리아 MICE뷰로'와 지역별 컨벤션뷰로에서 많은 컨벤션 지원기관의 설립·운영에도 불구하고 실질적으로 지원장치는 미흡하다. 공사내 '코리아 MICE뷰로'에서 국제회의관련 많은 일을 수행하고 있으나 독자 전담조직에 비해 국가의 컨벤션뷰로로서 역할을 수행하기에는 인력의 전문성과 예산 등의 측면에서 한계가 있다. 외국의 경우 컨벤션 전담기구가 국제회의 유치 및 홍보활동 극대화를 도모하고 있는 것을 고려할 때, 현재의 관광공사 내 컨벤션뷰로의 조직을 더욱 확대 개편할 필요성이 크다.

(5) 컨벤션 전문인력의 부족

국제회의 개최를 위해서 가장 중요한 하드웨어인 컨벤션시설은 서울, 부산, 대구, 제주 등에 이미 개관되어 어느 정도 공급을 이루고 있는데, 문제는 증가된 컨벤션 시설을 충분히 활용할 전문 인력이 부족하다는 점이다. 국제회의기획업의 수는 증가하고 있으나 전문성과 경험을 충분히 갖추고 있는 전문인력은 많지 않다. 현재 우리나라는 몇몇 대학에서 국제회의 관련학과가 개설, 운영되고 있으나, 국제회의 관련교육을 체계적으로 교육·훈련시키지 못하고 있다. 한국관광공사 MICE뷰로에서 시행하는 국제회의 교육은 공사 직원이나 국제회의기획업 관련 종사자를 위한 한시적이고 일회적 세미나·워크숍 개최에 그치고 있어 지속적인 전문인력 양성을 위한 교육프로그램은 제공하지 못하고 있고, 일부 국제회의 전문인력 양성기관이 그 기능을 수행하고 있는 것이 사실이다. 그리고 2003년부터 컨벤션기획사 제도를 실시하고 있으나 인력수요에 따른 대응체계 미비로 전문인력 수급의 불균형을 초래하고 있다.

2. 국제회의산업의 향후 과제

위에 제시된 문제들을 다음과 같이 효과적이고 현명하게 대처해 나간다면 국제회의 개최 선진국으로서의 초석을 다질 수 있을 것으로 전망된다.

(1) 국제회의 수용태세 개선 및 인프라 확충

국제회의전문시설이 건립되는 도시의 국제회의 개최 수용태세를 개선하고, 충분한 인프라를 구축해야 한다. 국제회의 참가자들을 위한 충분한 숙박시설과 쇼핑, 관광, 주변도시와의 교통연계, 음식 등이 체계적으로 이루어져 일정한 수준을 갖춘 국제회의 도시가 되어야 한다. 이를 위해서는 이들 도시를 국제회의 도시로 지정하여 해당 지역을 중점적으로 지원하는 방안이 필요하다. 특히 국제회의 참가자들의 원활한 숙박시설 이용을 위해서는 숙박가격을 적정한 수준으로 할인하는 제도의 정착과 충분한 숙박시설 공급, 원활한 이용체계 개선이 이루어져야 한다. 특1등급(5성급), 특2등급(4성급)에 비해 비교적 외국인 이용률이 낮은 1등급(3성급), 2등급(2성급), 3등급(1성급) 호텔의 이용률 제고를 위해서 이들 업체의 개보수 비용 지원과 함께 종사원들의 서비스, 외국어 교육으로 회의참가자들이 저렴하지만 불편하지 않게 체류토록 하여 국제회의 개최지로서 좀 더 나은 여건을 조성해 나가야 한다.

(2) 지역별 차별화된 유치 및 특화 전략

전체적인 국제회의산업의 육성을 위해서는 컨벤션센터의 지역별 차별화된 유치 및 특화전략으로 지나친 경쟁을 막고 컨벤션센터를 지역발전의 전초기지로 만들어야 한다. 독일은 전시박람회의 강국인데, 지역별로 특화하여 불필요한 경쟁을 줄이고 차별화로 국가전체 발전에 컨벤션이 크게 기여하고 있다. 또한 브뤼셀은 좁은 국토에도 불구하고 4개의 컨벤션단지를 효과적으로 차별화하여 세계 3위의 국제회의 개최도시로 부상하였다. 최근 컨벤션센터 공급이 늘어나고 있는 우리나라에게 독일의 지역별 차별화 전략은 많은 시사점을 줄 수 있을 것으로 보인다. 그리고 독일의 경우 컨벤션센터는 주로 도시와 주정부가 소유하고 있어서 박람회 회사에게 저렴하게 제공하여 컨벤션 유치 시 참가비용을 낮춤으로써 가격 경쟁력을 높이고, 홍보와 마케팅을 통해 적극적인 유치를 유도하여 지역경제발전의 중심이 되고 있다.

국가적인 글로벌 마케팅 차원에서 컨벤션시설 및 전시장별로 차별화된 국제회의 유치 전략을 구축하고, 세부추진계획을 수립하여 전국토의 균형적인 발전과 경쟁력을 제고하도록 해야 한다. 이에 맞게 정부의 적절하고 효과적인 정책마련과 개최지원이 이루어져야 한다. 세부적으로 MICE 단지별로 전시 및 컨벤션 시설, 연계 가능한 시설 등을 종합적으로 감안하여 마케팅 목표를 확실하게 차별화하고 독특한 실천전략을 마련해야 한다. 다음은 국내 단지별 차별화전략에 대한 내용이다(최용민, 2010).

① COEX(서울) : 전시 및 컨벤션 인프라 활용을 극대화하면서 유리한 배후여건(호텔, 쇼핑, 카지노, 놀이시설, 한강, 고궁, 공연시설 등)을 최대한 활용함. 한국의 대표적 컨벤션 인프라로서 코리아 프리미엄을 제고할 수 있는 국제회의 및 행사를 기획(IT 및 게임 체험관 등 체험 장소 설치/단기 의료관광의 연계상품 개발)

② EXCO(대구) : 첨단 의료단지를 활용한 순수의료 및 의료관광을 연계한 국제회의 분야로 차별성을 제고함.

③ CECO(창원) : 한국 최고의 수출전문 생산지(창원공업단지, 마산수출자유구역)라는 장점을 살려 생산현장 투어와 중소 규모 전시 및 컨벤션을 연계함.

④ 제주국제컨벤션센터(ICC) : 온화한 기후와 천혜의 관광자원을 국제회의시설과 연계함. 레저와 비즈니스를 결합한 MICE 단지로 글로벌 외국기업 또는 국내 대기업의 기업회의나 포상관광을 중점 공략 대상으로 삼아서 관광, 골프 등 레저인프라를 적극 부각하는 마케팅을 전개하고, 외국자본의 적극적 활용을 검토해야 함.

⑤ BEXCO(부산) : APEC 정상회의와 OECD 세계포럼 등 대규모 행사 개최경험을 바탕으로 글로벌 컨벤션 행사를 유치함과 동시에 해양산업 육성과 영화 등 한류 확산에 주력해야 함.

⑥ DCC(대전컨벤션센터) : 과학, 연구개발(R&D), 행정중심도시라는 장점을 활용한 차별화를 도모해야 함.

⑦ KINTAX(고양) : 인천공항 접근성이 양호하고 대형 전시인프라의 차별화를 도모함. 출자회사인 KOTRA의 경험과 우수한 인프라를 고려하여 대형 장치시설을 필요로 하거나 참가기업이 많은 대형 글로벌 전시회를 주도적으로 집중 공략함.

또한 범국가적인 차원에서의 마스터플랜으로 현재 추진되고 있는 컨벤션센터의 수요타당성 등의 검토를 통해 경쟁적으로 계획되고 있는 지자체의 컨벤션 시설 건립을 자제토록 하여 정부의 국고가 낭비되는 일이 없도록 해야 할 것이다. 하지만 경쟁력 있고 타당성 있는 것으로 입증된 지자체의 컨벤션센터 건립은 적극적으로 지원하여 지역경제 활성화의 중심이 되도록 해야 할 것이다. 현재의 MICE 업계의 대형화, 전문화, 국제화를 통해 전체 산업의 시장규모를 확대하도록 해야 한다.

(3) 컨벤션산업과 관련한 각종 제도적, 정책적 기반 정비

「국제회의산업 육성에 관한 법률」의 제정을 추진하여 육성재원을 확대하고, 컨벤션 관련 업체 대상 거래의 부가세 영세율 적용 등 세제지원은 물론, 회의유치에서 개최기간까지의 준비기간(lead time)이 긴 산업적 특성을 감안하여 다양한 금융지원책을 강구해야 한다. MICE산업 발전을 위해 세금 및 부담금(환경개선부담금, 교통유발분담금) 감면정책이 시행되어야 한다. 부가가치가 높은 서비스산업을 육성하기 위해서는 클러스터 차원에서 비전을 세우고 경제자유구역에 버금가는 특구로 지정하여 통합적인 지원체계를 구축해야 한다. 권역별로 1~2개의 MICE 단지를 특별구역으로 선정하여 조세혜택을 제공하고, 대규모 시설을 필요로 하는 장치산업임을 감안하여 기반시설에 한해 국고를 지원하여 가격경쟁력을 제고해야 한다.

또한 현재 이원화된 행정체계의 단일화가 요망된다. 국제회의를 주관하고 있는 문화체육관광부에 관련업무를 이관시켜서 행정체계의 단일화로 효율성 있는 정책입안이 되어야 한다. 2001년 8월 설립된 '한국컨벤션협의회'는 10여년 간 컨벤션산업의 대정부 정책 건의 및 컨벤션산업 육성을 위한 공동협력사업을 전개하였고, 2009년 12월에 조직명을 '코리아 MICE 협의회(Korea MICE Alliance)'로 변경하고 재출범하였다. 코리아 MICE 협의회의 주요 활동은 지역 MICE 유치 및 개최지원, 해외 공동 마케팅 및 공동 유치활동, 글로벌 MICE 캠페인 전개, Korea MICE card 프로그램 운영, 항공 · 숙박 · 쇼핑 등 지역별 할인 협약 등이다. 따라서 본 협의회를 중심으로 관련 공공기관, 컨벤션 전문시설, 항공사, 컨벤션 업체와 학계가 공동 협력하에 국제회의 개최와 홍보, 마케팅, 인력양성 등 국제회의 산업 기반조성을 위한 실효성 있는 협의체로 발전시켜 나가야 한다. 현재의 한 해 890회(세계 2위)의 국제회의 개최건수를 더 늘리기 위해서는 관련된 모든 기관과 업체의 유기적인 협력이 가장 중요한 부분이다. 중앙정부와 지자체간 지원체계의 효율화와 민간협력에 의한 컨벤션 유치를 위한 정부의 범국민적인 지원을 지속적으로 확대해야 한다.

(4) 컨벤션산업 육성 전담기구의 명확한 역할 규정

한국관광공사 내 마케팅본부 산하에 '코리아 MICE뷰로'의 역량을 강화시키기 위한 방안이 필요하다. 우선, '코리아 MICE뷰로'를 별도조직으로 설립하여 국제회의 전담기관으로서 국제회의 유치 홍보 및 마케팅, 국제회의 전문인력 양성, 종사자 교육훈련, 지방의 컨벤션사무국 지원, 컨벤션관련 통계 작성 등 모든 국제회의 육성에 관한 역할을 수행토록 하는 방안이다. 이와 아울러 지역관광의 구심체인 CVB로서 도시의 이미지 제고를 위해 노력해야 한다. 또 다른 대안은 현재의 MICE뷰로(MICE진흥팀, 컨벤션팀, 인센티브 유치팀)의 조직 규모와 인력을 확대하는 방안이다. 현재의 인력규모를 늘리고 업무를 좀 더 세분화하여 관련기관 지원 및 역할을 증대시켜야 한다. 전문화된 인력으로 업무의 효율성을 제고시키기 위해서는 '전문 별정직'의 형태로 외부 전문인력을 영입하여 이들의 전문성과 노하우를 활용하는 방법과 공사 직원의 컨벤션 부서의 '장기 보직화'를 통해 전문인력으로 발전시켜 나가는 방법이 있다. 특히 '코리아 MICE뷰로'는 컨벤션-전시-이벤트-관광문화의 연계 프로그램 개발과 최첨단 IT를 활용한 컨벤션 마케팅 및 프로세스의 표준화 및 전문화를 추진함으로써 컨벤션산업의 고부가가치형 산업으로 유도하는데, 하이브레인으로써 구심점 역할을 제공해야 한다.

(5) 국제회의 전문인력 양성

국제회의 전문인력 양성이 이루어져야 한다. 1990년대 이후 한림대 대학원을 비롯한 많은 대학과 교육기관에서 전문인력을 양성하고 배출하였으나 다양한 분야에서 국제적

네트워크와 경험을 가진 전문인력 양성은 아직 미흡하다. 단기적으로 '컨벤션기획사' 자격제의 문제점을 보완하여 전문인력 양성의 출구로써 역할을 제고해야 한다. 또한 현종사원들의 질을 제고하기 위한 교육프로그램을 개발하고, 전문인력 양성기관에 대한 지원을 해야 한다. 장기적으로 MICE 전문경력개발(career path)을 제시하여 민관 합동으로 추진해야 하며, MICE 전문인력 매칭시스템 개발, 국내외 MICE 인턴십 기회확대 등으로 우수인력이 이 분야에 장기적으로 종사할 수 있는 여건을 조성해야 한다. 이와 아울러 이 분야에 전문인력 양성을 위해서는 범정부차원에서 관련분야 종사자들에 대한 전문성과 자긍심을 고취하도록 인식조성 또한 필요한 부분이다.

제5절 세계의 국제회의산업

1. 미국

미국은 세계적으로 국제회의 개최건수 세계 4위(2018년 기준) 국가이다. 2010년 936건으로 세계 1위 이후 2011년부터 2013년에는 싱가포르에 이어 2위를 기록하여 국제회의 세계 최강국의 자리를 고수하고 있다. 미국의 컨벤션산업은 1960년에 시카고의 McCormick Place를 시작으로 컨벤션센터를 건립하기 시작하여 1980년대 600여개로 증가되었고 현재에도 계속 증가되고 있다. 미국의 컨벤션센터는 다운타운의 쇠퇴와 슬럼(slum)화를 해결하기 위한 도시 재개발 사업과 도시에 새로운 기능을 통한 도시경제의 활성화를 위해 건립되었다. 그 대표적인 사례가 뉴욕에 있는 Jacob K. Javits 컨벤션센터(Convention Center)와 도심지의 쇠퇴와 슬럼화를 막기 위해 건설된 조지아(Georgia) World Congress Center(OMNI International, OMNI Coliseum 연계 개발)가 있다. 그리고 미시시피강 하구에 있는 뉴올리언즈(New Orleans)의 항만기능의 약화 개선과 도시 재개발을 위해 건립된 뉴올리언즈 컨벤션센터(New Orleans Convention Center)를 주요 성공사례로 들 수 있다.

미국은 컨벤션 참가자들이 회의참가와 함께 회의전후에 관광을 한다는 사실을 인식하여 카지노로 유명한 관광지인 라스베이거스에서 많은 국제회의를 개최하여 4,110만명의 관광객이 방문한다. 라스베이거스는 도박도시라는 오명을 벗어나기 위해 1990년대부터 초대형 호텔건설에 나서 현재는 휴양도시이자 전시 및 컨벤션 도시로의 입지를 확고히 다졌으며, 연간 2만5천 회의 및 전시컨벤션을 개최하여 미국내 대표적인 컨벤션 도시가 되었다. 세계적인 테마파크가 있는 올란도 디즈니월드 내에도 컨벤션센터를 건립하여 컨벤션과 관광의 수요를 동시에 충족시키고 있다. 또한 미국기업 91%가 전시회를 통해 구매정보를 얻고 있는 바와 같이 컨벤션 강국들은 전시컨벤션산업을 해외마케팅의 핵심 수단으로 적극 활용하고 있다.

2. 싱가포르

싱가포르는 350만명의 인구가 거주하는 400제곱 마일에 불과한 도시국가이나 도시별 국제회의 개최실적 면에서 부동의 세계 1위(2011~2013년, 2018년)를 차지할 만큼 수많은 국제회의를 유치하고 있다. 싱가포르는 정부가 하이테크 기업유치와 MICE산업을 적극 육성하고 있으며, 국제회의산업이 관광산업과 무역 전반에 상당한 영향을 주고 있어 경제 전체에서도 높은 비중을 차지하고 있다.

싱가포르는 컨벤션시설만도 1995년 개관한 선텍 싱가포르 컨벤션 · 전시센터(Suntec Singapore Convention and Exhibition Centre), 1999년 개관한 정부 소유의 싱가포르 엑스포 컨벤션 · 전시센터(Singapore EXPO Convention & Exhbition Centre) 등이 있다. 싱가포르는 단기간에 세계 수준의 국제회의산업을 위한 기반시설을 갖추어 5년 만에 2개의 정부 소유의 컨벤션 및 전시시설을 갖추었다. 국제회의산업의 마케팅 및 유치활동은 싱가포르관광청(Singapore Tourism Board : STB) 내 싱가포르 전시컨벤션뷰로(Singapore Exhibition & Convention Bureau : SECB)에서 시행하고 있으며, 관련 조직과 정부기관간 원활한 협력체계로 컨벤션유치의 효율성을 높이고 있다. 또한 국제 수도화 전략을 내세우고 있는 싱가포르의 지리적인 이점으로 항공의 접근성과 시설 등의 부분에서 좋은 평가를 받고 있다.

3. 일본

일본은 국제관광진흥회 내 컨벤션뷰로(Janpan Convention Bureau)를 통해 일본정부와 지정된 컨벤션도시를 중심으로 적극적으로 컨벤션 유치활동을 펼치고 있으며, 2018년

597건을 유치하여 세계 5위, 아시아 3위를 차지했다. 일본은 1986년 컨벤션도시를 구상하고 1988년 컨벤션도시를 지정하기 시작하여 1996년 45개의 도시를 지정하여 정부의 제도적 지원을 받고 있다. 대표적인 컨벤션센터로는 퍼시픽 요코하마 컨벤션 프라자(Pacific Convention Plaza Yokohama), 도쿄 빅사이트 컨벤션센터(Tokyo "Big Sight" Convention Center), 월드 컨벤션센터 서밋(World Convention Center Summit), 신즈오카 컨벤션 & 아트센터(Shinzuoka Convention & Arts Center), 나고야 콩그레스 센터(Nagoya Congress Center) 등이 있다.

4. 독일

2018년 기준으로 독일은 305건의 국제회의를 유치하여 세계 10위를 기록하고 있다. 독일 이외에 국제회의 개최를 많이 하는 주요 유럽국가로는 2018년 기준 벨기에(3위), 오스트리아(6위), 스페인(8위) 등 관광대국들이 주요 국제회의 개최지로 나타났다. 독일은 전시박람회 강국으로 많은 전시회와 박람회를 유치하여 지역경제 활성화와 고용을 창출하고 있다. 현재 독일은 교역량의 60~70% 이상을 전시박람회를 통해 유치하고 있으며, 독일의 전시컨벤션산업은 GDP의 약 1%, 250억 유로(40조원)를 차지하고, 연간 25만명의 일자리를 창출하고 있다.

독일의 전시박람회는 지역별로 특화되어 불필요한 경쟁을 줄이고 전문성으로 승부하고 있다. 뒤셀도르프는 패션과 의학분야, 퀼른은 사진 · 테크닉과 같은 미디어분야, 하노버는 기계공학과 산업기술 분야, 그리고 뮌헨은 스포츠용품과 전자산업체 박람회에 주력함으로써 지역별로 차별화되어 개최되고 있다.

또한 독일은 세계 최대 규모의 10대 박람회장중 4곳(하노버, 프랑크푸르트, 퀼른, 뒤셀도르프)을 보유하고 있다. 그중 뒤셀도르프 박람회는 세계 3위의 규모를 자랑하고 있다. 독일은 컨벤션시설의 대부분을 시정부가 소유하고 있고 저렴하게 박람회회사에 대여되고 있다. 이러한 정부의 재정적 지원으로 임대료 부담이 적어 컨벤션참가자의 등록비를 낮게 책정함으로써 다른 나라와 컨벤션 유치경쟁시에 독일의 장점으로 작용하고 있다.

〈표 9-12〉 세계 주요국의 컨벤션산업 현황

국가	현황
미국	• 컨벤션산업의 규모 : Successful Meetings 誌(2001)에 따르면 2000년에 컨벤션 관련 주최자에 의한 지출액이 약 1,221억 달러(기업회의 458억 달러, 인센티브 관광 98억 달러, 협회회의 665억 달러로 1999년 1,124억 달러에 비해 8.6% 성장하였음. 그리고 1992년 이후 매년 평균 9% 성장을 함. • 컨벤션센터 : 1960년 시카고의 McCormick Place를 시작으로 컨벤션센터 건설붐이 일기 시작함. • 컨벤션센터의 건설을 도시 재개발사업이나 도시경제 활성화 전략의 일환으로 추진 • 컨벤션 형태가 다양해지고 참가자들의 욕구도 다양해짐에 따라 컨벤션센터를 관광 도시에 건립하여 관광산업과 적극적으로 연계시키려고 하고 있음. • 컨벤션뷰로(CVB)는 컨벤션센터 참가자가 관광객이라는 생각으로 적극적으로 유치 • 대표적 컨벤션센터 : 뉴욕시 'Jacob K. Javits Convention Center'(1986년 개관), 덴버 'Colorado Convention Center'(1990년 개관), 필라델피아 'Pennsylvania Convention Center'(1993년 개관), 시카고 'McCormick Place'(1977년 확장하여 미국에서 가장 큰 규모), 아틀란틱시티 'Atlantic City Convention Center'(1977년 개관)
싱가포르	• 1995년에 완공된 Suntec 싱가포르 컨벤션 · 전시센터는 오락시설, 쇼핑센터 등 각종 편의시설을 갖춤. • 싱가포르는 컨벤션산업의 중요성을 일찍 인식하여 컨벤션 유치여건 조성에 주력하고 대외적으로 각국의 언론과 정부관계자들을 상대로 적극적인 홍보를 함 • 지리적 여건상 아시아의 관문이며 자유무역항으로서 잘 발달된 항공망과 편리한 교통, 숙박시설 등을 장점으로 컨벤션국가로 성장하기 위한 국가전략을 확립함 • 대표적인 컨벤션센터 선택 : 싱가포르 컨벤션 · 전시센터(Suntec Singapore Convention & Exhibition Centre), 싱가포르 엑스포 컨벤션 · 전시센터(Singapore EXPO Convention & Exbibition Centre)
일본	• 1986년 컨벤션도시 계획를 세워 1988년부터 컨벤션도시 지정 • 1994년 6월 국제회의 유치촉진법 및 개최 원활화를 위한 국제진흥에 관한 법률 제정 이후 일본의 국제회의 진흥활동이 급속히 성장 • 1996년 45개 컨벤션도시 선정. 컨벤션뷰로의 관할 하에 각 지역의 컨벤션 유치활동을 전개하면서 국제회의산업에 대한 투자를 확대하고 있음. • 1995년 6월 운수성을 비롯하여 국제관광진흥회, 도시 컨벤션뷰로와 회의장시설업체, 호텔, PCO 등 일본 내 컨벤션 관련기관, 단체, 업계를 회원으로 JCCB(Japan Congress Convention Bureau)가 설립되어 국가, 지자체, 민간단체 등 각 분야에서 컨벤션 진흥을 도모하고 있음.

국가	현황
	• 대표적인 컨벤션센터 : Pacific Convention Plaza Yokohama, Tokyo International Forum, World Convention Center "Summit", Shinzuko Convention & Arts Center, Nagoya Congress Center
독일	• 독일은 교역량의 60~70%가 전시박람회를 통해 이루어질 만큼 독일 경제에서 비중이 높음 • 지역별 차별화 전략을 통해 전문성을 높이고 불필요한 경쟁을 줄임 • 세계 최대규모의 박람회장 5곳 중 4곳을 독일이 소유하고 있으며, 주정부와 시정부에서의 적극적인 지원과 마케팅으로 지역경제 활성화의 중심을 이루고 있음

자료 : 황희곤 · 김성섭(2002), 컨벤션마케팅과 경영, 백산출판사, pp.52~53 참조 재작성

제 10 장
외식산업

제 10 장 외식산업

제1절 외식산업의 개념

우선 외식(外食)이란 용어의 사전적인 의미를 살펴보면, 음식을 음식점 등에 가서 먹는 일 또는 그러한 식사를 말한다. 외식이라 함은 가정의 식생활을 기준으로 하여 가정 외에서의 식생활을 외식(外食)이라 한다. 하지만 오늘날의 외식은 출장연회, 도시락 판매, 완제품 음식이 발달되면서 가정 내에서의 식생활에서도 외식의 개념이 자리잡게 됨에 따라 현대적인 의미의 외식은 가정 외의 식생활과 외식적 내식(內食)까지 포함하고 있다.

외식산업에 대한 정의를 손일락 교수의 정의로 살펴보면, '인간의 외식활동에 대응하여 성립된 일단의 사업군'으로 보고 있다. 외식산업은 여러 연쇄점을 거느린 산업화된 요식업으로 조리재료의 일괄 구입, 공통된 식당 등의 특색을 지닌다. 종래에 요식업, 접객업, 음식점업 등으로 불리우던 음식점영업이 외식산업으로 발달하게 된 것은 이 분야의 전체 시장규모의 확대와 함께 단순히 음식을 먹는 것에서 서비스 제공, 분위기, 가치창출 등의 발전된 상품으로 변모했기 때문이다.

미국레스토랑협회(National Restaurant Association : NRA)의 정의에 의한 외식산업은 '가정 밖에서 준비되어 판매하는 모든 식사와 스낵을 포함하며, 가지고 가는(take out) 식사, 그리고 음료까지 포함한다'로 정의하고 있다. 이와 같은 학자와 단체의 모든 정의를 총괄하면 외식산업(Foodservice Industry)이란 "일정한 장소에서 조리 및 가공된 음식물을 상품화하여 비용을 지급한 소비자에게 제공되는 가정 외에서 조리되어지는 상업적, 비상업적 식생활 전체를 총칭하는 산업"으로 볼 수 있다.

제2절 외식산업의 특성 및 분류

1. 외식산업의 특성

첫째, 외식산업은 생산과 판매가 동시에 이루어지는 서비스산업이다. 외식산업은 유통경로가 부재하여 상품구매를 위해 고객이 직접 방문해야 한다. 외식산업은 제조, 판매, 서비스, 소비의 전과정을 일체화하여 소비자에게 식음료와 서비스를 동시에 제공하는 특성을 가지고 있다.

둘째, 외식산업은 노동집약적 산업이다. 조리과정은 어느 정도 기계화가 가능하지만 고객의 주문을 받고 직접 음식을 전달하는 서비스 과정은 사람의 손에 의해 이루어지므로 타 산업에 비해서 노동집약적 특성을 지닌다. 따라서 외식산업은 자동화에 한계가 있으며 서비스부문의 인적의존성이 높은 산업으로 볼 수 있다.

셋째, 다품종 소량생산의 주문판매 산업이다. 일단 조리된 완성품의 경우 재고가 없다는 장점이 있다. 또한 최근의 외식업체 동향은 소품종을 특화한 전문음식점이 증가하고 있는 추세이다.

넷째, 상품공급의 시간적 · 공간적 제약을 갖는다. 보통 점심, 저녁 등 식사시간대의 피크타임에 많은 손님이 한꺼번에 몰리므로 공간과 인력공급의 원활한 조절이 어렵다. 따라서 효율적인 공간관리와 수요를 분산할 수 있는 방안이 필요하다.

다섯째, 비교적 식자재의 원가가 낮은 편이다. 외식산업의 식자재 원가는 보통 35% 이하인 경우가 대부분이다.

여섯째, 입지의존적 특성을 지닌다. 고객을 유치하는 공간적 위치가 중요하므로 가급적이면 유동인구가 많은 곳에 입지하는 것이 필요하다. 즉 입지 전략과 상권 분석을 통해 사업 타당성 조사가 이루어지고 수익성 위주의 효율성이 요구되는 산업이다. 특히 동일업종이 한 군데 몰려 있는 경향을 보인다.

일곱째, 체인화가 용이한 산업이다. 업소의 경영 경험과 노하우(know-how)를 바탕으로 규모의 경제와 표준화를 실현하는 대표적인 프랜차이즈 산업이다.

여덟째, 이직률이 높은 산업이다. 외식업체는 대부분 임금이 낮고 복리후생 등의 근무조건이 열악한 편이어서 이 분야 종사원들의 이직률이 높다. 최근 주5일 근무제 시행으로 여가와 외식에 많은 지출이 예상됨에 따라 이 분야의 신규채용 규모는 크게 늘어날 전망이다.

아홉째, 수요예측의 불확실성이 있다. 외식산업은 사회적, 경제적인 원인에 의해서 영향을 받을 뿐만 아니라, 계절, 날씨, 전염병 등 기타 주변적인 상황에 따라 정확하게 고객의 수를 예측하기에 어려운 문제가 있다.

열번째, 진입장벽이 낮은 산업이다. 외식산업은 타 산업에 비해 적은 자본과 기술로 창업을 할 수 있기 때문에 쉽게 사업을 시작할 수 있다. 반면 이러한 낮은 진입장벽으로 인해 외식업체 간의 경쟁이 치열하며, 사업 생존율 또한 낮은 분야이다.

2. 외식산업의 분류

현재 외식산업에 대한 분류는 접근방식과 나라마다 조금씩 차이를 나타내고 있고 통일된 분류가 되어 있지 못하다. 따라서 외식산업에 대한 분류는 크게 우리나라와 외국의 경우로 나눌 수 있고, 현재 우리나라에서 통용되고 있는 외식산업의 분류로 한국표준산업분류표상의 분류, 식품위생법상의 분류, 관광진흥법상의 분류로 나누어 살펴보기로 하겠다.

1) 우리나라 외식산업의 분류

(1) 한국표준산업분류표상의 분류

한국표준산업분류는 1963년 제정된 이래 총 9차례의 개정을 통해 보완 및 발전되어 왔다. 대분류의 경우 "숙박 및 음식점업(Ⅰ)", 중분류의 경우 "음식점 및 주점업(56)", 소분류의 경우 "음식점업(561)"과 "주점 및 비알코올 음료주점(562)"으로 구분된다. 세분류로 음식점업에 일반음식점업(5611), 기관구내식당업(5612), 출장 및 이동음식업(5613), 기타음식점업(5619)으로 구분된다. 주점 및 비알코올 음료주점에는 주점업(5621)과 비알코올음료점업(56220)이 있다. 〈표 10-1〉은 한국표준산업분류의 10차 개정 연표를 바탕으로 작성한 외식산업의 분류를 나타내고 있다.

〈표 10-1〉 한국표준산업분류표의 음식점 · 주점업

대분류	중분류	소분류	세분류	세세분류	
I 숙박 및 음식점업	56 음식점 및 주점업	561 음식점업	5611 일반음식점업	56111	한식음식점업
				56112	중국음식점업
				56113	일식음식점업
				56114	서양식음식점업
				56119	기타외국식음식점업
			5612 기관구내식당업	56120	기관구내식당업
			5613 출장 및 이동음식업	56131	출장음식서비스업
				56132	이동음식업
			5619 기타음식점업	56191	제과점업
				56192	피자, 햄버거, 샌드위치 및 유사음식점업
				56193	치킨전문점
				56194	분식 및 김밥전문점
				56199	그외기타음식점업
		562 주점 및 비알코올 음료점업	5621 주점업	56211	일반유흥주점업
				56212	무도유흥주점업
				56219	기타주점업
			5622 비알코올음료점업	56220	비알코올음료점업

자료 : 통계청 한국표준산업분류 10차 개정(2017년) 연계표 근거 저자 작성

(2) 「식품위생법」상의 분류

우리나라 「식품위생법」은 제36조(시설기준) 제1항 제3호에서 '식품접객업'이라는 용어를 사용하고 있다. 한국표준산업분류표의 음식점업과는 다소 차이를 나타내며, 현재의 외식산업의 범위와 특징을 반영하지 못하는 문제점을 내포하고 있다. 우선 음식점 영업과 주점영업으로 나누고, 음식점 영업을 휴게음식점 영업과 일반음식점 영업으로 구분하고, 주점영업은 단란주점과 유흥주점으로 구분하고 있다. 이외에도 위탁급식영업과 제과점영업 등이 있다. 다음은 식품위생법상의 영업의 종류를 나타낸 것이다.

① 휴게음식점업

음식류를 조리 · 판매하는 영업으로서 음주행위가 허용되지 않는 영업을 말한다. 주로 다류를 조리 · 판매하는 다방, 빵과 떡, 그리고 과자와 아이스크림을 제조 · 판매하는 과자점형태의 영업을 포함한다. 단, 편의점, 슈퍼마켓, 휴게소 등에서 컵라면, 일회용 다류 또는 그 밖의 음식류에 뜨거운 물을 부어주는 경우는 제외한다.

② 일반음식점업

음식류를 조리 · 판매하는 영업으로서 식사와 함께 부수적으로 음주행위가 허용되는 영업을 말한다.

③ 단란주점영업

주로 주류를 조리 · 판매하는 영업으로서 손님이 노래를 부르는 행위가 허용되는 영업을 말한다.

④ 유흥주점업

주로 주류를 조리 · 판매하는 영업으로서 유흥종사자를 두거나 유흥시설을 설치할 수 있고, 손님이 노래를 부르거나 춤을 추는 행위가 허용되는 영업을 말한다.

⑤ 위탁급식업

집단급식소를 설치 및 운영하는 자와의 계약에 따라 집단급식소에서 음식류를 조리하여 제공하는 영업을 말한다. 여기서 집단급식소는 1회 50명 이상에게 식사를 제공하는 급식소를 의미한다.

⑥ 제과점업

즉석식의 빵, 생과자, 케이크 등을 직접 구워서 일반 소비자에게 판매하거나 접객시설을 갖추고 구입한 빵, 케이크 등을 소비할 수 있도록 제공하는 산업활동을 말한다.

(3) 「관광진흥법」상의 분류

「관광진흥법」에서는 외식산업을 하나의 사업으로 분류하지 않고 휴게음식점영업, 관광유흥음식점업, 관광식당업, 관광극장유흥업 등으로 표현하고 있다. 「관광진흥법」에 나타난 외식산업의 분류는 관광객이용시설업의 종류(중분류)로 전문휴양업(소분류)내 휴게음식점영업, 일반음식점영업, 제과점영업으로 구분되고, 관광편의시설업의 종류로 관광유흥음식점업, 관광극장유흥업, 외국인전용 유흥음식점업, 관광식당업으로 구분하고 있는데, 세부적인 사항들을 살펴보면 다음과 같다.

① 전문휴양업

식품위생법 시행령에 따라 휴게음식점업, 일반음식점영업 또는 제과영업의 신고에 필요한 시설을 갖추어 이를 관광객에게 이용하게 하는 영업을 말한다.

② 관광유흥음식점업

식품위생법령에 의한 유흥주점 영업의 허가를 받은 자로서 관광객이 이용하기 적합한 한국 전통분위기의 시설을 갖추어 그 시설을 이용하는 자에게 음식을 제공하고 노래와 춤을 감상하게 하거나 춤을 추게 하는 영업을 말한다.

③ 관광극장유흥업

식품위생법령에 의한 유흥주점 영업의 허가를 받은 자가 관광객이 이용하기 적합한 무도시설을 갖추어 그 시설을 이용하는 자에게 음식을 제공하고 노래와 춤을 감상하게 하거나 춤을 추게 하는 영업이다.

④ 외국인전용 유흥음식점업

식품위생법령에 의한 유흥주점영업의 허가를 받은 자가 외국인이 이용하기 적합한 시설을 갖추어 그 시설을 이용하는 자에게 주류나 그 밖의 음식을 제공하고 노래와 춤을 감상하게 하거나 춤을 추게 하는 영업이다.

⑤ 관광식당업

식품위생법령에 의한 일반음식점영업의 허가를 받은 자가 관광객이 이용하기 적합한 음식제공시설을 갖추고 관광객에게 특정 국가의 음식을 전문적으로 제공하는 영업이다.

2) 외국의 외식산업 분류

(1) 미국식당협회(NRA)의 외식산업 분류

미국식당협회의 외식산업의 분류는 크게 상용적 외식업과 기관업체로 분류하고 있다. 상용적 외식업에는 음식전문점, 계약음식점, 숙박업음식점, 소매업음식점, 위락시설음식점이 있다. 기관업체로는 직원식당, 단체운영 학교음식점, 교통업음식점, 대학교 운영 음식점, 병원운영 음식점, 보육권 · 양로원 · 고아원 · 장애자 음식점, 클럽 · 위락시설 캠프 등이 있다. 이외에도 군업체(장교전용 음식점, 일반군인 음식점)이 있다.

〈표 10-2〉 미국 식당협회의 외식산업 분류

<table>
<tr><td rowspan="22">상용업체
(Commercial feeding)</td><td rowspan="6">음식전문점
(eating places)</td><td>Restaurants Lunchrooms</td></tr>
<tr><td>Limited Menu Restaurants</td></tr>
<tr><td>Commercial Cafeterias</td></tr>
<tr><td>Social Caterers</td></tr>
<tr><td>Icecream Frozen Custard Stands</td></tr>
<tr><td>Bars/Tyavems</td></tr>
<tr><td rowspan="7">계약음식점
(food contractors)</td><td>Manufacturing & Industrial Plants</td></tr>
<tr><td>Commercial & Office Buildings</td></tr>
<tr><td>Hospitals & Nnursing Homes</td></tr>
<tr><td>Primary & Secondary Schools</td></tr>
<tr><td>In-transit Feeding(airlines)</td></tr>
<tr><td>Recreation & Sports Centers</td></tr>
<tr><td>College & Universities</td></tr>
<tr><td rowspan="3">숙박업음식점
(lodges places)</td><td>Hotel Restaurants</td></tr>
<tr><td>Motor Hotel Restaurants</td></tr>
<tr><td>Motel Restaurants</td></tr>
<tr><td rowspan="2">소매업음식점
(retail host restaurants)</td><td>Drug & Proprietary Store Restaurants
General Merchandise Store Restaurants</td></tr>
<tr><td>Variety Store Restaurants, Food Store Restaurants
Grocery Store Restaurants</td></tr>
<tr><td rowspan="3">위락시설음식점
(recreation & sport)</td><td>Drive in Movies</td></tr>
<tr><td>Bowling Lanes</td></tr>
<tr><td>Recreation & Sport Centers</td></tr>
<tr style="display:none"><td></td></tr>
<tr><td rowspan="10">기관업체
(Institutional feeding)</td><td rowspan="2">직원식당(employee feeding)</td><td>Industrial & Commercial Organzations</td></tr>
<tr><td>Seagoing & Inland Waterway Vessels</td></tr>
<tr><td colspan="2">단체운영 학교음식점(Public & parochial elementary, secondary school)</td></tr>
<tr><td colspan="2">교통업음식점(Transportation)</td></tr>
<tr><td colspan="2">대학교 운영음식점(Colleges & universities)</td></tr>
<tr><td rowspan="3">병원운영음식점
(hospirals)</td><td>Voluntary & Proprietary Hospitals</td></tr>
<tr><td>Long-term General, TB, Mental Hospitals</td></tr>
<tr><td>Sales or Commercial Equivalent to Employees in
State & Local Short-term Hospitals & Fedral Hospitals</td></tr>
<tr><td colspan="2">보육원, 양로원, 고아원, 장애자 음식점</td></tr>
<tr><td colspan="2">클럽, 위락시설 캠프</td></tr>
</table>

자료 : 미국식당협회(NRA) 참조

(2) 일본의 외식산업 분류

일본에서의 외식산업의 가장 대표적인 분류는 표준산업분류표에 의한 분류이다. 표준산업분류에 의하면 외식산업을 일반음식점, 기타음식점, 음식료소매업으로 구분하고 있다.

〈표 10-3〉 일본 표준산업분류표

<table>
<tr><td rowspan="8">일반음식점</td><td rowspan="4">식당, 레스토랑</td><td>일반식당</td></tr>
<tr><td>일본요리점</td></tr>
<tr><td>서양요리점</td></tr>
<tr><td>중화요리점 및 기타 동양요리점</td></tr>
<tr><td>소바, 우동점</td><td>소바, 우동점</td></tr>
<tr><td>스시점</td><td>스시점</td></tr>
<tr><td>喫茶店</td><td>찻집, 다방</td></tr>
<tr><td>기타 일반음식점</td><td>기타 일반음식점</td></tr>
<tr><td rowspan="3">기타 음식점</td><td>요정</td><td>요정</td></tr>
<tr><td>바, 카바레, 나이트클럽</td><td>바, 카바레, 나이트클럽</td></tr>
<tr><td>주방, 비어홀</td><td>주방, 비어홀</td></tr>
<tr><td>음식료 소매업</td><td>요리품 소매업</td><td>요리품 소매업</td></tr>
</table>

자료 : 미아 에이지(三家英治), 외식비지니스, 1992, p.4.(저자 재구성)

이상의 외식산업의 분류이외에도 외식업의 업태의 구분은 학자마다 차이를 나타낸다. 신재영 · 박기용(2000)은 업태를 패스트푸드(fast food), 패밀리레스토랑(family restaurant), 캐쥬얼레스토랑(casual restaurant), 파인다이닝(fine dining)으로 구분하였다. 윤현주 · 주문주(1998)는 커피숍, 패스트푸드, 패밀리 레스토랑, 스페셜 레스토랑으로 구분하였고, 김윤태(2011)는 외식업을 서비스방법에 따라 테이블서비스 레스토랑(table service restaurant), 셀프서비스 레스토랑(self-service restaurant), 카운터 서비스 레스토랑(counter service restaurant), 단체급식, 자동판매기 레스토랑, 자동차 레스토랑 등으로 분류하였다.

제3절 외식산업의 현황

1. 국내 외식산업 현황

1) 외식산업의 성장 배경과 과정

우리나라에서 외식산업이 발달하게 된 성장배경으로는 우선 경제성장에 따른 국민소득의 증가와 핵가족화, 맞벌이 부부의 증가, 소비의식의 변화와 근로시간의 단축, 해외여행 자유화에 따른 서양식 문물의 유입 등을 들 수 있다. 이러한 모든 요인들이 국내 외식업계의 괄목할 만한 성장의 바탕을 마련하였다. 이외에도 소비수준이 높아지고 자가용 이용자가 급증하면서 가족단위의 외식이 크게 증가하고 있으며, 예전에 비해서 외식의 공간적 범위도 크게 확장되었다. 또한 외식은 가족과 직장인들의 사교 유대의 장(場)으로서의 역할도 더욱 증대되고 있다.

우리나라의 외식산업이 발전하게 된 계기는 서양식 외식기업이 국내기업과 합작형태로 국내에 진출하면서부터라고 할 수 있다. 해외의 유명외식기업의 서비스, 종사원 교육, 대량생산의 매뉴얼화 방식이 유입되면서 우리나라 외식산업의 근대화와 선진화를 선도하며 본격적인 기업형 외식산업이 시작되었다.

국내 프랜차이즈의 효시는 1975년 림스치킨으로 보는 견해와 1979년 7월 '난다랑'을 효시로 보는 견해가 엇갈리지만, 서양식 외식시스템의 효시는 1979년 10월 '롯데리아'를 그 선두로 볼 수 있다. 이후 1980년대 버거킹(Burger King), 웬디스(Wendy's), 맥도날드(McDonald's), KFC 등으로 대변되는 패스트푸드의 국내 도입은 본격적으로 외식을 산업화하는데 크게 기여하였다. 1988년 서울올림픽을 계기로 많은 외국의 프랜차이즈업체가 한국시장을 인식하게 되었고, 1980년대 후반부터는 패밀리레스토랑(family restaurant)이 생기기 시작했다. 일본의 코코스(Coco's)사와 기술 제휴한 미도파의 코코스 레스토랑을 선두로 1992년에 (주)아시아스타의 TGIF, 판도라사(Ponderosa), 1995년 시즐러(Sizzler)(2012년 12월 27일에 모두 철수)와 베니건스(Bennigan's)가 문을 열었고, 1996년 마르쉐(Marche), 1997년 아웃백 스테이크하우스(Outback Steakhouse)가 오픈하였다. 이러한 일련의 패밀리레스토랑 오픈은 국내 외식시장의 판도를 패스트푸드에서 패밀리레스토랑으로 변화시켰다. 2001년 일본에서 샤보텐(Saboten)이 들어왔고, 2002년 스태프 핫도그

(Steff Hotdog), 2003년 파파존스(Papa John's)와 스무디킹, 2005년 샌드위치 브랜드인 퀸즈노스(Quiznos), 2006년 커피브랜드인 자바 시티(Java City)가 오픈하였다. 2000년대에는 회전초밥 전문점이 저렴한 가격대로 대중화되었고, 지속된 경기침체로 매운갈비나 닭발 등의 음식이 인기를 끌었다. 2000년대 후반까지 외식업은 선진국에 비해 빠르게 성장하는 양상을 보였으며, 웰빙트랜드 중심의 시장이 확대되면서 마르쉐, 시즐러 등의 패밀리 레스토랑은 폐업을 하게 되거나 매장수를 감축하였고, 자연별곡, 계절밥상 등의 한식 프랜차이즈 뷔페시장은 가성비와 웰빙 열풍으로 큰 인기를 끌게 되었다. 한식뷔페 이외에도 쌀국수, 한우전문점, 시푸드 뷔페, 브런치 까페 등 다양해진 고객의 요구에 맞는 다양한 형태의 레스토랑이 생겨나게 되었다. 특히 최근에는 1인 가구와 맞벌이 부부의 가사분담을 덜어주기 위해서 간편식 및 배달음식(배달 앱: 배달의 민족, 요기요 등) 그리고 다양한 형태의 반찬가게 등이 신도시 주변이나 상가 등에 경쟁적으로 생겨나기 시작하고 있다. 또한 향후 외식시장은 가처분 소득이 증가됨에 따라 가격보다는 건강과 맛과 영양 등을 고려한 고급메뉴와 간편식 시장이 더욱 발전될 것으로 전망된다. 표 〈10-4〉는 우리나라 외식산업의 성장과정을 1960년대 이후부터 10년 단위로 구분하여 살펴본 내용이다.

〈표 10-4〉 **한국 외식산업의 성장과정**

구분	GNP($)	성장과정	비고
1960년대	$100~200	• 식생활의 궁핍 및 침체기(6 · 25 전쟁 후) • 밀가루 위주의 식생활 유입(미국 원조품) • 분식의 확산 및 식생활 개선문제 부상	뉴욕제과(67), 개업업소 및 노상잡상인 대량출현
1970년대	$500	• 외식산업의 태동기 • 영세성 요식업의 우후죽순 출현 • 경제개발 계획에 따른 식생활 향상 • 해외브랜드 도입 및 프랜차이즈 태동 • 국내프랜차이즈 시작-난다랑(79.7) • 서양식외식업 시작-롯데리아(79.10)	가나안제과(76)
1980년대 초반	$1,700	• 외식산업 적응기(요식업 → 외식산업) • 영세난립형 체인점 출현(햄버거, 국수, 치킨 등) • 해외 유명브랜드 진출 가속화	아메리카(80), 윈첼(82), 짱구짱구(82), 웬디스(84), KFC(84), 장터국수(84), 신라명과(84) 등

구분	GNP($)	성장과정	비고
1980년대 후반	$6,300	• 외식산업의 성장기(중소기업, 영세업체난립) • 식생활의 외식화, 레저화, 가공식품화 추세 • 패스트푸드 및 프랜차이즈 중심 시장 선도 • 패밀리레스토랑, 커피숍, 호프점, 베이커리, 양념치킨 등 약진	맥도날드(86), 피자인(88), 코코스(88), 도투루(89), 쟈뎅(89), 나이스데이(89), 크라운베이커리(88), 만리장성(86)
1990년대	$7,600	• 외식산업의 전환기(95년 산업으로서 정착) • 중·대기업의 신규진출 러시 및 유명브랜드 도입 • 프랜차이즈 급성장 및 도태, 시스템 출현(외식근대화)	나이스데이(케쥬얼), 시즐러(패밀리), 스카이락(패밀리), TGIF(패밀리) 등
2000년대	$19,830	• 전문적인 한국 고유의 음식점이 활성화됨 • T/O(Take Out)서비스 확대 • 기능성 식품, 건강지향(well-being) 음식사업의 가속화	샤보텐(01), 파파존스(03), 퀸즈노스(05), 자바시티(06)
2010년대	$29,791	• 외식산업의 후기/성숙기(패밀리레스토랑의 쇠퇴기) • 외식산업의 불황지속 및 양극화 심화, 외식업계 구조조정 및 재편 전망 • 인테리어 고급화(환경), 웰빙 중심의 시장 확대로 한식시장(뷔페) 성장 • 커피시장 강세(초반)와 쇠퇴(후반) • 브랜드 컨셉(스토리) 강조, 간편식 성장	마르쉐, 씨즐러 토니로마스, 베니건스 등 철수 TGIF 및 아웃백 매장수 축소

2) 국내 외식산업 현황

2017년 기준 식품, 외식산업 규모는 218조원으로 2016년 대비 6.1% 증가하였으며, 지난 10년간 102.8%(약 110조 증가) 성장한 것으로 나타났다(농림축산식품부, 2019). 부문별로는 음식료품 제조업은 동 기간에 86.3%, 음식점업은 116.1%, 농림업 생산액은 41.4% 증가한 것으로 나타났다. 구체적으로 음식료품 제조업은 2017년 약 90조원으로 2016년 대비 3.6% 증가하였으며, 음식점업은 128조원으로 2016년 대비 7.9% 증가하였다. 2011년에 비해서는 75% 증가하였다. 또한 농림업 생산액은 2017년 약 51조원으로 2016년 대비 2.3% 증가하여 음식점업이 전년 대비 가장 많은 성장을 보인 것으로 나타났다. 식품 유통(식품 도소매업)까지 포함한 시장규모는 2017년 기준 474조원(담배 도소매업 제외)으로 추정되며, 그중 음식료품 도매업은 154조원, 음식료품 소매업은 24조원, 전체 소매업 판매액 중 식품 판매업은 105조원으로 나타났다.

외식업 중 가장 높은 성장세를 보인 업종은 비알코올 음료점업으로 전년보다 11.2% 늘어난 3조 6,443억원의 규모를 보였는데, 이는 최근 커피숍의 창업이 급증한데 따른 결과로 해석된다. 그 다음으로는 기타 외국식 음식점업(3,869억원, 8.0%), 제과점업(4조 2,383억원, 6.8%) 등이 성장세를 나타냈다. 음식점업 사업체 수는 2011년을 기준으로 60만 7,100개로 전년 대비 3.5% 증가하였다.

〈그림 10-1〉 국내 식품 · 외식산업의 성장추이(2007~2017년)

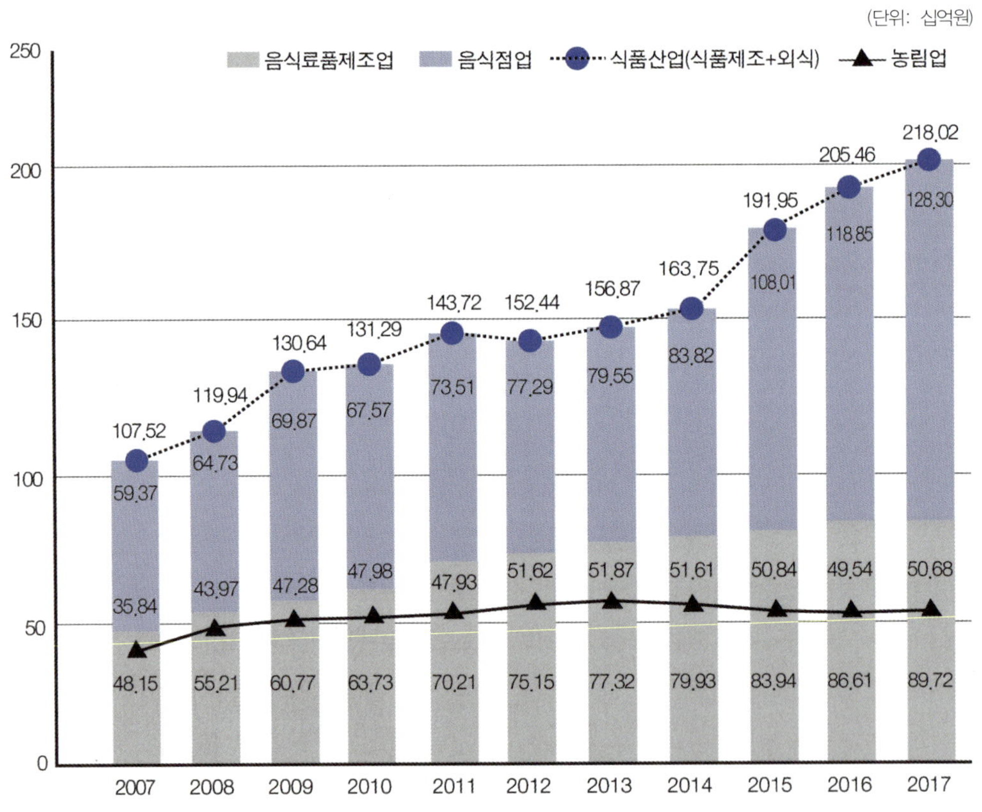

자료 : 농림축산식품부(2019), 2019년도 식품외식산업 주요통계

〈표 10-5〉에 나타난 바와 같이 우리나라 외식산업의 총 매출액은 2016년 118조 8,291억에서 2017년 128조 2,998억으로 증가하였다. 총 매출액 규모는 2011년 이후부터 연평균

10.1%의 지속적인 증가추세를 보이고 있다. 우리나라의 외식업체의 사업자수는 691,751개이며, 종사자수는 203만 6,682명으로 집계되고 있다. 우리나라 외식업체의 사업자수와 종사자수는 2011년에서 2017년까지 해마다 증가세를 보이고 있다. 그리고 2017년 기준 업체당 매출액은 1억 8,500만원이며, 1인당 매출액은 6,300만원 수준을 보이고 있다.

〈표 10-5〉 음식서비스 산업 사업체수, 종사자수, 매출액(2011~2017)

(단위 : 개, 명, 백만원, 백만원/개소, 백만원/명)

구분	2011	2012	2013	2014	2015	2016	2017
사업체수(A)	607,180	624,831	635,740	650,890	657,086	675,199	691,751
종사자수(B)	1,683,618	1,752,807	1,824,214	1,895,511	1,944,531	1,988,527	2,036,682
매출액(C)	73,507,028	77,285,199	79,549,599	83,819,931	108,013,303	118,829,157	128,299,793
업체당 매출액 (C/A)	121.1	123.7	125.1	128.8	164.4	176.0	185.5
1인당 매출액 (C/B)	43.7	44.1	43.6	44.2	55.5	59.8	63.0

자료 : 통계청, 전국사업체조사(2011~2017)

우리나라 규모별 외식업체는 5인 미만 소규모 업체가 88.0%를 차지하면서 지난 10년간 평균 89.9% 수준을 유지했다. 2013년 기준 1억원 이하의 매출을 올린 외식업체가 71.1%로 2004년 81.9%에 비해 10.8% 약간 감소했으나, 여전히 영세성을 벗어나지 못하고 있다. 외식업 종사자 분포는 5인 미만 소규모 업체 종사 비중이 전체의 64.2%를 차지했고, 매출액 비중은 53.9%로 나타났다. 반면 사업체 중 10인 이상 대형 외식업소(2.4%)의 매출액 비중은 21.9%로 나타났다(2015년도 식품산업 주요 지표, 2015).

〈표 10-6〉은 국가별 인구대비 외식업체 수를 비교한 표이다. 표에서 보듯이 일본이나 미국 등 주요 국가에 비해서 인구대비 외식업체의 수가 많으며, 이는 외식업체 간 과당경쟁으로 이어져 경영상 어려움을 겪게 되는 큰 원인으로 작용하고 있다.

〈표 10-6〉 주요 국가별 인구대비 외식산업체 수

구분	인구수(명)	외식업체 수	인구대비
한국	50,948,000	672,000	68.4명당 1개 업체
일본	127,515,000	805,000	157.4명당 1개 업체
미국	315,226,030	831,000	343.3명당 1개 업체
중국	1,347,000,000	3,100,000	435.5명당 1개 업체

〈표 10-7〉은 우리나라 패스트푸드 시장규모(2016~2018)로 업체수와 매출액을 나타내고 있다. 2018년 기준으로 패스트푸드(롯데리아, 버거킹, 서브웨이, 맘스터치, KFC) 주요 5개사의 업체수는 3,387개이며, 매출액은 2조의 규모를 보이고 있다.

〈표 10-7〉 **패스트푸드 시장 규모**

구분	2016	2017	2018
업체수(개)	3,031	3,270	3,387
매출액(억원)	18,525	19,479	20,000

자료 : 공정거래위원회 가맹사업거래 (https://franchise.ftc.go.kr/main/index.do)
주 : 프랜차이즈 패스트푸드 전문점 주요 5개사(롯데리아, 버거킹, 서브웨이, 맘스터치, KFC) 기준

패스트푸드 시장의 자세한 매출액 현황과 매장수를 살펴보면(〈표 10-8〉), 매장수로는 롯데리아, 맘스터치, 맥도날드, 버거킹, 서브웨이 순이며, 매출액은 롯데리아가 9,489억, 맥도날드가 6,032억, 버거킹 2,532억, 맘스터치, 2,019억 순으로 나타나고 있다.

〈표 10-8〉 **패스트푸드의 현황**

(단위: 억원)

	매장수	매출액	순이익
롯데리아	1,331	9,489	-113
맥도날드	419	6,032	-131
맘스터치	1,001	2,019	89
버거킹	266	2,532	80
서브웨이	217	$274,760,000	$7,946,000

자료 : 김의근 외, 외식사업경영론, 백산출판사, p.44.

〈표 10-9〉 **패밀리 레스토랑 현황**

(단위: 억원)

	매장수	매출액	순이익
빕스	41(2020.1 기준)	12,589	-402
애슐리	4개 형태(애슐리 클래식, W, W+, 애슐리 투고 등) 이랜드이츠에서 운영	6,824	-370
세븐스프링스	3개 형태(세븐스프링스, 세븐스프링스 스마트, 카페 세븐스프링스) 삼양 F& B 운영	215	-80

자료 : 김의근 외, 외식사업경영론, 백산출판사, p.43. 저자 재작성
주 : 패밀리레스토랑(빕스, 애슐리, 세븐스프링스 / *아웃백과 TGIF는 미포함)

〈표 10-10〉 해외브랜드의 국내 외식사업 진출 현황

종류	브랜드명	국내업체	제휴업체	기술도입	매출액(억원)	도입년도
햄버거	롯데리아	롯데리아(주)	日롯데리아	51 : 49 합작	2,700	'79
	버거킹	(주)두산 벤처BG	美버거킹	3~4%	443	'82('93)
	맥도날드	신맥(서울),	美맥도날드	30 : 70 합작	100	'88
		맥킴(부산)		51 : 49 합작		'91
	하디스	(주)세진푸드시스템	美하디스푸드시스템	3.5%	160	'90
치킨	KFC	(주)두산생활산업BG	美트라이콘레스토랑	3.2%	1,250	'84(94)
	파파이스	T.S 해마로	美AFC파파이스	3.6%	1,029	'94
피자	피자헛	한국피자헛(주)	美트라이콘레스토랑	美직영	1,350	'84('93)
	시카고피자	(주)트로나코리아	日트로나	70 : 30		'88
	도미노피자	D.P.K. 인터내셔날	美도미노피자	3%	180	'89
	미스터피자	(주)한국미스터피자	日미스터피자	기술제휴	100	'90
	스바로	(주)세진푸드시스템	美스바로	3.5%		'96
	리틀시저스	(주)태흥	美리틀시저스	3.5%		'96
패밀리레스토랑	코코스	(주)코코스	美코코스	1%	250	'96
	T.G.I.F.	(주)아시안스타	美T.G.I.F	3%	340	'92
	판도라사	신동방	美판다로사	3%	50	'92
	스카이락	제일제당	日스카이락	2%	162	'93
	씨즐러	TS엔터프라이즈	美씨즐러	3.5%	67	'95
	토니로마스	(주)이오	日토니로마스	3.5%	54	'95
	베니건스	동양제과	美베니건스	3%	196	'95
	칠리스	퍼시픽스타	美칠리스	3.5%		'95
	마르쉐	덕우산업	스위스뫼베픽	3%	78	'96
	우노	코오롱고속관광	美우노	3%	23	'97
	아웃백스테이크하우스	(주)그레이트필드	美아웃백스테이크하우스	3.5	45	'97
아이스크림	베스킨라빈스	(주)비알코리아	베스킨라빈스	33 : 67 합작	408	'85
	하겐다즈	한국하겐다즈	美미하겐다즈		120	'91
	TCBY	한국TCBY(주)	美TCBY		26	'94
	데이리퀸	한국데어리퀸	美데어리퀸	3.2%	40	'94
도넛	던킨도너츠	(주)비알코리아	美미던킨도너츠	33 : 67 합작	50	'85
단체급식	아우어홈	LG 유통	日그린하우스	기술제휴	2,450	'92
	아라코	아라코	美아라마크	51 : 49 합작	550	'93
	제일제당	제일제당	日시닥스사	기술제휴	850	'94
	소덱소코리아	소덱소코리아	佛소덱소			'91
	에버랜드FS	삼성에버랜드	日니콧크트러스트사	업무제휴	1,900	'95
	아벨라고매	고매푸드서비스	영국아벨라	30 : 70 합작		'99
도시락	한솥	(주)한솥도시락	日혼께가마도야		198	'87
면류	기소야	(주)공영식품	日하마사코그룹	53 : 47		'90
	기조암	고송식품	日大和 제작소	기술제휴		'91

자료 : 한국농수산식품유통공사(2019), 해외외식업체 국내진출 현황 및 경영전략 조사, pp.30~34.

우리나라는 1980년대에 들어서면서 국민소득이 크게 증가되고 근로시간이 단축되며 여성의 사회진출이 활발해지면서 외식산업이 괄목하게 성장하였다. 1980년대 초에 버거킹을 선두로 맥도날드, 웬디스, KFC, 데니스, 윈첼 등이 우리나라에 유입되어 패스트푸드업의 전성기를 맞이하였다. 한편, 우리나라의 고유음식인 보쌈, 족발, 국수 등을 메뉴로 한 한식업체인 놀부, 송가네, 한우리외식산업 등도 체인화를 시도하여 고유음식의 상품화를 도모하였다. 2014년 기준으로 패스트푸드 부문은 가격경쟁력을 갖추고 있어 불황에도 불구하고 배달서비스 강화, 다양한 가격 할인정책, 건강지향 제품 출시 등 적극적인 고객확보 노력으로 비교적 양호한 실적을 달성한 것으로 파악된다(이정민, 2014). 즉 패스트푸드업체의 매출 성장요인은 배달서비스 강화, 다양한 메뉴(예 : 계절별 디저트 메뉴) 출시 등으로 매장 내 수익을 다각화한 것을 들 수 있다.

1980년대가 패스트푸드의 전성기라고 한다면 1990년대는 패밀리 레스토랑이 외식업체의 주도권을 잡은 시기라고 할 수 있다. 80년대의 햄버거, 치킨, 피자 등의 패스트푸드에서 탈피하여 맛과 서비스, 가격 면에서 한 단계 발전된 패밀리 레스토랑이 출현하여 외식업계의 판도를 바꾸었다. 미도파의 코코스와 TGIF를 시작으로 해외 브랜드의 패밀리 레스토랑이 본격적으로 국내에 오픈하면서 중소기업과 대기업들이 대자본을 바탕으로 외식산업에 참여하기 시작하였다. 또한 롯데, 신라, 플라자 호텔 등도 외식산업에 진출하였다. 이 외에도 스파게티 등의 파스타업체와 김밥을 전문으로 하는 분식업체, 도시락업계도 브랜드를 중심으로 꾸준히 확장하고 있다.

최근 프랜차이즈 레스토랑은 애슐리, 빕스, 아웃백 등 선두업체들이 우수한 브랜드 파워를 견지하는데 반해, 하위업체들은 열악한 실적을 지속하여, 상하위 브랜드 간 양극화 현상이 심화되었다(이정민, 2014). 특히 CJ푸드빌(계절밥상), 이랜드파크(자연별곡)의 한식뷔페 부문은 사업초기임에도 불구하고 소비자들의 건강 및 식재료를 중시하는 웰빙 선호 트렌드와 부합하면서 우수한 성장세를 나타내고 있다. 하지만 중하위권 프랜차이즈 업체들은 신규 외식브랜드 진입에 따른 경쟁 심화, 브랜드 인지도 저하 및 노후화, 식자재 가격 인상, 인건비 및 임차료 제반비용 상승 등으로 지속되는 실적저하의 어려운 상황에 직면해 있다. 이에 따라 2013년 씨즐러와 마르쉐 등의 브랜드가 시장에서 철수하였고, 2014년 베니건스와 보노보노 등은 일부 매장 영업을 종료하였다.

최근 커피전문점은 원두커피 수요의 성장 및 신규점포 출시 등에 따라 외형적인 성장세를 보여 왔다. 특히 카페베네와 할리스 등은 적극적인 가맹점 모집을 통해 신규확장을 추진해 왔다. 고객들의 커피 소비습관의 고착화, 원두커피 수요의 증가에 힘입어 향후 커피업체들의 적극적인 사업진출 및 신규 브랜드 시장 진입이 예상되는 가운데 커피시장내 경쟁은 더욱 심화될 것이며, 직영체제 및 소규모 가맹업체의 사업확대는 지속될 것으로 전망된다(이정민, 2014). 커피시장은 매장수면에서는 이디야가 1,874개로 가장 많은 매장수를 보유하고 있고, 매출액은 파스쿠찌와 스타벅스가 1위, 2위를 기록하고 있으나, 순이익면에서는 905억으로 스타벅스가 가장 높은 순이익을 창출하고 있다. 두 번째 순이익업체는 파스쿠찌로 665억을 기록하였고, 3위인 카페베네가 242억의 순이익을 달성하였다. 커피업계는 차별화된 메뉴와 서비스를 제공함으로써 브랜드 인지도 제고를 위해 노력하고 있으며, 최근 웰빙 트렌드가 지속됨에 따라 커피음료 이외에도 생과일주스 등의 음료와 샌드위치 등 다양한 메뉴를 제공하고 있다. 특히 최근 환경에 대한 이슈가 주된 관심사로 떠오르면서 일부 커피브랜드에서는 종이빨대 사용으로 친환경소재를 사용하고, 일회용품 줄이기, 개인 텀블러 지참시 가격 할인 혜택 등 다양한 형태로 환경운동에 적극적으로 동참하는 모습을 보이고 있다. 또한 최근 젊은층이 커피매장에서 독서와 공부가 가능한 쾌적한 실내공간을 조성하여 장시간 매장에서 체류할 수 있는 복합문화공간으로의 변신을 도모하는 등 끊임없이 변화하는 고객의 니즈에 부응하도록 노력을 기울이고 있다.

〈표 10-11〉 **커피시장의 현황**

(단위: 억원)

	매장수	매출액	순이익
스타벅스	1,118	12,635	905
엔젤리너스	843	9,489	-113
투썸플레이스	798	1,323	52
파스쿠찌	417	17,772	665
이디야	1,874	1,535	112
카페베네	697	766	242
드롭탑	216	226	-20
커피빈	254	105	64
탐앤탐스	393	869	-27
공차	366	534	37
요거프레소	792	98	3

자료: 김의근 외, 외식사업경영론, 백산출판사, p.45.
주: 엔젤리너스/투썸플레이스/파스쿠찌는 전체 매출로 실제로는 더 적을 것으로 추정됨.

단체급식분야는 초기에 중소기업이 주축이 되어 시장을 선도했으나, 단체급식 분야가 유망사업으로 부상되면서 대기업이 적극적으로 이 분야에 진출하고 있다. 주요 참여업체로는 아워홈, CJ 푸드빌, 신세계, 에버랜드, 아라코 등이 있으며, 국내의 전체 위탁급식 업체수는 개인업체를 합하면 대략 1,000여 개 이상으로 추정된다. 국내의 단체급식 시장의 규모는 2013년 18조 9천억원으로 추산되는데, 이는 2012년 9조 7천억원 규모에 비해 큰 성장률을 거둔 결과라 할 수 있다. 산업체 급식시장(5조 9천억원)에서는 100인 이하 사업장 급식규모가 64.5%(3조 8천억원)를 차지하였다.

농림축산식품부 조사에 따르면, 2018년 12월 기준 국내 외식업 및 프랜차이즈 업체로 해외 진출한 국내 외식업체는 총 166개이며 진출한 매장 수는 4,721개로 조사되었다. 기업체는 전년 대비(193개) 14% 감소하였고, 매장 수도 21.3% 감소하였다. 전년 대비 해외철수 기업의 증가와 델리만쥬와 망고식스 등의 폐업과 중국 시장의 사드배치 등의 여파로 인한 철수로 해외진출 매장 수가 감소하였다. 베트남의 경우에는 한류문화의 영향과 한국에 대한 우호적인 이미지 상승 등의 이유로 국내 외식 브랜드 진출이 지속적으로 증가하는 것으로 나타나고 있다.

〈그림 10-2〉 국가별 해외 진출 매장 수

(단위: %)

매장수	2016년	2017년	2018년
(개)	5,476	6,001	4,721

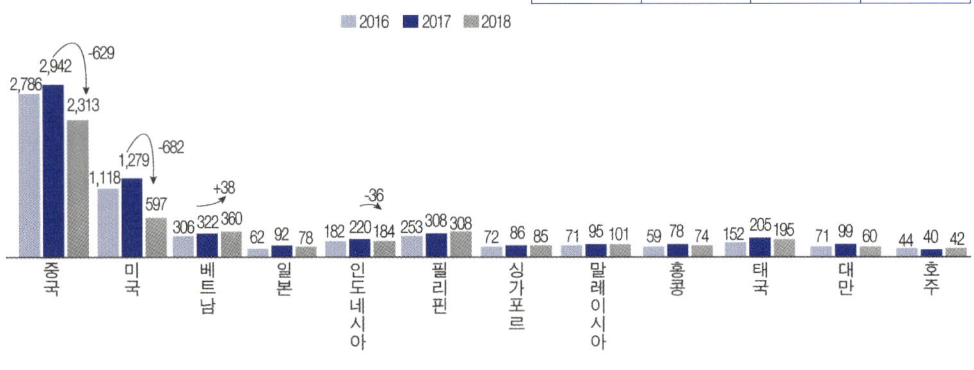

자료: 한국농수산식품유통공사(농림축산식품부), 2018 외식기업 해외진출 실태조사 보고서, p.11.

업체별 진출 현황을 살펴보면, CJ푸드빌의 5개 브랜드(비비고, 뚜레쥬르, 투썸플레이스, 빕스, CJ 푸드월드)가 449개 매장을 운영하여 가장 많은 해외진출을 하고 있으며,

그 다음으로 비엘앤에프의 치킨커플이 중국에 430개 매장을 운영하는 것으로 나타났다. 이외에도 해외에 200개가 넘는 매장을 운영하는 있는 브랜드로는 본촌치킨이 미국(80개 매장), 필리핀(190개 매장) 등 총 325개 매장, 파리바게뜨가 중국(231개 매장), 미국(60개 매장) 등 311개 매장, 롯데리아가 베트남과 인도네시아 등 국가에서 291개의 매장, 레드망고가 태국(6개 매장), 필리핀(16개 매장) 등 총 247개의 매장을 운영하고 있는 것으로 나타났다.

〈표 10-12〉 국내 외식기업의 해외 진출 현황(2018년 기준)

업종	순번	브랜드명	국내법인명	점포 수 (2016)	진출 년도	대표메뉴명
피자·햄버거·샌드위치 및 유사음식점업	1	롯데리아	(주)롯데리아	1,306	1979	불고기버거
	2	맥도날드	한국맥도날드(유)	409	1988	빅맥(햄버거)
	3	서브웨이	서브웨이 인터내셔널 비브이	174	1990	서브웨이 클럽(샌드위치)
	4	버거킹	(주)비케이알	236	1982	와퍼(햄버거)
	5	도미노피자	한국도미노피자(주)	420	1990	슈퍼슈프림 피자(L)
	6	KFC	케이에프씨 레스토랑 아시아 Pte. Ltd.	210	1984	오리지널치킨
	7	피자헛	한국피자헛(유)	337	1984	슈퍼슈프림 피자(L)
	8	파파이스	(주)티에프푸드앤시스템	108	1994	스파이시치킨
	9	파파존스	한국파파존스(주)	105	2003	슈퍼파파스 피자(L)
	10	스테프핫도그	(주)스테프코리아	105	1999	스테프 핫도그
	11	타코벨	Taco Bell Restaurants Asia Pte. Ltd.	7	1984	타코수프림
	12	퀴즈노스서브	(주)유썸	38	2006	트레디셔널(샌드위치)
	13	버거베이	(주)버거베이	2	2013	햄버거®
	14	코노피자	(주)코노피자코리아	6	2012	마르게리따 피자
	15	모스버거	모스버거코리아	12	2011	모스버거
	16	쟈니로켓	신세계푸드	15	2011	오리지널 버거
	17	리나스	(주)파리크라상	8	-	햄에그클래식 샌드위치
	18	캘리포니아 피자키친	(주)서울랜드	9	2007	오리지널 바비큐 치킨 피자
	19	파스쿠찌	(주)파리크라상	415	2002	카페라떼
	20	잠바주스	(주)파리크라상	28	2011	스무디
	21	공차	(주)공차코리아	362	2012	블랙밀크티 with 펄
	22	스무디킹	스무디즈코리아(주)	129	2003	스트로베리키스(스무디)

업종	순번	브랜드명	국내법인명	점포 수 (2016)	진출 년도	대표메뉴명
비알콜음료점업	23	글로리아진스	(주)글로리아진스커피코리아	16	1996	아메리카노®
	24	자바씨티	(주)자바씨티코리아	17	2002	샌드위치 세트
	25	제이씨엑스(JCX)	(주)자바씨티코리아	2	2014	카페아메리카노
	26	에스프레사멘테일리	(주)큐로에프앤비	16	2008	일리 에스프레소
	27	올리버브라운카페	올리버브라운코리아	4	2015	아이스초콜릿
	28	컴바이	컴바이코리아	1	2014	컴바이QQ밀크티
	29	보바타임코리아(주)	보바타임	6	2014	보바밀크티
	30	폴바셋	엠즈씨드(주)	79	2009	카페라떼(Standard)
	31	커피빈 앤 티리프	(주)커피빈코리아	234	2000	바닐라라떼(Small)
	32	카리부커피	(주)이앤지커피	5	2007	아이스 아메리카노
	33	율리어스마이늘	(주)제이엠케이	10	2014	아이스 아메리카노
	34	스타벅스커피	(주)스타벅스커피코리아	850	1999	카페모카
제과점	35	크리스피 크림도넛	(주)롯데리아	123	2004	오리지널 글레이즈드
	36	배스킨 라빈스	비알코리아(주)	1,208	1985	아이스크림(싱글킹)
	37	던킨도너츠	비알코리아(주)	760	1993	던킨글레이즈드
	38	하겐다즈	한국하겐다즈(주)	12	1991	그린티빙수
	39	비어드파파	스위트밀(주)	31	2002	오리지널 슈크림
	40	더오리지널 팬케이크 하우스	더오리지널팬케이크하우스프랜차이징잉크	2	2013	더치베이비
	41	코트도르(Cotedor)	(주)코트도르제이피	4	2010	카네이션케이크
	42	미스터 도넛	(주)에스디케이이	30	2007	프렌치 크롤러
	43	로티맘	(주)로티맘코리아	47	2007	로티번
	44	로티보이	(주)로티보이	24	2007	로티보이
	45	도넛플랜트 뉴욕시티	(주)디피파트너스	13	2007	바닐라빈즈
	46	쿠쿠루자	(주)쿠쿠루자코리아	2	2014	시애틀 팝콘(S)
	47	곤트란쉐리에	(주)곤트란쉐리에코리아	17	2014	크루아상 오 자멍드
	48	Lady.M	(주)레이디엠컨펙션스코리아	12	2014	밀 크레이프 케이크
	49	하라도너츠	미래푸드	6	2011	하라 도너츠
	50	피에르 에르메	피에르에르메코리아	3	2014	마카롱
	51	포숑	드롭탑	7	2010	에클레르
	52	파파버블	(주)위블레싱	2	2008	수제과일캔디
	53	치즈케이크 팩토리	솔로몬F&B	2	2013	치즈케이크
	54	주니어스 치즈케이크	롯데백화점	2	2014	치즈케이크
	55	제르보	롯데백화점	1	2015	에스토르 하지 토르타
	56	웻즐스 프레즐	레티올라	3	2004	시나몬 바이츠
	57	시즈캔디	한스텝	3	2012	시나몬 롤리팝(12개입)
	58	벤스쿠키	-	2	2011	쿠키

업종	순번	브랜드명	국내법인명	점포 수 (2016)	진출 년도	대표메뉴명
	59	몽슈슈	몬쉘코리아	5	2013	롤케이크
	60	마리온 크레페	마리온코리아	2	2007	바나나생크림 크레페
	61	길리안 초콜릿카페	(주)롯데제과	1	2014	초콜릿퐁듀
	62	고디바	(주)비에스케이코퍼레이션	24	2012	고디바소프트아이스크림
	63	가렛팝콘	가렛코리아	3	2014	시카고믹스(S)
서양식 음식점업	64	토다이	(주)토다이코리아	7	2006	평일 디너(뷔페)
	65	펙(Peck)	펙에스피에이	1	2014	런치코스
	66	파샤카페	(주)툴쿠아즈	11	2000	파샤 케밥
	67	크래프트웍스(Craft works)	크래프트웍스 유한회사	3	2010	샘플러(7가지 맥주)
	68	하드락카페	하드락카페	2	2014	클래식클럽샌드위치
	69	울프강 스테이크하우스	(주)울프강스테이크하우스	1	2015	비버리힐즈 찹 스테이크
	70	아웃백 스테이크하우스	(주)아웃백스테이크 하우스코리아	74	1997	베이비 백립(400g)
	71	우노	에렉스에프앤비(주)	5	1997	김치 필라프
	72	T.G.I.Friday's	(주)롯데리아	33	1992	런치세트
	73	칠리스	엔타스디에프에이 에스코리아(유)	1	1997	칠리 핫도그(싱글)
일식 음식점업	74	코코이찌방야	(주)농심	23	2008	멘치까스카레
	75	사보텐	(주)캘리스코	65	2009	사보텐정식
	76	기소야	(주)공영식품	66	1988	김치우동정식
	77	가츠라	(주)푸른에프앤디	31	2000	로스까스정식
	78	호토모토	(주)와이케이푸드서비스	3	2012	계란규동
	79	고우	(주)사무라이글로벌	1	2013	모듬꼬치 5종
	80	가젠	오가닉코리아	2	2007	해물야끼우동
	81	갓덴스시	갓덴코리아	5	2010	3종 사시미모듬
	82	갓파스시	갓파크리에이트코리아	5	2009	스시뷔페(성인 기준)
	83	고에몬	디앤드코리아(주)	1	2012	까르보나라 멘타이꼬
	84	도쿄하야시 라이스클럽	AK플라자	6	2011	오리지날 치킨 카레
	85	마루가메제면	(주)토라돌코리아	10	2012	가케우동
	86	미스트	라루체	1	2011	미소라멘
	87	보테쥬	에스트푸드	5	2011	오코노미야키
	88	소소	와라와라코리아	1	2002	소소 라면샐러드
	89	스시로	(주)스시로한국	6	2011	런치세트
	90	시로키야	시로키야	1	2010	오꼬노미야키
	91	아지센라면	아지센라면	1	2009	돈코츠라면

업종	순번	브랜드명	국내법인명	점포 수 (2016)	진출 년도	대표메뉴명
	92	야마야	(주)매일유업	4	2010	모츠나베
	93	와타미	지엔에스와타미푸드앤베버리지서비스(주)	2	2013	소고기 타다끼
	94	잇푸도	AK플라자	2	2011	하카타돈코츠라멘
	95	쯔루하시후게츠	후게츠코리아	3	2007	후게츠오코노미야끼
	96	키무카츠	키무카츠코리아	7	2013	키무카츠 플레인
	97	텟펜	텟펜코리아	9	2008	명물 텟팬야끼
중식 음식점	98	판다익스프레스	시타델판다익스프레스/(주)SF이노베이션	2	1990	3entrees
	99	피에프창	에렉스에프앤비	4	2014	창스스파이시치킨
	100	하이디라오	하이디라오코리아	1	2014	샤브샤브 마라탕
	101	딘타이펑	미디어윌그룹	20	2004	샤오롱바오
기타 음식점	102	빨라쪼델프레도	빨라쪼	60	2002	꼬빠삐꼴라
	103	두르가	유한회사 두르가	6	2006	치킨 티카
	104	왓츠피데	주식회사 왓츠피데	6	2014	불고기포켓
	105	요요프레쉬티바	엠떠블유홀딩스	5	2015	팝핑티(스트로베리민트)
	106	페퍼런치	(주)페퍼푸드서비스	1	2003	햄버거스테이크

자료 : 한국농수산식품유통공사, 2018외식기업 해외진출 실태조사 보고서, pp.43~46. 저자 정리

2. 주요 국가의 외식산업 현황

1) 미국

미국은 제2차 세계대전 이후 핵가족화, 여성의 사회진출, 소득과 여가시간 증대에 힘입어 사회전반에 많은 변화가 일어났으며, 이러한 사회의 전반적인 구조변화는 외식업에도 큰 영향을 미쳤다. 특히 1955년 레이 크락(Ray Kroc)에 의한 세계적인 외식업체인 '맥도날드'의 탄생은 미국 외식산업의 일대 전환기를 가져왔다. 맥도날드와 더불어 KFC의 등장으로 도입된 프랜차이즈 기법은 패스트푸트 업계뿐만 아니라 전체 외식산업의 발전에 큰 원동력이 되었다. 품질(quality), 서비스(service), 청결(cleanliness), 가치(value)라는 맥도날드의 QSC(quality, service, and cleanliness) & V(value) 모토(motto)는 오늘날 모든 외식업체가 취하는 대원칙이 되었으며, 맥도날드는 KFC와 더불어 패스프푸드 업계의 선두주자가 되었다.

1960년대는 식당업(restaurant business)이라는 용어가 외식산업(foodservice industry)이라는 용어로 대체되기 시작한 시기이며, 1970년대에는 많은 외식업체가 생기면서 외식

산업이 미국에서 하나의 산업으로 완전히 정착, 최고의 전성기를 맞았던 시기였다. 1980년대는 체인형태의 경영이 급속도로 증가하기 시작하였고, 거대한 자본력을 바탕으로 한 거대한 외식기업이 매수 및 합병을 통하여 계열화를 추구하는 경향을 보였다. 또한 1980년에 규제완화와 세제개혁으로 고급레스토랑이 쇠퇴하고 저렴한 가격의 캐주얼레스토랑이 탄생하게 되었다.

1990년대는 미국 패스트푸드 시장이 마이너스 성장으로 퇴조를 보였으며, 이에 대한 대안으로 세계시장으로 진출을 시작하였다. 또한 육류소비를 지양하고 생선과 야채 위주의 건강전문점이 출현하였다. 2000년대는 외식업체들 간의 인수 및 합병으로 레스토랑안에서 샌드위치, 피자, 디저트 등의 다양한 브랜드 음식을 즐기는 음식점 형태가 출현하였고, 건강지향의 웰빙메뉴를 제공하는 등 다양해진 소비자의 욕구에 맞는 서비스를 제공하였다.

미국의 외식업계의 최근 추세 및 특성을 정리하면 다음과 같다(김현희 외, 2010 : 89~92).

첫째, 미국은 베이비붐 세대(1946년~1965년 사이에 태어난 세대)가 옛날 맛을 추구하고 있다. 베이비붐 세대는 인구의 30% 이상을 차지하고 있는데, 1970년대와 80년대 소비집단 세대가 이제는 노령인구계층으로 진입하게 되었다. 노령화된 베이비붐 세대는 어머니의 손맛 요리를 그리워하여 스테이크 정통요리, 메쉬포테이토, 프라이드 치킨, 라자니아 등 옛날 맛을 추구하고 있어, 이러한 요리들이 추구되고 있다.

둘째, 전통적인 프렌치 레스토랑이 쇠퇴하고 있다. 1980년대 레이건 대통령에 의해 단행된 세제개혁과 1980년대 불황, 1990년대 버블경기 붕괴로 기업접대와 단체회식 고객에 의존한 고급 프렌치레스토랑 영업이 쇠퇴하고 있고, 그 대신 저단가 캐주얼 레스토랑이 신장하는 현상을 보이고 있다.

셋째, 맞벌이 부부의 취업률이 평균 70% 이상이 되면서 가정대용식(home meal replacement : HRM) 시장이 성장하게 되었다.

넷째, 패스트푸드의 퇴조현상이 나타나고 있다. 미국인의 성인병과 비만의 원인이 되고 있는 햄버거 중심의 식생활에 대한 비판과 저출산율에 의한 십대 인구 감소 등으로 패스트푸드 시장이 급격히 퇴조하는 현상을 보이고 있다.

다섯째, DEFGH시대가 도래되고 있다. 미국의 외식산업은 스테이크와 계란요리를 중심으로 한 메뉴에서 DEFGH라는 새로운 트렌드로 변화되고 있다. DEFGH의 의미를 살펴보면, D(delicatessen, 조리완제식품점), E(ethnic, 민속요리), F(fresh, 자연식품), G(gourmet,

고급식), H(healthy, 건강식품)지향이다. 델리카트슨에서는 기존에 햄, 소시지, 미트파이 등 육가공품 뿐만 아니라 치즈, 수프, 빵, 디저트류 등 많은 제품을 취급하고 있다. 에스닉 요리는 멕시칸요리, 일본요리, 한국요리, 프랑스요리 등 현지 수요에 맞추어 지역에 따라 제공되고 있다. 또한 대도시를 중심으로 미국인들의 입맛이 점점 고급화되면서 gourmet 햄버거나 gourmet 레스토랑이 증가하고 있다. 이와 더불어 건강지향 추세에 따라 다이어트 콜라, 닭고기, 두부 등 저칼로리식품, 저염식 음식이 인기를 끌고 있다.

2) 일본

일본의 외식업계가 근대화된 시점은 1960년대부터로 1964년 도쿄 올림픽 개최 이후, 1969년에 새로운 형태의 패스트푸드와 교외형 패밀리 레스토랑이 외식산업에 등장하면서 외식업이 산업화되기 시작하였다. 특히 60년대 후반 들어 유통업의 발달과 미국의 프랜차이즈시스템의 도입으로 외식업 근대화의 계기를 마련하였다. 1970년대 초반부터 집중적으로 미국계 외식업체가 진출하기 시작했는데, 그 대표적인 업체는 '맥도날드'로서 외식업계의 신기원을 이루었다. 70년대에는 맥도날드를 시작으로 프랜차이즈 기법을 도입한 스카이락(Sky Lark)과 롯데리아(Lotteria) 등 대형체인이 도입되었다. 1970년대 후반에 외식산업이 급격하게 성장하면서 다양한 외식기업이 탄생하게 되었고, 이로 인해 경쟁이 심화되는 시기였다. 이 시기에 외식산업의 혁명이라 할 수 있는 맥도날드가 출현하였다.

1980년대 생활패턴의 변화와 외식업의 빠른 성장에 힘업어 외식업체가 대기업화 · 시스템화되기 시작하였다. 해외업체와의 제휴로 웬디스(Wendy's)와 코코스(Coco's), 레드랍스타(Red Lobster) 등의 업체가 생겼다. 1985년에는 도미노피자가 미국으로부터 상륙하여 피자시장의 판도를 바꾸었으며, 1989년에는 로얄그룹이 다양한 종류의 샐러드 바를 주요 상품으로 하는 미국 스테이크 전문점인 씨즐러(Sizzler's) 등이 새롭게 일본 외식산업에 진출하였다.

일본의 외식업계는 70년대 중반부터 90년대까지는 빠른 성장을 보이다가 거품경제가 무너진 90년대 초반부터는 소폭의 성장과 감소를 거듭했다. 그리고 '97년을 기점으로 지속적인 감소현상을 가져와 4년 연속 0.5~0.7%의 감소세를 기록하였고, 업체 수도 역시 '98년부터 지속적으로 감소하고 있다. 1990년대 버블경제 붕괴 이후 외식산업은 불황을 타개하기 위해서 다양한 콘셉과 가격대를 가진 점포를 개발하였고, 가격을 낮추면서 상품 가치를 높인 스카이락 가든(Skylark Garden)의 새로운 업태가 생기게 되었다(정용주, 2011).

2000년에 경제불황과 외식업체의 포화상태로 경쟁이 심화되었고, 장기불황으로 소득이 감소되고 소비심리가 크게 위축되었다. 외식업체의 신규출범으로 시장규모가 확대되었지만, 고객분산과 소비심리 위축으로 각 점포들의 운영이 점점 어려워졌다. 또한 어려워진 경제상황으로 인해 외식보다는 가정내에서의 식사와 도시락을 이용하는 사람들이 크게 증가하게 되었다.

제4절 외식산업의 전망

1. 외식산업의 문제점

국내의 외식시장은 양적인 면에서는 급성장하여 식품 · 외식산업 규모는 128조원으로 2011년 이후 연평균 10%의 지속적인 증가추세를 보였으나, 음식점업 및 주점업의 전체 70% 이상이 약 30.3평(100m²) 이하의 중소형 외식업소로 운영되는 영세성을 보이고 있다. 2013년 기준 전체 음식점 중 종사자 5인 미만 소규모 사업체수는 88%이고, 매출액 1억원 미만인 사업체수는 전체의 71.1%에 해당된다(2015년도 식품산업 주요지표, 2015). 또한 외식업에 대한 정부의 인식부족과 관련법규의 미비, 임대료 상승과 원가상승 등 날로 어려워지고 있는 외식산업의 영업환경에 많은 업체들이 치열하게 경쟁을 해야만 하는 상황으로 외식산업 발전에 많은 장애요소를 가지고 있다. 다음은 국내 외식산업의 문제점들이다.

1) 외식산업에 대한 정부의 인식 부족

해외브랜드에 대응할 만한 국내브랜드의 개발이 시급한 상황에서 국내의 독자적인 브랜드와 전통음식점을 보호할 만한 법적 근거가 미비한 실정이며, 외식업체에 대한 과세기준도 현실성이 결여되어 있다. 또한 식품위생법상의 영업허가 기준이 애매하며 관련 공무원들의 외식업에 대한 이해와 전문지식이 부족한 상황으로 적절한 지원책이 거의 없는 것이 현실이다. 따라서 시대적 흐름에 부합되고 업계의 입장과 현실을 충분히 고려한 현실성 있는 규제와 지원이 필요하다.

2) 경영자와 종사원의 직업의식 결여

외식업에 종사하는 사람들은 타산업에 비해 사회적인 인식이 낮음으로써 직업적인 자부심이 결여되어 있고, 이 업종에 종사를 기피하는 경향으로 이직률이 높아 자질을 갖춘 전문인력을 확보하는 데 많은 어려움이 있다. 경영자 또한 경험적인 운영에만 치우쳐 있어 새로운 메뉴개발과 서비스수준 제고에 크게 관심을 두지 않고 있는 상황이다.

3) 영세성

우리나라 외식업체의 78.9%가 종사원수 5명 미만의 영세한 가족노동력 중심의 영업을 영위하고 있다. 업체의 매출액을 보면, 70%의 외식업체가 하루 평균 30만원의 매출을 올린다는 점은 인건비, 임대료, 식재료원가, 세금 등을 감안하면 영세하다는 것을 드러낸다. 전통적으로 식당은 자영업의 수준에서 출발하였기 때문에 여성의 참여가 높다(나정기, 2011). 이러한 가족중심의 생계형 경영을 하는 우리나라 외식업의 영세성은 직원교육과 서비스, 메뉴개발 면에서 앞선 해외브랜드와의 경쟁에서 뒤쳐지는 가장 큰 원인이 된다.

4) 과도한 경쟁

〈표 10-6〉 주요 국가별 인구대비 외식업체의 수를 비교한 표에서도 보듯이 우리나라의 외식업체 수는 미국, 일본, 중국 등 다른 나라에 비해 인구대비 많은 업체가 영업을 하고 있다. 특히 '97년 말 IMF 외환위기 이후 많은 신규업체가 음식점업으로 창업을 하고 있으나 이들 업체의 62% 이상이 폐업이나 명의이전 등을 하는 것으로 나타나고 있다. 이러한 높은 폐업률은 외식시장의 치열한 경쟁이 날로 심화됨을 말해 준다.

5) 주변산업의 미성숙

외식산업의 주변산업인 주방기기, 식자재 생산 및 유통의 영세성과 낮은 기술수준으로 인해 품질관리와 대량생산에 어려움이 많다.

6) 다국적 외식기업의 국내진출 및 잠식

다국적 외식기업은 1988년을 전후로 국내에 대거 진출하여 해외 유명 브랜드의 주종을 이루게 되었다. 우리나라의 대기업도 독자적인 브랜드를 개발하기보다는 손쉬운 해외브랜드와의 기술제휴로 과도한 로열티를 다국적기업에 지출하여 많은 외화가 해외로 유출되고 있다. 따라서 이제는 다국적기업의 선진화된 경영노하우와 서비스교육의 경험을 바탕으로 국내의 독자 브랜드 개발이 필요한 시기이다.

7) 프랜차이즈 본부의 능력 부족

외식산업에 프랜차이즈 방식이 보편화되어 가고 있지만 프랜차이즈 본부의 관리능력과 기능부실로 가맹점의 피해가 커지고 있다. 프랜차이즈 시스템은 가맹점이 본부의 경영지도 및 중앙 식자재 공급 등의 도움으로 비교적 쉽게 외식사업을 할 수 있는 장점이 있는 반면에, 프랜차이즈 본부가 부실하게 운영될 경우에는 다른 업종에 비해 그 피해가 크다. 따라서 프랜차이즈 가맹점을 보호할 수 있는 제도적 기반이 마련되어야 할 것이다.

2. 외식산업의 발전과제

1) 외식산업 육성을 위한 법적 지원책 및 중장기 발전계획 수립

현재의 식품위생법은 규제법으로 외식산업을 육성시키기에 아직은 적합하지 않다. 이제는 위탁급식과 관련된 법규 정비를 포함하여 외식산업 발전에 대한 법적 · 제도적인 지원책으로 외식업에 대한 육성 및 지원체제가 이루어져야 한다.

또한 정부가 외식산업 발전을 위한 방안을 전문가들에게 의뢰하여 발전계획을 수립하고 지속적으로 추진해야 한다. 이러한 발전계획안의 내용으로는 선진외식기법 교육, 전통외식산업 육성방안, 제품생산설비에 대한 개발 지원, 국제 심포지움, 축제 및 행사의 지속적 추진, 국내 향토음식 개발 및 보급 등이 포함될 수 있다.

2) 경영자와 종사원의 인식 제고

(1) 경영자

날로 경쟁이 치열해지고 고객의 요구가 다양해지고 있는 상황에서 경영자들은 외식산업을 하나의 서비스산업으로 인식하여 새로운 관점과 장기적인 경영전략을 가져야 한다. 음식 메뉴개발과 위생뿐만 아니라 고객에게 수준 높은 서비스를 제공하도록 종사원들의 복리후생 증진을 통해 우수한 인력을 육성하여 서비스의 질을 제고시켜야 한다. 종사원들의 정기적인 교육과 세미나 참석으로 전문기술을 꾸준히 습득할 수 있는 기회를 제공함과 동시에 직업적인 자부심을 고취토록 독려해야 할 것이다. 또한 경영자 자신도 업계의 빠른 흐름에 능동적으로 대처하고 새로운 신기술을 습득하기 위해 꾸준히 연구하고 노력하는 자세를 견지해야 한다.

(2) 종사원

외식업계가 아직까지 타업종에 비해 임금이나 복리후생 등이 열악한 것이 사실이다. 하지만 최근 대형 외식업체와 해외 브랜드 업체가 생기면서 서비스 및 종사원의 교육기회가 많아지고 복리후생 면에서도 근무조건이 크게 향상되었다. 외식분야는 업체에서의 실무경험과 어느 정도의 자본만 있다면 누구나 한번쯤 창업을 할 수 있는 분야이므로 꾸준히 노력하고 기술과 노하우를 연마한다면 경영자로서의 기회를 쉽게 갖을 수 있는 장점이 있는 분야이다.

3) 음식업체의 대형화, 체인화를 통한 규모의 적정화 유도

우리나라의 음식업소 수는 약 60만개에 달하고 있으나 70%가 30평 이하의 영세한 업소이다. 현재 다국적 외식기업은 자본과 경영노하우를 바탕으로 우리나라의 국내 외식업계를 상당부분 점유하고 있다. 이러한 다국적 외식기업에 대항하기 위해서는 음식업체의 대형화와 체인화가 필요하다. 특히 소규모 업체는 연합회를 구축하거나 리퍼럴(referral) 조직 구성을 통해 중앙에서 일괄적으로 식자재와 양념을 공급하는 운영방식으로 규모의 경제를 추구하는 것이 바람직하다(하동현 · 조문식, 2011).

4) 주변산업의 육성

대형 외식업소에서 주로 수입산 주방기기를 사용하고 있으므로 어차피 수입제품을 사용해야 한다면 자본과 기술력이 뛰어난 대기업이 적극적으로 참여하여 주방기기 분야의 산업을 발전시켜야 한다. 주방기기의 자동화와 주방기기산업 발전과 함께 유통, 인테리어, 부동산 등의 주변산업도 발전되는 것이 바람직하다.

5) 전통음식 개발 및 해외진출 모색

전통적인 한국의 음식들은 건강과 맛이라는 면에서는 우수하지만 대중화와 표준화에는 그다지 성공하지 못하고 있다. 특히 서양의 음식에 길들여진 청소년들의 기호에 맞게 개발할 필요가 있으며, 한국음식의 대중화를 위해서는 무엇보다도 한식 조리과정의 표준화가 선행되어야 할 과제이다.

한국의 전통음식이 다이어트와 건강에 좋다는 인식으로 최근 서양에서도 한국음식이 각광을 받고 있는데, 이러한 대표적인 음식으로는 김치와 비빔밥 등이 있다. 특히 대한항공의 기내식으로 제공되는 비빔밥은 한국인뿐만 아니라 외국인들도 선호하는 음식으로 인기를 얻고 있는데, 이러한 고유음식을 개발하고 외국인의 기호를 고려하여 해외에 진출하는 것을 적극 모색해야 한다.

6) 독자브랜드 개발 및 해외진출

국내기업이 해외의 유명 브랜드와 기술제휴를 하는 경우에는 이미 경영전략과 노하우면에서 입증되었기 때문에 손쉽게 매출액을 높일 수 있다. 하지만 외국의 다국적 기업에게 과도한 로열티를 제공하여 많은 외화가 해외로 유출되는 문제가 발생하게 된다. 최근 우리나라의 대기업들도 외국체인점에서 운영했던 노하우를 가지고 외국 브랜드과 대항할 수 있는 독자적인 브랜드(불고기 브라더스, 비비고, 본죽 등)를 개발하여 국내시장 뿐 아니라 해외시장으로 판로를 적극 개척해 나가는 있는 점은 실로 고무적인 현상이라 할 수 있다. CJ 푸드빌에서 2010년 론칭한 '비비고'는 신선함과 건강을 주제로 한식의 고유의 맛과 비빕밥을 주메뉴로 한 한식레스토랑이다. 2015년 현재 한국 11개점과 해외 15개점(미국 2개점, 중국 6개점, 일본 1개점, 영국 2개점, 싱가포르 2개점, 인도네시아 1개점, 이탈리아 1개점)을 포함 총 26개 점포가 운영되고 있다.

7) 새로운 경영기법 습득 및 시스템화

다국적 외식체인업체 뿐만 아니라 우리나라의 독자적인 외식업체들도 선진외식산업의 기법을 습득하여 체계적이고 시스템화된 경영방식을 도입·발전시켜야 한다. 고객만족 조사를 통한 신상품 개발과 조리과정의 표준화, 종사원의 서비스 교육프로그램, 중앙공급식 주방 등을 통한 프랜차이즈시스템 개발 등을 도입하여 새로운 경영기법을 적극적으로 수용해야 한다. 외식산업의 시스템화는 구매, 물류, 메뉴, 위생, 교육, 관리 등 모든 면에서 효율적인 체제(system)를 구축하는 것으로 이러한 효율적인 시스템화를 통해 경쟁력을 제고시킬 수 있을 것이다.

3. 외식산업의 전망

전반적인 사회 환경의 변화와 함께 식생활에 대한 추세는 여러 가지로 다양한 양상을 보일 것으로 전망된다. 식생활과 관련된 추세와 환경 변화의 요인으로는 외식의 보편화, 업종의 세분화 · 전문화 · 다양화, 편의성 식품과 가정 대용식의 성장, 건강과 안전지향 식품에 대한 요구 증대, 맞벌이 부부의 증가로 인한 가정 내에서의 조리기회 감소, 가족 구성원간 연령에 따른 기호와 식사 시간대의 차이, 생활의 24시간화, 독신 및 1인 가구의 증가, 야간활동의 증가, 편의점 증가에 따른 시간제공 확대, 인구의 고령화와 독신 노인의 증가, 어린이 세대인구의 절대감소 등을 들 수 있다.

1) 외식업체 선택기준의 변화

최근 우리나라 외식에 대한 조사를 보면, 외식업체에 대한 선택기준이 맛 중심에서 서비스와 가치 중심으로 변화되고 있음을 알 수 있다. 한국은 맛 선택이 과거의 80%선에서 61.6%까지 내려가고 있으며, 일본은 40.5%까지 내려가고 있다. 이제 외식업은 단순히 먹는 공간이 아닌 레저와 문화의 공간으로 변모되고 있음을 말해 주고 있다.

2) 외식업체의 다양화 및 건강지향

현재 외식업체는 한식, 중식, 일식, 분식, 피자, 양식당, 주점, 뷔페, 패스트푸드, 패밀리 레스토랑, 기타 등이 있으며, 외식시 선택하는 외식업체가 다양화되고 있다. 직장인들의 회식도 주류 중심에서 식사 중심으로 바뀌고 있다.

또한 외식업체들은 다양한 고객의 욕구에 부합되도록 각종 이벤트와 패션쇼, 공연, 콘서트 등 고객의 취향과 먹거리를 접목시키는 노력을 함으로써 다변화를 도모하고 있다. 향후 외식산업은 인테리어, 분위기, 맛 뿐만 아니라 고객에게 선호될 수 있는 독특한 테마가 있어야 한다. 소비자의 취향과 욕구에 맞춰 끊임없는 아이디어를 토대로 한 첨단화된 운영방식이 필요하다.

최근 외식업체 뿐만 아니라 우리사회 전반에 불고 있는 것이 바로 '웰빙(well-being)'이다. 과거에 비해 건강을 중시하는 계층이 커짐에 따라 유기농식품, 채식뷔페 등의 건강 추구형 외식업체, 식도락의 고급음식을 지향하는 고급화지향형 등 다양한 형태의 외식 업체가 증가될 것으로 전망된다.

3) 단체급식 시장의 확대

1990년대 들어서면서 식자재 유통이나 외식 등에 경험을 가진 대기업들이 자체적인 수요와 자금력, 조직력, 기업인지도를 바탕으로 단체급식시장에 적극적으로 참여하기 시작하였다. 이들 대기업들은 해외브랜드를 도입하거나 기술제휴 등으로 선진기술을 도입하면서 급식운영에 필요한 인프라 및 운영시스템 구축 등을 통해 급식시장의 선두를 점하고 있으며 공격적인 경영으로 급속히 확대되기 시작하였다.

국내의 급식시장은 향후에도 위탁화가 가능한 시장이 아직도 많이 남아 있으나 수익성이 높은 시장의 위탁화 완료와 대기업의 참여증가로 인한 경쟁격화로 앞으로의 경영환경은 더욱 어려울 것으로 전망된다.

부문별로 보면 현재 위탁률이 높은 산업체와 대학교, 관공서 등의 위탁률은 둔화되는 반면, 병원과 초 · 중 · 고 등의 위탁률이 크게 증가되어 전체 위탁시장이 차지하는 비중도 확대될 것으로 예상되면서 단체급식 시장은 18조 9천억원 규모(2013년 기준)에서 향후 꾸준히 확대될 전망이다.

4) 양극화 현상의 심화

현대인의 빠른 생활속도에 맞춘 패스트푸드의 속도 중심의 간단한 기능식과 함께 사교와 유대의 장으로서 질 높은 서비스와 고급화된 전문음식(value)을 제공하는 식당이 동시에 발전하는 양극화 현상이 심화될 것이다. 이러한 양극화 현상은 품질과 서비스, 가격, 매출액 면에서 양극화를 보일 것으로 보인다.

특히 전문음식(value)의 차별화가 예상되는데, 1990년대 패밀리 레스토랑이 다양한 메뉴로 고객의 요구에 부응한데 반해, 2000년대는 선점 업체의 진입 장벽 및 전문화된 식당으로 점차 고객의 기호가 변함에 따라 타 브랜드와 차별화를 도모하고 있다. 이들의 대표적인 예로는 스테이크 전문점, 파스타 전문점 등이 있다. 고급화된 브랜드는 저가의 브랜드보다 매출액과 영속성이 매우 높은 것으로 많은 조사에서 나타나고 있어 이러한 고급화된 전문음식업체가 더욱 늘어날 전망이다.

5) 체인화 · 대형화 추구

1980년대 이후 해외브랜드의 체인화가 시작되었는데, 향후 이러한 체인화는 더욱 가속화될 것이며, 특히 햄버거, 치킨, 피자, 테마레스토랑, 고급패밀리레스토랑 등의 분야에서의 신규 외국브랜드 국내 진출이 지속될 것으로 예상된다. 현재의 해외브랜드 패밀리 레스토랑의 점포망 확대 및 기존 제품으로 신규 판매채널 확장을 통한 대형화를 추구할 전망이다. 이와 아울러 국내 외식업체의 해외진출 및 다브랜드 전략으로 수익창출을 위한 노력이 더욱 치열해질 것으로 전망된다. 또한 급식시장에서 생존을 위한 업계의 구조개편이 예상되면서 급식업체간 인수합병을 통한 대형화로 경쟁력을 강화시킬 것으로 보이며, 중소업체는 대기업에 흡수 또는 틈새시장을 타켓으로 차별화를 도모해야 한다.

6) 적극적 마케팅활동 강화

대형 외식업체를 중심으로 고객을 확보하기 위한 마케팅활동을 적극적으로 펼치고 있다. 카드사와 제휴하거나 핸드폰 고객을 대상으로 할인서비스를 제공하거나 고객마일리지 카드 발급, 생일이나 기념일에 무료쿠폰 제공 등을 통해 고객 유치경쟁을 펼치고 있다. 또한 독자적인 브랜드가 없는 외식업체의 경우 케이블 TV와 지역방송 등의 매체를 활용하거나 신문, 전단지 등을 통해 업체를 홍보하는 등 적극적인 마케팅 · 홍보활동을 펼치고 있다. 이제는 고객의 요구를 능동적으로 파악하고 브랜드 가치를 높일 수 있는 마케팅 능력을 지닌 기업만이 향후 외식시장에서 지속적인 성장을 할 것이다.

7) 새로운 복합매장 및 다브랜딩 전략

외식점포는 기존의 형태에서 복합매장(co-branding)과 다브랜딩(multi-branding) 형태의 점포가 성장할 것으로 보인다. 복합매장(co-branding)은 다른 업종이 서로 연합하여 두 개의 브랜드(또는 아이템)가 한 개의 점포를 공유하는 형태를 말한다. 프랜차이즈 본사들이 불황기에 경비절감을 위해서 한 개의 가맹점에서 두 개의 브랜드를 취급하는 '숍인숍'이나 낮과 밤에 다른 메뉴를 취급하는 '원스톱' 형태로 매장운영을 하는 것을 말한다. 미국에서 KFC와 Pizza Hut, 주유소와 편의점 등이 점포를 공유하여 인건비를 절약하고 소비자에게 두 개의 서로 다른 메뉴를 선택할 수 있게 하여 편리성을 높이고 있는데, 이는 흔히 볼 수 있는 복합매장의 예가 된다. 우리나라도 최근 경기침체로 카페, 화장품, 의류, 외식업계에서 복합매장 형태로 매장을 운영하는 사례가 점차 많아지고 있다.

다브랜딩(multi-branding) 전략은 다른 업종이 연합하여 외식점포를 같은 장소에서 개설하는 경우로 우리나라 백화점이나 쇼핑센터 푸드 코트(food court)에서 흔히 볼 수 있다. 고객은 한 장소에서 여러 개 브랜드의 음식을 동시에 선택할 수 있고, 업체는 장소와 설비를 공유함으로써 비용 및 인건비절감 등 상호 이익이 되는 외식점포 형태라 볼 수 있다. 또한 다브랜딩은 한 기업에서 다양한 브랜드를 출시하는 것을 의미하기도 한다. 예를 들면, CJ 푸드빌에서 빕스, 차이나팩토리, 뚜레쥬르, 투썸플레이스, 비비고 등 다양한 여러 브랜드를 출시하여 고객의 다양한 욕구에 부응하고 수익모델을 다각화하고 있는데, 이러한 추세는 앞으로도 지속될 전망이다.

8) 새로운 식생활 트렌드(배달음식 및 편의식)의 보편화

1-2인 가구의 증가와 맞벌이 부부의 생활모습이 보편화 되고 있고, 인터넷과 모바일 사용이 증가됨에 따라 모바일 앱(배달의 민족, 요기요 등)이나 전화주문을 통한 배달음식과 편의점에서 다양한 형태의 간편 편의식이 증가되는 추세이다. 과거 중국음식 치킨, 피자 등 한정된 메뉴만이 배달이 되던 시대에서 현재는 떡볶이, 분식, 도시락, 햄버거, 파티음식, 손님 초대음식 등 다양한 형태의 음식 메뉴가 고객에게 편리하게 가정으로 제공되고 있다. 또한 맞벌이 부부로 여성의 가사노동에서 많은 시간과 노력이 필요한 가정식 반찬을 판매하는 다양한 브랜드 반찬가게가 성행하고 있으며, 가성비가 좋은 비교적 저렴한 도시락 전문점부터 고급 테이크 아웃 전문점까지 경제적 상황과 다양한 선호를 충족시켜주는 음식 메뉴들이 젊은층 사이에서 많은 인기를 끌고 있다. 특히 가격보다는 영양과 위생, 그리고 믿을 수 있는 음식에 대한 주부들의 관심에 커짐에 따라 유기농 제품과 바른 먹거리라면 비록 고가여도 기꺼이 지불하려는 고객층이 많아지고 있는 추세이다.

제 11 장
테마파크산업

제 11 장

테마파크산업

제1절 테마파크의 이해

1. 테마파크의 개념

테마파크(theme park)는 특정한 주제(theme)에 따라 일상적이 아닌 공간을 창조하여 시설과 운영이 그 테마(주제)에 따라 통일적이고 독립적으로 이루어지는 공원을 의미한다. 즉 테마파크는 기존의 유기, 탑승 등 놀이시설만을 갖춘 기존의 놀이공원(amusement park)에 일정한 테마를 준 공원으로 특정한 주제로 공원 전체 환경을 만들면서, 공연 이벤트 등으로 전체를 연출하는 공원으로서 유원지보다는 한 단계 높은 수준의 공원이라고 할 수 있다. 일반적으로 놀이공원은 단어 그대로 오락, 흥미 유발의 단순한 놀이시설로서 청소년들의 힘, 용기, 담력 등을 시험하는 탑승시설(rides)의 설치가 대부분인데 반해, 테마파크는 관람객들에게 꿈과 희망, 감동을 줄 수 있는 주제(테마)가 있으며, 이러한 주제에 교육적인 효과까지 고려되어 계획된 곳으로 놀이시설만을 운영하는 공원이 아닌 수준 높은 공연과 이벤트, 양질의 서비스가 함께 제공되는 공간으로 어린이부터 노인까지 가족 모두가 즐길 수 있는 가족 전체의 놀이공원이라 할 수 있다.

관광학 사전에 설명된 테마파크에 대한 정의는 '특정한 테마에 의한 비일상적 공간의 창조를 목적으로 하고, 시설 · 운영이 그 테마에 의거하여 통일적이고도 배타적으로 이루어지고 있는 놀이공원(amusement park)'으로 보았다. 1993년 일본의 통산성 특정서비스산업 실태조사에서는 테마파크의 정의를 일정한 테마(예 : 외국, 역사, 자연 등) 아래, 유희시설의 有無에 불구하고, 전체적인 환경조성, 쇼나 이벤트 등의 소프트를 한데 엮어서 공간 전체를 연출하여 오락을 제공하는 시설 조성이 되어 있는 유원지, 레저시설로 정의하고 있다(長谷政弘 편저, 2000 : 104~105).

롯데월드의 테마파크의 정의는 특정테마를 중심으로 구성되고 주제의 상호연관적 기능제고가 가능토록 연출, 운영되는 모든 계층의 사람들을 위한 창조적 휴식공간으로 정의하고 있다.

위의 테마파크의 정의를 포괄하여 테마파크는 '특정한 주제(테마)를 중심으로 공원의 전체 환경을 만들면서 공연, 이벤트, 쇼프로그램을 제공하며 각종 볼거리, 놀거리, 먹을거리 등과 부대되는 다양한 서비스를 갖춘 가족 위주의 창조적인 문화적 유희의 오락공원'으로 정의될 수 있다.

2. 테마파크산업의 특성

테마파크는 현대에 들어서 모든 사람들의 휴식과 즐거움, 꿈과 환상을 심어주는 인공적인 여가시설로서 각광받고 있다. 특히 자연자원이 빈약한 지역에서도 인접 배후시장의 조건과 대규모 자본으로 투자된다면 인공적으로 개발되어 많은 매출액과 외화를 벌어들일 수 있는 사업분야가 바로 테마파크이다. 이러한 테마파크의 특성은 크게 구조적인 특성과 경영적인 특성으로 구분해서 살펴볼 수 있다.

1) 테마파크산업의 구조적 특성

(1) 테마성

많은 다양한 테마파크는 각기 다른 테마(주제)를 가지고 있으며, 이러한 주제를 실현시키기 위해서 각종 전시시설과 놀이시설을 배치하여 운영한다. 이러한 테마는 개념 자체가 포괄적이지 못하면 테마를 실현시키는 데 많은 제약이 따르며 효과적으로 테마를 실현시킬 수 없다. 따라서 테마파크의 테마의 설정은 개념이 포괄적이어야 하고, 다른 테마파크와는 차별성이 있어야 한다.

테마파크 성공의 중요한 관건은 바로 재방문 고객의 확보이다. 테마파크를 조성하여 운영한다는 것은 막대한 자본이 투자된다는 것을 의미하므로 한번 왔던 고객이 다시 찾지 않는다면 운영상에 많은 지장을 초래하고 적자를 면치 못할 것이다. 따라서 이러한 측면에서 재방문 고객 즉 고정 고객 확보가 중요한 과제가 된다. 하지만 한번 왔던 고객이 다시 테마파크를 찾게 하기 위해서는 독창적이고 창의적인 테마의 설정뿐만 아니라 다양하고 차별성 있는 프로그램과 공연, 이벤트를 기획하여 고객에게 언제나 새로움을 주어야 하며, 이와 아울러 지역주민에게 친숙한 테마를 설정하도록 해야 한다.

(2) 통일성

테마파크의 주제를 실현시키기 위해서는 모든 놀이시설과 전시시설, 음식점 등의 건축양식과 조경, 종사원들의 복장 등에서 통일된 이미지를 구현해야 한다. 즉 동일한 주제하에 탑승물, 식당, 쇼, 매점 등이 주제와의 통일성과 일관성을 유지해야 한다. 따라서 테마파크 내의 모든 시설물들과 공원의 환경이 고객에게 전반적으로 통일된 이미지를 준다면 일단 그 테마파크는 성공한 것으로 볼 수 있지만, 통일된 이미지를 주지 못하고 산만하다면 테마파크가 제대로 조성되었다고 볼 수 없다.

(3) 비일상성

테마파크는 일상생활에서 느낄 수 없는 동화의 세계를 체험하고, 꿈과 희망을 심어주어야 하기 때문에 일상성이 철저히 배제된 비일상성을 갖추어야 한다. 세계의 많은 테마파크들은 각자 나름대로 차별적인 테마를 실현시키고 있지만, 대부분의 테마파크는 비일상성을 실현시키기 위해서 '디즈니랜드'를 기본 모델로 하였다. 디즈니랜드는 비일상적 유희공간으로 뛰어난 연출구성과 테마로 모든 테마파크의 모델이 되었다.

영화를 주제로 한 미국의 유니버셜 스튜디오(Universal Studios, LA)의 경우는 테마파크의 비일상성을 실현하기 위해서 영화를 소재로 한 이벤트와 쇼를 운영하면서 다양한 볼거리, 탈거리를 제공하고 있다. 이러한 예로는 Shrek-4D 영화, 물을 소재한 한 영화 'Water World', 관람객이 기차(tram)를 타고 영화의 세트장을 도는 'Studio Tour'는 죠스, 홍수, 대지진 등 영화 속 한 장면을 직접 체험케 하는 비일상성을 느끼게 함으로써 흥미와 즐거움을 더해 주고 있다. 유니버셜 스튜디오는 가을에는 할로윈쇼(Halloween show)와 겨울에는 화려한 대형 크리스마스 트리와 감동적인 이벤트로 최고의 분위기를 제공한다.

(4) 배타성

테마파크란 특정 테마설정에 의한 비일상적 유희공간으로서 현실과의 차단을 통해 체험하게 되는 가상 · 허구의 공간으로서 현실의 차단이 얼마나 효율적으로 이루어지느냐가 테마파크 성공의 관건이 된다. 따라서 테마파크는 테마설정이 독특할수록 다른 테마와 차별이 되는 폐쇄적인 완전한 독립공간을 만들 수 있다. 테마의 배타성이 이루어지기 위한 조건으로서는 어느 정도 광범위한 공간과 뛰어난 시설, 종사원들의 운영능력이 요구된다.

(5) 종합성

테마파크는 놀이에서 휴식, 다양한 이벤트의 연출, 여러 전시시설 및 탑승시설, 매점 및 음식점 등 서비스업체 관리, 종사원들의 교육 및 관리, 전체적인 공원 기획 및 운영, 음악 및 디자인 등 다양한 부분이 망라된 종합적인 성격을 지니고 있다.

테마파크가 잘 운영되기 위해서는 탑승시설, 전시시설, 각종 쇼핑 및 음식점, 서비스 제공 등 모든 면에서 조화와 균형을 이루도록 종합적인 계획과 운영이 필요하다.

2) 테마파크산업의 경영적 특성

(1) 자본집약적 산업

테마파크는 막대한 자본과 광대한 대지가 요구되는 자본 집약적 산업이다. 전세계 테마파크의 70%를 차지하고 있는 미국은 주로 대기업에서 테마파크를 개발 · 운영하고 있다. 테마파크가 비일상성과 배타성을 갖추기 위해서는 막대한 자본, 고도의 기술과 전문화된 인력 등이 필요할 뿐만 아니라 개발기간도 상당히 오래 걸리고 자금의 회전율도 다른 산업에 비해 상대적으로 낮기 때문에 대기업이 아니면 참여하기 어렵다. 따라서 중소기업이나 공공기관의 참여가 사실상 어려운 실정이다. 특히 미국은 자본과 시장, 기술과 인력의 모든 면에서 좋은 조건을 갖추고 있기 때문에 세계적인 테마파크 시장의 상당 부분을 독점하고 있다. 우리나라의 경우도 삼성의 에버랜드, 롯데의 롯데월드 등 대기업이 테마파크 사업을 주도하고 있다. 이러한 것을 극복하기 위해서는 비용절감을 위한 첨단 과학기술의 도입과 개발 컨소시엄 형성 등 테마파크 별로 다양한 방안이 모색되어야 한다. 이러한 대기업의 대자본을 통한 테마파크의 개발로 테마파크의 규모는 날로 대형화되어 가고 있다.

(2) 지역 산업

테마파크는 지역사회의 여가공간이자 문화공간으로 각광받고 있으며, 향후 도시인의 여가활동에 대한 욕구가 커짐에 따라 이러한 추세는 더욱 증가될 것으로 보인다. 테마파크의 입지적인 요소 중 가장 중요한 것이 배후시장의 조건인데, 영국관광청은 테마파크의 배후시장의 조건으로서 자동차로 2시간 이내 거리에 약 1천만명의 인구가 살거나 관광지가 1시간 이내 거리에 위치하며 5백만명 이상의 인구가 2시간 이내에 거주해야 한다고 하였다. 즉 테마파크의 입지는 주로 대도시나 관광지, 리조트지의 인근에 위치하고 있어야 한다. 이는 테마파크가 주변지역을 기반으로 관광객들을 주된 표적시장으로 삼고 있는 지역산업이기 때문이다. 따라서 테마파크는 지역주민 중심의 놀이시설과 부대시설 등을 구성해야 한다. 특히 테마파크는 지역경제를 활성화시키고 지역고용을 창출시키는데 상당한 기여를 하는 산업이다.

(3) 입지의존적 산업

테마파크의 입지선정은 수익성에 가장 큰 영향을 미치므로 다른 산업시설과 마찬가지로 시장규모와 환경이 양호한 곳에 위치해야 한다. 테마파크는 주변에 배후도시가 있고 접근성이 양호하다면 자연적인 조건에는 비교적 제약을 받지 않는다. 스키장과 같은 리조트는 자연적인 특성에 따라 건설이 가능하지만 테마파크는 특별한 자연적인 조건에 크게 구애 받지 않는다. 하지만 초기 개발시 광대한 토지가 필요하고 막대한 자본이 소요되기 때문에 기존에 이미 개발된 곳은 상대적으로 개발이 되지 않은 곳에 비해 지가(地價)가 비싸므로 개발되지 않은 곳이 바람직하다. 또한 테마파크 부지의 취득비용, 교통여건, 주변환경 변화, 인프라 확충의 정도에 따라 테마파크 사업주체의 비용부담이 달라진다.

(4) 프로그램의 조기 진부화

테마파크는 전시시설이나 탑승시설 등 하드웨어의 비중이 크지만 이러한 하드웨어를 자주 교체하기는 실제로 어렵기 때문에 공연, 이벤트, 쇼 등의 다양한 볼거리를 제공함으로써 변화를 추구해야 한다. 각종 탑승시설의 진부화가 빨라 감가상각에 대한 비용이 높고, 유행과 경쟁업체의 신종시설 등장은 라이프사이클을 짧게 만든다. 또한 프로그램 등 소프트 부분의 진부화가 예상외로 빠른 편이다. 특히 도시형 테마파크의 경우는 고객이 항상 새로운 것을 요구하기 때문에 시설들의 주기가 보통은 6개월, 짧은 것은 3개월로 점차 짧아지는 추세이다. 따라서 새로운 시설을 도입하거나 새로운 프로그램을 개발하여 지속적인 투자 및 관리가 필요하다.

(5) 높은 인적 서비스 의존도

테마파크는 고도의 인력집단의 전문성과 운영능력이 필요한 분야로 인건비의 비중이 높은 산업에 속한다. 테마파크가 개장을 하면 매출액 중 인건비의 비중을 25% 이하로 낮추는 것이 바람직하다. 하지만 인건비의 비용을 낮추기 위한 방안으로 정규직이 아닌 아르바이트 등의 비정규직 종사원을 지나치게 많이 고용하는 경우에는 고객에게 불만족한 서비스를 제공할 가능성이 높을 뿐 아니라 안전 관리상에도 문제가 생긴다. 따라서 계절적으로 인력수요가 많은 경우에 한시적으로 고용하는 아르바이트생에게도 적절한 교육과 훈련을 시킨 후 종사토록 하는 것이 바람직하다.

특히 고객에게 만족할 만한 서비스를 제공하기 위해서는 내부고객이라 할 수 있는 종사원의 만족은 중요하게 고려해야 할 부분이다. 또한 양질의 서비스를 제공하기 위해서는 사전방지의 안전교육을 실시해야 하며, 서비스마인드(service mind)를 제고시킬 수 있는 전문적인 서비스 교육이 반드시 실시되어야 한다. 세계적인 테마파크인 월트디즈니사는 직원을 교육·훈련시키기 위해서 대학교(university)를 세워 선구자적인 경영을 추진하고 있다.

(6) 입장객의 체류

테마파크에서 소비수준을 높이기 위해서는 가급적 고객의 체류시간을 증대시키는 것이 바람직하다. 따라서 전시시설과 탑승시설의 배치는 동선을 최대로 하여 주변부에 배치하고 대기시간은 최소로 하는 것이 바람직하다. 고객의 체류시간을 연장시키기 위해 시설의 배치와 종류를 선택하는데 신중을 기해야 하며, 음식과 식품 판매는 직영 형태가 바람직하나, 직영방식은 상품관리가 허술한 경우가 많으므로 철저한 영업 관리가 필요하다.

또한 시설물 중간에 다양한 이벤트와 공연으로 체류시간을 연장시킬 수 있는데, 주로 유명 연예인이나 스타 등이 출연하는 공연 일정의 시간대를 비교적 늦은 저녁으로 하는 것은 이러한 입장객의 체류시간을 고려한 것이다.

(7) 미국 의존도가 높은 오락산업

International Association of Amusement Parks and Attractions (IAAPA)에서 발표한 자료에 따르면, 미국에 약 600여개의 크고 작은 테마파크와 놀이공원이 있으며, 2억 6천만명의 방문객으로 약 50억 달러의 매출액을 나타내고 있는데, 이는 전세계의 약 63%에 달하는 수치이다. 미국이 테마파크의 선진국이 된 것은 오락 지향적이고 소비수준이 높은 미국 국민의 성향 덕분이며, 이와 아울러 미국의 발전된 영화산업의 기술축적도 테마파크 발전의 커다란 원동력이 되었다.

3. 테마파크의 분류

1) 공간에 따른 분류

테마파크의 공간에 따른 분류는 크게 자연공간과 도시공간으로 나누고, 주제와 활동형을 조합하여 4가지로 분류된다.

〈표 11-1〉 테마파크의 공간에 따른 분류

구분	테마파크의 형태
자연공간 * 주제형	동물, 식물, 어류, 정원 등의 테마파크
자연공간 * 활동형	리조트, 바다/산, 온천 등의 테마파크
도시공간 * 주제형	산업, 과학, 풍속, 구조물 등의 테마파크
도시공간 * 활동형	스포츠, 놀이, 건강, 예술 등의 테마파크

2) 테마(주제)에 따른 분류

테마파크의 주제는 다양한데, 이러한 주제로는 민속, 역사, 생물, 지역산업 및 전통공예, 예술, 놀이, 판타스틱한 창조물, 과학, 자연자원, 복합적인 테마 등이 있다.

(1) 민속형 테마파크

민속, 공예, 민가 등을 종합적으로 연출한 공원으로서 한 시대와 지역의 환경, 건축 등을 과거 그대로의 모습으로 재현해 민속·문화적 정보의 전시, 공예·예능의 실연, 식음시설 등을 종합적으로 운영한다. 민속을 테마로 한 경우는 건축, 이벤트, 상품 등을 재현하는 경우로 이와 같은 테마파크로는 한국의 민속촌, 경주의 신라밀레니엄파크, 일본의 하우스텐보스, 스페인 무라, 하와이 폴리네시안 빌리지 등이 해당된다. 이러한 테마파크는 관광객의 공간과 지역주민의 생활공간을 의도적으로 분리하여 주민생활의 침해를 방지하고 관광객의 편의를 위해 진짜와 비슷한 공간으로서 '모형문화'를 체험할 수 있는 곳이다.

이와 유사한 테마파크로는 지역 전체를 공원화하여 그 지역의 건축 양식을 전통적 문화유산으로서 보전 활용하는 경우가 있는데, 이러한 국내의 예로는 용인 민속촌을 포함하여, 안동의 하회마을, 순천 낙안읍성, 월성 양동마을, 성읍 민속마을, 고성 왕곡마을, 아산 외암마을 등의 전통민속마을이 있다.

(2) 역사형 테마파크

고대의 전설, 문화 유적, 문화 작품 등을 테마로 설정하고 이에 얽힌 스토리를 전개한 공원을 말한다. 이러한 예로는 메밀꽃 필 무렵의 배경지인 강원도 평창에 이효석 생가 주변의 '이효석 문학관' 등이 있다.

역사를 테마로 한 파크는 하나의 역사적 사실과 인물에 중점을 두고 환경과 상황을 재현해 나가며 구성하는데, 대부분이 지역에 밀착된 소재가 주류를 차지한다. 그 예로 국내에서는 김해 '가야 역사 테마파크'가 있다. '가야 역사 테마파크'는 국제도시로서의 가야를 재조명하는 가야 교역촌 당시의 문화를 보여주고 있으며, 철의 왕국인 가야의 힘을 보여주기 위해 철광산과 철의 정원이 꾸며져 있다. 또한 미국 버지니아주에 있는 '윌리암스버그(Colonial Williamsburg)'는 미국 초창기(1750~1775년)의 마을모습을 재현한 미국판 민속촌 형태로, 대표적인 볼거리로는 조지 왕조풍의 관저, 의사당, 법원건물, 조지워드 생가와 당시의 식민시대풍의 선술집과 정원 등이 갖추어져 있다. 인근에는 부쉬 가든(Bush Garden) 테마파크가 위치해 있어 가족단위 관광객들이 롤러코스트와 동물원을 구경할 수 있다.

(3) 동물 및 식물형 테마파크

동물, 조류, 곤충 등을 테마로 하여 본래의 생활환경을 재현해 동물의 생태를 보여주는 공원이다. 동물에 관해 전시하거나 사파리 형식도 있다. 이러한 공원의 사례로는 미국 플로리다에 디스커버리 코브, 부쉬 가든, 싱가포르의 주롱새공원 등이 있다.

어류를 포함한 바다생물을 테마로 한 경우에는 물개, 펭귄, 어류, 돌고래 등 바다 생물의 전시를 중심으로 정보전시, 동물쇼, 컬렉션 등으로 구성된다. 이러한 공원으로는 미국 플로리다의 씨월드(Sea World), 홍콩 오션파크, 일본 해유관, 한국 63빌딩 수족관, 코엑스 아쿠아리움 등이 있다.

(4) 산업 및 전통공예형 테마파크

지역의 특수한 농수산물 또는 산업제품 등의 생산과 제조 공정을 재현하거나 체험, 정보 전시 등을 주로 하는 공원으로서 이러한 예로는 경기도 이천의 도자기촌, 담양 죽세공 마을, 금산 인삼마을 등이 대표적이다.

(5) 예술형 테마파크

음악, 미술, 영화 등 예술을 주제로 한 테마파크를 말한다. 미술이나 음악을 테마로 하는 경우는 야외 갤러리 공원, 음악 스튜디오 또는 이벤트 홀 등으로 구성되는데, 이러한 공원으로는 프랑스 라빌렛 공원, 스페인 가우디 공원 등이 있다.

영화를 주제로 한 공원은 영화세트를 적극적으로 활용하거나 영화의 한 장면을 시설물로 재현하고, 영화 정보의 전시시설, 탑승시설 등으로 구성된다. 이러한 예로는 미국의 유니버셜 스튜디오, 남양주의 서울종합촬영소, 대장금 테마파크 등이 있다. 대장금 테마파크는 국내 최초의 드라마 테마파크로서 대장금의 주요 촬영장소인 경기도 양주 오픈 세트장을 촬영당시의 모습을 그대로 복원하고, 다양한 볼거리와 이벤트 및 체험 프로그램을 갖춘 테마파크로 정비하였다.

(6) 놀이형 테마파크

주로 스포츠와 건강을 아이템으로 하는데, 골프, 테니스, 사이클 등을 체험하는 테마파크로서 일본의 츠마고이 등이 있고, 레저풀을 테마로 파도풀, 유수풀, 슬라이더풀 등 다양한 물놀이시설을 갖춘 공원으로는 일본의 와일드블루 요코하마와 한국의 캐리비안 베이 등이 있다.

콜러코스터, 드롭, 다크라이드 등 다양한 탑승시설을 체험하고 즐거움을 중심으로 놀이 자체를 테마로 한 공원으로는 미국의 식스플래그, 세다 포인트, 일본의 도시마엔, 미쯔이 그린랜드, 한국의 롯데월드, 서울랜드, 드림랜드 등이 있다.

(7) 판타스틱한 창조물 중심형 테마파크

캐릭터를 테마로 동화, 만화에 등장하는 캐릭터들을 중심으로 스토리 일부를 재현하는 공원으로 극장 이벤트, 레스토랑 등으로 구성된다. 이러한 공원으로는 디즈니랜드와 매직킹덤이 대표적이다.

공상과학을 테마로 한 파크는 소설 및 SF 세계, 가공의 동물, 로봇의 세계 등을 테마로 하는데, 비일상성에 중심을 둔 구성을 하며 이러한 공원으로는 일본의 영계(靈界)랜드, UFO 랜드 등이 있다.

(8) 과학 및 기술형 테마파크

과학 및 기술을 소재로 만든 테마파크이다. 특히 우주개발을 소재로 하여 우주개발에 대한 정보, 지식, 물건의 전시가 중심이 되고, 별과 우주의 로망, 우주 체험 비행시뮬레이션, 우주 비행사 훈련 시뮬레이션 등 흔히 접할 수 없는 우주 과학 체험의 장이 되는 공원이다. 이러한 공원의 예로는 미국 케네디스페이스 센터, 일본 스페이스 월드 등이 있다.

특히 과학과 하이테크의 테마공원은 통신, 교통, 에너지, 하이테크 기술 등 과학기술의 전시가 중심이 되는데 자칫 이러한 부분은 단조롭고 지루해지기 쉽기 때문에 드라마틱하게 연출하는 것이 고객의 이목을 끄는데 있어서 중요한 요소가 된다.

(9) 자연자원형 테마파크

자연경관을 테마로 한 공원으로 이러한 예로는 한국의 설악산 등의 국립공원, 미국의 나이아가라 폭포, 그랜드 캐년 등이 있다. 또한 온천을 테마로 한 공원에는 온천, 아쿠아 시설, 스포츠 시설 등을 복합적으로 구성한 체재형 테마파크로 조성된다. 이러한 온천형 테마공원은 특히 일본이 많은데, 토마루 리조트, 삿포르 리조트와 독일의 바덴바덴, 한국의 한화 설악 리조트(워터피아) 등이 있다.

(10) 복합형 테마파크

대규모 부지에 여러 가지 다양한 테마가 복합적으로 전개된 공원이다. 이러한 공원으로는 캐나다 웨스트 에드몬트 몰(지상의 스페이스 콜로니), 롯데월드(21세기 지상의 낙원), Epcot 센터(미래의 사회), 디즈니랜드(유희의 왕국), 에버랜드 페스티발 월드(세계의 축제) 등이 있다.

3) 국내 테마파크의 유형

현재 국내에 개장되어 있는 테마파크는 크게 4가지 유형으로 나뉜다.

(1) 대도시 입지형 테마파크

대도시 입지형 테마파크로는 롯데월드, 어린이대공원, 드림랜드와 같은 곳이 해당된다. 대도시의 대량 수요를 배경으로 하고 있으므로 입지적인 면에서 상당히 유리한 입장에 있으며, 비교적 교통이 편리해서 접근성이 좋은 편이다. 하지만 단점으로는 지가(地價)가 비싸기 때문에 토지매입 등에 상당한 재정적인 어려움이 따르고, 이로 인해 주로 고밀도의 실내복합시설 형태로 전시시설 위주보다는 탑승시설 위주인 경우가 많다.

(2) 지방도시 입지형 테마파크

지방도시나 도시 근교에 입지한 지방도시 입지형이다. 이러한 예로는 엑스포 과학공원 등이 해당되는데, 지방도시의 특색 있는 역사·문화 자원과 연계하는 지역 연계형으로 개발되었을 때 성공할 가능성이 높다.

(3) 관광단지형 테마파크

관광단지형 테마파크는 기존 관광지에 입지하는 경우로 부곡하와이 온천이나 경주보문단지의 도투락월드가 이에 해당된다. 이러한 관광단지형 공원은 다른 목적으로 방문한 관광객들을 손쉽게 유치할 수 있는 장점이 있다.

(4) 저밀도 입지형 테마파크

저밀도 입지형 테마파크는 산림이나 논밭, 탄광 등 인구밀도가 적은 부지에 테마파크를 개발하는 경우이다. 이러한 예로는 삼성 에버랜드, 한국 민속촌 등이 해당되며 토지매입비용이 저렴하기 때문에 광대한 부지를 확보하는 데 상당한 이점이 있다.

제2절 테마파크산업의 현황

1. 세계의 테마파크

이용객 수를 기준으로 선정한 세계 10대 테마파크는 〈표 11-2〉와 같다. 2018년 기준 가장 많은 입장객을 보인 테마파크는 1위 매직킹덤(Magic Kingdom) 2,086만명, 2위 LA에 위치한 디즈니랜드(Disneyland) 1,867만명, 3위 도쿄 디즈니(Tokyo Disneyland) 1,791만명, 4위 도쿄 디즈니씨(Tokyo Disney Sea) 1,465만명, 5위 일본 유니버셜 스튜디오(Universal Studio Japan) 1,430만명이다. 그 다음 6위부터 10위를 살펴보면, 6위 디즈니 애니멀킹덤

(Disney Animal Kingdom), 7위 엡콧센터(Ecop Center), 8위 중국 상해디즈니랜드(Shanghai Disneyland), 9위 디즈니 할리우드 스튜디오(Disney's Hollywood Studio), 10위 Chimelong Ocean Kingdom이다. 우리나라 롯데월드는 596만명으로 17위, 그리고 에버랜드(Everland) 585만명으로 19위를 기록하였다. 전 세계 테마파크 중 상위 25위 안에 랭크된 우리나라 테마파크는 롯데월드와 에버랜드 2곳뿐이다.

〈표 11-2〉 **TOP 25 전 세계 테마파크**

순위	위 치	비율 (%)	방문객 (2018)	방문객 (2017)
1	MAGIC KINGDOM AT WALT DISNEY WORLD, LAKE BUENA VISTA, FL, U.S.	2.0	20,859,000	20,450,000
2	DISNEYLAND, ANAHEIM, CA, U.S.	2.0	18,666,000	18,300,000
3	TOKYO DISNEYLAND, TOKYO, JAPAN	7.9	17,907,000	16,600,000
4	UNIVERSAL STUDIOS JAPAN, OSAKA, JAPAN	8.5	14,651,000	13,500,000
5	TOKYO DISNEYSEA, TOKYO, JAPAN	-4.3	14,300,000	14,935,000
6	DISNEY'S ANIMAL KINGDOM AT WALT DISNEY WORLD, LAKE BUENA VISTA, FL, U.S.	10.0	13,750,000	12,500,000
7	EPCOT AT WALT DISNEY WORLD, LAKE BUENA VISTA, FL	2.0	12,444,000	12,200,000
8	SHANGHAI DISNEYLAND, SHANGHAI, CHINA	7.3	11,800,000	11,000,000
9	DISNEY'S HOLLYWOOD STUDIOS AT WALT DISNEY WORLD, LAKE BUENA VISTA, FL, U.S.	5.0	11,258,000	10,722,000
10	CHIMELONG OCEAN KINGDOM, HENGQIN, CHINA	5.0	10,708,000	10,198,000
11	UNIVERSAL STUDIOS AT UNIVERSAL ORLANDO, FL, U.S.	10.6	10,830,000	9,788,000
12	DISNEY CALIFORNIA ADVENTURE, ANAHEIM, CA, U.S.	1.9	9,843,000	9,660,000
13	DISNEYLAND PARK AT DISNEYLAND PARIS, MARNE-LA-VALLEE, FRANCE	3.0	9,861,000	9,574,000
14	UNIVERSAL'S ISLANDS OF ADVENTURE AT UNIVERSAL ORLANDO, FL, U.S.	2.5	9,788,000	9,549,000
15	UNIVERSAL STUDIOS HOLLYWOOD, UNIVERSAL CITY, CA, U.S.	1.0	9,147,000	9,056,000
16	HONG KONG DISNEYLAND, HONG KONG SAR	-0.2	5,920,000	5,930,000
17	LOTTE WORLD, SEOUL, SOUTH KOREA	8.1	6,700,000	6,200,000
18	NAGASHIMA SPA LAND, KUWANA, JAPAN	-7.3	5,850,000	6,310,000
19	EVERLAND, GYEONGGI-DO, SOUTH KOREA	-11.2	5,960,000	6,714,000
20	OCEAN PARK, HONG KONG SAR	0.0	5,800,000	5,800,000
21	EUROPA-PARK, RUST, GERMANY	0.4	5,720,000	5,700,000
22	DE EFTELING, KAATSHEUVEL, NETHERLANDS	1.9	5,298,000	5,200,000
23	WALT DISNEY STUDIOS PARK AT DISNEYLAND PARIS, MARNE-LA-VALLEE, FRANCE	4.2	5,400,000	5,180,000
24	TIVOLI GARDENS, COPENHAGEN, DENMARK	4.5	4,850,000	4,640,000
25	CHIMELONG PARADISE, GUANZHOU, CHINA	11.9	4,680,000	4,181,000
	TOP 25 전체 방문객(2018)		251,490,000	243,887,000
	TOP 25 방문객 증가율(2017~2018)	3.3	251,990,000	243,926,000

세계 10대 테마파크 중 미국의 월트디즈니사가 직접 운영하는 곳은 디즈니랜드, 매직킹덤, 엡콧 센터, 디즈니 헐리우드 스튜디오, 디즈니 애니멀 킹덤의 5곳이다. 도쿄디즈니(1983년 개장)와 파리디즈니(1992년 개장), 홍콩 디즈니랜드(2005년 개장)는 월트디즈니사가 해외로 진출하여 테마파크의 경영기술과 노하우를 해외로 수출한 사례로 디즈니사와 관련성이 크다. 우리나라의 에버랜드와 롯데월드, 미국 유니버셜 스튜디오 플로리다(Universal Studio Florida)와 유니버셜 스튜디오 할리우드(Universal Studio Hollywood), 일본의 나가시마 스파랜드(Nagashima Spa Land), 미국 씨월드 플로리다(Seaworld Florida) 등을 제외하면 세계의 주요 테마파크 대부분이 월트디즈니사와 직·간접적으로 관계를 맺고 있다. 이렇듯 미국은 세계 테마파크의 상당부분을 차지하고 있으며, 실제로 미국에는 2007년 기준으로 테마파크들이 약 400개나 있고, 연 3억 4천만명의 방문객들이 방문을 하였다. 그중 디즈니 6개 테마파크 방문객이 6,946만명으로 미국 전체 테마파크 방문객의 20.4%를 차지하고 있다. 세계 테마파크 현황 〈표 11-3〉을 살펴보면, 5위인 일본 유니버셜 스튜디오를 제외하고, 디즈니 계열 테마파크가 1위부터 9위까지를 차지하고 있다.

이렇게 미국의 테마파크 산업이 발달한 배경으로는 첫째, 오락지향적인 미국인의 국민성과 둘째, 헐리우드를 중심으로 발달한 영상산업의 기술축적이 테마파크를 크게 발달시켰으며, 셋째, 미국 대기업의 대규모 자본과 광대한 부지 확보가 가능한 점 등을 들 수 있다.

〈표 11-3〉 세계의 테마파크

순위	테마파크명	연입장객수(천명)	위치	개장 년	비고
1	Magic Kingdom	20,859	미국	1971	월트디즈니
2	Disneyland	18,666	미국	1971	월트디즈니
3	Tokyo Disneyland	17,907	일본	1983	(주)오리엔탈랜드
4	Tokyo Disney Sea	14,651	일본	2001	(주)오리엔탈랜드
5	Universal Studio Japan	14,300	일본	2001	USJ(주)
6	Disney's Animal Kingdom	13,750	미국	1998	월트디즈니
7	Epcot Center	12,444	미국	1982	월트디즈니
8	Shanghi Disneyland	11,800	중국	2016	월트디즈니
9	Disney's Hollywood Studio	11,258	미국	1989	월트디즈니
10	Chimelong Ocean Kingdom	10,830	중국	2014	Chimeby group

자료 : TEA 2018
주 : 2018년 기준

2. 국내의 테마파크

우리나라는 1980년대 말부터 테마파크 붐이 일기 시작했다. 현재 대표적인 테마파크로는 에버랜드, 롯데월드, 서울랜드, 민속촌, 대구 이월드(구 우방랜드) 등이 있다. 1976년 자연농원이라는 가족공원의 개념으로 처음 생긴 공원은 에버랜드였으며, 최초의 본격적인 테마파크의 시작은 1988년 생긴 서울랜드 이후부터라고 할 수 있다.

수도권에 위치한 테마파크 중에서 에버랜드와 롯데월드, 서울랜드의 세 곳은 연간 입장객 규모가 세계적인 수준이다. 우리나라의 테마파크 중 가장 많은 입장객 수를 보인 곳은 에버랜드로 1997년 12월 세계 테마파크 7위에 이어 2001년에는 세계 6위로 한 단계 올랐으며, 그 해 6월 누적 입장객 1억명을 달성하였다. 에버랜드는 2006년 6월 미국 포브스(Forbes)지에 '세계 4위 테마파크'로 선정되기도 하였고, 2010년에는 세계 10대 테마파크에 10위를 차지하기도 하였다. 또한, 2013년 8월 2억명의 누적 입장객을 달성하였다. 에버랜드의 입장객수는 2013년 기준 890만명(8,902,800명)을 기록하였고, 전년 대비 9.1%의 성장률을 기록하였다. 그리고 1996년 에버랜드내에 국내 최초로 물을 주제로 한 세계적 수준의 워터파크인 '캐리비안베이'가 생김으로써 우리나라 테마파크의 수준을 한 단계 올려 놓았다. 롯데월드는 2013년에 전년 대비 10.3%의 성장률을 보인 7,383,700명을 유치하였다. 특히 롯데월드는 전체 입장객의 8.8%가 외국인 방문객이며, 외국인 방문객수는 2012년 기준 전년 대비 28.9%가 증가한 537,869명을 기록하였다.

〈표 11-4〉는 우리나라의 주요 테마파크의 연도별 입장객 수를 나타낸 것인데, 2013년 기준 에버랜드가 890만명(캐리비안베이 포함), 도시형 테마파크인 롯데월드가 738만명, 서울랜드가 231만명, 이월드 137만명, 경주월드 116만명 순으로 나타났다. 상위 테마파크 3곳은 모두 수도권에 소재하고 있다. 1위의 입장객을 보인 에버랜드는 '캐리비안베이' 방문자를 포함한 수이므로 순수한 테마파크 입장객 수로는 롯데월드가 가장 많다. 즉, 입장객수의 증가율을 살펴보면, 롯데월드가 2012년보다 10.3% 증가해 가장 높게 나타났고, 에버랜드가 9.1% 증가, 서울랜드가 8.7% 정도 늘어난 것을 알 수 있다. 이렇듯 롯데월드 입장객 수가 꾸준히 증가하고 있는 것은 청소년들이 쉽게 접근할 수 있는 도심에 위치해 있고, 날씨에 관계없이 이용할 수 있는 실내형 테마파크이기 때문으로 분석된다. 주5일 근무제 및 주5일 수업제의 본격적인 시행을 통해 테마파크 입장객 수는 향후 꾸준히 증가될 전망이다.

〈표 11-4〉 국내 테마파크 현황

테마파크	운영기업	개장 연도	부지면적(만평)	투자비(억원)	지역
한국민속촌	민속촌	1975	3(전체 22)	500	용인
에버랜드	삼성에버랜드	1976	24(전체 401)	70	용인
경주월드 (구 도투락월드)	삼봉개발	1985	8	70	경주
부곡하와이	제일흥업	1986	8.4	150	창녕군
서울랜드	서울랜드	1988	9(전체 24.8)	430	과천
롯데월드	호텔롯데	1989	3.9(전체 16.9)	200	서울
엑스포 과학공원	엑스피아월드	1994	17만 8,500평	385	대전
이월드 (구 우방랜드)	이월드	1995	4.8(전체 12.3)	-	대구
캐리비안베이	삼성에버랜드	1996	8000m²(2,400평)	1,000	용인

〈표 11-5〉 주요 테마파크의 연도별 입장객 수

(단위 : 천명, %)

구분	2014	2015	2016	2017	2018
에버랜드	7,381	7,422	6,965	6,313	6,145
롯데월드	-	-	-	-	5,692
서울랜드	1,906	2,027	2,015	1,923	1,225
한국민속촌	1,324	1,468	1,491	1,348	1,339
수도권계	10,611	10,917	10,471	9,584	14,401
이월드	1,485	1,466	1,809	1,924	1,961
경주월드	1,047	1,089	954	1,266	1,216
전주동물원	843	907	987	595	783
통도환타지아	399	403	451	405	345
허브힐즈	256	150	225	260	188
지방계	4,030	4,015	4,426	4,450	4,493
전국합계	14,641	14,932	14,897	14,034	18,894

자료 : 문화체육관광부, 주요관광지점 입장객 통계집, 연도별 자료 참고 정리

3. 한국의 대표적인 테마파크

한국 테마파크 시장의 가장 큰 특징은 상위 2개 업체인 에버랜드와 롯데월드가 과점하며, 시장을 선도하고 있다는 점이다. 2018년 기준 주요 8개 테마파크 중 에버랜드와

롯데월드의 점유율은 81.7%로 80%를 돌파하였고, 에버랜드의 시장점유율도 50%를 상회하였다.

경영실적이 파악가능한 주요 6개사의 경영실적(2013년)을 보면, 총매출액은 4.1% 증가한 6,848억원에 달했다. 업체별로 1인당 객단가를 살펴보면, 에버랜드가 1위로 36,477원으로 가장 높았고, 롯데월드는 30,789원으로 2위를 차지했다(서천범, 2014). 그 이외 테마파크는 틈새시장을 대상으로 차별화 전략을 구사하는 이원화 구도를 형성하고 있다. 국내 상위 2개 테마파크인 에버랜드와 롯데월드에 대해 살펴보면 다음과 같다.

1) 에버랜드

에버랜드는 1976년 4월 국내 최초의 가족공원인 자연농원으로 경기도 용인에 개장하여 우리나라의 가족놀이 문화수준을 세계적인 수준으로 올리는 견인차 역할을 한 세계적인 테마파크이다. 에버랜드의 기업이념은 '인간과 공간의 무한가치 창조로 인간 삶의 질 향상'에 있으며, 현재 에버랜드의 직원수는 5,062명(2013. 12월 기준)이다. 에버랜드(Everland)란 말은 영원한(ever) 삶의 활력과 자연(land)과의 조화를 의미하는 말이다. 에버랜드는 '페스티발월드', 워터파크인 '캐리비안베이', 자동차 경주장인 '스피드웨이'의 3개의 공원과 홈브리지의 숙박시설로 구성되어 있다. 에버랜드는 2001년 6월 누적 입장객수 1억명을 돌파하였으며, 한국의 대표적인 테마파크일 뿐만 아니라, 2006년 미국 포브스지에 세계 4위 테마파크로 선정되었고, 2008년 '한국서비스품질지수(KS-SQI)' 테마파크 부문 1위를 차지하였다. 2013년 누적입장객이 2억명을 돌파하였는데, 이는 아시아에서 도쿄 디즈니랜드에 이어 2번째로 아시아의 토종 테마파크로서는 최초의 기록이다. 2015년 한국산업고객만족도(KCSI) 21년 연속 1위에 선정되었다.

특히 에버랜드의 서비스 혁신과 경영성과는 업계와 학계의 주목을 받고 있으며, 많은 관련 서비스 · 유통업체의 벤치마킹 대상이 되어 왔다. 에버랜드는 종사원들의 서비스 교육에 만전을 기하고 있는데, 이러한 차원으로 생긴 곳이 바로 서비스아카데미이다. 이곳은 1994년 6월 개원하여 1997년 아시아 최초로 ISO 9001 서비스 교육기관 부문 인증을 획득하여 국제기준에 부합되는 교육시스템을 구축하고 있다. 종사원들의 직무별 서비스교육을 집중적으로 훈련시키고 있으며, 서비스관련 컨설팅을 하고 있다. 이러한 서비스교육의 결과로 에버랜드는 고객만족경영대상을 16년째 연속 1위를 기록하고 있다. 1999년에는 IAAPA 서비스교육부문 대상 수상(Guest SVC Training)하였고, 2006년 산학협동 '서비스사이언스 전문가 과정'을 개발하여 런칭하였다.

하지만 아직도 에버랜드가 풀어가야 할 과제는 남아 있다. 우선 테마의 체험성을 높여서 다른 테마파크에서 주지 못하는 감동을 전할 수 있는 차별성이 있어야 하고, 영상을 통한 엔터테인먼트에도 주력하여 즐거움과 볼거리의 수준을 한 단계 올려야 한다. 또한 최근 중국, 동남아, 대만 등 외국인 관광객 입장객이 증가하고 있지만, 아직도 대부분은 내국인 시장으로 외국인 관광객을 대상으로 한 공격적인 마케팅 활동이 필요하다. 마지막으로 현재의 숙박시설로는 체류관광객을 유치하기에 역부족이므로 선진화된 리조트 시설이 필요하다. 체험형 리조트시설의 건설 때 외국자본의 적극적인 유치도 적극적으로 고려해야 한다.

2) 롯데월드

롯데월드는 1989년 7월 '롯데월드 어드벤처'를 개원한데 이어 1990년 3월 석촌호수 6만 5,900평에 매직 아일랜드를 개장했으며, 2019년 기준 누적 입장객 1억 7천154만명을 돌파하였다. 롯데월드는 세계 최대규모의 실내테마파크로 1995년에 기네스북에 올랐으며, 미국 포브스(Forbes)誌에 세계 10대 테마파크로 선정되었다. 서울 잠실에 위치하여 지하철과 연결된 편리한 교통으로 서울에서 가장 접근성이 좋은 테마파크로서 종합관광, 쇼핑, 여가, 스포츠, 문화를 한꺼번에 즐길 수 있는 전천후 실내 테마파크이다. 롯데월드는 테마파크뿐만 아니라 백화점과 호텔, 영화관, 스포츠센터 등의 시설들이 한 자리에 모여 있는 '도심 속의 또 하나의 도시'라고 할 수 있다. 롯데월드의 설계와 건설은 미국의 바타글리아(Battaglia), 스위스의 인타민(Intamin), 한국의 롯데건설이 참여했고, 미국과 일본의 디즈니랜드, 캐나다 애드먼트 몰 등 세계적으로 유명한 시설과 견줄만한 최대의 실내공원이다. 롯데월드는 크게 '어드벤처(Adventure)'와 '매직 아일랜드(Magic Island)'로 구성되어 있는데, 어드벤처는 작은 지구마을을 주제로 구성된 국내 최초이며 세계 최대 실내 테마파크이며, 천장이 자연 채광이 가능한 돔(dome)형 유리로 되어 있어 날씨와 계절에 관계없이 전천후로 이용할 수 있다. 어드벤처는 1층부터 4층까지 놀이시설 26종과 공연 13여종으로 구성되어 있다. '매직 아일랜드'는 마법의 성을 중심으로 세계 각국(한국, 영국, 프랑스, 독일, 스위스 등)의 특징적인 양식을 재현한 건축물들로 구성되어 있는 것이 특징인데, 여러 탑승시설들이 석촌 호수 등의 자연환경과 어우러져 있는 것이 이색적이다. 롯데월드의 특징은 우선 전체적인 분위기는 디즈니랜드와 유사하고, 좁은 실내공간을 최대한 활용했으며, 주제 선정에 다양성과 재미를 부여한 테마파크라고 할 수 있다. 롯데월드는 실내 · 외의 놀이시설과 민속박물관, 아이스링크, 실내수영장, 스포츠센터 등으로 구성되어 있다.

〈표 11-6〉 에버랜드와 롯데월드의 비교

구분	에버랜드	롯데월드
개관	1976년 4월 자연농원으로 최초 가족공원 시작	1989년 7월 실내 테마파크
대지면적	148만 8,000m²	12만 8,246m²
입장객	585만명(캐리비안베이 제외, 2018년 기준)	596만명(2018년 기준)
분류	종합휴양업(1종)	종합휴양업(1종)
구성	페스티발월드, 워터파크 캐리비안베이, 자동차전용경기장 스피드웨이	어드벤처, 매직아일랜드, 아이스링크, 민속박물관
특징	사계절 리조트단지, 2000년 세계 6대 테마파크로 선정	도심속의 또 하나의 도시로 One-stop 기능을 갖춘 국내 최초, 세계 최대 전천후 실내 테마파크

〈표 11-7〉 국내외 테마파크 실적 추이

			2018년	2017년	2016년
	롯데월드	관람객	596만명	671만4,000명	815만명
		전년비	-11.2%	-17.6%	11.5%
		순위	17위	16위	14위
	에버랜드	관람객	585만명	631만명	697만명
		전년비	-7.3%	-9.5%	-3.0%
		순위	19위	17위	16위
	세계 톱25 합계	관람객	2억5,199만명	2억4,392만명	2억3,305만명
		전년비	3.3%	4.7%	-1.1%

자료 : 세계테마파크엔터테인먼트협회

제3절 테마파크산업의 전망

1. 국내 테마파크의 문제점

1) 국내 테마파크의 문제점

(1) 고객 서비스

첫째, 고객 대기 시간이 길다. 테마파크를 이용하는 사람들의 가장 큰 불만요인은 바로 고객이 대기하는 동안 짜증이 나지 않도록 배려하는 장치가 부족하다는 점이다. 특히 우리나라의 테마파크는 미국의 테마파크에 비해서도 평균 대기시간이 긴 편이다.

둘째, 시설물의 접근이 용이하지 않다. 전시시설이나 탑승시설들이 넓은 장소에 여기저기 배치되어 시설물에 접근하기가 어렵다. 특히 공휴일 등 이용객들이 많은 날에는 자유이용권을 구입했더라도 긴 대기시간과 동선으로 실제로 몇 개의 시설물 밖에 이용하지 못하는 경우가 허다하다. 그리고 고객들이 찾기 쉬운 시설물에 이용객이 한꺼번에 몰림으로써 효율적으로 시설물을 충분히 즐기지 못하고 있다. 비싼 비용을 들여 설치된 시설물에 대한 이용률이 높지 않아서 시설투자에 대한 낭비가 생길 여지가 있다.

셋째, 입장료 및 탑승시설의 이용료가 비싼 편이다. 4인 가족(대인 2명, 소인 2명 기준) 모두 자유이용권을 구입하는 경우는 약 20만원(에버랜드, 2020년 2월 기준)의 비용이 든다.

〈표 11-8〉 **에버랜드 이용요금**

종류	대인	청소년	소인/경로	비고
주간권 (1일권)	56,000원	47,000원	44,000원	• 당일 호암미술관 무료입장 • 코인물/대여물/동물타기/기획전람관 등은 별도요금 • 2일권은 스마트 예약 불가
야간권 (15시 이후)	46,000원	40,000원	37,000원	
2일권	87,000원	73,000원	69,000원	

자료 : 에버랜드 홈페이지, 2020. 2.

테마파크의 이용료가 비싼 원인으로는 탑승시설과 관람시설을 설치하는 데 막대한 자본이 투자되는 장치산업일 뿐만 아니라 매년 수십억원씩 하는 새로운 시설에 대한 재투자 비용이 많이 들고, 안전요원이나 서비스 요원을 곳곳에 배치하므로 이로 인한 인건비 부담이 크다. 또한 날씨에 따라 입장객 수가 크게 차이가 나므로 매출액에 상당한 영향을 미치기 때문이다.

(2) 테마파크의 내용 및 프로그램

첫째, 국내 테마파크의 주제는 한국의 민속촌을 제외하고는 내용이나 수준면에서 미국의 테마파크와 유사하며 차별화되어 있지 못하다. 전 세계적으로 미국의 대중문화와 놀이시설들이 위세를 떨치고 있는 시대이므로 이러한 상황은 당연한 현상으로 치부될 수 있다. 하지만 우리나라의 테마파크의 시설들은 테마나 컨셉 디자인 개발, 쇼 프로그램의 연출 등에서도 한국적인 문화성, 예술성, 고유성 등을 적극적으로 활용하려는 시도를 소홀히 하고 있다. 수익성을 중시하다 보니 아직 검증이 안된 한국적 테마파크의 개발보다는 오히려 서구의 유사상품을 모방하려는 경향이 많다.

둘째, 물품판매를 통한 수익창출이 미비한 수준이다. 우리나라 테마파크의 매출액의 대부분은 입장객 수입을 통해 창출되고 쇼핑을 통한 수입이 미비한 실정이다. 다양한 캐릭터 상품개발이 되지 못해 쇼핑 품목이 다양하지 못하고 디자인이 한정되었으며, 가격 또한 상당한 비싼 편이라 소비자들을 유인하기에는 아직도 문제점이 많다. 또한 기념품 상점의 입지가 부적절하며, 상점의 수가 제한되어 있는 것이 현실이다.

(3) 테마파크 사업여건

테마파크산업을 하기 위한 투자 · 사업 여건은 아직도 열악하다. 우리나라에서 테마파크를 비롯한 관광사업을 하기 위해서는 관할 기관의 수많은 심의와 허가를 받는 힘든 과정을 거쳐야 하는 것이 현실이므로 이러한 미비한 투자여건 상황에서 외국투자자를 유치하기에는 많은 어려움이 따른다.

테마파크산업은 장치산업으로 건설에 막대한 자금이 소요되는데, 우리나라의 경우는 개장년도 기준으로 투자액을 살펴보면, 최저 450억원에서 최고 1,300억원이 투자된다. 이에 반해 미국은 평균 시설개발 비용이 100만 달러가 들고, 1993년 개장한 플로리다의 엡콧센터(Epcot Center)는 12억 달러의 자본이 소요되었다. 즉 자본의 투입규모면을 비교해 보더라도 한국의 테마파크의 자본투입 규모는 미국에 비해서 상당히 낮은 수준이다. 따라서 우리나라도 관광관련 분야에 10대 재벌의 여신규제를 완화하여 대기업들이 적극적으로 테마파크를 개발할 수 있는 여건을 조성해야 한다.

2. 국내 테마파크의 발전방안

첫째, 고객이 테마파크 내에서 최대한의 만족을 줄 수 있는 동선과 코스를 개발하여 안내함으로써 고객의 즐거움을 배가시켜야 한다. 이러한 코스 개발의 목적은 기존 가이드북에 놀이시설의 종류와 위치에 대한 안내뿐만 아니라 고객의 다양한 계층에 맞게 적절한 동선을 제시함으로써 고객의 효용과 만족을 극대화시키는데 있다. 이러한 코스의 개발은 다양한 고객층에 맞게 개발되어야 하는데, 연인, 가족, 외국인, 신세대 등으로 나누어서 접근해야 한다. 이러한 코스개발을 통해 특정 놀이기구에 긴 정체 대기시간을 줄이고 고객을 효과적으로 분산시킬 수 있으며, 업체측에서는 고객의 동선을 미리 예측함으로써 서비스의 표준화를 도모하고, 고객의 흐름을 파악하는 데 도움이 된다.

둘째, 공원 주변부에 배치된 시설물들은 고객의 체류시간을 최대로 연장시키기 위해 설치된 것이므로 이를 고객의 욕구에 맞춰 변동시킬 수는 없다. 따라서 이러한 넓은 동선과 긴 대기시간을 효율적으로 관리하기 위해서는 대기시간이 지루하지 않게 하는 엔터테인먼트(entertainment)의 장치개발이 필요하다. 실제로 테마파크의 이용층은 대부분이 내국인이므로 우리나라의 공영방송을 방영하거나 아니면, 자사에 대한 광고, 공연일정에 대한 소개, 타 탑승물이나 현재 기다리는 대기상황에 대한 안내 등을 하는 것이 훨씬 효과적이다. 특히 광고를 방영하는 경우는 광고를 통한 수익창출이 될 수 있으므로 매출액 증대에도 바람직하다. 이러한 대기시간에 볼거리 등을 제공함으로써 대기고객의 불만이 감소되어 테마파크의 전반적인 이미지를 향상시킬 수 있게 된다.

셋째, 테마파크 이용객의 저변을 확대시키기 위해서는 가격의 저렴화와 단일 가격제 도입이 바람직하다. 우선 가격의 저렴화라는 측면을 살펴보면, 고객은 할인된 요금으로 테마파크를 이용할 수 있게 되고 테마파크에서는 더 많은 고객을 확보할 수 있게 된다. 현재 우리나라 테마파크의 가격은 다양한 형태로 되어 있다. 입장료만 내고 탑승시설을 이용하지 않는 사람, 자유이용권을 이용하는 사람, 야간(오후 15시 이후)에만 자유이용권을 이용하는 사람, 탑승시설의 수를 제한하여 구입하는 사람(예 : 빅 5) 등으로 나누어져 있다. 하지만 미국의 대부분의 테마파크에는 입장료 자체가 자유이용권으로 입장하는 모든 사람에게 동일한 요금을 적용시키고 있다. 테마파크가 지속적으로 발전되기 위해서는 현재의 다양한 요금제를 단일 요금제(자유이용권)로 통일시키는 것이 보다 바람직하다.

넷째, 주제의 다양화가 필요한데, 특히 한국적 테마파크의 개발이 필요하다. 성공적인 테마파크의 관건은 지역민의 정서와 지역 환경의 고유성에 착안하여 테마를 개발한 후 그에 관한 관광시설과 프로그램, 캐릭터 등을 전문적으로 개발해 고객들에게 감동을 줄 수 있는 경험을 제공해 주느냐에 달려 있다. 이러한 관점에서 한국적 테마파크는 한국의 역사와 문화, 민속, 의식주 등 생활양식과 세시풍속에 내재되어 있는 고유성을 활용한 한국인의 정서에 효과적으로 부응하는 테마의 설정과 디자인 개발, 사후 운영이 되어야 한다. 이제는 미국형의 테마파크를 무조건 모방하기 보다는 한국적 테마파크를 조사하고 연구하여 체계적으로 조성하려는 시도가 증가되어야 한다. 이러한 한국적인 테마파크는 개발주체에게 사업적 성공을 가져다 줄 뿐만 아니라 국가적으로는 매력적인 관광상품의 범위를 한층 넓혀주고 궁극적으로 우리나라의 관광과 문화산업의 발전에도 크게 기여할 것이다.

다섯째, 물품판매의 비율을 현재 수준보다 높이기 위해서 다양한 캐릭터 상품 개발과 운영전략 및 마케팅이 요구된다. 미국의 유명 테마파크에는 유명한 탑승시설물이나 전시시설 출구가 대부분 기념품점과 연결되어 있고 기념품 가게를 통해서 밖으로 나가게 함으로써 소비자들의 구매 기회를 증대시키고 있다. 또한 테마파크 내 기념품 상점의 수 자체가 우리나라에 비해서 훨씬 많은 편이다. 미국 플로리다에 있는 엡콧 센터(Epcot Center)의 인공호 주변에 설치된 여러 나라의 만국관은 주로 자국의 기념품이나 토산품 등을 진열하고 판매하는 기념품점이나 식당, 공연장으로 이루어져 있어 많은 수익을 올리고 있다. 최근 우리나라 테마파크도 상업적 측면이 강화되고 있는데, 박물관 관람 후 퇴장입구를 선물가게나 카페 등으로 연결하여 자연스럽게 기념품이나 캐릭터 상품구매를 유도하여 테마파크 또는 박물관내 쇼핑관광 활성화를 도모하는 현상이 점차 보편화되는 추세이다. 테마파크의 중요한 수익 창출이 쇼핑임을 인식하여 고객들의 쇼핑이 원활하게 이루어질 수 있도록 더욱 많은 관심을 기울여야 할 것이다.

여섯째, 테마파크산업을 발전시키기 위해서는 정부 차원의 지원이 절실하다. 관할 기관의 효율적인 행정지원과 함께 미비한 투자여건을 개선시키기 위해서는 외국투자자를 위한 원스톱 서비스(one-stop service)가 이루어져야 하며 자본가들의 투자 의지를 저해하는 각종 규제를 하루 빨리 개선하여 투자자에게 일정 수준의 수익을 보장하는 투자 촉진제를 강화해야 한다.

이와 아울러 세계적인 테마파크로서 자리매김한 에버랜드와 롯데월드 등의 테마파크는 홍콩, 대만, 싱가포르 등의 동남아관광객들을 적극적으로 유치하기 위한 마케팅 노력에 각별한 노력을 기울여야 할 것이다. 일본이나 대만 등에서 개최되는 각종 박람회에 참가하고 다채널 홍보 전략을 펼치며, 지역별 인바운드 담당자를 전문 인력으로 확충하고 국가별로 차별화된 마케팅 전략을 구사하여 한국으로의 관광과 테마파크 이용률을 제고시키는 노력이 필요하다. 또한 테마파크와 인근의 관광지를 연계한 다양한 관광상품을 개발시켜야 할 것이다.

3. 테마파크산업의 전망

1) 가족단위 중심의 테마파크

실제로 테마파크에 내방한 방문객들의 연령층을 조사해 보면 어린이의 비율이 상대적으로 적은 것으로 나타난다. 이제는 테마파크를 이용하는 계층이 10대와 20대 층에 한정되지 않고 중장년층과 노년층 등 가족 모두가 즐기는 것으로 나타난다. 또한 향후 우리 사회가 고령화 시대에 진입함에 따라 노인인구의 여가활동 범위와 빈도가 더욱 높아질 것으로 전망된다. 따라서 탑승시설 위주의 테마파크 조성에서 한 단계 수준을 높여 가족 전체가 배우고 체험할 수 있는 교육·문화의 장으로서의 기능에 보다 관심을 기울여야 하며, 다양한 볼거리와 프로그램, 그리고 안전하면서 재미있는 놀이시설들을 개발해야 할 것이다.

2) 테마(주제)의 다양화

현재 테마의 주제는 민속, 역사, 생물, 예술, 놀이, 환타스틱한 창조물, 과학과 하이테크, 자연자원, 여러 테마가 복합적으로 전개된 것 등 다양하다. 사람들이 늘 새로운 것을 추구하고 사회가 발전하며, 과학기술이 진보함에 따라 더욱 다양한 테마에 대한 요구를 하게하며, 한 가지 테마가 아닌 여러 가지 테마를 복합적으로 연출하는 새로운 시도를 원한다.

기존의 테마파크는 주로 꿈과 희망, 용기와 즐거움을 주는 곳이었다면 향후 미래의 테마파크는 재미와 즐거움 못지않게 교육과 문화를 고려한 테마파크로서 발전될 것이다.

3) 대형화 및 복합화

개발 초기에 막대한 자본과 부지가 요구되는 테마파크산업은 주로 대기업에서 대자본을 바탕으로 발전된다. 최근 경제성장에 따른 소득증대와 여가시간 증대, 자동차 수의 증가는 관광에 대한 수요를 크게 증대시켰으며, 이러한 대량의 관광수요를 바탕으로 테마파크의 대형화가 가능하게 되었다. 이러한 대량 관광수요에 힘입어 세계적인 테마파크인 디즈니랜드는 연간 1천 7백만명 이상, 디즈니월드는 4천 8백만명 이상, 도쿄디즈니와 파리디즈니는 연간 1천 5백만명 이상을 기록하고 있으며, 국내의 경우 2013년 기준 에버랜드는 890만명 이상, 롯데월드 738만명 이상의 방문객들을 기록하고 있다. 이러한 테마파크의 대형화 추세는 앞으로도 지속될 것이다.

테마파크 시장에서 대자본과 노하우를 바탕으로 관련분야의 사업으로 다각화를 도모하며 계속적인 확장을 도모할 것으로 보인다. 현재 테마파크 시장에서 시설의 복합화가 활발히 진행되고 있다. 세계 10대 테마파크 대부분이 호텔을 포함한 다양한 부대시설을 보유하고 있다. 복합상업시설, 수족관, 마리나, 온천, 아울렛, 가든파크, 골프장, 컨벤션센터, 호수, 테니스코트 등 시설의 복합화가 되어 가는 추세이다. 도쿄 디즈니리조트는 호텔, 엔터테인먼트 센터, 극장 등을 파리 디즈니는 호텔, 엔터테인먼트 센터, 골프장 등 다양한 복합시설을 동시에 운영하고 있다.

4) 첨단기술을 활용한 시설물 증가

미국의 테마파크 산업이 눈부시게 발달한 데는 오락적이고 소비지향적인 국민성 못지않게 대기업의 대규모 자본과 영화산업의 발달에 영향을 받았다. 특히 컴퓨터를 이용한 최첨단 하이테크 산업이 테마파크 산업에 적용되면서 테마파크의 수준을 크게 발전시켰다. 특히 IT산업, 첨단 영화산업, 우주산업, 멀티미디어산업 등은 테마파크산업을 발전시키는데 큰 역할을 하고 있다. 오늘날 테마파크에서 체험하는 가상현실(virtual reality)의 세계는 모두 이러한 기술문명의 발달로 가능케 된 것이며, 이러한 가상현실세계는 인간과 컴퓨터 간의 새로운 패러다임을 이끌었으며, 미래의 테마파크에도 많은 영향을 미칠 것이다.

디즈니월드 테마파크 중 엡콧센터는 최첨단 기술을 이용해 가상현실을 체험할 수 있는 하이테크 테마파크이다. 우주선 지구호관, 공상과학관 등 엡콧센터의 모든 전시관에는 관람객들의 마음을 끌기 위해 최신 컴퓨터기술을 이용한 3차원 그래픽과 입체음향, 로봇과 같이 실제 움직임을 그대로 만들어 주는 시뮬레이터 등이 이용된다.

미국과 일본에서는 게임과 첨단기술이 결합된 하이테크 테마파크 사업이 새로운 비즈니스로 각광받고 있다. 하이테크 테마파크는 기존의 놀이공원에 비해 부지가 적게 들고, 도심 한가운데 설치할 수 있으며, 설치비용 또한 비교적 저렴하여 많은 기업들의 관심이 집중되고 있다. 우리나라도 LG전자, 삼성전자 등을 비롯해 롯데월드 등 대기업들이 첨단 전자기술을 이용한 대단위 오락센터인 테마파크를 적극 모색하고 있다.

제4절 세계의 테마파크 사례

1. 월트디즈니월드

세계의 테마파크 중 가장 대표적인 월트디즈니월드의 사례를 소개하기로 하겠다.

월트디즈니(Walt Disney : 1901~1966)가 설립한 월트디즈니사는 세계에서 최초로 테마파크를 개장하였고 현재에도 테마파크를 비롯한 캐릭터산업, 영화산업 등 복합사업체로서 세계 1위 문화사업체의 위치를 고수하고 있는 다국적 기업이다. 월트디즈니사는 1938년 영화사로 출범하여 1994년 총매출액 100억 달러를 넘어섰으며, 최근 영화사업이 급신장하여 전체 매출액 중 테마파크가 차지하는 비중이 줄어들고 있으나 2018년 회계연도(2017년 10월~2018년 9월) 기준으로 매출이 594억 3,400만 달러(약 66조 3,650억원)에 영업이익 157억 600만 달러(약 17조 6,540억원)으로 역대 최고를 기록했다. 2017년 매출 551억 3,700만 달러에 영업이익 147억 7,500만 달러를 기록했던 것과 비교할 때 매출은 8%, 영업이익 6% 증가했다. 게다가 미국 언론은 월트디즈니가 2019년에도 매출과 영업이익 모두 증가할 것으로 예상하고 있다.

월트디즈니는 1955년 최초의 테마파크인 디즈니랜드(Disney Land)를 미국 캘리포니아주 로스앤젤레스(LA) 근교에 개장하였고, 이를 모델로 하여 올랜도 근교에 '월트디즈니월드(Walt Disney World)를 1971년 10월에, 도쿄 디즈니랜드(Tokyo Disneyland)를 1983년에, 파리 디즈니랜드(Disneyland Paris)를 1992년에, 그리고 2005년 12월 홍콩 란타우섬에 홍콩디즈니랜드를 개장하였고 2005년 12월 홍콩 란타우섬에 홍콩디즈니랜드를 개장하였고, 2016년 중국 상해에 상해디즈니랜드를 개장하여, 현재 세계 8위의 연간입장객(1,180만명)을 기록하였다.

테마파크의 모델이 된 디즈니랜드는 면적 32km²로 '이 세상의 낙원'이라는 주제로 항상 새로운 놀이기구를 만들고 있는데, 19세기의 미국의 'Main Street U.S.A', '잠자는 숲속의 미녀성', '모험의 나라', '개척의 나라', '꿈의 나라', '환상의 나라', '미래의 나라' 등 각기 독특한 볼거리를 제공하여 개장 이래 약 3억명의 관광객이 다녀간 곳이다. 특히 디즈니는 미키마우스와 도날드 덕과 같은 영화의 캐릭터를 테마파크와 연계하여 대단한 성공을 거두었다.

디즈니월드(Disney World)는 미국의 플로리다 올란도에 위치하고 있으며, 총면적이 3,300만평으로 LA 디즈니랜드보다 약 150배나 크다. 디즈니월드는 4개의 테마파크로 구성되어 있는데, 디즈니랜드와 가장 유사한 '매직킹덤(Magic Kingdom)'(1971년 개장)과 미래의 도시를 재현한 '엡콧센터(Epcot Center)'(1982년 개장), 영화를 주제로 한 '디즈니 헐리우드 스튜디오(Disney's Hollywood Studios, (구) 디즈니 MGM 스튜디오)'(1989년 개장), 그리고 '디즈니 애니멀 킹덤(Disney's Animal Kingdom)'(1998년 개장)의 4개로 이루어져 있다. 디즈니월드는 100개 이상의 어트랙션, 22개의 리조트, 호텔, 식당, 레크리에이션 시설, Disneytown(복합상가시설) 등을 갖추고 있어 체재하면서 즐길 수 있는 대규모 복합리조트이다. 이외에 월트 디즈니월드 내에 타이푼 라군(Typhoon Lagoon)과 블리저드 비치(Blizzard Beach)라는 워터파크도 위치해 있다.

월트디즈니사의 성공 전략을 살펴보면 다음과 같다.

첫째, 명확한 기본 개념을 설정했고 동선을 중시한 전략을 세웠다. LA의 디즈니랜드를 시작으로 올랜도의 디즈니월드, 도쿄 디즈니랜드, 파리 디즈니랜드는 모두 각각의 지역성을 감안하여 개장하였지만 기본적으로는 디즈니랜드를 모델로 하였다. 즉, 동일한 주제 하에 탑승물이나 전시시설, 식당, 쇼, 매점 등이 주제와의 일관성과 통일성을 기했으며, 기획단계부터 이러한 주제의 일관성과 통일성을 조화시키는 것을 명확한 기본 컨셉으로 설정하였다.

또한 각 시설물들의 배치는 동선을 고려하여 체재시간을 최대로 하여 1인당 고객 매출을 최대한 늘리고 탑승물을 타기 위한 대기시간은 최소로 하여 고객의 불만을 최대한 줄이도록 하였다. 이러한 방법으로 탑승물 등은 공원의 주변부에 배치하고 탑승물의 배치순서는 저속의 탑승물에서 고속의 탑승물로 점차 강도를 높여가는 방식을 채택했으며, 특별쇼나 이벤트 등 공연 프로그램은 가능한 늦은 밤시간에 개최하여 고객들의 체류시간을 연장토록 유도하였다.

둘째, 새로운 시설개발로 고객의 재방문을 적극 유도하는 마케팅 전략을 구사했다. 테마파크는 막대한 투자비용이 드는 산업이므로 한번 왔던 고객의 재방문이 중요하다. 한번 온 고객의 재방문이 이루어지기 위해서는 인기 없는 시설물은 새로운 시설로 교체하고 프로그램도 주기별로 새롭게 단장하여 늘 새로운 모습을 보여야 한다. 이러한 점에 있어서 월트디즈니사는 매력있는 시설물 개발에 많은 투자를 아끼지 않았다. 적어도 2년 이내에 새로운 시설 개발을 원칙으로 하고, 개발된 시설은 가능한 다른 지역에 있는 디즈니랜드에 설치하여 지역적으로 분산시켜 시설물에 대한 규모의 경제를 추구하였다.

셋째, 스폰서 활용 및 이자율과 환율 등 위험관리에 중점을 둔 재무관리 전략을 구사하였다. 테마파크의 특성상 초기에 막대한 자금이 소요되기 때문에 초기 개발투자비 조달과 이에 따른 이자와 환율 관리는 가장 중요한 부분이라 할 수 있다.

넷째, 안전, 교육, 환경관리, 접근성 등에 각별한 관심을 기울였다. 우선 안전관리는 사전방지에 중점을 두고 지속적으로 철저한 관리를 시행하고 있다. 특히 디즈니월드와 디즈니랜드는 디즈니대학(Disney University)을 운영하면서 종사원에 대한 철저한 서비스교육을 실시하고 있으며, 여름기간에 호텔, 식음료, 공원내 다양한 위치에서 학생들이 직접 일하면서 실무를 배울 수 있는 기회를 제공하고 있다.

그리고 고객들의 테마파크로의 교통문제를 원활하게 하기 위해 항공사나 운송회사와 전략적 제휴를 맺거나 개발단계부터 교통기반시설이 구축되도록 유도하는 노력을 기울여 교통의 편리성을 도모하였다.

2. 도쿄 디즈니랜드

도쿄 디즈니랜드(Tokyo Disneyland)는 1983년 4월 15일에 일본 치바현 우라야스시 일대에 개장한 미국의 디즈니랜드를 재현한 테마파크이다. 개장 당시 대부분의 사람들이 실패를 예측했으나 막상 개장을 해보니 단 1년간의 방문객이 천만명을 돌파하는 대단한 성공을 거두었다. 개장 초년도인 1983년 도쿄디즈니의 매출액은 989억엔에 경상이익 약 2억엔의 흑자를 기록하였다. 월트디즈니사는 도쿄디즈니에게 특허권을 넘겨주고 입장료 수입의 10%와 음식 및 기념품 판매수익의 5%만 챙긴 탓에 디즈니랜드 경영상 가장 적은 이득을 보게 되었지만, 도쿄디즈니는 일본인들에게는 10만개의 일자리를 창출하고 막대한 자금을 일본경제에 지원하기도 하였다. 도쿄디즈니는 일본인의 가장 가보고

싫어하는 곳 1위이며, 미국의 테마파크를 제치고 연간 1,360만명(2010년 기준)으로 방문객 기준으로 세계 1위의 자리를 차지하기도 하였다. 또한 2018년에는 1,790만 7,000명의 방문객으로 세계 랭킹 3위 자리를 차지하였으며, 도쿄 디즈니의 규모는 총 82.6ha(약 25만평)으로 미국의 월트 디즈니월드(43ha)보다도 넓다.

도쿄디즈니의 성공비결은 우선 재방문의 확보 유지에 성공했으며, 지속적인 투자개발, 새로운 시설(매력물) 확충, 최상의 입지조건(도심에서 10km, 전철로 20분 거리), 기획 및 운영의 노하우, 종업원의 철저한 서비스정신, 완벽한 안전시스템, 철저한 마케팅 전략 등을 들 수 있다.

세부적으로 살펴보면 첫째, 가장 중요한 부분은 재방문자의 확보이다. 미쯔비시 종합연구소에 의하면 하루종일 보아도 다 볼 수 없어 다시 와야겠다고 생각할 정도의 넓이와 규모가 필요하다고 하였는데, 도쿄디즈니는 규모가 크고 각 테마별로 놀이시설이 다양하여 하루 만에 놀이시설을 다 즐기기 부족할 정도로 방대한 규모를 자랑한다. 도쿄디즈니랜드는 월드바자(World Bazaar), 어드벤처 랜드(Adventure Land), 웨스턴 랜드(Western Land), 크릿터 컨트리(Critter Country), 판타지 랜드(Fantasy Land), 툰 타운(Toon Town), 투마로우 랜드(Tomorrow Land) 등 7개의 테마랜드로 구성되어 있으며, 어트랙션 57개, 식음료시설, 상품시설 등 다양한 시설을 갖춘 복합테마파크이다.

또한 지속적으로 재방문자를 유치하기 위해서는 새로운 시설물의 교체를 위한 계속적인 투자가 필요하다. 도쿄디즈니는 개장 후 빅 썬더마운틴, 1989년에 스타투어즈가 새로 만들어졌고, 1992년 가을에는 프래쉬마운틴이 등장하였다. 이렇듯 새로운 매력물이 재방문자를 유인하여 전체방문자의 95%가 두번 이상 디즈니를 방문했으며, 15%는 30회 이상 방문한 것으로 나타났다.

도쿄디즈니의 두번째 성공요인으로는 최상의 입지조건을 들 수 있다. 도쿄디즈니는 지바현 우라야스시 무하라마에 위치해 있는데, 도심에서 불과 10km 떨어진 곳으로 전철과 자동차로 불과 20분만에 도달할 수 있는 거리에 있다. 월트디즈니사에서는 이러한 도쿄디즈니의 입지조건을 뉴욕 한 가운데 디즈니랜드가 있는 것과 같다고 격찬한 바 있다.

셋째, 기획단계, 건설단계, 운영단계의 모든 면에서 고도의 노하우를 보였다. 예를 들면 여자화장실에 거울을 일체 설치하지 않아 화장실의 회전율을 높이는 치밀한 전략과 종사원의 교육, 그리고 완벽한 안전시스템으로 도쿄디즈니를 가장 행복한 장소로 만들어 나갔다.

특히 종사원들의 교육과 서비스정신을 제고하는데 각별한 관심을 기울인 결과, 서비스면에서 4대 디즈니랜드 중에서 가장 좋은 점수를 받았다. 즉, 도쿄디즈니의 재방문력(LA 디즈니 70%, 도쿄디즈니 90%)의 바탕에는 이러한 종사원들의 예의바른 서비스가 있다고 할 수 있다. 이러한 데에는 일본 특유의 미소와 헤어스타일, 손톱, 가발, 심지어 여성의 향수와 브로치에 이르기까지 세세한 부분에 안내 항목이 정해져 있을 정도이다. 그리고 안전성(safety)면에서도 첫해에 30억엔, 현재는 50억엔이 투자될 정도로 안전과 미관을 중시하고 있다.

넷째, 도쿄디즈니만의 독특한 매력을 창출하였다. 다른 공원에서는 전혀 볼 수 없는 기본개념(concept)을 명쾌하게 설정하였는데, 이벤트에서도 일본의 섬세함을 가미한 독특한 이벤트를 개최함으로써 많은 고객을 몇 번씩이나 오게 하도록 했다. 특히 일본인들의 쇼핑 성향을 이용해 캐릭터 상품을 개발하여 매출액을 높이는 데 기여하였다. 도쿄디즈니의 2018년 3월 기준 테마파크 입장객 1인당 객단가는 11,614엔으로 전년 대비 0.2% 증가해 사상 최고 수준을 기록했다. 입장료 판매수입은 요금인상으로 5,339엔, 상품판매수입도 관련상품의 호조로 3,989엔, 식음료수입 2,286엔에 달했다(서천범, 2018). 이는 일본의 평균이익률을 훨씬 웃도는 놀라운 경영실적이다.

또한 도쿄디즈니는 향후 발전가능성을 적극 활용하여 유명한 호텔을 주변에 유치하여 주변을 관광단지화하는 데에도 성공하였다. 디즈니랜드 내 특급호텔과 인근에 호텔, 복합상업시설, 모노레인 등을 갖추고 있다.

제12장 항공운송산업

제1절 항공운송산업의 개요
제2절 항공운송산업의 발달 및 현황
제3절 항공사의 전략적 제휴
제4절 항공관련 국제기구

제12장 항공운송산업

제1절 항공운송산업의 개요

1. 항공운송사업의 정의

기본적으로 관광이라는 현상이 이동을 전제로 타 지역이나 타문화를 체험하고 자신의 거주지로 다시 돌아오는 과정을 의미하므로 관광교통은 가장 중요한 이동의 수단을 제공한다는 점에서 관광에 있어 가장 중요한 요소라 할 수 있다. 이러한 관광교통은 크게 항공운송, 육상교통, 해상교통으로 나눌 수 있다. 본서에서는 관광교통업 중 항공운송업에 대해서만 다루기로 하겠다.

우선 항공운송업에 대한 「항공법」 제2조 제26호 규정을 살펴보면, "타인의 수요에 응하여 항공기를 사용하여 유상으로 여객 또는 화물을 운송하는 사업"으로 규정하고 있다. 즉 항공운송업은 항공사가 항공기를 사용하여 국내 · 외의 한 지점에서 다른 지점(목적지)으로 여객과 화물을 수송해 주고 그 대가로 항공요금이나 항공운임을 받는 사업체를 의미한다.

우리나라는 그동안 항공관련 법령이 「항공법」(제정: 1961년, 최종개정: 2015년)이라는 단일 법률에 사업, 안전, 시설분야 등 많은 내용을 담고 있어, 복잡하고 방대해 법을 효율적으로 운용하는 데 한계가 있었다. 이에 따라 종전의 「항공법」 및 관계법령을 각 분야별로 통합 · 일원화하고 체계적으로 구분하여, 「항공사업법」, 「항공안전법」, 「공항시설법」 등 3개의 법률로 분리 · 제정하였다(2016.3.29.). 새로 제정된 「항공사업법」(제정: 2016.3.29.)

제2조 제7호에 따르면 "항공운송사업이란 국내항공운송사업, 국제항공운송사업 및 소형항공운송사업을 말한다"고 규정하고 있다.

첫째, 국내항공운송사업이란 타인의 수요에 맞추어 항공기를 사용하여 유상으로 여객이나 화물을 운송하는 사업으로서 국토교통부령으로 정하는 일정 규모 이상의 항공기를 이용하여 국내 정기편 운항 및 국내 부정기편 운항을 하는 사업을 말한다(동법 제2조 제9호).

둘째, 국제항공운송사업이란 타인의 수요에 맞추어 항공기를 사용하여 유상으로 여객이나 화물을 운송하는 사업으로서 국토교통부령으로 정하는 일정 규모 이상의 항공기를 이용하여 국제 정기편 운항 및 국제 부정기편 운항을 하는 사업을 말한다(동법 제2조 제11호).

셋째, 소형항공운송사업이란 타인의 수요에 맞추어 항공기를 사용하여 유상으로 여객이나 화물을 운송하는 사업으로서 국내항공운송사업 및 국제항공운송사업 외의 항공운송사업을 말한다(동법 제2조 제13호).

항공운송사업은 관광교통업 중에서 가장 신속하게 자신이 원하는 목적지로 도달하게 함으로써 제2차 세계대전 이후 국제관광을 가능케 한 핵심 교통수단으로 현재까지 비약적인 발전을 거듭해 왔다. 관광발전 단계에서 제2차 세계대전 이전의 관광(tourism) 시대에는 철도와 선박이 중요한 교통수단이었다면 제2차 세계대전 이후의 대중관광(mass tourism) 시대에서는 비행기와 자동차가 주요 교통수단으로 대두되었다.

2. 항공운송산업의 구성요소

항공운송업이 영업을 하기 위해서는 기본적인 하드웨어인 항공기와 항공기의 이착륙에 필요한 공항, 그리고 항공노선의 3가지 구성요소를 갖추어야 한다.

1) 항공기

항공기는 항공운송시스템의 첫번째 구성요소이며, 안정성, 승객 및 화물 적재력, 항공기의 속도, 쾌적성, 항공기의 정비 및 부품의 조달용이성 등이 확보되어야 한다.

2) 공항

공항은 항공기의 도착 및 출발과 지상이동을 목적으로 항공운송서비스를 원활하게 하기 위해서 공적으로 설치된 일정구역을 말한다. 즉 공항은 항공교통, 지상교통의 연계지역으로 출입국 승객의 편의를 도모하고자 항공사, 정부기관, 공항공단 등이 복합적으로 구성되어 운영되는 곳으로서 항공운송시스템의 핵심요소이다. 공항은 승객의 접근 용이성, 기상조건, 여행객을 위한 출입국 관리능력, 각종 편의시설 등을 확보하는 것이 중요하다. 또한 공항에서 연계되는 각종 대중교통수단과의 원활한 수송체계는 중요한 요소이다.

3) 항공노선

항공노선의 개설 및 확보는 노선의 운항권, 즉 영공권 확보를 의미한다. 따라서 항공사가 확보하고 있는 항공노선의 수와 범위는 항공의 수익성, 발전성, 시장에서의 점유율 평가의 척도가 된다. 아시아나항공의 출범으로 복수항공사 체제가 시작된 1988년 당시 국적항공사 운항규모인 15개국 24개 도시 39개 노선, 주 174회 운항과 비교해 볼 때, 2014년 하계스케줄 기준 국적항공사는 48개국 139개 도시 204개 노선을 주 2,017회 운항함으로서 약 11.5배 증가하여 괄목할 만한 성장을 했음을 알 수 있다(국토교통부, 항공정보포탈, 2014).

3. 항공운송산업의 분류

항공운송산업은 크게 항공운송업과 항공기 사용업, 기타 항공기 이용업의 세 가지로 분류된다.

1) 항공운송업

(1) 정기 항공운송업

정기 항공운송사업은 항공노선을 개설하여 여객과 화물을 정해진 구간을 정해진 시간에 정기적으로 운송하는 항공운송업이다. 국제민간항공기구(ICAO)에 의하면 정기항공운송업은 국제적으로 항공사의 운항시각표인 OAG(Official Airline Guide)에 운항시간표를 공시해야 한다. 정기항공 운송사업은 국제항공운송협회(IATA)로부터 항공사코드(airline code)를 부여받고, 운항하는 두 도시 간의 도시코드(city code)를 부여받아야 하며, 정시에 출발해야 한다. 현재 우리나라에는 대한항공과 아시아나 항공사를 비롯하여 7개 항공사가 국제 및 국내 항공운송사업을 하고 있다.

(2) 부정기 항공운송업

부정기 항공운송업은 불특정한 지점을 항공수요가 많은 경우 불특정하게 수시로 운항하는 경우에 해당된다. 이러한 부정기 항공운송의 대표적인 것으로 전세기(charter)가 있는데, 전세기의 항공수송은 정기편과 달리 시간표(time table)에 따라 일정 노선을 운항할 의무가 없고, 항공권을 개별적으로 발행하지 않으며, 좌석을 여객 각자에게 소매하지 않는 조건으로 실시하는 항공수송이다. 전세운송사업은 여행사의 기획여행상품 개발과 외국여행 대중화로 인해 각광을 받고 있으며, 정기항공운송사업이 정시성 및 공공성을 강조하는 반면, 전세운송사업은 채산성에 중점을 두고 있다.

〈표 12-1〉 정기항공운송업과 부정기항공운송업의 비교

구분	정기항공운송업	부정기항공운송업
정시성 · 공공성	매우 중요한 요소	중요요소 아님. 채산성 강조
공개성	일반여객을 대상으로 하여 공개적	특정조직, 회원들을 여객으로 한정하므로 폐쇄적
좌석이용률	비교적 낮음(65~70%) A300의 경우 250석 배치 좌석 열간 거리 31~34인치	비교적 높음(85~90%) A300의 경우 315~336석 배치 좌석 열간 거리 31-34인치
운임	높음	저렴
단거리	여행 야간시간 지상 체류	야간비행 가능
비수기이용	임대 불가능	성수기 항공사에 임대(모나크 항공사→캐나디안 항공사 임대 : 겨울철 카리브해 전세 투입)
간접운영비	비수기도 공항 상주직원 필요 사무실 및 장비 필요	비수기 상주직원 불필요 항공 · 승객 · 수하물처리 하청
객실승무원 비율	21명 승객당 1명	32명 승객당 1명
기타 사항	쾌적한 기내서비스, 편리한 운항시간 중요	관광단체, 스포츠행사, 박람회 등에 이용되며, 경제성 강조

자료 : 이봉석 외(2011), 관광사업론, 대왕사, p.143.

2) 항공기 사용업

항공기를 이용하여 약재살포, 보도 및 취재, 순찰, 사진촬영 등 여객과 화물을 수송하는 이외의 사업을 취급하는 항공사업을 의미한다.

3) 기타 항공기이용업

(1) 항공기 취급업

항공기의 정비, 급유, 하역, 기타 지상조업을 하는 운송업

(2) 항공 레저스포츠업

초경량비행기, 인력활공기, 기구 등을 이용하는 항공 레저스포츠업

(3) 항공운송알선업

항공기를 이용하여 화물을 운송하는 업

(4) 항공운송 총대리점업

항공운송업자를 위해 유상으로 여객과 화물의 국제운송에 관한 계약체결을 대행해주는 업

(5) 항공화물운송 대리점업

항공운송업자와 항공운송 총대리점을 위해 화물의 운송에 관련된 계약체결을 대행하는 업

(6) 상업서류 송달업

항공기를 이용하여 타인의 수요에 의해 수출입 관련 서류와 그에 부수되는 물품 등을 송달해 주는 업

(7) 도심공항터미널업

공항이 아닌 장소에서 도시 중심부에 위치하여 여객과 화물 운송 및 관련 제반 편의를 제공하기 위해 필요시설을 설치 · 운영하여 이를 이용하게 하는 업

4. 항공운송산업의 특성

1) 안전성

항공기를 비롯한 모든 교통수단의 가장 큰 과제는 바로 안전성의 확보일 것이다. 항공교통의 안전은 항공기의 기술적 요인, 기상조건, 기장의 실수, 정비기술의 문제 등으로 발생할 수 있다. 어떠한 교통수단도 100% 안전을 보장할 수는 없다. 특히 육상교통수단에 비해 항공운송수단은 불의의 사고시 많은 승객의 생명에 치명적인 피해를 입힐 가능성이 높은 편이기 때문에 안전성은 항공운송에 있어서 가장 중요하게 고려해야 할 부분이다. 최근 일련의 항공기 사고로 대외적인 신뢰도가 하락했지만 현대의 항공기 제작 및 정비기술의 발달과 공항 활주로의 개선 등 안전성 확보를 위한 일련의 노력으로 항공수송의 안전성이 상당히 확보되었다.

2) 고속성

항공기가 다른 교통수단에 비해 가장 큰 장점은 바로 고속성이다. 특히 국내의 단거리의 경우보다 국가 간의 이동, 목적지까지의 거리가 원거리일수록 항공기의 신속함은 항공운송업의 가치를 더욱 돋보이게 한다.

항공운송의 속도향상의 추이를 보면, 1950년대에는 평균속도 273km, 1960년대의 제트기 시대에는 502km, 1970년대에는 761km, 그 이후에는 초음속기의 탄생으로 더욱 고속화 되어가고 있다. 군용기는 고속화가 절대적이지만 민간항공기의 경우에는 경제성과 안전성이 더욱 고려되어야 하므로 고속화에는 한계가 있다. 하지만 항공기의 고속성은 관광객이 원하는 목적지까지의 여행시간을 크게 단축시킴으로써 국제관광과 해외여행의 활성화에 크게 기여해 왔다.

3) 정시성

항공운송업을 포함한 어떠한 관광교통수단도 정시성 확보는 가장 중요한 과제이다. 이러한 정시성의 확보는 항공사의 신뢰와 관계되어 있고 항공사를 선택하게 되는 중요한 기준이 된다. 하지만 항공기는 다른 교통수단에 비해 기후나 기류, 기상조건 등의 영향을 더 많이 받기 때문에 정시성 확보가 어려운 편이다. 또한 공항의 혼잡으로 이·착륙시에 유도 대기 등의 지연으로 정시성 확보가 더욱 어려워질 수 있다. 이러한 문제를 해결하기 위해서 최근 각국 정부는 공항 시설의 확충과 정비 능력 제고와 수송 빈도를 높임으로써 항공기의 정시운항을 위해 노력하고 있다.

4) 쾌적성

항공기내에서의 쾌적성은 비행상태와 더불어 객실내에서의 시설과 기내서비스에 의해서 좌우된다. 장거리의 목적지를 장시간 동안 높은 요금을 지불하고 여행하는 승객에게는 안전한 비행만큼 쾌적하고 즐거운 비행이 되도록 기내에서의 서비스와 시설 등의 편리성은 중요한 부분이 되고 있다. 실제로 항공사마다 항공기의 기종으로 상품을 차별화하는 데에는 한계가 있기 때문에 타항공사와의 차별성을 부여하기 위해서는 객실 승무원의 고객서비스에 남다른 노력을 기울이지 않으면 안된다.

5) 공익성

항공산업은 공익사업의 범주에 속하여 국제간의 교류와 왕래를 가능하게 하는 교통수단으로써 국민생활과 국가경제에 막대한 영향을 주는 공익성이 강한 분야이다. 따라서 많은 국가들이 국영항공사를 직접 운영하거나 항로개설 등에 직·간접적으로 개입하고 있다.

기본적으로 항공운송사업을 수행하기 위해서는 항공기의 이착륙을 위한 공항시설과 항공기, 그리고 항공노선의 운영권이 필요한데, 특히 공항시설과 노선운영권 획득은 정부의 철저한 규제를 받게 된다.

6) 자본집약성

항공운송업은 최첨단 항공기를 도입하고 공항시설을 확보하는데 있어서 막대한 자본이 필요한 거액의 설비투자가 요구되는 자본집약적 특성을 가지고 있다. 특히 대량운송시대에 규모의 경제(scale of economy)가 필요한 사업인 만큼 항공사 간의 경쟁은 막대한 자본을 투자하여 경쟁우위를 확보하는 것이 중요하다.

7) 수요의 계절성

항공운송업은 운항노선과 운항횟수 등에 정부의 허가를 받기 때문에 항공기 좌석 공급상 제한을 받는다. 하지만 항공수요는 성수기와 비수기, 주말과 주일 등에 따라 수요의 편차가 크기 때문에 이러한 경우에 모든 수요를 충족시킬 수는 없다. 따라서 항공좌석 판매에 있어서 정확한 수요예측에 입각한 적절한 항공기의 투입과 운항횟수 조정이 필요하다.

8) 노선개설의 용이성

항공노선은 철도나 자동차 등의 교통수단에 비해 철도와 도로의 건설에 관계없이 공항이 있으면 항공노선을 개설하기가 상대적으로 용이하다. 하지만 항공수요의 편차에 효과적으로 대응하기 위해서는 운항편수의 증감과 기종선정을 달리함으로써 공급을 탄력적으로 적용해 나가야 한다.

제2절 항공운송산업의 발달 및 현황

1. 항공운송산업의 발달

1) 세계의 항공운송산업 발달

세계 최초로 기구를 띄운 사람은 프랑스의 몽골피에(Montgofier : 1740~1799) 형제로 직경 10m의 기구를 제작하여 1783년 프랑스 리용(Lyons)에서 밀짚과 양털을 태워 이것으로 가열된 연기를 기구 안으로 채워 넣어 1,800m까지 상승하였는데, 이것이 인간이 최초로 상공으로 떠올랐던 기록이었다. 1903년에는 미국 오하이오주의 자전거 제조업자인 라이트 형제가 인류 최초의 동력비행을 시도하여 성공하였다.

1914년 제1차 세계대전이 발발하면서 항공기의 필요성이 급증하면서 성능이 급속히 향상되었다. 제1차 세계대전이 미친 항공기 발달사적 의의는 다음과 같다.

① 항공기의 성능이 전반적으로 향상됨
② 전투기, 폭격기, 정찰기 등 용도에 따라 항공기 형태가 확실하게 분류됨
③ 항공기의 본격적인 발달로 무기로서의 비행선은 무가치하게 됨
④ 세계대전 중 항공기의 급격한 소모 및 용도 다양화로 인해 그 생산방법이 공업화되어 대량생산이 가능해짐

제1차 세계대전이 종결된 다음해인 1919년에 유럽에서는 상용항공서비스가 시작되었고 1927년에는 린드버그가 뉴욕의 루즈벨트 필드에서 파리까지 단독 논스톱 대서양 횡단 비행에 성공하였으며, 1928년에는 팬암이 미국에서 국제여객서비스를 최초로 개시하였다. 1933년에는 윌리 포스트가 단독 세계일주비행에 성공하였고 1936년에는 더글러스 DC-3가 항공서비스를 개시하였다.

제2차 세계대전 이후 항공산업은 크게 발전되었는데 특히 제트기의 출현으로 상용항공기 산업이 비약적으로 향상되었다. 본격적인 제트기의 시대는 보잉사의 독자적 계획에서 시작되었고, 1959년 제트수송기(보잉 707)는 100명 이상의 승객을 탑승하고 무착륙으로 대서양 횡단운행 개시를 시작으로 1960년대는 고속 대형제트시대가 시작되었다. 1970년대에 첫 점보제트기 보잉 747의 취항을 시작으로 1975년 러시아의 초음속비행기(SST) TU-144 등장, 1976년 영 · 불 합작기인 콩코드(Concorde)가 등장하여 음속의 2배로 비행하기에 이르렀다.

그 이후 1980년에 대량 초고속 수송이 활발하게 이루어지고, 1986년 Voyager 항공기가 논스톱으로 주유없이 세계를 일주하였으며, 오늘날의 항공기는 그 성능과 용도 면에서 다양화 · 최첨단화되고 있다. 1990년대 항공산업은 세계경제의 꾸준한 회복세에 따라 지속적인 성장을 이어왔고, 2000년대에 들어와서는 특히 아시아지역의 항공수요가 가장 높은 성장률을 나타냈다.

2) 우리나라 항공운송산업의 발달

우리나라의 항공운송업은 세계의 항공교통에 비하면 역사적으로 많이 늦은 편이다. 1913년 최초로 비행기가 등장한 것은 일본 해군 기술장교인 '나라하라'가 용산에 위치한 조선군 연병장에서 '나라하라 4호' 비행기로 공개비행 행사를 가지면서 시작되었다. 그 이후 1922년 12월 10일 최초의 비행사인 안창남(安昌男)이 뉴포트 15형 단발쌍엽 1인승 비행기인 '금강호'로 여의도 간이비행장을 이륙하여 서울을 일주하였다. 1926년에 최초로 민간항공기가 등장한 것은 이기욱 비행사가 후배 양성을 목적으로 여의도에 경성항공사를 설립하면서부터이다.

해방 이후 1948년 10월 신용욱이 대한국민항공사(Korea National Airlines : KNA)를 설립하고 교통부에서 국내선 면허를 취득하여 서울-부산간 여객수송을 시작하였다. 대한국민항공사는 1953년 서울-홍콩간 임시 운항을 시작으로 1954년 8월 서울-대만-홍콩을

주 1회 운항으로 동남아 국제노선을 취항하게 되었다. 우리나라 최초의 항공사인 KNA는 1957년 항공기 전복사고와 1958년 2월 항공기 납북사건으로 큰 타격을 받았으며 이로 인해 결국 1961년 도산하였다.

1960년에는 한진상사가 한국항공(Air Korea)을 설립하여 국제선 정기노선 취항을 목표로 '콘베어 240' 기종 1대를 도입하여 1961년 3월 서울-부산간 정기편을 운항하였다. 1962년에는 국영항공사인 대한항공공사(Korea Airlines, Co. Ltd.)가 설립되었으나 계속되는 누적적자와 경영부진을 지속하다가 1969년 한진그룹에 인수되어 공식명칭을 대한항공으로 변경하여 민간항공사로 새롭게 재출범하게 되었다. 대한항공은 그 이후 우리나라의 대표적인 항공사로 국제운송을 담당하여 제1위의 국내항공사로서의 자리를 고수하고 있다.

1988년 금호그룹이 제2민항으로 서울항공을 결성하였고, 그 해 8월 8일 사명을 아시아나항공으로 개칭하여 서울-부산, 서울-제주 노선을 취항하여 국내선 운항을 시작하면서 복수 민항시대가 개막되었다. 아시아나 항공은 대한항공에 비해 시장점유율 면에서는 상당한 격차로 2위의 차지를 차지하고 있으나 신생 항공사로서 고객서비스에 만전을 기울인 결과, 2001년도 미국의 항공권위지인 「Air Transport World」로부터 고객서비스 세계 최우수항공사로 선정, 「ATW Passenger Service Award 2001」을 수상하여 항공서비스의 우수성을 국제적으로 공인받았다.

우리나라는 2004년 한성항공(2010년 티웨이항공으로 변경)을 시작으로 2005년 제주항공, 2007년 에어부산, 이스타항공, 2008년 진에어가 연이어 설립되어 현재 국내 저비용항공사는 총 5개사가 운항중이다(한국신용평가, 2013). 그동안 부산, 제주 등 국내선 중심의 운항노선을 2009년을 기점으로 태국, 일본, 중국, 말레이시아, 괌 등 해외로 진출을 확대하고 있다.

2. 항공운송산업의 현황

1) 항공운송 현황

우리나라의 항공산업은 1989년 해외여행 자유화 및 경제성장에 따른 생활수준 향상 등에 따라 항공운송수요 증가로 이어져 1993년 이후 10년간 여객 5.8%, 화물 7.0%의 높은 항공수요 증가율을 보이며 내실있는 성장을 이룩해 왔다. 2003년 이후의 항공운송수요는 고유가 지속과 세계경제침체, 아시아의 SARS(중증급성호흡기증후군) 등 여러 가지 요인의 영향을 받아 감소와 증가를 되풀이하고 있다.

국내선의 경우 고속도로의 확충(서해안고속도로, 중앙고속도로, 대전~진주 간 고속도로) 및 고속철도 개통 등의 대체 육상교통수단의 고속화에 따른 영향으로 인하여 제주도 연계노선을 제외한 내륙을 연결하는 항공수요는 전년수준을 유지하거나 마이너스 성장을 나타내고 있다. 국제선의 경우는 1952년 3월 자유중국과 최초로 항공협정을 체결한 데 이어 2012년 7월 기준으로 구주 25개국을 비롯하여 총 93개국과 항공협정을 체결하였으며, 이 중 49개국 158개 도시에 국제선 정기편이 운항되고 있다.

우리나라 항공운송실적을 국내선과 국제선 수송실적으로 나누어서 살펴보면, 국내선의 경우 2018년 기준 3,160만명을 수송하여 전년 대비 -2.5%를 기록하고 있으나, 국제선의 경우에는 8,592만 5천명으로 전년 대비 11.7%의 증가세를 보이고 있다. 현재 대형항공사로 대한항공, 아시아나항공의 2개 업체, 그리고 저비용항공사로 에어부산, 에어서울, 이스타항공, 제주항공, 진에어, 티웨이항공 등 8개 업체로 총 8개 항공사가 있다. 대한항공이 2018년 3월 기준으로 국내 및 국제선 항공기가 166대, 아시아나항공은 85대의 항공기를 보유하고 있다.

〈표 12-2〉 **우리나라 항공수송실적 요약(2014~2018)**

구 분			2014	2015	2016	2017	2018
국내선	여객	실적(천명)	24,648	27,980	30,913	32,406	31,601
		전년 대비(%)	10.3	13.5	10.5	4.8	-2.5
		5년 평균증가율	5.1	7.5	9.4	9.7	6.4
		10년 평균증가율	4.1	5.6	7	7.4	6.4
	화물	실적(천톤)	283	288	293	290	273
		전년 대비(%)	12	1.6	1.8	-0.9	-5.8
		5년 평균증가율	2	0.6	2.5	3.5	-0.9
		10년 평균증가율	-3	-2.3	-0.9	1.5	0.2
	운항	실적(천편)	170	183	191	197	194
		전년 대비(%)	5.2	7.3	4.6	2.9	-1.1
		5년 평균증가율	3.8	4.8	5.3	5	3.4
		10년 평균증가율	3.2	4.1	4.1	3.9	3.1

구 분			2014	2015	2016	2017	2018
국제선	여객	실적(천명)	56,779	61,434	73,001	76,956	85,925
		전년 대비(%)	11.4	8.2	18.8	5.4	11.7
		5년 평균증가율	9.1	9.6	11.2	10.8	10.9
		10년 평균증가율	7.5	7.3	7.9	9	11.0
	화물	실적(천톤)	3,411	3,519	3,781	4,032	4,169
		전년 대비(%)	5.1	3.2	7.5	6.6	3.4
		5년 평균증가율	0.6	2.1	4.2	5.6	5.1
		10년 평균증가율	3	2.4	2.1	3.3	4.2
	운항	실적(천편)	366	388	439	457	497
		전년 대비(%)	8.1	5.9	13.1	4.2	8.7
		5년 평균증가율	9.3	8.4	8.8	7.8	7.9
		10년 평균증가율	7.8	6.9	6.3	6.9	8.8

자료 : 우리나라 항공수송실적 요약, 국토교통부, 2018
주 : 여객은 유임, 화물은 순화물+우편+수하물, 국내선 출발, 국제선 도착, T/S 포함 기준

〈표 12-3〉 주요 국적항공사의 현황

구분	대한항공	아시아나항공
창립년도	1969. 3	1988. 2
자본금	3,378억원	9,755억원
항공기수	166대	85대
종사원수	18,469명(2018년 3월 기준)	8,897(2018년 3월 기준)
취항도시	44개국 124개 도시 (국내 13개 도시)	22개국 64개 도시 (국내 10개 도시)

우리나라 국적항공사들의 2018년도 국내선과 국제선 수송실적을 살펴보면, 〈표 12-4〉 및 〈표 12-5〉, 〈그림 12-1〉과 같다.

〈표 12-4〉 국내선 여객수송실적

(단위 : 명, %)

구 분		2016			2017			2018		
		여객	증감	비중	여객	증감	비중	여객	증감	비중
대형 국적사	대한항공	7,904,329	6.4	25.6	7,988,802	1.1	24.7	6,957,415	-12.9	22
	아시아나항공	5,444,059	3.6	17.6	5,990,619	10	18.5	6,129,378	2.3	19.4
	소계	13,348,388	5.2	43.2	13,979,421	4.7	43.1	13,086,793	-6.4	41.4

저비용 항공사	에어부산	3,667,282	13.9	11.9	4,106,166	12	12.7	4,457,419	8.6	14.1
	에어서울	96,876	순증	0.3	-	-100	-	-	-	-
	이스타항공	2,530,686	22.9	8.2	3,006,318	18.8	9.3	3,032,694	0.9	9.6
	제주항공	4,533,247	8.1	14.7	4,641,543	2.4	14.3	4,676,134	0.7	14.8
	진에어	3,935,030	20.9	12.7	3,737,910	-5	11.5	3,474,740	-7	11
	티웨이항공	2,801,413	9.3	9.1	2,934,897	4.8	9.1	2,872,830	-2.1	9.1
	소계	17,564,534	14.9	56.8	18,426,834	4.9	56.9	18,513,817	0.5	58.6
합계		30,912,922	10.5	100	32,406,255	4.8	100	31,600,610	-2.5	100

자료 : 국토교통부 주요정책통계, 국적항공사 수송실적 및 비율, p.1.
주 : 출발 및 유임여객 기준

〈표 12-5〉 국제선 여객 수송실적

(단위 : 명, %)

구 분		2016			2017			2018		
		여객	증감	비중	여객	증감	비중	여객	증감	비중
대형 국적사	대한항공	19,036,977	8.3	26.1	18,924,701	-0.6	24.6	20,052,121	6	23.3
	아시아나항공	13,865,801	7.7	19	13,343,785	-3.8	17.3	13,726,644	2.9	16
	소계	32,902,778	8	45.1	32,268,486	-1.9	41.9	33,778,765	4.7	39.3
저비용 항공사	에어부산	2,215,581	36.4	3	3,003,639	35.6	3.9	3,610,156	20.2	4.2
	에어서울	117,374	순증	0.2	820,943	599.4	1.1	1,717,022	109.2	2
	이스타항공	2,073,512	58.8	2.8	2,514,596	21.3	3.3	2,870,742	14.2	3.3
	제주항공	4,124,597	41.1	5.7	5,825,360	41.2	7.6	7,284,521	25	8.5
	진에어	3,749,912	84.3	5.1	4,859,493	29.6	6.3	5,415,238	11.4	6.3
	티웨이항공	2,022,741	87.7	2.8	3,278,069	62.1	4.3	4,170,812	27.2	4.9
	소계	14,303,717	59.5	19.6	20,302,100	41.9	26.4	25,068,491	23.5	29.2
국적사 계		47,206,495	19.8	64.7	52,570,586	11.4	68.3	58,847,256	11.9	68.5
외항사 계		25,794,315	17.2	35.3	24,385,133	-5.5	31.7	27,078,032	11	31.5
합계		73,000,810	18.8	100	76,955,719	5.4	100	85,925,288	11.7	100

자료 : 국토교통부 주요정책통계, 국적항공사 수송실적 및 비율, p.2.
주 : 국제는 출발+도착, 유임여객 기준

〈그림 12-1〉 2018년 국제선 항공사별 여객운송 비율

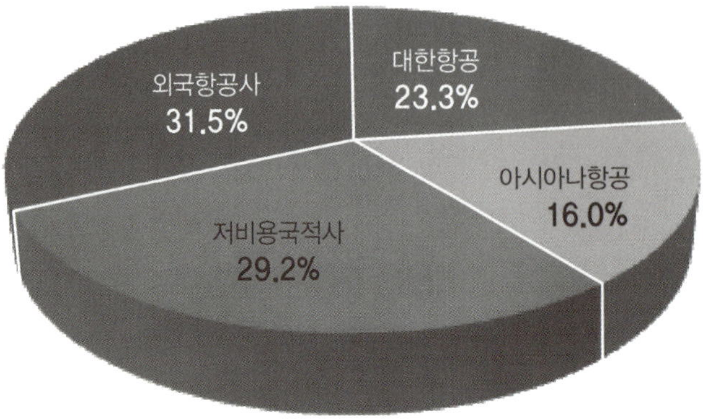

자료 : 한국공항공사, 인천국제공항공사
주 : 환승여객 포함 비율

2) 공항 현황

공항은 외국관광객이 방문국에 대한 첫인상을 받는 곳으로 항공기의 도착과 출발과 지상에서의 이동을 위해 설치된 구역이다. 공항은 항공기의 이·착륙을 하는 장소만이 아니라 항공운송에 필요한 여객 및 화물 취급시설, 항공기의 급유 및 정비시설, 국제공항의 경우 관세 및 출입국관리사무소, 공항검역시설 등 공공용 제반시설과 항공기의 안전운항을 위해 필요한 항공보안시설이 포함된 곳이다. 공항시설로는 계류장, 여객터미널, 화물터미널이 있다.

현재 우리나라의 국제선 공항은 인천, 김포, 김해, 제주, 청주, 대구, 무안을 포함한 7개가 있으며, 국내선 공항은 군산, 울산, 원주, 포항, 여수, 사천 등 6개 공항이 운항되고 있다. 우리나라 국토의 비율로 볼 때, 이 같은 공항의 숫자는 적은 수치가 아니다. 지방의 공항은 수도권에 편중된 관광자원과 시설의 지역적 분산을 유도하여 국가 전체적인 관광산업의 발전이라는 점에서는 의미가 있지만 실제로 공항별 운항 및 여객수송 실적을 보면, 관광객들의 지방 분산이라는 당초의 기대에 미치지 못하고 있는 것이 현실이다.

따라서 지방공항의 활성화를 위해서는 승객들이 편리하게 이용할 수 있는 지방도로의 정비, 공항버스 및 지하철 등의 연계교통수단 확보, 배후관광지 개발과 숙박시설 완비, 지역별 관광상품과 마케팅 노력이 수반되어야 할 것이다. 물적인 공항의 인프라 못지않게 공항의 활용도를 높일 수 있는 주변적인 운영방안이 마련되어야 한다.

21세기 동북아시아의 허브(hub)공항으로서 2001년 3월에 개항한 인천국제공항은 현재 많은 국내외 관광객들이 이용하고 있는데, 세계 공항서비스 평가 11년 연속(2005~2015년) 1위, 세계 국제화물운송 3위(2013 기준), 세계국제여객운송 9위(2013 기준), 취항항공사 834개, 54개국, 약 7만명의 종사자(2020. 1 기준)가 근무하는 세계 최고의 공항이다. 2019년 기준 연간 이용객이 4,400만명, 연간 41만회의 항공기 운항, 450만톤의 화물을 처리할 수 있는 능력을 보유하고 있다.

〈표 12-6〉 **인천국제공항 시설 현황**

<table>
<tr><td>전체부지</td><td>5,606만㎡</td><td>국제규격 축구장 7,800개 규모</td></tr>
<tr><td>활주로</td><td>3개</td><td>A380기 등 초대형 항공기 동시 이착륙 가능
(4,000m급 1개, 3,750m급 2개)</td></tr>
<tr><td>계류장</td><td>여객계류장 244만㎡
화물계류장 74만㎡</td><td>144대 동시 주기 가능
(여객기 108대, 화물기 36대)</td></tr>
<tr><td>제1여객
터미널</td><td>49만6,000㎡</td><td rowspan="2">게이트(여객터미널 44개소, 탑승동 33개소 동시 주기 가능)
국제규격 축구장 60개 규모</td></tr>
<tr><td>제2여객
터미널</td><td>110만5,000㎡</td></tr>
<tr><td>탑승동 1동</td><td>17만㎡</td><td>탑승동 A380 3개소 동시 주기 가능</td></tr>
<tr><td>교통센터</td><td>25만㎡</td><td>인천공항철도 및 자기부상열차 역사 위치
주차면수 4,758대 (장기주차 6,428대)</td></tr>
<tr><td>항행안전시설</td><td>관제탑/레이더/항공등화</td><td>아시아 최초의 CAT-IIIb 운영
9만시간 무중단 운영</td></tr>
<tr><td>자유무역지역</td><td>화물터미널 23만㎡
공항물류단지 99만㎡</td><td>2006년 3월 개장
DHL, AMB, Schenker, KWE 등 세계적인 물류기업 입주(2단계 공항물류단지 92만㎡ 확장 예정)</td></tr>
</table>

자료 : 인천국제공항 홈페이지, 2020 인천공항 홍보자료 참조

인천국제공항 제1여객터미널은 지하 1층 지상 4층의 여객터미널을 갖추고 있는데, 연면적 49만 6천m^2로 단일 건물로는 국내 최대 규모이다. 여객터미널 기본 구조는 탑승동 분리식 중앙집중형 배치구조로 되어 있으며, 아시아나항공과 에어부산을 포함한 스타얼라이언스 소속 항공사와 일부 외항사가 운항하며, 1~50번 게이트에 해당된다. 층별로 주요 시설 현황을 소개하면 다음과 같다.

지하 1층은 주로 공항 상주직원과 공항내 장시간 머무르는 여객들을 위한 편의시설들로 구성되어 있다. 이러한 편의시설로는 볼링장, 사우나, 헬스 등의 위락시설과 카페테리아, 제과점, 패밀리레스토랑, 커피전문점 등의 식음료점, 은행, 슈퍼마켓, 미용실, 음반매장, 서점, 문구점 등의 상업 · 편의시설 등이 있다.

지상 1층은 도착층(입국)으로 도착객을 위한 수하물 수취 및 세관검사지역과 환영객을 위한 각종 편의 및 안내시설 등으로 배치되어 있다. 지상 1층에는 여객터미널 중앙부에 밀레니엄홀이 자리잡고 있으며, 공항버스, 호텔 및 렌터카, 택배 등의 안내카운터들이 있다. 이외에도 환전을 위한 은행, 기념품점, 안내센터, 서점, 약국, 패스트푸드점 등 각종 편의시설로 이루어져 있다.

지상 2층 보세지역(Airside)에는 도착복도, 검역소, 입국심사대 등의 입국관련 시설이 있다. 그리고 지상 2층의 일반지역(Landside)에는 그레이트홀을 중심으로 상주기관 및 항공사 사무실 등이 위치해 있으며, 우체국, 은행, 비즈니스센터, 정보통신센터 등도 자리잡고 있다. 이외에도 원격주기장 버스라운지와 환승여객을 위한 환승시설이 있다.

지상 3층은 출발층(출국)으로 일반지역(Landside)에는 탑승수속을 위한 체크인 카운터, 기념품, 스포츠용품, 문구점 등의 전문매장과 수하물 택배점, 식음료점 등의 편의시설이 있고, 보세지역(Airside)에는 출발여객을 위한 병역신고소, 보안검색대, 출국심사대, 면세점과 식음료점, 비행기 탑승을 위한 출발대합실과 탑승라운지 등의 시설들이 있다.

여객터미널 4층은 여객 편의시설이 집중적으로 배치된 지역으로, 일반지역에는 전문식당가와 전자오락장, 기념품판매점, 항공전시장 및 이벤트공간으로 구성되어 있고, 보세지역에는 인천국제공항 취항 항공사의 CIP 라운지 및 환승라운지가 있으며, 동 · 서편 끝에는 통과 및 환승여객 등 장시간 체류하는 여객을 위한 비디오방, 기도실, 수하물보관소, 유아휴게실, 환승호텔 등이 배치되어 수준 높은 서비스를 제공하고 있다. 여객터미널 4층 중앙에 위치한 '한국문화거리' 공간 내에는 한국의 전통문화를 대표하는 기와집과 정자 등 전통가옥이 들어서 공항에서 색다르게 전통문화를 즐길 수 있도록 운영하고 있다.

인천국제공항 제2여객터미널(Incheon International Airport Terminal 2)이 인천광역시 중구 446번지에 2018년 1월 18일에 새롭게 개장하였다. 제2여객터미널은 연면적 380,000㎡에 지하 2층, 지상 5층의 건물로 지어졌다. 제2합동청사 건물 사이 뒤편에 교통센터가 자리하고, 그 뒤로 여객터미널이 유선형으로 길게 펼쳐져 있다.

제2여객터미널은 대한항공, 델타항공, 에어프랑스, KLM, 아에로멕시코, 알리탈리아, 중화항공, 가루다 인도네시아, 샤먼항공, 체코항공, 아에로플로트 등의 11개 항공사들이 운항하며, 대한항공, 에어프랑스, 델타항공, KLM 등이 속한 항공사 동맹체인 '스카이팀'(Skyteam)이 주로 이용하는데, 230~270번 게이트에 해당한다. 제1여객터미널(탑승동 포함)과의 환승객은 6분 간격으로 운행하는 셔틀트레인으로 이동한다. 2018년 1월 13일 공항철도가 인천공항 2터미널역까지 연장 개통하였다.

제3절 항공사의 전략적 제휴

1. 항공산업과 관광산업과의 관계

관광산업과 항공산업은 상호 밀접한 관계에 있다. 경기가 좋을 때는 항공수요도 많고 관광산업이 모두 호황을 맞는 반면, 불경기일때는 관광산업과 항공산업 모두 어려움을 겪는다. 항공운송산업과 관광산업은 전 세계 관광소비의 1/4 이상, 세계소비의 12% 이상을 차지하는 것으로 나타나고 있으며, 관광객의 70% 이상이 항공교통이용자인 것으로 나타났다. 따라서 이 두 분야는 동반자(공생)관계에 있고, 국내 경기와 정치상황 등 대외적인 상황에 민감하게 반응하는 분야이다. 실제로 항공객수와 관광객수의 변동폭은 경기변동의 폭보다 큰 경향을 보인다. 즉, 경기가 좋아지면 항공수요, 관광객수 모두 크게 늘어나는 데 반해, 경기가 나빠지면 관련 수요가 모두 급감한다.

항공운송산업의 발달은 천혜의 자연환경을 가지고 있으나 거리상 접근이 어려웠던 관광지를 세계적인 휴양지로 변모시키는 것을 가능케 한다. 즉, 항공운송산업으로 관광지가 개발·홍보되어 세계적인 휴양지로 명성을 얻게 된 관광지로는 남태평양의 괌, 사이판, 태국의 푸켓, 말레이시아의 랑카위, 인도양 몰디브, 그리고 우리나라의 제주도 등이 있다.

하지만 정부가 지나치게 항공운송산업에 개입함으로써 오히려 자국의 항공산업이 위축될 수 있으며, 지나친 관광개발과 항공운송산업의 발달로 오염되지 않았던 관광지가 자연환경 파괴와 사회문화적 비용이 발생하여 지역사회에 부정적인 영향을 끼칠 우려도 있다.

2. 항공사의 전략적 제휴

항공사는 타사와 경쟁하여 고객을 유치함으로써 매출증대와 이윤창출, 안정된 수입원 확보를 위해 다양한 사업을 수행하고 있는데, 이러한 노력의 일환으로 관련 혹은 동일분야의 기업과 전략적 제휴(strategic alliance)를 맺어 자사의 경쟁력과 시장 점유율을 높이고 있다. 기업 간의 전략적 제휴는 비단 항공 분야에서만 일어나는 현상이 아닌 많은 기업에서 활발하게 추진하고 있는데, 관광분야에서는 항공업계가 가장 활발한 전략적 제휴를 통해 기업이윤 증대와 경쟁력 제고에 노력하고 있다.

1) 전략적 제휴의 개념과 목적

전략적 제휴는 둘 이상의 기업이 경쟁력 제고를 목표로 경영자원을 공유하거나 업무협력을 하면서 일정기간 동안 지속되는 협력관계를 의미한다. 전략적 제휴에는 '전략'과 '제휴'의 두가지 개념이 결합되어 있는데, 경쟁력 강화, 상호기여 및 보완, 전략적 목표관계에 대한 장기적 참여 등이 전략적 요소이며, 복합기업의 참여, 경영자원의 공유, 시장거래와 내부거래 및 합병의 중간형태 등이 제휴와 관련된 요소이다.

항공사의 전략적 제휴는 항공사의 운송능력의 범위를 확대시키고 효율성을 높임으로써 제휴사 간에 이익창출과 매출액 증대, 항공사 간의 공동자원 활용을 통한 기업 경쟁력을 배가시키기 위해 활발히 추진되고 있다.

1970년대 말부터 항공사들은 정보기술의 발전과 새로운 시장개척으로 경영상 압박을 받기 시작했고, 1980년대 후반부터 냉전체제의 붕괴와 세계경제의 글로벌화로 국제선 수요가 성장하는 계기가 마련되었다. 1990년대에는 경기불황과 항공기 구입에 대한 막대한 재정 손실에 대한 대책으로서 항공사 간에 제휴를 맺어 상호협력을 도모할 필요성이 증대되었다. 그리하여 항공사들은 항공좌석 수요가 충분하지 않은 노선은 제휴회사와 코드공동사용(code share)을 통해 비용절감과 수익 증대를 도모하게 되었고, 제휴회사와 항공노선까지 포함하게 됨으로써 공급하는 노선수의 증대로 영업범위를 확대시켰다.

이러한 전략적 제휴의 목적은 첫째, 기업의 네트워크(network)의 범위를 확대하여 노선을 확대시키기 위해서 둘째, 노선확대를 통해 시장경쟁력을 증진시키기 위해서 셋째, 비용절감 및 경영합리화를 추구하기 위해 추진되었다고 볼 수 있다.

2) 전략적 제휴의 유형

전략적 제휴의 유형은 크게 내부적 결합형태와 외부적 결합형태로 구분된다.

(1) 내부적 결합형태

항공운송업무와 유사업종의 계열화를 통해 항공관련 업종과 관광업종을 함께 제공하는 형태이다. 동일한 그룹내에 소속되어 있기 때문에 자원의 공동이용, 시설 활용, 업무협조, 기술과 경험의 공유 등이 원활한 장점이 있다.

이러한 형태는 유사업종 간의 결합형태와 이종업종의 결합형태가 있다.

① 유사업종의 결합

항공사가 화물운송업, 렌터카, 전세버스의 지상운송업을 산하기업으로 운영하는 경우로 항공과 지상 간의 원활한 수송, 시장개척 등에 유리하다.

② 이종업종의 결합

항공사가 동일계열 그룹내 여행사, 호텔 등의 관광업체와 제휴를 하는 경우로 어떤 특정 기업내에 소속한 여행사는 해당기업내의 항공사와 동일계열 체인호텔을 이용하여 상호 이익증대를 도모한다.

(2) 외부적 결합형태

외부적 결합형태의 전략적 제휴는 제휴 항공사가 독립성을 각각 유지하면서 운항편명의 공동사용(code sharing), 공동운항(joint operations), 여객카운터의 공동사용 및 일괄탑승수속처리(through check-in) 등의 업무를 협조한다. 이러한 외부적 결합형태로는 항공사간의 동일업종 간의 결합과 호텔, 렌터카, 유람선 회사 등의 이종업종 간의 결합이 있다.

① 항공사간(동일업종)의 결합

항공사가 타항공사와의 전략적 제휴를 맺게 된 것은 1989년 노스웨스트(Northwest)항공과 네델란드항공(KLM)이 좌석공유, 마케팅, 자본제휴를 하게 된 것이 시초이다. 이후 알리탈리아항공이 KLM/Northwest와 대서양운항 제휴에 참여하여 좌석공유, 상용고객우대, 공항라운지 공동이용, 마케팅, 광고, 예약, 발권, 지상업무 등 광범위한 범위에서 제휴가 이루어졌다. 노스웨스트항공과 네델란드항공사는 전략적 제휴명을 '윙스(Wings)'로 하여 별도의 동맹관계를 형성하고 있다.

이후 1997년 미국의 유나이티드(UA)와 독일 루프트한자가 중심이 된 'Star Alliance'를 결성했고, 현재는 아시아나항공, 콘티넨탈, 유나이티드, 타이, 에어차이나 등 28개 항공사가 협력하고 있다. 1999년 미국의 아메리칸항공이 브리시티항공과 'One World'라는 제휴를 맺었고, 현재는 일본항공, 캐세이퍼시픽 등 15개사가 서로 협력체를 구축하고 있다. 2000년 대한항공을 중심으로 델타항공, 에어프랑스, 에어로멕시코 등 항공사가 '스카이팀'을 결성하였다. 〈그림 12-2〉는 세계 3대 항공동맹체의 전략적 제휴 현황을 나타낸 것이다.

우리나라 항공사의 전략적 제휴는 대한항공이 미국의 델타항공(DL)과 코드 공동사용(code-share)등의 포괄적인 업무 제휴를 맺고 있고, 이외에도 에어프랑스(AF), 중국남방항공(CZ) 등과도 'Sky Team(스카이팀)'이라는 제휴명으로 업무협력을 맺고 있으며, 회원사는 19개 항공사, 187개국 926개 목적지로 연간 5억 5천2백만명을 수송하고 있다. 아시아나 항공은 2003년 3월부터 'Star Alliance(스타얼라이언스)'의 15번째 회원사로 가입, 27개 항공사, 193개국 1,321개 공항(2019년 기준)을 연결하는 항공편을 운항하고 있다.

〈그림 12-2〉 세계 항공사의 전략적 제휴

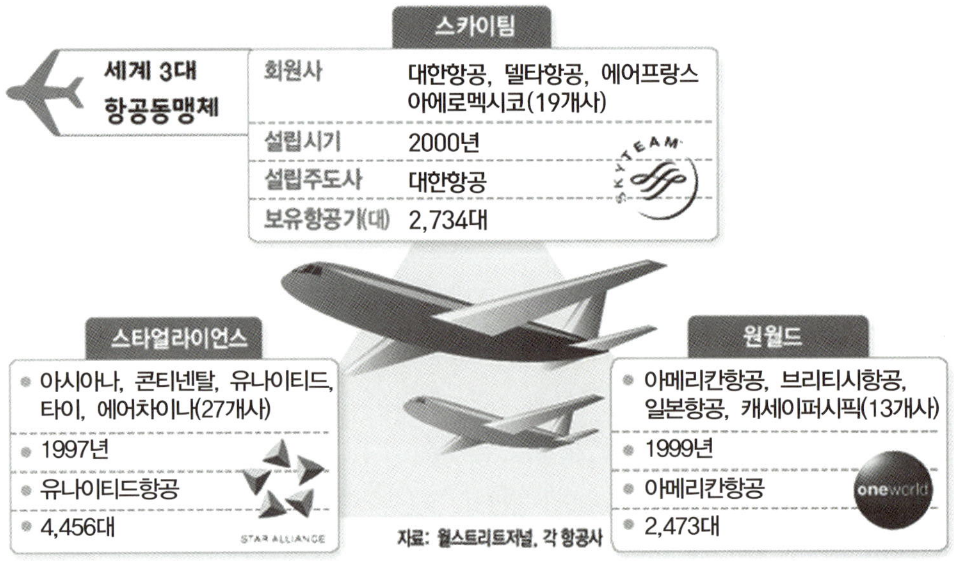

자료: 월스트리트저널, 각 항공사

② 타업종 간의 결합

항공사가 다른 업종의 기업과 업무제휴를 맺어 공동마케팅 및 판촉, 공동광고, 정보교환, 고객관리 등 상호협력관계를 도모하는 경우이다. 타업종 간의 제휴는 주로 관광관련기업들로 호텔, 렌터카, 전세버스, 유람선 등의 업체가 있다. 예를 들어 아메리칸항공사의 경우 브리티쉬 에어라인, 캐세이퍼시픽 항공사 등을 포함하여 약 40여개 제휴항공사를 보유하고 있으며 소피텔, 베스트웨스틴 호텔 등 19개의 호텔 및 Avis를 포함한 9개의 렌터카 회사와 전략적 제휴를 맺고 있다.

〈표 12-7〉 항공사의 타업종 간의 제휴관계

항공사	제휴 항공사	외국제휴 항공사	호 텔	렌터카회사	유람선 회사
American	Frontier	British Airways, JAL 등 15개 항공사	Sheraton, Hilton, Marriott 등 19개사	Avis, Alamo 등 9개사	Holland American
Eastern	TWA	SAS, British Caledonia	Marriott	Herts	-
PANAM	Air Atlantic	-	Sheraton, Inter-Continental	Herts	-
TWA	Eastern	Quantas	Hilton, Marriott	Herts	-
United	Braniff	Air France, Lufthansa, SAS	Western	Herts Budget	Royal Viking
Western	Skywest	-	Sheraton	Budget	-

자료 : 김창수(2013), 관광교통의 이해, p.380.

제4절 항공관련 국제기구

1. 국제항공운송협회(IATA)

국제항공운송협회(International Air Transport Association : IATA)는 1919년 헤이그에서 창설된 국제항공수송협회(International Air Traffic Association)를 전신으로 하여 1945년 4월 쿠바 하바나(Havana)에서 처음 설립되었다. 처음에는 유럽과 북아메리카의 32개국

61개 항공회사가 참여했고 본부는 1976년 제네바에 설치했으나 현재 본부는 캐나다 몬트리올과 스위스 제네바에 두고 있다. 가맹항공사는 정회원과 준회원이며, 2017년 9월 기준으로 268여개 항공사가 멤버로 구성되어 있다. 우리나라 대한항공은 1989년 1월에, 아시아나 항공은 1990년 국제선 운항 때부터 준회원으로 가입하였고, 2002년 5월부터 정회원으로 가입되어 있다. 국제항공운송협회(IATA)는 국제민간항공기구(ICAO)의 협의기구로서 세계 항공운송의 절차와 규정을 심의, 제정, 결의하는 준 공공적인 국제기구이다. IATA Korea는 1990년에 설립되어 현재까지 운영되고 있다.

국제항공운송협회(IATA)의 목표는 전 세계인의 이익을 위해 안전하고 규칙적이며, 또한 경제적인 항공운송을 촉진하며, 민간항공을 육성하고 이와 관련된 제반문제를 연구하며, 국제항공운송산업에 직 · 간접으로 종사하는 항공기업 간의 협조를 도모하고, 국제민간항공기구 등의 국제기구와 협력을 유지하는 데 있다.

국제항공운송협회(IATA)의 주요 사업내용은 국제항공운임의 결정 및 경제적인 항공수송 발달의 촉진, 항공기술 분야의 연구 및 개발, 항공운송 관련 제 규정(resolution)의 제정 및 집행, 항공사와 대리점(여행사/항공화물운송업체) 간의 항공운임 정산 및 제반 절차 집행, 항공운항 및 공항안전 관련 제반 기준 협의 등이다.

국제항공운송협회(IATA)의 주기능은 운임의 조정, 운임정산, 운송과 관련되는 표준방식의 설정 등 항공요금의 결정이다. 이러한 예로는 표준운송약관, 항공권, 수하물 티켓 및 화물운송자의 표준화, 복수 항공기업에 의한 연대운송에 관한 협정, 판매대리점의 표준계약 및 운임후불제도, 은행집중결제방식(BPS)의 설정 등이 있다. 특히 국제항공운송협회(IATA)의 운임회의에서 결정된 운임인 국제항공운송협회(IATA) 운임은 세계의 항공사의 공통운임으로서 가장 기본이 되는 운임이다.

국제항공운송협회(IATA)의 회원이 되기 위해서는 우선 그 항공사가 소속되어 있는 국가의 정부가 유엔산하의 국제민간항공기구(ICAO)의 회원이어야 하고, 그 다음에 그 자국 정부가 발행한 정기 항공사 증명서를 보유해야 한다.

2. 국제민간항공기구(ICAO)

국제민간항공기구(International Civil Aviation Organization : ICAO)는 국제항공의 안전 확보와 질서를 확립 또는 유지할 목적으로 하는 UN의 전문기관이다. 국제민간항공기구

(ICAO)의 주된 활동은 국제항공에 관한 광범위한 국제표준 · 권고방식을 채택하는 일이다. 그리고 운임협정의 작성은 국제항공운송협회(IATA)에 위탁하고 있다. 1944년 미국 시카고에서 54개국 대표가 모여 설립을 결정한 국제민간항공회의(시카고조약)에 의거하여 설립되어 1947년 국제연합 경제사회이사회의 산하 전문기구가 되었다. 본부는 캐나다 몬트리올, 현재 회원국 수는 191개국이다. 한국은 1952년 12월 가입하였고 2001년 총회 때 상임이사국이 되었다. 국제민간항공기구(ICAO)의 주요기관은 총회, 이사회, 사무국이 있고, 보조기관으로 항공항행위원회, 항공운송위원회, 법률위원회가 있다.

국제민간항공기구(ICAO)는 국제민간항공의 수송체계와 질서확립을 설립목적으로 하고 있다. 국제민간항공기구(ICAO)의 주요 업무는 항공기, 승무원, 통신, 공항시설, 항법 기술면에서의 표준화와 통일을 위해 연구하며 그 결과를 회원국들에게 제공하는 일이다.

제13장
리조트산업

제1절 리조트산업의 이해
제2절 리조트산업의 현황
제3절 리조트산업의 문제점 및 전망

제13장

리조트산업

제1절 리조트산업의 이해

1. 리조트의 개념

소득수준의 향상, 주5일 근무제 확산에 따른 여가시간의 증대, 가족단위의 레저활동 등으로 레저패턴이 주유형의 관광형태에서 체재형 관광형태로 변화됨에 따라 다양한 숙박시설과 레저시설, 부대시설 등을 갖춘 복합리조트들이 조성되는 추세이다. 리조트(resort)의 어원은 프랑스 고어 'resortier(re : again, sortier : to go out)'에서 유래된 것으로 자주 반복하여 방문한다는 의미를 갖고 있다. 이러한 말의 어원은 고대 로마시대에서 찾을 수 있는데, 당시 로마인들은 공중목욕탕이 있는 온천지역을 보양과 휴식건강 목적으로 자주 방문한 것에서 유래한 것으로 보고 있다.

사전적 정의를 살펴보면, 미국의 웹스터사전은 '사람들이 휴가때 휴식이나 레크리에이션을 위해 종종 또는 주로 찾는 장소(a place to which people often or generally go for rest or recreation as on a vacation)'로 해석하고 있다.

우리나라는 1974년 착공한 경주보문단지와 1975년에 개장한 용평리조트, 한화리조트 등이 대표적인 리조트로 볼 수 있으며, 1980년대 이후 리조트개발 사업은 계속되고 있다. 2000년대 이후부터는 기존 골프코스 중심의 골프장에서 골프장과 다른 레저시설과 서비스시설을 포함한 복합리조트 형식으로 다기능화, 복합화되고 있는 추세이다.

한국에서 리조트라는 용어는 '체재형 휴양지' 정도의 개념으로 이해되고 있고, '리조트'라는 용어가 관광진흥법상에 명시된 용어는 아니다. 즉 리조트는 법규적으로는 관광진흥법상 '관광객이용시설업'의 전문휴양업 및 종합휴양업과 가장 유사한 개념으로 볼 수 있다. 종합휴양업은 크게 제1종 종합휴양업과 제2종 종합휴양업으로 나뉜다. 제1종 종합휴양업으로는 남이섬, 대명비발디파크, 무주덕유산리조트, 부곡하와이 등의 리조트와 롯데월드, 경기도 용인 에버랜드, 서울드림랜드 등 테마파크가 여기에 속한다. 제2종 종합휴양업으로는 알펜시아리조트, 현대성우리조트, 용평리조트, 보광휘닉스파크 등 8개 업체가 운영되고 있다.

또한 관광객이용시설업의 '휴양업(종합 및 전문휴양업)' 이외 리조트와 유사한 용어로는 '관광지'와 '관광단지'가 유사한 개념으로 볼 수 있다. '관광지'란 자연적 또는 문화적 관광자원을 갖추고 관광객을 위한 기본적인 편의시설을 설치하는 지역으로서 관광진흥법에 의하여 지정된 곳을 의미하고, '관광단지'란 관광객의 다양한 관광 및 휴양을 위하여 각종 편의시설을 종합적으로 개발하는 관광거점지역으로서 관광진흥법에 의하여 지정된 곳을 의미한다.

일본의 '종합보양지역정비법'에서는 리조트를 "양호한 자연조건을 가진 상당규모 지역으로 국민이 여가 등을 이용하여 체재하면서 행하는 스포츠, 레크리에이션, 교양문화 활동, 휴양, 집회 등의 다양한 활동을 할 수 있도록 하며 중점 정비지역이 수 개소 정도 존재해 그것이 상호 간에 연결되어 유기적인 연대를 가지는 일체적인 지역"으로 정의하고 있다(유도재, 2014, p.18). 일본의 법률상의 정의에 의하면 리조트 기본속성으로 체재성, 자연성, 휴양성, 보양성, 다기능성, 광역성, 여가활동성, 인위적 개발성 등을 갖추고 있어야 한다. 또한 하나금융경영연구소(2008) 정의에 따르면, 리조트란 '일정규모의 지역에 레크리에이션, 스포츠, 상업, 문화, 교양, 숙박 등을 위한 시설들이 복합적으로 갖추어져 있고, 스키장, 골프장, 콘도, 호텔, 수영장, 놀이시설 등 고객유치를 위한 사계절 시설들이 집적된 종합휴양지'라고 하였다.

따라서 리조트란 '관광객들이 여가시간에 일상생활권을 떠나 일정기간 체재하면서 휴양 및 휴식을 즐길 수 있도록 자연경관이 좋은 일정규모의 지역에 숙박, 레크리에이션, 스포츠, 서비스, 레스토랑, 문화 등 시설을 복합적으로 갖춘 종합휴양지'로 정의될 수 있다. 특히 리조트는 관광의 형태 중 일반적인 주유형 형태의 관광이 아닌 체재형 관광형태로서 장·단기 숙박이 가능한 숙박관광을 기반으로 한 '체재형 휴양지'라 할 수 있다. 리조트업은 현대인들의 스트레스 해소 및 심신의 휴양, 탈일상성, 가족중심의 레저생활화, 여가시간 증대 등으로 향후 더욱 발전될 것으로 예상된다.

2. 리조트산업의 특성

리조트는 스트레스가 많은 현대사회에서 지친 심신을 회복하고 에너지를 되찾는 재충전을 희망하는 사람들의 욕구가 증대되고, 일만큼이나 자신의 여가생활을 가치있게 보내려는 현대인들의 레저중심가치관이 중요하게 인식됨에 따라 그 의미가 더욱 커지고 있다. 리조트산업은 광대한 토지에 다양한 형태의 레크리에이션시설과 체재를 위한 숙박시설을 갖춘 '체재형 휴양지'로서 몇가지 중요한 특성을 가지고 있다.

우선 리조트는 복합성, 입지의존성, 계절성, 공익성, 서비스성 등은 테마파크산업과 가장 유사한 형태를 보이고 있고, 대규모 초기투자자금 조달가능성, 투자회수기간의 장기성, 지역기반사업 등의 특성으로 인해 현실적으로 중소 민간기업의 참여가 어려운 대기업 중심 또는 공공성격의 관광단지형 리조트개발이 가능한 특성을 가지고 있다.

1) 복합성

리조트는 비교적 좋은 자연환경을 기반으로 장기간 숙박을 전제로 한 '체류형휴양지'이기 때문에 리조트 내에 여가활동을 위해 골프장, 스키, 온천, 게임장, 볼링장, 쇼핑시설 등 다양한 여가시설과 운영프로그램 및 서비스 등이 복합적으로 요구된다.

우선 리조트의 시설은 크게 숙박시설, 레크리에이션 및 스포츠시설, 편의시설로 구성된다(오상훈, 2009). 첫째, 숙박시설은 특급호텔에서부터 콘도미니엄, 펜션, 민박, 캠프장 등 방문객을 위한 숙박과 휴식을 위한 기본시설로 입지, 기후, 방문객의 경제수준에 따라 다양한 형태로 제공된다. 둘째, 레크리에이션 시설은 체재기간 동안 각종 스포츠 및 다양한 레저활동을 위한 시설들로서 점차 대형복합단지(complex)화 되고 있는 추세이다. 마지막으로 편의시설은 체재기간 동안 다양한 부대시설(음식점, 쇼핑센터, 안내소 등)과 휴식시설 및 서비스 프로그램(탁아소, 진료소 등)을 갖추어 편의를 도모하고 있다. 최근 이러한 리조트 내 시설들이 다양화, 고급화, 포괄화되는 추세를 보이고 있다.

2) 생산 · 소비의 동시성

다른 관광사업체와 동일한 특성으로 리조트업도 마찬가지로 생산과 소비의 동시성을 가지고 있다. 리조트는 기본적으로 숙박을 전제로 한 체재형관광지이기 때문에 호텔·외식업의 비저장성을 가지면서 관광소비를 위해서는 리조트에 직접 방문해야 한다. 리조트에서 체재하면서 숙박 및 식사를 하고, 스키, 골프 등 레크리에이션 활동과 문화체험 등은 생산과 동시에 현장에서 소비된다. 따라서 성수기에는 이러한 관광수요가 리조트공간의 수용량(carrying capacity)을 초과하고, 비수기에는 수용량에 못미치므로 고객에게 일정한 서비스를 유지하기 어려운 문제를 안고 있다.

3) 수요의 불안정성(계절성)

리조트산업의 가장 큰 경영적인 어려움의 하나가 바로 수요의 불안정성(계절성)이다. 즉 관광객들의 여행시기가 휴가철이나 방학 등 특정시기에 몰리므로 성수기와 비수기의 계절성이 가장 큰 어려움으로 존재한다. 이러한 수요의 계절성으로 인해 리조트내 시설, 서비스, 인력운영에 지속성을 갖기 어려운 원인이 된다. 따라서 비수기에 리조트 시설을 운영할 수 있는 다양한 비수기 타개운영책이 필요하다.

4) 고정비용의 부담 및 시설의 노후화

리조트는 초기의 투자재원 조달 이외에도 지속적으로 인건비, 시설관리유지비, 감가상각비, 각종 세금 등 고정경비의 지출이 많은 사업체이다. 특히 인적집약적 사업으로 인건비의 부담이 높은 편이다. 또한 리조트를 구성하고 있는 시설과 장비는 대부분 외부환경에 노출되어 있어 시설의 노후화가 빠르며, 고객변화욕구가 빠르게 변화하고 있어 이에 대한 대응을 위한 새로운 신규개발 및 투자에 많은 비용이 소요된다.

5) 자본집약적 산업(막대한 초기투자)

리조트업은 테마파크와 마찬가지로 막대한 자본과 거대한 대지 및 시설건설, 기반정비 등이 요구되는 자본집약적 산업이다. 막대한 자본, 고도의 기술과 전문화된 인력 등이 필요할 뿐만 아니라, 리조트개발기간도 상당히 오래 걸리고 자금의 회전율도 다른 산업에 비해 상대적으로 낮기 때문에 대기업이 아니면 참여하기 어렵다. 따라서 중소기업이나 공공기관의 참여가 사실상 어려운 실정이다. 특히 초기에 대규모 개발부지의 매입비용, 숙박시설 및 목적지향 활동을 위한 레저시설(스키장 및 골프장 등), 각종 편의시설을 건설하는데 막대한 건설비용이 요구된다. 투자에 대한 회수율은 보통 10년~20년 이상 걸린다. 대부분의 리조트는 100만평 이상의 대규모로 개발이 이루어진다.

6) 지역 기반산업 및 공공성

리조트 개발은 낙후지역의 개발 및 지역경제활성화의 좋은 수단으로 활용되는 지역산업이 될 수 있다. 특히 인구밀도와 재정자립도가 낮은 지역에 리조트 및 관광단지가 개발되는 것은 지역인프라 구축 및 정비에 크게 도움이 된다. 즉 리조트개발은 저개발 지역이나 낙후지역의 경제를 활성화시키고, 지역고용을 창출시키는데 상당한 기여를 하는 지역기반산업이라 할 수 있다. 또한 리조트는 지역경제 활성화와 이미지 개선 효과 이외에도 지역의 여가문화 공간으로서의 인프라 역할을 담당하게 된다. 즉 지역주민을 위한 여가공간으로서의 공공성과 지역사회에 대한 사회적 책임(Corporate Social Responsibility : CSR)의 역할이 요구된다.

7) 입지의존적 사업

리조트의 입지선정은 수익성에 가장 큰 영향을 미치므로 시장규모와 자연환경이 양호한 곳에 위치하는 것이 매우 중요하다. 리조트는 주변에 배후도시가 있고 접근성이 양호하다면 자연적인 조건에는 비교적 제약을 덜 받는 테마파크와는 달리 자연환경을 기반으로 한 경우가 대부분(해안리조트, 온천리조트, 스키장 등)으로 자연입지의존적 특성을 지니고 있다. 리조트에 있어 좋은 입지의 판단기준 중 가장 중요한 것은 리조트로의 접근성인데, 주로 대도시에서 2~3시간 정도의 거리, 국제공항 및 지역공항에의 접근성 또는 고속도로 인근에 위치하는 것이 좋다. 즉 리조트의 입지는 주로 대도시 주변이나 관광지, 그리고 테마파크의 인근에 위치하고 있어야 한다. 또한 리조트는 자연적인 특성에 따라 건설이 가능한데, 초기 개발시 광대한 토지가 필요하고 막대한 자본이 소요되기 때문에 기존에 이미 개발된 곳에 비해 상대적으로 개발이 되지 않은 낙후지역이나 저개발 지역이 지가(地價)가 저렴하므로 바람직하다. 리조트 부지의 취득비용, 교통여건, 주변환경, 인프라 확충의 정도에 따라 리조트 사업주체의 비용부담이 크게 달라진다.

8) 높은 인적 서비스 의존도

리조트산업은 인력집단의 전문성과 운영능력이 필요한 분야로 인건비의 비중이 높은 산업에 속한다. 특히 리조트산업은 테마파크산업에 비해 성수기와 비수기의 계절성이 더 영향을 받는 사업으로 비수기에 수요변화로 많은 정규인력을 유지하기가 어려운 문제점을 내포하고 있다. 하지만 인건비의 비용을 낮추기 위한 방안으로 정규직이 아닌 아르바이트, 인턴사원 등의 비정규직종사원을 지나치게 많이 고용하는 경우에는 고객에게 불만족한 서비스를 제공할 가능성이 높을 뿐 아니라, 서비스의 질 저하의 문제가 발생된다. 따라서 계절적으로 인력수요가 많은 경우에 한시적으로 고용하는 아르바이트생에게도 적절한 교육과 훈련을 시킨 후 업체에 투입하는 등 종사원 관리가 필요하다.

9) 낮은 수익률

초기에 막대한 자본이 필요한 것에 비해 리조트산업은 계절성으로 성수기 · 비수기의 구조적인 문제점을 갖고 있을 뿐만 아니라, 시설의 조기노후화 등의 문제로 높은 수익률을 기대하기가 어렵다. 이러한 경영상의 한계점을 극복하기 위해서는 다양한 경영전략이 요구된다. 낮은 수익률을 높이기 위해서는 리조트 종사직원의 서비스수준 관리와 더불어 비수기에 기업회의나 인센티브단체객 유치, 각종 이벤트 개최 등 부가가치 향상을 위한 노력이 요구된다.

3. 리조트산업의 유형

리조트의 유형은 학자마다 그리고 나라마다 약간의 차이를 나타내고 있다. 우선 우리나라 학자로서 엄서호(1998)는 리조트의 유형을 크게 자연입지에 따라 세 가지로 분류하고 있는데, 첫째, 산악 및 고산지역을 기반으로 한 고원형 리조트, 둘째, 해안지역에 위치하고 있는 수변형 해안리조트, 마지막으로는 대도시근교 및 온천지역에 위치하고 있는 도시근교형 리조트이다.

일본 노무라연구소(1996)에 의하면, 리조트를 관광자원을 중심으로 네 가지 유형으로 구분하고 있다. 첫째, 고원형리조트로 주로 겨울철에는 스키장으로 여름이나 봄가을에는 골프 등의 스포츠를 즐기는 리조트를 말한다. 둘째, 해양형리조트로 해변이나 도시근교의 마리나 지역에서 관광객들이 해양스포츠나 레크리에이션활동을 주로 즐긴다. 셋째, 도시근교형 리조트는 대도시권 주변에 입지하는 주말체재형 리조트로서 골프장, 스케이트장, 마리나 등 스포츠와 레저시설 및 연수시설을 갖추고 있다. 마지막으로 테마파크형 리조트(예 : 월트디즈니리조트)가 있는데, 테마파크 주변에 호텔, 게스트하우스 등의 숙박시설과 각종 레저시설, 편의시설을 갖추고 있다(이봉석 외, 2011).

위의 내용을 종합하면, 리조트 유형에 대한 분류는 결국 위치(입지)와 레크리에이션 활동 목적으로 리조트를 분류하는 것이 가장 일반적으로 인식하는 분류체계로 인식된다.

리조트는 리조트가 위치한 입지와 어떠한 레크리에이션 시설을 중점적으로 설계되었는지 즉, 레크리에이션활동 유형에 따라 몇 개의 형태로 분류될 수 있다(이정학, 2015: 272~273).

① 골프 · 스키형 리조트

골프와 스키형 리조트는 대부분의 우리나라 리조트들이 해당되며, 산악지형에 위치하고 있다. 특히 스키리조트는 겨울이 성수기이므로 비수기 타개책으로 워터파크 등을 건설하여 계절성을 극복하기 위한 노력을 경주하고 있다. 예로는 용평리조트, 비발디파크, 휘닉스파크 등이 있다.

② 해양형 리조트

수상스키, 요트, 스킨스쿠버다이빙, 낚시 등 각종 해양스포츠와 레저활동을 즐길 수 있는 리조트로서 여름철 또는 온화한 기후를 가진 지중해 연안이나 태평양지역을 중심으로 발달해 있다. 해양리조트는 특히 유럽지역에서 일찍부터 발달하였다. 또한 해양형 리조트는 주로 여름철에 집중되는 계절성을 가지고 있다. 대표적인 해양형 리조트로는 충무 마리나리조트, 프랑스 '랑그토크루시옹(Languedoc-Roussillon)', 미국 '마리나 델 레이(Marina Del Rey)' 등이 있다.

③ 온천리조트

우리나라에서 가장 긴 역사를 가진 휴양형 리조트형태로 건강이나 휴양을 목적으로 한 요양리조트이다. 온천리조트에는 기존 온천시설 이외에도 워터파크, 파도풀, 엔터테인먼트시설 등을 갖추고 있다. 대표적인 리조트로는 부곡하와이, 리솜스파캐슬과 일본 후쿠시마 하와이안즈 등이 있다. 세계적으로 유명한 온천으로는 독일 바덴바덴, 캐나다 밴프, 미국 옐로스톤공원 등이 있다.

④ 카지노리조트

카지노리조트로 대표적인 도시가 미국의 라스베이거스이다. 카지노리조트에는 카지노시설, 숙박, 쇼핑, 유흥(쇼), 식당, 놀이시설 등이 갖추어져 있다. 라스베이거스 중심가에 위치한 대규모 호텔은 리조트형태로 복합적인 시설을 갖추고 있는데, 대표적인 곳으로는 미국 라스베이거스와 마카오의 베네시안리조트, MGM리조트 등이 있다.

⑤ 테마파크리조트

테마파크 리조트는 테마파크 근거리에 위치하고 있는 리조트를 의미하는데, 대표적인 곳이 미국 월트디즈니월드리조트(Walt Disney World Resort)이다. 월트디즈니월드리조트는 미국 플로리다주 중앙부에 있는 세계에서 가장 큰 테마 파크단지로 4개의 테마파크, 2개의 워터파크, 32개의 테마호텔 및 리조트와 쇼핑센터, 식당 등으로 구성되어 있다. 우리나라에는 에버랜드리조트가 있다.

⑥ 복합형리조트

리조트 단지 안에 스포츠, 카지노시설, 테마파크, 컨벤션센터 등이 주요시설 2가지 이상 복합적으로 갖추어진 리조트를 말한다. 우리나라에 한화리조트, 무주덕유산리조트(구 무주리조트)를 비롯하여 해외에는 싱가폴 마리나베이샌즈 리조트, 캐나다 웨스트 에드먼트 몰 등이 해당된다.

〈표 13-1〉 **리조트의 분류와 사례**

구분	국내	국외
골프 · 스키형	용평리조트, 대명비발디파크 등 대부분의 리조트	세계 전역에 다수
해양형	충무마리나리조트,	미국 마리나 델 레이(Marina Del Rey), 영국 프리미아 마리나
온천형	부곡하와이, 리솜스파캐슬	일본 후쿠시마 하와이안즈, 독일 바덴바덴 '프리드리히온천장'
카지노형	강원랜드	라스베이거스 베니시안, MGM 리조트
테마파크형	에버랜드	미국 월트디즈니월드리조트 에버랜드리조트
복합형	무주덕유산리조트, 한화리조트	싱가폴마리나베이샌즈리조트, 캐나다 웨스트 에드먼트 몰

자료 : 이정학(2015), 관광학원론, 대왕사, p.273 참조 저자 작성

제2절 리조트산업의 현황

1. 리조트산업의 현황

1) 리조트산업의 개황

국내에서 현대적 의미의 리조트는 1974년 경주보문단지개발 관광단지 사업을 시초로 리조트의 역사가 시작되었다고 할 수 있지만, 본격적인 리조트시대를 개막한 것은 1975년 스키장과 주화관광호텔(72실)을 개관한 우리나라 최초의 리조트인 용평리조트가 개장하면서부터였다. 그리고 리조트개발 사업이 본격화된 것은 1980년대 이후 경제발전으로 인한 소득증가와 여가시간 증대, 그리고 교통수단이 발달하면서부터이다. 특히, 1980년대에는 리조트가 부의 척도로 인식되면서 고가의 분양가격이 형성되었는데, 주로 설악산과 부산 해운대, 경주 등에 입지성 리조트가 대부분이었다. 1989년 해외여행 전면자유화와 경제성장에 힘입은 가처분소득 증대 및 여가시간 증대로 1990년대는 국민관광수요가 크게 증가하였으며, 이를 바탕으로 국내 대기업들이 본격적인 리조트사업에 적극 진출하기 시작하면서 용평리조트, 무주리조트, 대명비발디파크 등 '체재형 휴양지'로의 리조트산업으로 한 단계 도약하기 시작하였다. 즉, 1990년대는 스키장을 중심으로 무주, 휘닉스, 현대성우, 대명 등 리조트가 등장하면서 체인화가 함께 진행되어 국내 리조트의 브랜드화가 본격화 되었다. 2000년대 들어서면서 리조트의 개념이 한단계 업그레이드 되는데, 2001년 주5일 근무제 도입으로 인한 여가시간의 확대, 서해안 고속도로와 KTX 개통 등 지속적으로 교통망이 확충되면서 리조트업에 대한 발전여건이 더욱 성숙되어 갔다(변종경, 2009). 2000년대에 골프장 콘도(한솔, 대명, 나인브릿지)가 본격적으로 도입되면서 워터파크, 스키, 골프를 망라한 종합복합 리조트단지로 업그레이드 되었다.

리조트는 현행 법규상(「관광진흥법」) 관광객이용시설업의 종합 및 전문휴양업에 가장 가까운 개념으로 볼 수 있다. 국내외 관광객을 대상으로 변화하는 관광여가형태에 부응하기 위해서 다양한 시설을 개발하기 위해 여가시설, 휴양시설, 숙박시설, 문화역사시설, 체육시설 등 15개종의 관광휴양시설을 관광휴양업종에 포함하였다. 전문휴양업은 1987년 신설하여 관광객의 휴양이나 여가선용을 위해 숙박 또는 음식시설과 함께 위

〈그림 13-1〉 리조트산업의 변화 추이

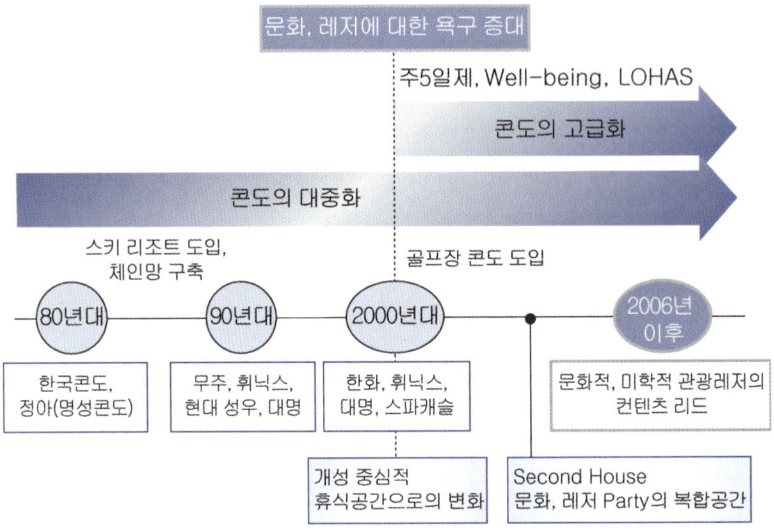

자료 : 하나금융경영연구소(2008), 국내레저산업 현황 및 성장성 전망, p.12.

의 15개종의 시설 중 1종류 이상을 갖추고 관광객이 이용토록 하는 관광사업으로 민간에 의해 다양한 시설들이 개발되고 있다. 전문휴양업은 2018년 말 기준으로 93개 업체가 운영되고 있다.

종합휴양업은 제1종 종합휴양업과 제2종 종합휴양업으로 나뉜다. 제1종 종합휴양업은 관광객의 휴양이나 여가선용을 위하여 숙박시설 또는 음식점시설을 갖추고, 전문휴양업시설 중 2종류 이상의 시설을 갖추고 있거나 숙박시설 또는 음식점시설을 갖추고 전문휴양시설 중 1종류 이상의 시설과 종합유원시설업의 시설을 갖추어 이를 관광객에게 이용하게 하는 업을 말한다. 제2종 종합휴양업은 관광객의 휴양이나 여가선용을 위하여 관광숙박업의 등록에 필요한 시설과 제1종 종합휴양업의 등록에 필요한 전문휴양시설 중 2종류 이상의 시설 또는 전문휴양시설 중 1종류 이상의 시설과 종합유원시설업의 시설을 함께 갖추어 관광객에 이용하게 하는 업을 말한다. 2018년 말 기준으로 전국적으로 총 28개 업체(제1종 종합휴양업 19개 업체, 제2종 종합휴양업 9개 업체)가 등록·운영되고 있다.

〈표 13-2〉 종합휴양업 및 전문휴양업 현황

구분	종합휴양업 제1종	종합휴양업 제2종	전문휴양업
서울	롯데월드	한화호텔앤드리조트	-
부산	(주)신세계센텀시티	-	(주)멀린엔터테인먼트코리아
대구	(주)스파밸리	-	-
인천	-	-	(주)신태진
광주	-	-	-
대전	대전오월드	-	-
울산	-	-	-
세종	-	-	-
경기	웅진플레이도시, 삼성에버랜드(주), 한국민속촌	-	돌석도예박물관, 자생수목원, (주)서울랜드, 아리지, 테르메덴, (주)동승골프앤리조트, (주)오아시스씨앤씨, 신북리조트
강원	설악워터피아, (주)남이섬, 대명비발디파크	알펜시아리조트, 현대성우리조트, 용평리조트, 보광휘닉스파크, 청우골프클럽	제이드가든, 소노펠리체 컨트리클럽, 알프스리조트(휴업)
충북	-	상수허브랜드	리솜포레스트, (주)시그너스 컨트리클럽, 크리스탈카운티CC, 킹스데일골프클럽, 임페리얼레이크 컨트리클럽
충남	천안상록리조트, 천안종합휴양관광지	-	아산스파비스, 파라다이스 도고지점, 서대산드림리조트, 그림이 있는 정원, 덕산싸이판온천
전북	(주)무주덕유산리조트	-	스파라쿠아 전주온천, 상록해수욕장
전남	-	(주)여수관광레저	엘도라도리조트, 전남개발공사(울돌목거북배), 송시마을체험장, 금호리조트(주)
경북	경주월드	-	신라밀레니엄파크, 소백산 풍기온천리조트, (주)사일온천, 전통문화마을 성보촌, 북삼온천 하이힐
경남	부곡하와이, (주)덕원 자연휴양림	-	부경동물원
제주	-	-	(주)대유산업, 퍼시픽랜드, 여미지식물원, (주)미니미니랜드, (주)테디베어뮤지엄, (주)소인국테마파크, (주)삼영관광일출랜드, (주)한림공원, 마이테르관광, (주)아프리카박물관, 방림원, (주)아쿠아랜드, 석부작박물관, 생각하는 정원, 조이월드, 나비공원 프시케월드, 제주러브랜드, 테마공원 선녀와나무꾼, 세계 성문화박물관, 한국공항(주)제주민속촌, (주)제주 유리의 성, 제주아트랜드, 제주허브동산, (주)리온랜드, 세프라인 월드, (주)메이즈랜드, 다희연, (주)상효원, 미레보야외수영장, 토스카나 호텔수영장, (주)마린파크, (주)제주뮤지엄 컴플렉스, 박물관은 살아있다.
합계	19개소	9개소	93개소

자료 : 문화체육관광부(2019), 2018년 기준 관광동향에 관한 연차보고서, pp.302~303.

〈표 13-3〉 국내 주요 리조트 현황

구 분		비발디파크	용평리조트	휘닉스평창	무주덕유산
소재지		강원도 홍천군	강원도 평창군	강원도 평창군	전북 무주군
면적		122만평	183만평	120만평	212만평
운영업체		(주)대명레저산업	(주)용평리조트	(주)휘닉스중앙	(주)무주덕유산
개장년월		1993년 12월	1975년 12월	1995년 12월	1990년 12월
스포츠 시설	골프장	회18홀+대27홀	회36홀+대9홀	회18홀+대6홀	회원 18홀
	스키장	13면	28면	21면	34면
	워터파크	오션월드	피크아일랜드	블루캐니언	-
숙박 시설	호텔	-	195실	141실	118실
	콘도	1,892실	2,310실	756실	974실
	유스호스텔	202실	122실	76실	418실
구 분		한솔오크밸리	웰리힐리파크	하이원리조트	엘리시안강촌
소재지		강원도 원주시	강원도 횡성군	강원도 정선군	강원도 춘천시
면적		340만평	200만평	155만평	60만평
운영업체		한솔개발(주)	신안종합리조트(주)	(주)강원랜드	GS건설(주)
개장년월		1998년 6월	1995년 12월	2005년 7월	1997년 3월
스포츠 시설	골프장	회54홀+대9홀	회36홀+대10홀	대중 18홀	회27홀+대9홀
	스키장	9면	19면	18면	10면
	워터파크	-	2017년 개장	2018년 6월 개장	-
숙박 시설	호텔	-	-	924실	-
	콘도	1,105실	767실	903실	222실
	유스호스텔	-	86실	-	-

자료 : 서천범(2018), 레저백서, 한국레저연구소, p.65.
주 : 하이원리조트의 개장일은 골프장 개장일 기준

2) 리조트산업의 시장규모

우리나라의 리조트 업계는 주5일 근무제 실시와 여가와 휴일에 대한 가치관의 변화에 따른 레저수요 확대에도 불구하고 초기의 과도한 투자와 경기불황, 비수기 · 성수기의 격차 등의 원인으로 소폭의 적자를 유지하고 있다. 국내의 주요 리조트업체는 대명 비발디파크, 용평리조트, 휘닉스 평창, 무주덕유산리조트, 한솔 오크밸리리조트, 웰리힐리파크, 파인리조트, 엘리시안강촌리조트, 하이원리조트 등 8개사이다. 2017년 기준 총매출액은 6,237억원으로 전년 대비 6.6% 증가하였다. 업체별로 살펴보면, 대명 비발디파크의 매출액은 1,944억원으로 전년보다 1.4% 증가하여 업계 1위를 유지했고, 용평리조트는 1,124억으로 2위를, 그리고 오크밸리는 708억원으로 3위를 차지하였다(서천범, 2018). 〈표 13-4〉는 주요 8개 리조트 업체들의 매출액 추이를 보여주고 있다.

〈표 13-4〉 주요 리조트업체들의 매출액 추이

(단위 : 백만원, %)

리조트명	2011년	2012년	2013년	2014년	2015년	2016년	2017년
비발디파크	164,392	170,183	177,042	170,048	188,080	188,794	194,429
용평리조트	95,871	99,834	96,689	96,562	93,690	104,877	112,408
오크밸리	61,618	64,278	64,340	77,175	71,457	67.481	70,765
휘닉스평창	70,145	70,330	59,995	51,977	49,069	52,494	64,479
무주덕유산	72,289	69,058	66,506	59,207	54,576	50,518	52,280
하이원리조트	49,529	53,883	53,886	49.238	48,488	46,856	50,231
웰리힐리파크	47,568	39,257	39,376	37,673	37,172	39,716	43,041
엘리시안강촌	34,447	34,739	33,251	32,337	33,688	34,650	36,122
합계	595,859	601,562	591,085	574,217	576,219	585,386	623,755
평균 (증감률)	74,482 (3.7)	75,195 (1.0)	73,886 (-1.7)	71,777 (-2.9)	72,027 (0.3)	73,173 (1.6)	77,969 (6.6)

자료 : 서천범(2018), 레저백서, 한국레저산업연구소, p.66.
주 : 리조트 각사 내부자료(각사 감사보고서 자료와 다를 수 있음).
1) 분양매출액 제외.
2) 하이원리조트의 매출액은 골프장, 스키장, 콘도, 테마파크의 합계.

주요 리조트업체들의 부문별 매출액 비중을 살펴보면, 객실부문의 매출이 가장 높고, 다음으로 부대시설과 스키부문으로 나타났다. 2016년 기준으로 객실부문의 매출 비중은 30.6%, 부대시설(워터파크, 수퍼마켓 포함) 24.1%, 스키부문 18.3%, 식음부문 14.6%, 골프부문 12.4%로 나타났다(표 13-5 참조). 최근 추세는 객실이용객이 점차 늘어나면서 객실매출액은 증대되고 있으나 스키나 골프부문은 약간씩 감소되는 경향을 보이고 있다.

지역별로는 자연경관과 입지를 가지고 있는 강원도와 제주도에 집중적으로 리조트가 분포하고 있어 리조트공급의 과반수를 차지하고 있다. 강원도에는 두산리조트를 비롯하여 총 8개의 리조트가 있고, 제주도 역시 8개의 리조트가 있다. 다음으로 경기 3개, 부산 1개, 통영 1개, 전남 2개 등 복합리조트는 총 23개가 분포되어 있다. 리조트 업체 중 가장 대표기업인 한화리조트와 대명리조트에 대해서 살펴보면 다음과 같다.

〈표 13-5〉 주요 리조트업체들의 부문별 매출비중 추이

(단위 : %)

부문별	2011년	2012년	2013년	2014년	2015년	2016년
객실부문	25.1	25.8	27.3	29.0	28.7	30.6
식음부문	19.6	19.4	17.8	16.6	16.5	14.6
스키부문	20.1	20.1	19.4	20.3	19.2	18.3
골프부문	10.9	10.0	9.5	9.7	12.3	12.4
부대시설 등	24.3	24.6	26.0	23.9	23.2	24.1
합계	100.0	100.0	100.0	100.0	100.0	100.0

자료 : 서천범(2018), 레저백서, 한국레저산업연구소, p.67.
주 : 1) 대명, 용평, 휘닉스 평창, 웰리힐리파크, 한솔 등 5개사의 평균.
2) 부대시설 등에는 워터파크, 수퍼마켓 등이 포함.

(1) 한화리조트

한화호텔앤리조트(주)가 운영하는 한화리조트는 1979년 국내 최초로 콘도미니엄 건설을 통해 레저사업에 첫발을 디딘 이래로 14개 직영리조트와 4,875실의 객실을 갖춘 국내 최대규모의 콘도미니엄 체인을 보유하고 있다. 한화리조트는 회사전체 매출액의 60%가 리조트사업에서 발생되고 14개 리조트를 운영하는 국내 최대의 리조트회사로 리조트 외에도 호텔(프라자호텔), 골프장(설악, 용인, 제주 등), 테마파크(설악 워터피아), 관람시설(63빌딩 아쿠아리움(63씨월드)), 식음료사업 등 국내 최고의 종합레저 · 서비스 사업체라 할 수 있다.

한화리조트의 주요 연혁을 살펴보면, 1979년 3월 20일 창립이래, 1981년 한화리조트/설악 본관을 개장하였고, 1986년 한화리조트 용인 개장(250실), 1988년 한화리조트 백암온천 개장(249실), 1998년 한화리조트 대천 파로스 개장(305실), 2003년 한화리조트 제주 개장(397실), 2005년 한화리조트 휘닉스파크 개장(440실), 2010년 골든베이 골프리조트(Golden Bay Golf & Resort)를 오픈하였고, 2011년 한화리조트 설악쏘라노를 개장하였다. 한화리조트는 설악쏘라노(별관), 설악, 경주, 휘닉스파크, 제주, 해운대티볼리, 대천 파로스, 산정호수 안시, 수안보온천, 백암온천, 양평, 지리산, 용인 등에 콘도미니엄을 운영하고 있다. 나아가 2010년 사이판 월드리조트를 인수하여 해외 리조트사업을 본격화하였다. 또한 2007년, 2008년, 2009년 콘도/리조트부문에서 한국산업 브랜드 파워(Korea Brand Power Index) 1위를 차지하였고, 2008년에는 고객이 가장 추천하는 기업 1위(콘도미니엄 부문)를 차지하였다.

한화리조트는 "Excellent Hospitality Provider 2020"이라는 슬로건 아래, 고객지향, 조직문화혁신(신뢰와 협동, 변화와 혁신), 신사업개발(자율과 창의, 열정과 도전)을 통해 공유가치를 창출하는 국민 서비스 · 레저업계를 선도하고 있다.

(2) 대명리조트

(주)대명레저산업은 1987년 대명레저산업을 설립한 이래, 지난 20여년간 13개 직영콘도(6,204실), 2개 호텔(638실), 스키장, 골프장을 갖춘 한국의 대표적인 리조트기업으로서 고객지향 경영과 고객행복을 위한 '가족가치 존중의 기업운영'을 추구하는 기업으로 성장하였다.

대명레저산업의 주요 연혁을 살펴보면, 1979년 대명레저산업의 모기업이라 할 수 있는 대명건설을 창업하였고, 1987년 대명레저산업 설립, 1990년 설악콘도 금강동 개관(196실), 1993년 비발디파크 유스호스텔 개관(188실)/스키장 개장, 1994년 대명 비발디파크(콘도, 스키장, 골프장 등) 개장, 2005년 대명콘도를 대명리조트로 상호 변경, 2007년 양양 쏠비치 호텔 & 리조트 개관(호텔 214실), 2006년 대명비발디파크 오션월드 개장, 2009년 소노펠리체 개관, 2013년 대명리조트 거제(516실)를 개관하였다. 1994년에 개장한 대명 비발디파크는 2천여실의 콘도미니엄, 스키장, 오션월드(워터파크), 유스호스텔, 골프장, 승마장 등을 두루 갖춘 가족형 종합리조트로 강원도 홍천군 서면 매봉산 자락에 위치하고 있으며, 특히 수도권과의 접근성이 향상되어 당일 스키코스로 각광을 받고 있는 국내 최대규모의 콘도이다. 특히 최근에 건설된 대명리조트의 거제마리나는 전체 객실이 한려해상국립공원의 오션뷰와 3,500명 수용가능한 워터파크 오션베이, 700석 규모의 대연회장와 각종 부대시설을 갖추고 있다. 또한 2014년에 45인승 규모의 요트 2대, 13인승 규모의 제트크루저 2대를 갖춘 마리나 시설을 갖추고 있어 국내 최고의 해양마리나리조트로 자리매김하고 있다. 또한 대명리조트는 두 개의 호텔을 개장하였는데, 2012년 3월 MVL 호텔여수(311실)와 2013년 MVL 호텔킨텍스(327실)를 각각 개장하였다.

수상내역으로는 2014년 한국산업 브랜드 파워(6년 연속 수상) 1위, 2010~2012년 3년 연속 한국서비스품질지수 1위를 차지하였다. 대명레저산업은 스키, 골프, 마리나베이(거제), 워터파크(오션월드), 승마 등 각종 레저산업의 대표적 업체로서의 면모를 갖추고 있다.

2. 리조트의 종류별 현황

국내 리조트의 종류는 스키리조트, 골프리조트, 온천리조트, 마리나리조트, 테마파크리조트, 카지노리조트 등으로 나눌 수 있는데, 이번 장에서는 리조트의 종류로 가장 대표적인 스키리조트, 골프리조트, 마리나리조트, 온천리조트에 대해서만 살펴보기로 하겠다. 테마파크리조트는 제11장 테마파크산업 부분에 나와 있고, 리조트의 숙박시설로 제공되는 휴양콘도미니엄은 제7장 관광숙박업에서 호텔과 휴양콘도미니엄업에 일부 내용이 소개되어 있다.

1) 스키리조트

(1) 스키리조트의 특징

스키리조트는 체재성, 휴양성, 다기능성, 광역성 등 리조트의 전형적인 특징을 보여주는 대표적인 리조트 형태이며, 눈과 겨울이라는 계절성에 바탕을 둔 '겨울 스포츠의 꽃'이라 할 수 있는 스키를 위한 레저휴양지이다. 따라서 스키리조트는 스키장 시설을 중심으로 숙박(호텔, 콘도), 레저, 스포츠, 휴양, 오락, 식음료시설(식당, 레스토랑) 등을 부대적으로 갖춘 대규모 복합단지이다. 스키리조트에는 호텔 및 콘도 등의 숙박시설 이외에도 스키장비 대여, 스키강습 등의 스키관련 서비스사업과 기념품판매점, 각종 식당 등 복합적으로 구성되어 있다.

스키장은 우리나라의 경우 수도권 인근이나 강원도에 집중되어 있는데, 눈 적설량과 기상조건과 지형조건, 경관조건 뿐만 아니라 수도권 등의 배후시장이 갖추어지지 않으면 사업성이 떨어지기 때문에 도로 및 교통의 접근성이 무엇보다 중요하다.

(2) 주요 스키리조트 현황

우리나라의 스키리조트는 강원도와 경기도에 밀집되어 있는데, 특히 강원도가 가장 발달되어 있다. 강원도는 타지역에 비해서 관광자원이 풍부하고, 스키장 등을 위한 적설량이 많으며, 수도권과 근거리여서 배후시장이 비교적 가깝게 위치하고 있다. 특히 최근 철도, 영동고속도로 등의 교통여건이 개선되면서 리조트업 발달에 좋은 입지조건을 구비하고 있다. 대표적인 리조트로는 강원도에 용평, 대명비발디파크, 휘닉스파크, 웰리힐리파크(구 현대성우리조트, 1995년 개장), 강촌리조트(2002년 개장), 한솔오크밸리(2006년 개장) 등 10개소와 경기도에 베어스타운(1985년 개장), 곤지암리조트(2009년 개장) 등 6개소, 그리고 중부권에 덕유산리조트(1990년 개장), 사조리조트(1990년 개장), 에덴벨리(2006년 개장)의 3개소가 있다. 국내 스키리조트의 시설현황은 다음 〈표 13-6〉과 같다.

강원도의 대표적인 스키리조트로서 최초의 스키장인 용평리조트와 2018년 평창동계올림픽 개최지로 주목받고 있는 알펜시아리조트에 대해서 살펴보면 다음과 같다.

〈표 13-6〉 **한국의 스키리조트 현황(2018년 10월 기준)**

■ 총괄

구분	경기	강원	충북	전북	경남	계
등록	6	10	1	1	1	19

■ 회원사

스키장명(법인명)	스키장 위치	슬로프(면)	리프트(기)	최초등록년월일
용평리조트	강원(평창, 대관령)	28	14(곤돌라 1기 포함)	1975.12.21
양지파인리조트	경기(용인, 처인)	8	6	1982.12.07
스타힐리조트	경기(남양주, 화도)	4	5	1982.12.20
덕유산리조트	전북(무주, 설천)	34	14(곤돌라 1기 포함)	1990.12.20
비발디파크(대명)	강원(홍천, 서면)	10	10(곤돌라 1기 포함)	1993.12.24
휘닉스 평창	강원(평창, 봉평)	21	9(곤돌라 1기 포함)	1995.12.15
웰리힐리파크	강원(횡성, 둔내)	18	9(곤돌라 1기 포함)	1995.12.15
지산포레스트리조트	경기(이천, 마장)	7	5	1996.12.23
엘리시안 강촌	강원(춘천, 남산)	10	6	2002.12.07
오크밸리리조트	강원(원주, 지정)	7	3	2006.11.27
하이원리조트	강원(정선, 고한)	18	9(곤돌라 1기 포함)	2016.12.07
곤지암리조트	경기(광주, 도척)	9	5	2008.12.17
알펜시아	강원(평창, 대관령)	6	3	2009.11.24
베어스타운리조트	경기(포천, 내촌)	7	8	1985.12.19
에덴밸리리조트	경남(양산, 원동)	7	3	2006.11.27

■ 비회원사

스키장명(법인명)	스키장 위치	슬로프(면)	리프트(기)	최초등록년월일
이글벨리리조트	충북(충주, 수안보)	9	4	1990.12.29
오투리리조트	강원(태백, 서학)	19	6(곤돌라 1기 포함)	2008.12.11
알프스리조트	강원(고성, 간성)	6	5	1984.12.22
서울리조트(운영중단)	경기(미금, 호평)	4	3	1993.01.28

자료 : 한국스키장사업협회(2018년 10월 기준)

① 용평리조트

종합휴양업 제 2종으로 등록된 휴양업 중에 가장 대표적인 '용평리조트(Yongpyeong Resort)'는 강원도 평창군 대관령면 올림픽로 715(용산리 130)에 있는 스키장, 골프장, 워터파크 시설을 갖춘 통일그룹 산하의 대규모 종합리조트이다. 용평리조트 스키장은 대한민국 최초의 스키장으로 1975년 개장하였다. 스키장 이외 특급호텔, 콘도미니엄(타워, 빌라, 그린피아, 용평콘도 등), 45홀의 골프장, 워터파크(피크아일랜드) 등을 갖춘 사계절 종합리조트이다.

용평스키장은 아시아에서 두 번째로 국제스키연맹(FIS)으로부터 공인을 받아 1999년 동계아시아게임, 알파인 스키 월드컵(1998년, 2000년, 2003년, 2006년), 국제 인터스 대회, 스노보드 월드컵 대회, 2006년 IPC 알파인 스키 장애인 월드컵 등 국제대회를 개최하였다. 2016년 현재는 34면의 슬로프와 15기의 리프트를 운행하고 있고 34면의 슬로프 중 6면의 슬로프가 각종 국제대회를 개최할 수 있고 적정 수용인원은 2만명 정도이다. 스키장 정상에는 드래곤파크 전망대 등 각종 조형물을 설치하여 관광자원으로 개발하고 있으며, 드라마 겨울연가를 이곳에서 촬영하였다. 2014년도 관광통계에 따르면 용평리조트 스키장, 골프장, 전망대, 피크아일랜드를 포함하여 내 · 외국인 전체 방문객 수는 925,552명인 것으로 집계되었다. 2018년 평창 동계 올림픽 및 평창 동계 패럴림픽의 알파인 스키 종목의 개최지이기도 하다.

② 알펜시아리조트

평창동계올림픽 유치와 더불어 떠오르고 있는 가장 대표적인 리조트중의 하나가 '알펜시아리조트(환상적인 아시아의 알프스, 제2종 종합휴양업)'이다. 대관령의 아름답고 깨끗한 자연을 만끽할 수 있는 사계절 복합관광단지로 서울기점 184km, 영동고속도로 2시간대 거리에 위치하고 있다. 약 148만평 규모인 알펜시아리조트 단지에는 인터컨티넨탈 호텔 그룹에서 운영하는 특 1급 호텔 인터컨티넨탈 리조트, 호텔 & 스파 컨셉으로 구성된 특 2급 호텔인 홀리데이인 리조트, 해외 리조트 스타일의 홀리데이인 알펜시아 스위트 등 871실의 숙박시설과 45홀 골프장, 컨벤션센터, 워터파크, 스키장 등을 갖춘 원스톱 국제적인 리조트이다.

2008년 평창바이애슬론월드컵을 이곳에서 성황리에 개최한 바 있다. 스키점핑 타워, 모노레일, 바이에슬론, 크로스컨트리, 메인스타디움 등 레저 스포츠를 즐기기에 더없이 좋은 환경을 보유하고 있으며, 스카이라운지, 콘서트홀, 생태학습원, 쇼핑거리인 리테일

빌리지, 각종 공연과 음악회 등 예술행사가 펼쳐지는 뮤직텐트 등 휴식, 문화, 레저, 쇼핑 등 다양한 경험을 한 공간에서 제공할 수 있다. 알펜시아리조트는 1시간 이내에 오대산, 삼양대관령목장, 양떼목장, 한국자생식물원, 이효석문학관, 허브나라 등 풍부한 주변관광자원과 인접해 있다. 2014년도 관광통계에 따르면, 알펜시아 스키장, 골프장 등을 포함하여 전체 내·외국인 방문객 수는 405,898명으로 집계되었다.

2) 골프리조트

(1) 골프의 개요

골프의 어원은 스코트랜드의 '고프(goulf)('치다'라는 의미를 담고 있음)'에서 유래되었다는 설이 일반적인 알려져 있다. 우리나라에는 1921년 한국 최초로 골프장(효창원)이 개장하였는데, 당시 일본인과 외국인 투숙객의 골프장으로 사용되다 3년만인 1924년에 폐장했다. 원래 효창원은 조선왕조의 묘소가 있던 신성한 장소인데, 일제시대 일본이 민족정기를 말살하려는 의도로 조선왕조의 묘원을 골프장으로 만들었다.

우리나라는 2000년대 들어서면서 골프장수의 증가, 골프인구가 증가되었는데, 2013년부터는 국내 경기침체로 골프인구가 줄어드는 추세이다. 골프리조트는 골프클럽(golf club), 컨트리클럽(country club), 골프리조트(golf resort) 등의 유형이 있다. 골프클럽은 코스만을 갖춘 골프장을 의미하고, 컨크리클럽은 회원중심으로 골프코스 이외에도 숙박시설, 테니스장, 수영장, 사교시설 등을 갖춘 폐쇄적 사교클럽의 성격을 지닌다. 마지막으로 골프리조트는 골프장을 기본으로 각종 레크리에이션 시설이 부가적으로 설치되어 있는 리조트를 의미한다. 골프리조트는 컨트리클럽과 골프클럽중 컨트리클럽에 더 가까운데, 우리나라에서 가장 대중화되어 있는 유형은 골프클럽이다.

이용형태에 따라 회원제 골프장(membership course)와 퍼블릭골프장(public course)으로 구분된다. 회원제는 회원권을 분양하여 회원에게만 개방하는 형태면서 초기 투자자금을 조기에 회수가 용이한 반면, 퍼블릭골프장은 누구나 이용할 수 있지만 이용비용이 저렴하여 투자에 대한 회수기간이 오래 걸리는 단점이 있다.

(2) 골프장 현황

1980년대 중반 이후 경기호황과 국민소득이 증대되면서 정부가 골프장 인허가 규제를 대폭 완화하여 1985년 25개소였던 골프장이 2018년 기준(2018. 1.1)으로 전국에 543

개소의 골프장이 운영되고 있다.

현재 회원제 골프장은 전국적으로 199개소(2018. 1. 1.)가 있고, 지역별로는 경기도 159개소, 강원 63개소, 제주도 44개소, 경상북도 및 경상남도가 각 55개소, 40개소가 있다(표 13-6 참조). 이렇게 경기도에 골프장의 비율이 높은 것은 수도권이 가장 많은 골퍼들이 거주하고 있고, 골프회원권 분양과 운영상 실적이 양호하기 때문이다.

또한 국내 대기업들의 골프장 수가 꾸준히 증가하고 있는 추세인데, 국내 60대 그룹 중에 절반이 넘는 30개 그룹이 78개의 골프장을 보유하고 있다. 현재 골프리조트 사업에 참여하고 있는 대기업으로는 삼성, 한화, 현대자동차, 롯데, GS그룹, CJ그룹 등이 있다. 이렇게 대기업 보유 골프장이 늘어가는 것은 수익성보다는 자체 비즈니스 수요 충족을 위한 것으로 볼 수 있다. 이외에도 자금보유력을 바탕으로 토지확보와 골프장 건설이 용이하여 골프장 운영을 통한 수익원 창출원이 될 수 있기 때문이다.

〈표 13-7〉 **전국 지역별 골프장 현황**

■ 총계

구분 \ 지역	총계	서울	부산	대구	인천	대전	광주	울산	세종	경기	강원	충북	충남	전북	전남	경북	경남	제주
합계	543	1	10	2	10	4	4	4	3	159	63	38	29	28	49	55	40	44
회원	199	0	6	1	3	1	1	2	1	75	21	11	9	5	13	15	14	21
대중	344	1	4	1	7	3	3	2	2	84	42	27	20	23	36	40	26	23

■ 운영중

구분 \ 지역	총계	서울	부산	대구	인천	대전	광주	울산	세종	경기	강원	충북	충남	전북	전남	경북	경남	제주
합계	483	0	9	2	8	3	4	4	2	149	58	36	22	25	40	46	37	41
회원	183	0	6	1	2	1	1	2	1	74	18	11	7	5	7	13	14	20
대중	303	0	3	1	6	2	3	2	1	75	40	25	15	20	33	33	23	21

자료 : 고상동 · 원문규 공저, 리조트경영과 개발(서울: 백산출판사, 2018), pp.100~102.

한국레저산업연구소의 레저백서(2018)에 따르면, 국내 골프장산업의 전체 시장규모(캐디피 지출액 포함)는 2017년 5조 3,201억원으로 전년 대비 5.2% 증가했고, 이 중 골프장산업의 매출액은 2017년 4조 2,360억원으로 전년 대비 5.5% 증가하였다. 회원제 골프장의 매출액은 전년 대비 4.2% 감소한 1조 9,596억원으로 2010년 이후 8년 연속으로 감소한 반면, 대중골프장의 매출액은 2조 1,783억원으로 16% 증가하여 2000년 이후 17년 연속 증가하였다.

골프장 업체들의 경영실적은 '청탁금지법' 시행에도 불구하고 이용객수 증가와 1인당 객단가 상승 등에 힘입어 좋아졌다. 회원제 및 대중 골프장의 합계 영업 이익률은 2010년 17.5%, 2013년 10.5%, 2014년 7.4%로 하락했지만 2015년 11.3%, 2016년 12.6%, 2017년에는 16.7%로 회복되었다. 좀 더 상세히 살펴보면, 회원제 골프장의 영업이익률은 2016년 -1.7%로 전년 대비 1.2% 하락했지만 2017년에는 7.5% 증가하여 청탁금지법 시행에도 불구하고 거의 영향을 받지 않은 것으로 나타났다. 대중골프장의 영업이익률은 2016년 29.2%로 전년 대비 0.7% 상승했고, 2017년 6.3%에 달했는데, 이는 대중 골프장수의 증가로 주변 골프장과의 가격인하 경쟁이 치열해지면서 비수기 입장료의 대폭 할인, 불필요한 비용절감 등으로 영업이익률이 상승하면서 여전히 호황을 누리고 있다(서천범, 2018).

골프장의 이용객수는 2017년 기준으로 골프장사의 증가와 골프장간 입장료 인하 경쟁으로 인하여 이용 횟수가 증가하면서 전년 대비 3.7% 증가한 3,631만명으로 사상 최고수준을 기록하였다. 대중 골프장 이용객수(1,838만 8천명)가 회원제의 대중제 전환, 신설 대중 골프장 수의 증가 등으로 2016년보다 12.2% 급증했지만, 회원제 골프장 이용객수는 2017년 1,617만명으로 전년 대비 4.5% 감소하였다(서천범, 2018). 골프경력은 3~5년이 28.3%로 가장 많았다. 골프이용객수는 골프장 수 확대, 골프붐, 기업들의 비즈니스 수요증대로 꾸준히 늘어났지만, 2013년부터는 국내 경기침체, 골프붐 감소, 골프장 증가에 따른 가격인하 경쟁 등으로 골프인구는 2020년까지는 3,047만명으로 감소될 것으로 전망된다.

3) 마리나 리조트

(1) 마리나 리조트 개요

한국의 마리나리조트는 2009년 「마리나항만의 조성과 관리 등에 관한 법률(마리나법)」이 제정 · 공포되면서 본격적인 시대를 맞이하게 되었는데, 마리나법에 명시된 마리나항은 마리나선박의 출입 및 보관, 사람의 승선과 하선 등을 위한 시설과 이를 이용하는 자에게 편의를 제공하기 위한 서비스시설이 갖추어진 곳을 말한다. 즉, 마리나항은 요트나 레저용 보트의 정박시설과 계류장, 해안산책길, 식당가, 숙박시설 등을 갖춘 항구를 말한다. 따라서 마리나리조트란 '레저용선박을 위한 계류시설과 클럽하우스, 선착장, 호텔, 쇼핑센터, 주차장, 관람시설 등 종합해양레저를 위한 시설을 갖춘 지역'을 말한다(고상동 · 원문규, 2011). 유도재(2014)는 마리나리조트를 '해수욕, 보트, 요트, 수상스키, 스킨다이빙, 낚시, 해저탐사 등과 같은 다양한 해변레저활동을 즐길 수 있는 체재를 위한 종합적인 레저 · 레크리에이션 시설 또는 지역'이라 정의하였다. 최근 국내에서도 마리나항의 조성과 운영이 확산되는 추세이다. 〈그림 13-2〉는 전국적으로 지정된 마리나항만과 어촌마리나역의 위치를 나타내고 있다.

마리나리조트에서 즐길 수 있는 수상레저스포츠의 종류로는 요트타기, 윈드서핑, 수상스키, 스킨스쿠버(스킨다이빙, 스쿠버다이빙, 헬멧다이빙), 제트스키, 패러세일링, 바나나보트, 바다래프팅, 플라이 보드 등이 있다.

(2) 마리나 리조트 현황

우리나라는 삼면이 바다로 둘러싸여 있어서 해양관광레크리에이션에 대한 수요가 향후 커질 것으로 예상되며, 정부는 마리나산업에 대한 높은 정책적 관심을 가지고 있다. 아직까지 우리나라의 해양레저산업은 초기단계이고 해양레포츠, 특히 요트나 보트, 윈드서핑 등은 부유층만이 즐기는 레저활동으로 인식되고 있다. 정부(해양수산부)는 해양관광수요 다변화에 대응하여 크루즈산업과 마리나산업을 신산업 육성차원에서 적극적으로 발전시키기 위해 전국 마리나항을 지역별로 특화 및 네트워크화 하였다. 정부는 마리나산업 육성대책 연차 발표(2015. 5.)에서 마리나관광의 대중화와 더불어 해양레저 지역별 마리나 특화 모델 조성 및 관광프로그램과의 연계대책이 필요하다고 하였다. 따라서 해양레저산업이 발전하기 위해서는 무엇보다도 마리나항과 시설을 갖추고 정비하여 국민들이 쉽게 접근할 수 있는 체제를 구축하는 것이 중요하다.

우리나라의 주요 마리나리조트는 부산 수영만 요트경기장 마리나, 충무마리나리조트, 전곡항마리나, 목포 요트마리나 등이 있다. 규모면에서는 부산 수용만 요트경기장이 가장 크고, 다음으로 경남 통영에 위치한 충무마리나리조트와 제주 서귀포의 중문마리나리조트가 뒤를 잇고 있다. 이외에도 경남 진해시의 진해마리나리조트, 사천시 삼천포마리나리조트, 전남여수시 소호마리나리조트 등이 있다. 〈표 13-8〉은 우리나라 마리나리조트 현황을 보여주고 있다.

〈그림 13-2〉 전국 마리나항만과 어촌마리나역 위치도

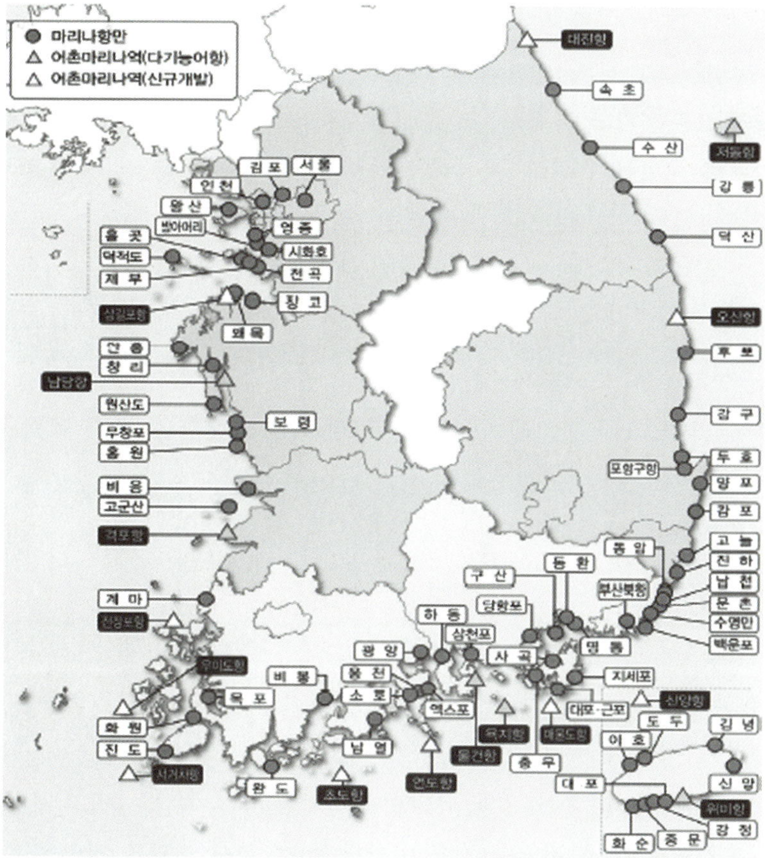

자료 : 이영주 외(2015), 강원도 동해안관광 : 진단과 제고, p.71.

〈표 13-8〉 국내 마리나리조트 현황

명 칭(위치)	개발/운영	비 고
수영구(부산 해운대)	부산시	공유수면매립법
충무(경남 통영시)	금호충무	항만법(무역항)
진해(경남 진해시)	코리아마린	공유수면매립법
삼천포(경남 사천시)	삼천포마리나	〃
중문(제주 서귀포)	퍼스픽랜드	〃
소호(전남 여수시)	여수시/전남요트협회	〃
거제(경남 거제시)	거제시/경남요트협회	〃
보령(충남 보령시)	보령시	〃
전곡(경기 화성시)	화성시/경기도	〃

자료 : 고상동 · 원문규(2018), 리조트 경영과 개발, p.205.

가장 대표적인 마리나리조트로서 부산 수영만 요트경기장마리나와 충무마리나리조트에 대해서 살펴보면 다음과 같다.

① 부산 수영만 요트경기장 마리나

부산 수영만 요트경기장 마리나는 1983년에 건설되어 1986년 아시안게임과 1988년 올림픽 요트경기를 개최한 곳이다. 총 1,390여척의 요트를 계류할 수 있는 수용력을 가진 세계적인 요트경기장으로 아시아 최대규모이며, 부산의 대표적인 명소이자 국제적인 관광지이다. 마리나단지내에 시네마테크(1999년 8월 개관)와 국제무역전시관을 갖추고 있고, 요트학교, 윈드서핑학교, 잠수학교 등 해양레저강습소와 스킨스쿠버다이빙협회, 부산수상항공협회, 우주소년단 등 전문단체들도 들어와 있다. 부산 지하철 2호선 동백역에서 도보 10분 거리에 위치해 있으며, 인근에 해운대해수욕장과 동백섬이 있다. 아직 복합편의시설이 없으며, 계류장의 수심이 낮아서 대형요트의 접근이 불가능한 것이 단점으로 지적되고 있다.

② 충무마리나리조트

충무마리나리조트는 경남 통영시 도남동 미륵도 한려수도내 내에 위치하고 있는 한국 최초 육해상 종합리조트로서 1995년에 개장하였다. 충무마리나리조트는 150여척 선박의 계류능력이 있고, 요트를 비롯한 다양한 해양스포츠와 스포츠강습(통영 요트학교), 그리고 해상관광을 즐길 수 있으며, 스포츠센터와 해양수족관, 콘도미니엄 등의 레저휴양시설을 갖추고 있다. 특히 요트전용 마리나리조트로서 요트를 정박할 수 있는 요트전용항구(수리소, 급유소 등 시설을 갖추고 있음)가 있어 요트를 타고 한려수도를 유람할 수 있으며, 제트스키, 수상스키, 윈드서핑 등의 다양한 해양 스포츠도 즐기기도 적합하다. 요트, 유람선, 바다낚시, 사냥 등이 가능하고, 주변에 세병관, 충렬사, 충무공유적지, 한산도, 거제도 등 관광지가 있다.

4) 온천리조트

(1) 온천리조트 개요

온천리조트는 온천을 테마로 한 건강, 보양, 휴식을 목적으로 요양과 휴식에 적합한 시설을 갖춘 리조트를 말한다. 우리나라, 일본의 경우는 지하수로부터 용출되는 섭씨 25도 이상의 온수를 온천수로 규정하고 있다(온천법 제3377호). 자연형 온천지에 비해 온천리조트는 숙박시설과 위락편의시설 등이 갖추어진 곳을 말한다. 온천과 비슷하게 사용하는 말로 '스파(spa)'라는 용어는 물을 이용한 치료와 활동을 의미하며, 온천이나 스파 모두 치료의 의미를 담고 있다.

(2) 온천리조트 현황

온천을 이용하는 목적이 휴식, 건강, 보양 등이고, 어느 정도 온천지에서의 체재를 전제로 하기 때문에 숙박시설은 중요하게 인식되었다. 따라서 1980년대 후반까지만 해도 온천지는 숙박시설을 중심으로 형성되어 왔는데, 1990년대 중반부터 가족단위 여행객들을 타겟으로 온천의 보양기능와 레저기능을 가미한 온천리조트로서 발전되고 있다. 최근에는 워터파크, 노천탕, 각종 편의시설을 갖춘 시설과 규모를 갖춘 리조트들이 생겨나기 시작했는데, 온천과 워터파크가 결합된 현대적 시설은 기존 노년층에서 가족단위 관광객들을 유입하는 가족휴양지로서 입지를 굳히는 좋은 계기가 되었다. 대표적인 4대 온천리조트로는 부곡하와이, 리솜스파캐슬, 아산스파비스, 설악 워터피아로 이들 온천리조트는 온천리조트이면서 동시에 워터파크의 두가지 기능을 병행하고 있는 온천형 워터파크 형태를 갖추고 있다(유도재, 2014). 온천리조트로서 가장 먼저 이름을 알린 '부곡하와이'와 온천리조트의 대표주자로 일컬어지는 '리솜스파캐슬'에 대해서 살펴보면 다음과 같다.

〈표 13-9〉 국내 온천(Spa)리조트 현황

지역	업체명	주소
경기	일동제일 유황온천	포천시 일동면
	신북리조트 스프링풀	포천시 신북면
	북수원 스파랜드	수원시 장안구 율전동
	여주온천	여주군 강천면
	스파플러스(미란다호텔)	이천시 안흥동
	이천테르메덴	이천시 모가면
	율암온천	화성시 팔탄면
	하피랜드	화성시 팔탄면
인천	강화온천 스파월드	강화군 길상면
	인스파월드	중구 신흥동
울산	울산대공원 아쿠아시스	남구 옥동

부산	광안해수월드 스포원 워터파크	수영구 민락동 금정구 두구동
대구	홈스파월드 온천엘리바덴 스파밸리	남구 본덕3동 달서구 상인동 달성군 가창면
강원	설악 워터피아 척산온천 실크로드 횡성온천 실크로드 북골온천 대명아쿠아월드 설악	속초시 장사동 속초시 노학동 횡성군 갑천면 양양군 강현면 고성군 토성면
충남	리솜스파캐슬 덕산 리솜오션캐슬 안면도 파라다이스 도고 아산스파비스	예산군 덕산면 태안군 안면읍 아산시 도고면 아산시 음봉면
충북	대명아쿠아월드 단양 오창온천 로하스파	단양군 단양읍 청원군 오창읍
전북	대명아쿠아월드 변산 진안홍삼스파	부안군 변산면 진안군 진안읍
전남	화순아쿠아나 도고스파랜드 지리산온천랜드 담양온천리조트	화순군 북면 화순군 도고면 구례군 신동면 담양군 금성면
경북	경주 스프링돔 경주아쿠아월드 덕구온천스파월드 청도용암웰빙스타	경주시 북군동 경주시 신평동 울진군 북면 청도군 화양읍
경남	부곡하와이 통도아쿠아환타지	창녕군 부곡면 양산시 하북면

자료 : 유도재(2018), 리조트경영론, 백산출판사, pp.329~330.

① 부곡하와이

부곡하와이는 1979년 경상남도 창녕군에 개장한 최초의 온천리조트로서 1급 호텔(200

여개 객실), 대정글탕(황토한방사우나, 찜질방), 스파니아(야외 온천), 하와이 랜드(놀이동산), 실내수영장, 워터파크(실내 워터랜드, 실외 워터파크), 파도풀, 조각공원 등 다양한 시설이 갖추어진 온천리조트이다. 부곡하와이는 연수, 예식, 휴양, 위락, 스포츠를 모두 즐길 수 있는 국내에서 가장 오래된 온천리조트휴양지이다.

② 스플라스 리솜리조트 리솜스파캐슬

리솜스파캐슬은 충남 예산군 덕산면에 위치한 국내 최초 세계적 규모의 웰빙 스파리조트로 휴양과 건강을 목적으로 2005년에 개장한 회원중심의 고품격리조트이다. 리솜스파캐슬은 서울과 수도권에서 1시간 30분 정도로 근거리에 위치하고 있으며, 몸과 마음을 치유하는 테라피센터의 다양한 프로그램과 서비스, 객실, 온천, 스파시설 등을 갖추고 있는데, 특히 '천천향(실내 온천)'은 국내 최대규모로 유럽스파, 동남아스파, 일본스파, 미주스파, 한국스파 등 전세계 스파를 체험할 수 있다. 이외에도 다양한 부대시설(식음료, 편의, 문화체육시설)과 워터파크(워터레이) 등 다양한 시설을 갖추고 있다.

〈표 13-10〉 리솜스파캐슬의 시설개요

구분	세부사항
소 재 지	충남 예산군 덕산면 온천단지3로 45-7
개발목표	온천수 웰빙 스파리조트
개발방향	휴양, 건강형의 럭셔리 리조트/ 회원중심의 고품격 리조트
상품구성	실내스파 + 노천스파 + 바데풀(水치료) + 뷰티테라피 + 워터파크
객실구성	6개 유형의 Type 총 407세대
개관일자	2005년 7월 21일(1동)/2006년 12월20일(2동)

자료 : 리솜스파캐슬 홈페이지 참조

제3절 리조트산업의 문제점 및 전망

1. 리조트산업의 문제점 및 발전방안

1) 계절성

우리나라 리조트의 가장 큰 문제점은 역시 비수기, 성수기의 계절성으로 인한 지속적인 수요창출의 어려움이다. 스키장의 경우에는 겨울(약 3개월)과 눈이라는 자연환경을 전제로 한 것이기 때문에 일년에 3개월만이 성수기가 되고 나머지 기간은 비수기가 되므로 비수기 기간이 너무 길어 경영상의 문제를 안게 된다. 따라서 이러한 비수기를 극복하는 방안으로 2000년대 이후부터는 워터파크, 놀이시설 등을 갖추어 전천후 휴양지로 활용하려는 노력을 경주하고 있는데, 이를 위한 몇가지 방안을 제시하면 다음과 같다(오상훈, 2009 : 409~410).

첫째, 가격인하정책 : 비수기에 기업의 인센티브회의나 세미나, 워크샵 등을 개최하여 호텔이나 콘도 등을 저렴하게 제공하여 시설을 활용하게 해야 한다.

둘째, 탄력적인 인력수급정책 : 성수기를 기준으로 인력채용을 할 수는 없기 때문에 적정규모의 정규직 사원과 임시직 사원(인턴 및 아르바이트생)의 비율을 잘 구성해야 한다. 특히 인건비절감을 위해서 아르바이트생의 비율이 너무 높게 될 경우 서비스의 질 하락이 발생될 수 있으므로 직원훈련과 교육 등 인사관리에 노력을 기울여야 한다.

셋째, 다양한 경영전략 : 새로운 신규수요창출, 해외리조트 사례분석 및 벤치마킹, 마일리지 혜택, 지역주민 활용방안 등 다각도로 경영활성화를 위해 노력해야 할 것이다.

넷째, 다양한 시설활용 프로그램 및 이벤트 개최 : 기존시설의 복합이용, 비수기 이벤트 개최, 프로그램 개발 등을 통해 리조트이용 비수기 수요를 창출하기 위해 자구책을 강구해야 한다.

2) 행정절차의 복잡성

리조트개발은 개발초기단계부터 세밀한 계획과 검토가 요구되는 복잡한 과정이므로 주변여건분석, 투자비용조달, 관련규제 및 허가절차 등 여러 가지 측면에서 검토가 필요하다. 리조트사업을 하기 위한 투자 · 사업 여건은 아직도 열악하다. 우리나라에서 테마파크를 비롯한 관광사업을 하기 위해서는 관할 기관의 수많은 심의와 허가를 받는 힘든 과정을 거쳐야 하는 것이 현실이다. 복합리조트를 개발하는 사업기간은 평균적으로 15년 이상이 소요되고 인허가 절차를 받는 데에만 몇 년이 걸린다. 또한 이러한 미비한 투자여건 상황에서 외국투자자를 유치하기에는 많은 어려움이 있는 것이 현실이다. 따라서 정부는 허가조건 및 복잡한 행정절차를 간소화 하고 자금 및 세제측면의 지원책이 필요하다.

3) 이용계층의 변동성 및 제한된 시장

리조트 이용계층은 고소득 부유층이 대부분으로 이러한 계층은 새롭고 더 좋은 고급 리조트가 생겼을 때 이러한 리조트로 수요가 변화되기 쉽다. 즉, 리조트 이용층이 유행에 민감하므로 수요의 변동성이 크고, 경기가 불황일때 수요가 크게 감소하는 수요의 탄력성이 크다. 또한 대부분의 리조트를 이용하는 계층이 대중화되었다고는 하나 리조트를 이용하는 비용이 상대적으로 높은 편이라 일반 대중이 사용하는 보편적인 관광휴양지가 되기에는 진입장벽이 있는 것이 현실이다. 즉, 이용계층이 한정되어 있어서 시장규모 역시 아직은 제한적이다.

4) 리조트의 차별성 부족

우리나라의 리조트는 전세계 여러나라의 리조트와 비교해 볼때, 해안리조트, 컨벤션 리조트, 카지노리조트, 마리나리조트, 테마파크리조트 등 다양한 리조트가 미흡한 실정이다. 고객의 다양한 욕구에 능동적으로 대처하고 세계 유수의 리조트와 경쟁하기 위해서는 다양한 계층의 욕구에 부응하는 차별화된 리조트 개발이 필요하다. 특히 우리나라는 삼면이 바다이므로 향후 해안리조트, 마리나리조트 분야를 발전시켜야 하며, 교통여건이 좋고, 주변 배후시장이 있는 지역에 컨벤션, 쇼핑센터, 테마파크, 오락, 휴양 등의 다양한 기능을 결합한 복합대형리조트단지(complex)(예 : 싱가폴 마리나베이샌즈 리조트)를 조성해야 한다.

5) 생태계 파괴와 환경오염

리조트산업은 자연환경에 기반을 둔 관광휴양지이기 때문에 개발단계서부터 지역의 산림훼손, 농지잠식, 부적지 개발로 인한 대규모 지형변경, 산사태 발생, 농경지 유실,

가옥 침수 등의 재해가 일어나고, 수질오염이 되기도 한다. 따라서 이러한 환경문제를 최소화하기 위해서 최근 생태관광리조트라 하여 환경에 대한 영향을 최소로 하면서 지속가능한 관광개발의 친환경 개념이 도입되고 있는데, 생태관광리조트의 예로는 호주의 '골드코스트 코란 코브 리조트'가 대표적이다. 자연환경을 훼손하지 않으면서 모래언덕, 해변, 원시림을 원형그대로 보전하여 생태관광리조트를 조성하였고, 리조트 단지내 산보, 산악자전거 등 환경과 건강을 테마로 한 다양한 프로그램이 준비되어 있다(변종경, 2009).

2. 리조트산업의 전망

국민소득 증가, 여가시간 증가, 가치관의 변화, 교통통신의 발달, 사회간접자본 확충 등에 따라 리조트에 대한 수요는 급격히 증가하고 있으며 대중화, 다양화, 고급화가 진행되고 있다. 이러한 추세에 영향을 받은 리조트산업에 대한 전망은 다음과 같다.

1) 레저시장에서 리조트산업 비중 확대 전망

국민소득이 2만불을 넘어서고 주 5일 근무제의 실시로 여가시간이 늘어나면서 국민들의 삶의 질에 대한 관심이 고조되고 있다. 이러한 패턴에서 특히 노동보다는 여가에서 자신의 존재가치를 높이고 휴식을 중시하는 사회분위기가 성숙됨에 따라 자신의 경험과 감성을 중시하고, 웰빙 · 건강 라이프스타일 추구 등 소비성향이 증가하고 있다. 정부의 적극적인 경제부흥책과 국내경기 회복에 따른 소비심리 확대와 가처분 소득이 증가되고, 레저지출이 국내총생산에서 차지하는 비중이 지속적으로 증가하였다.

주 5일 근무제 정착 및 학교토요일 휴무제가 본격화 되는 상황 등을 고려했을때 레저관련 지출은 증가될 것으로 보여 향후 레저시장 규모는 커질 것으로 전망된다. 특히 여성들의 레저활동 확대, 경제력을 갖춘 고령층(연금수령층) 확대, 평균수명 연장 및 의료수준 향상, 자동차 보급확대로 리조트로의 접근성 향상 등은 레저 및 리조트산업 수요증가에 긍정적인 영향을 미칠 것으로 전망된다.

〈그림 13-3〉 레저시장에서 리조트 비중 추이

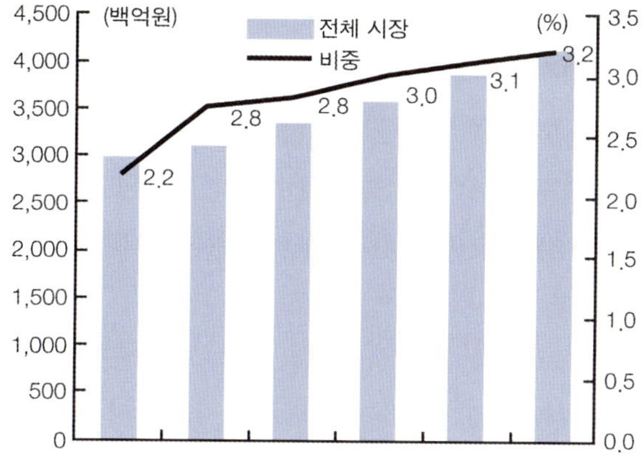

주 : 상위 10대 리조트 매출액 합임./비중 전망은 최근 증가추세를 반영함

한국레저산업연구소의 레저백서(2018)에 의하면, 우리나라의 레저시장 규모는 2017년 64조 2,669억원으로 전년 대비 1.8% 증가하였다. 이는 주5일 근무제 및 대체휴일제의 도입으로 레저비의 지출이 늘어났기 때문이다. 국민 1인당 레저비 지출액은 2017년 124만 9천원으로 전년 대비 1.4% 증가했다. 1997년 42만 7천원에서 1998년 35만 5천원으로 감소했으나 이후에는 꾸준하게 회복하여 2010년에는 100만원대에 진입하였다. 그리고 국민총생산액(GDP)에서 차지하는 레저비 지출 비중은 2000년 이후 4% 수준을 유지하고 있는데, 이 비중은 2002년 4.49%로 최고 수준을 기록한 후 2010년 이후 4% 수준에서 정체되고 있다. 하지만 국내리조트 시장은 복합화, 종합화, 전문화되면서 전반적으로 매출액이 증가하고 있으며, 중장기적으로 시장규모는 확대될 것으로 전망된다.

2) 가족단위 중심의 대형 · 복합 리조트화

최근 레저활동 패턴이 가족중심의 여가를 지향하는 트랜드로 변화됨에 따라 리조트의 대형화 · 복합화가 더욱 가속화 될 것이다. 즉, 가족중심의 여가패턴에 맞추어 리조트 내 호텔, 콘도, 골프장, 스키장, 스파, 워터파크, 식당 및 각종 편의시설, 서비스 프로그램 등이 함께 들어서는 대형복합리조트로 개발되는 추세가 지속될 것이다. 특히 대기업 중심의 대형리조트들이 주류를 이루고 있는데, 이러한 대형리조트는 다음과 같은 특징을 가지고 있다(김형수, 2010).

① 단지면적이 최소 100만평 이상
② 골프장, 스키장, 콘도미니엄 등 시설이 필수
③ 단지내 노래방, 수영장, 사우나, 볼링장, 회의실, PC방 등의 부대시설
④ 투자규모 2,000억원 이상
⑤ 숙박시설 1,000실 정도
⑥ 리조트들 대부분이 강원도 영동고속도로 주변지역에 위치

3) 리조트의 대중화 및 고급화(양극화)

초기의 콘도미니엄은 일부 부유층을 대상으로 한 휴식공간으로서의 성격이 강했지만 최근에는 비교적 저렴한 소형평대 콘도미니엄이 증가하면서 점차 대중화되는 현상을 보이고 있다. 객실당 모집인원의 자율화로 수백만원대의 저가 콘도이용권이 널리 보급되기 시작했고, 중산층들은 저렴하면서 이용하기 편리한 서비스업체를 선호할 것으로 보인다. 최근 국내경기 침체에도 불구하고 주 5일근무제, 휴가문화 확산 등으로 콘도에 대한 수요는 향후 증가될 것으로 예측된다.

2000년대 이후 리조트의 대중화와 더불어 일부 리조트는 부유층을 타겟으로 풀(full) 구좌방식의 고급화되는 양극화 현상을 보이고 있다. 특히 고급골프클럽에 대한 수요가 증가하고 있는 것은 고급레저에 대한 수요가 있다는 사실을 반영한 것으로 해석될 수 있으며, 상류층들은 시설이 고급스럽고, 이용이 편리하며, 서비스가 뛰어난 고급리조트를 원할 것으로 보여 많은 업체들이 고급빌라나 콘도사업에 진출할 것으로 보인다(김형수, 2010). 또한 숙박·레저의 개념에 문화와 파티의 개념이 가미된 복합고급리조트(예 : 대우 그린 카운디, 나인브릿지)가 도입되기 시작했다.

4) 수요에 따른 맞춤형 개발 확대

기존에 리조트는 단순 숙박시설로서 콘도개발이나 부동산 가치상승을 추구하는 단순 부동산개발로 추진되는 경향이 많아서 순수한 리조트로서의 기능을 살리지 못하였다. 이용자 역시 재산증식의 수단으로 회원권 구매가 이루어져서 복합리조트 개발이 쉽지 않았다. 하지만 스포츠와 레저활동을 중시하는 사회분위기가 정착되어가고 있으며, 여가 가치관이 성숙됨에 따라 리조트개발도 이러한 고객수요에 맞춰 변화되는 추세이다. 향후 리조트업은 복합리조트화와 다양해진 고객의 수요에 맞춤서비스화 될 전망이며, 이러한 고객추세에 맞추어 다양한 객실을 선보일 것으로 전망된다(하나금융경영연구소, 2008).

참고문헌

〈국내문헌〉

고상동 · 원문규(2011), 리조트경영과 개발, 백산출판사.

권순(2004), 관광정책론, 백산출판사.

김광근 외(2011), 관광학의 이해, 백산출판사.

김광득(1997), 여가와 현대사회, 백산출판사.

김광득(2013), 여가와 현대사회, 백산출판사.

김도희(2002), "국민관광의 실태와 활성화 방안에 관한 연구", 한국여가레크리에이션학회, 22, 19~39.

김병용(2013), 관광학원론, 한올출판사.

김사헌 외(2000), 관광학연구의 현황과 과제, 백산출판사.

김사헌(2012), 관광경제학, 백산출판사.

김영국 외(2009), 관광학총론, 한국관광학회, 백산출판사.

김영규(2011), 여행사 실무개론, 대왕사.

김용상 외(2002), 관광학, 백산출판사.

김용상 외(2014), 관광학, 백산출판사.

김윤태(2011), 외식산업개론, 대왕사.

김의근 외(2018), 외식사업경영론, 백산출판사.

김재석(2007), 관광행위 개념인식에 대한 탐색: 관광학연구誌 논문의 내용분석을 중심으로, 관광학연구, 31(1), 159-177.

김창곤(2002), 관광학의 이해, 대왕사.

김창수(2013), 관광교통의 이해, 대왕사.

김철원(2000), "복지관광의 활성화", 한국문화관광연구원, 한국관광정책, 4호, 58~62.

김현희 · 박충희 · 이대홍 · 김상진(2010), 외식산업경영의 이해, 백산출판사.

김형수(2010), 최근의 여가환경 변화와 국내 리조트산업 전망, KIS Credit Monitor(1. 25.).

나정기(2011), 국내 외식산업의 특성에 관한 고찰, 식공간연구, 6(2), 15~30.

박성복 · 이종복(1997), 정책학원론, 대영문화사.

박시사 외(2009), 관광학총론, 백산출판사.

박의서 외(2011), MICE산업론, 학현사.

박호표(2004), 관광학의 이해, 학현사.

변종경(2009), 관광학총론, "리조트산업의 세계적 현황과 우리의 대응, 415-420. 백산출판사.

서천범(2018), 레저백서, 한국레저산업연구소.

신재영 외(2002), 외식경영론, 백산출판사.

신재영 · 박기용(2000), 외식산업개론, 대왕사.

엄서호(1998), 레저산업론, 학연사.

오상훈 외(2009), 관광학총론, 백산출판사.

유도재(2014), 리조트경영론, 백산출판사.

이강욱(1999), "2002 월드컵 대비 숙박수급 분석 및 중저가 숙박시설의 효율적인 운영방안", 한국문화관광연구원, 2월.

이강욱(2000), "숙박정책 분석 및 제언", 한국문화관광연구원, 한국관광정책 3호, 75~79.

이경태 · 이태규(2019), 항공여객운송서비스, 백산출판사.

이광진(1987), "한국 관광사에 관한 연구," 경희대학교 경영대학원, 석사학위논문.

이봉석 외(2011), 관광사업론, 대왕사.

이영주 · 김재진 · 조명호 · 유승각 (2015), 강원도 동해안관광 : 진단과 제고, 강원발전연구원.

이장춘(2001), 관광정책학, 대왕사.

이정민(2014), 2014년 산업전망(외식), 한국기업평가, 12. 19.

이정학(2015), 관광학원론, 대왕사.

장병권(1996), 한국관광행정론, 일신사.

장병권(2001), 국민관광론, 기문사.

정용주(2011), 외식경영론, 백산출판사.

정의선(2011), 관광학원론, 백산출판사.

정의선(2012), 관광학원론, 백산출판사.

조광익(1999), "국내관광활성화를 위한 제언", 한국문화관광연구원, 한국관광정책, 2호, 35~41.

조진호 외(2017), 관광법규론, 현학사.

주영민(2010), 테마파크산업은 블루오션인가, 한국관광공사 관광투자 뉴스레터, 겨울호.

최용민(2010), G20 정상회의 개최를 계기로 본 MICE산업의 현주소와 육성 전략, 한국무역협회 국제무역연구원, 9(5), 1-38.

하동현 · 조문식(2011), 관광사업론(제 5판), 대왕사.

하동현 · 조문식 · 김영규(2012), 여행사경영론(제 7판), 대왕사.

홍기운(1999), 최근 외식산업개론, 대왕사.

황희곤 · 김성섭(2002), 컨벤션마케팅과 경영, 백산출판사.

〈국외문헌〉

Bernecker(1962), Grundlagenlehre des Fremdenverkehr.

Chuck Y. Gee, James C. Makens and Dexter J. L. Choy(1997), The Travel Industry, Van Nostrand Reinhold.

Leiper, N. (1979), "The Framework of Tourism: Towards of a Definition of Tourism, Tourist", and the Tourist Industry, *Annals of Tourism Research*, 6(4), 390-407.

UNWTO, Tourism 2020 Vision.

鈴木忠義 編(1991), 現代觀光論, 觀光教材編纂會 譯, 백산출판사.

長谷政弘 편저(2000), 한국국제관광개발연구원 譯, 관광학사전, 백산출판사.

〈문헌자료〉

2015년도 식품산업 주요지표(2013 · 2014년 기준). 1-78.

국토교통부, 우리나라 항공실적 요약.

국토교통부, 정책자료, 항공협정 체결현황.

국토교통부, 항공사 수송실적

문화관광연구원(2011), 2011 국내 MICE 개최현황.

문화체육관광부(2011), Themed Entertainment Association(TEA) 홈페이지(http://www.teaconnect.org).

문화체육관광부(2012), 2011년 기준 관광동향에 관한 연차보고서.

문화체육관광부(2013), 2012년 관광동향에 관한 연차보고서.

문화체육관광부(2015), 2014년 기준 관광동향에 관한 연차보고서.

문화체육관광부(2016), 2015년 기준 관광동향에 관한 연차보고서.

문화체육관광부(2019), 2018년 기준 관광동향에 관한 연차보고서.

문화체육관광부(2019). 2018년도 국민여행조사 분석편

세계테마파크엔터테인먼트협회(Themed Entertainment Association: TEA) (2018), Global Attractions Attendance Report.

세계테마파크엔터테인먼트협회(Themed Entertainment Association: TEA) (2018), Theme Index & Museum.

익스피디아(2018). 익스피디아 유급휴가 사용 현황 조사

통계청(2019), 사회조사보고서 2019년도

통계청, 사회조사보고서 각년도.

하나금융경영연구소(2008), 국내 레저산업 현황 및 성장성 전망, 산업연구시리즈, 4.30 제11호.

한국골프장경영협회 전국골프장 현황(2015.1.1. 기준)(http://www.kgba.co.kr).

한국관광공사 50년사 책자, 제5부.

한국관광공사 50년사 책자, 제6부.

한국관광공사(2012), 2011 MICE 산업통계 조사 · 연구.

한국관광공사(2013), 2012 MICE 산업통계 조사 · 연구 실적조사분석편.

한국관광공사(2013), 2012 한국관광통계.

한국관광공사(2013), 2012년도 국민여행실태조사.

한국관광공사(2016), 2014 MICE 산업통계 조사 · 연구.

한국관광공사(2017), 2016 MICE 참가자 조사.

한국관광공사(2018), 2017 MICE 산업의 경제적 파급효과분석

한국관광공사, UIA(국제협회연합), 2014 통계보고서 기준

한국관광호텔협회, 관광숙박업 호텔별 등록현황(2013).

한국농수산식품유통공사(농림축산식품부), (2018), 2018년 외식기업 해외진출 실태조사.

한국농수산식품유통공사(농림축산식품부), (2019), 해외외식업체 국내진출 현황 및 경영전략조사.

한국문화관광연구원(2011), 관광지식정보시스템.

한국문화관광연구원(2012), 관광산업 인적자원 육성정책 체계화 방안 연구.

한국문화관광연구원(2013), 관광지식정보시스템, 관광동향분석, 5월호.

한국문화관광연구원(2016), 관광동향분석, 2015.12.

〈홈페이지〉
관광지식정보시스템(http://www.tour.go.kr).
대명리조트(http://www.daemyungresort.com).
대한마리나산업진흥회(http://www.kcomia.or.kr).
롯데월드 홈페이지(www.lotteworld.com).
리솜스파캐슬(http://resom.co.kr/spa).
비비고 홈페이지(http://www.bibigo.co.kr).
식품외식경제(http://www.foodbank.co.kr/news/articleView.html?idxno=44461).
에버랜드 홈페이지(www.everland.com).
한국공항공사, http://www.airport.co.kr - 브로셔
한국관광공사 홈페이지(http://www.visitkorea.or.kr).
한국관광공사, http://www.visitkorea.or.kr - 관광통계.
한국관광협회중앙회 홈페이지(http://www.ekta.kr).
한국문화관광연구원, 관광지식정보시스템.
한국여행업협회 홈페이지(http://www.kata.or.kr).
한국전시산업진흥회 http://www.akei.or.kr/
한화리조트(http://www.hanwharesort.co.kr).
Intercontinental Hotels Group 홈페이지(https://ihgplc.com).

저자소개

김도희

한양대학교 관광학과 졸업(B.A.)
한양대학교 대학원 관광학과 석사(M.A.) 및 박사(Ph.D.)
미국 Virginia Polytechnic Institute and State University(Virginia Tech)
호텔관광경영학과 경영학박사
현) 한림대학교 경영학과 교수/미래융합스쿨 융합관광경영전공 주임교수
한국관광공사 자문위원, 강원연구원 자문위원, 대한경영학회 상임이사
전) 강원도청 강원관광사 집필위원, 한국관광학회 호텔외식경영분과학회 이사,
사람과 세계경영학회(P & GBA) 연구위원
한림대학교 경영학부 컨벤션관광경영전공 주임교수
한림대학교 경영대학원 MBA/고급경영관리자과정(AMP) 주임교수
한국관광대학교 관광경영과 교수
한양대학교 관광학부 강사, 미국 버지니아텍 호텔관광경영학과 강사
한국관광공사 경영전략팀, 조사연구부, 국내 · 해외홍보부

저자와의
합의하에
인지첩부
생략

관광산업론

2016년 3월 7일 초 판 1쇄 발행
2022년 1월 20일 개정2판 2쇄 발행

지은이 김도희
펴낸이 진욱상
펴낸곳 백산출판사
교 정 조진호
본문디자인 오행복
표지디자인 오정은

등 록 1974년 1월 9일 제406-1974-000001호
주 소 경기도 파주시 회동길 370(백산빌딩 3층)
전 화 02-914-1621(代)
팩 스 031-955-9911
이메일 edit@ibaeksan.kr
홈페이지 www.ibaeksan.kr

ISBN 979-11-5763-238-1 93980
값 28,000원